ACCESO GRATIS *a la Lectura en la Nube*

Para visualizar el libro electrónico en la nube de lectura envíe junto a su nombre y apellidos una fotografía del código de barras situado en la contraportada del libro y otra del ticket de compra a la dirección:

ebooktirant@tirant.com

En un máximo de 72 horas laborales le enviaremos el código de acceso con sus instrucciones.

La visualización del libro en **NUBE DE LECTURA** excluye los usos bibliotecarios y públicos que puedan poner el archivo electrónico a disposición de una comunidad de lectores. Se permite tan solo un uso individual y privado

VIOLENCIA CONTRA MUJERES MAYORES DE 65 AÑOS: ASPECTOS PENALES Y CRIMINOLÓGICOS

VIOLENCIA CONTRA MUJERES MAYORES DE 65 AÑOS: ASPECTOS PENALES Y CRIMINOLÓGICOS

MARÍA CASTRO CORREDOIRA
GUMERSINDO GUINARTE CABADA

tirant lo blanch
Valencia, 2024

EDITA: TIRANT LO BLANCH
C/ Artes Gráficas, 14 - 46010 - Valencia
TELFS.: 96/361 00 48 - 50
FAX: 96/369 41 51
Email:tlb@tirant.com
www.tirant.com
Librería virtual: www.tirant.es
DEPÓSITO LEGAL: V-1506-2023
ISBN: 978-84-1130-082-7
MAQUETA: Disset Ediciones

Si tiene alguna queja o sugerencia, envíenos un mail a: *atencioncliente@tirant.com*. En caso de no ser atendida su sugerencia, por favor, lea en *www.tirant.net/index.php/empresa/politicas-de-empresa* nuestro procedimiento de quejas.

Responsabilidad Social Corporativa: http://www.tirant.net/Docs/RSCTirant.pdf

Índice

Capítulo III

Calidad de los partes de lesiones en casos de violencia de género contra mujeres mayores

REBECA DIÉGUEZ MÉNDEZ

Capítulo IV

Violencia de género y tercera edad

SONIA VICTORIA VILLA SIEIRO

Capítulo V

La violencia de género contra las mujeres mayores de 65 años

PILAR FERNÁNDEZ PÉREZ

Capítulo VI

La interposición de la denuncia más allá de la víctima en los casos de violencia de género

ALMUDENA VALIÑO CES

Capítulo VII

Ancianidad y especial vulnerabilidad de la víctima en los delitos de agresiones sexuales. Algunas notas para una reinterpretación del subtipo agravado del art. 183.1.3ª del Código penal

FERNANDO VÁZQUEZ-PORTOMEÑE SEIJAS

Capítulo VIII

Acoso en mujeres mayores

MARÍA DEL MAR MOYA FUENTES
BEATRIZ ALARCÓN DELICADO

Capítulo IX

Mujeres mayores, violencia sexual y género: Una aproximación al problema

MARÍA MARTA GONZÁLEZ TASCÓN

Capítulo X

La tipificación del art. 152 del Código Penal portugués

GUMERSINDO GUINARTE CABADA
MARÍA CASTRO CORREDOIRA

Capítulo XI

Los feminicidios de género en las mujeres mayores de 61 años: alevosía doméstica y perspectiva de género

NATALIA PÉREZ RIVAS

Capítulo XII

La protección deparada a la víctima de violencia de género mayor de 65 años por parte del Derecho del Trabajo y de la Seguridad Social en España

ALICIA VILLALBA SÁNCHEZ

Presentación

La violencia contra la mujer se ha manifestado a lo largo de los años como una de las más claras expresiones de la desigualdad y subordinación que, desde una perspectiva de género, la mujer padece respecto del hombre.

Durante mucho tiempo, se consideró que el maltrato que sufren las mujeres a manos de sus parejas constituía un problema esencialmente privado que, por producirse en el ámbito doméstico-familiar, se encontraba oculto, pero que era igualmente existente.

El maltrato a la mujer ha existido a lo largo de la historia, principalmente como consecuencia de los valores que subyacen a los roles adquiridos socialmente por el hombre y la mujer respectivamente, legitimándose incluso en algunas culturas el uso de la violencia del hombre sobre la mujer, por ubicarlo a él en un plano superior.

La progresiva concienciación de la gravedad de este problema favoreció que este comenzase a emerger, dejando de ser una cuestión íntima o familiar, para convertirse en un gran problema que provocaría que, en los años 80, el legislador español abordase esta lacra, tipificando por primera vez en el año 1989 la denominada "violencia doméstica" en el Código Penal. Desde entonces, han sido múltiples las reformas introducidas con el objeto de paliar el problema.

Esta problemática se agrava en los casos en los que aparece asociada una mayor vulnerabilidad de la víctima por circunstancias de lo más diversas, siendo una de las principales, la edad. Colectivos como el de mujeres adolescentes o el de mujeres mayores de 65 años requieren de una mayor atención, dada la mayor fragilidad que entrañan esos tramos de edad. En el caso de las víctimas adolescentes, desde hace algunos años se observan estudios orientados a perfilar las especificidades de la violencia perpetrada en esos tramos de edad. Cuestión distinta sucede en los supuestos de mujeres mayores de 65 años.

En la actualidad, existen escasas referencias bibliográficas que expongan, de manera específica, las especificidades de la violencia acaecida en esas edades. Este trabajo procura dar una visión general de algunos aspectos vinculados a la violencia de género, prestando especial atención a la violencia perpetrada contra mujeres mayores de 65 años. Esta obra se incardina dentro del proyecto de investigación "Estudio jurídico-penal y criminológico de la violencia de género contra mujeres mayores de 65 años", coordinado por el Prof. Dr. D. Gumersindo Guinarte Cabada, financiado con una ayuda de la Universidad de Santiago de Compostela concedida en el marco de la "Convocatoria de ayudas a la investigación de la Universidad de Santiago de Compostela para la realización de proyectos, destinados al desarrollo de medidas del Pacto de Estado contra la violencia de género, para el año 2020".

Capítulo I
¿Cómo es la violencia de género en las mujeres mayores?

MERCEDES DOMÍNGUEZ FERNÁNDEZ
Enfermera especialista en enfermería Familiar y Comunitaria
Doctora por la Universidad de Santiago de Compostela

1. INTRODUCCIÓN

La violencia de género constituye una de las formas más frecuentes de violencia contra la mujer. Se considera un importante problema de salud pública, con una alta incidencia en la población y un gran impacto socio-familiar, económico y jurídico (CAMACHO-VALADEZ ET AL., 2015; CANAVAL ET AL., 2007; SUELVES ET AL., 2010; VIVES-CASES ET AL., 2010).

Tradicionalmente era considerada una cuestión privada que debía permanecer en la intimidad de ámbito familiar, en un contexto de modelo patriarcal donde prevalecía la posición de inferioridad de la mujer respecto al hombre (CAMACHO-VALADEZ ET AL., 2015). A partir de la década de los años noventa del siglo XX, estas ideas empezaron a cambiar, el concepto de problema privado quedó olvidado y diversas organizaciones, investigadores y gobiernos se hicieron eco de la gravedad de este tipo de violencia. Surge así, durante esta década, la primera teoría que incluyen este problema dentro de una visión ecológica. Este modelo ecológico propuesto por *HEISE* (1998), considera que la violencia de género no solo depende de factores individuales, si no que está determinada por la combinación de diversos factores que pueden favorecer tanto la victimización de la mujer como la perpetración de esta violencia por parte del hombre (JEWKES, 2002; VIVES-CASES ET AL., 2007). Así, se considera que la violencia de género es producto de la interacción de factores individuales (tanto de la víctima como del agresor), situacionales (diversas características de la relación de pareja y de su núcleo familiar también hacen más probable el maltrato), sociales y comunitarios (normas, actitudes y creencias). Actualmente este modelo multidemensional es el más aceptado y es ratificado por la mayoría de autores (JEWKES, 2002; SEIJO ET AL., 2009; VIVES-CASES ET AL., 2007; VIVES-CASES ET AL., 2009).

En cuanto a las características de la mujer, no existe un perfil típico de mujer maltratada (SANS ET AL., 2020), cualquier mujer puede sufrir violencia por parte de su compañero sentimental independientemente de su estatus socioeconómico, etnia, edad, o por ejemplo, nivel educativo; pero diversas investigación demostraron que existen una serie de factores de riesgo que pueden variar en los distintos países y culturas (GARCÍA-MORENO, 2000; THOMPSON ET AL., 2006).

Uno de los factores más estudiados es la edad de la mujer. Existen estudios que muestran que las mujeres que presentan mayor riesgo de sufrir violencia de género son las mujeres con edades entre 21 y 50 años (ACKERSON ET AL., 2008; CANAVAL ET AL., 2007; FERNÁNDEZ-GONZÁLEZ ET AL., 2017; VIVES-CASES ET AL., 2007). Sobre todo se describió que el maltrato es más frecuente en las menores de 50 años (CANAVAL ET AL., 2007; VIVES-CASES ET AL., 2009) y que es menos frecuente en los extremos de la vida de la mujer, es decir; en ancianas y adolescentes (SEMAHEGN ET AL., 2015). Aún así, existe una gran controversia en cuanto a sí la vulnerabilidad de la mujer disminuye o aumenta con el paso de los años. Estudios nacionales han demostrado que el maltrato es menor en las mujeres mayores, jugando así la edad un factor protector (LABRADOR ET AL.,2011; PUENTE-MARTÍNEZ ET AL., 2016; RUIZ-PÉREZ ET A., 2006). En contra, otros autores destacan que, en las mujeres mayores el riesgo aumenta y es más común que este tipo de violencia permanezca oculta (SANDOVAL-JURADO ET AL., 2017). BONOMI ET AL (2007) destaca que las mujeres mayores no suelen declarar o reconocer el maltrato debida a que a veces tienen una percepción diferente de esta violencia y no consideran los hechos como tal. En cifras, la prevalencia de este tipo de violencia es muy variable en los diferentes estudios. Se considera que la violencia de género en mujeres mayores supone un 2% del total de este tipo de violencia (AYCART J ET AL., 2019). Según el Instituto Nacional de estadística en el año 2019 sufrieron violencia de género 514 mujeres mayores de 65 años, un 1,61% del total.

Lo que sí está claro, es que la última etapa en la vida de las mujeres es crítica debido a diversos factores (AYCART J ET AL., 2019). En esta etapa de la mujer existen una serie de cambios que pueden actuar como factores precipitantes y aumentar el riesgo de ser víctima de violencia de género. La jubilación supone una etapa en la que pueden acumularse diferentes factores que aumentan la vulnerabilidad de la mujer. En esta etapa la convivencia con la pareja aumenta, lo que puede desencadenar por parte del agresor un mayor control del tiempo, actividades y círculo social de la mujer. Así mismo, se trata de una etapa en la cual es común la aparición de enfermedades, tanto en la mujer como en el agresor. Estas potencian, aceleran o agravan la escala de violencia y contribuye en muchos casos también a que las mujeres decidan continuar con la relación a pesar de la violencia. Desde el punto de vista económico, se considera que las mujeres mayores son más vulnerables que las mas jóvenes debido a diversos factores que pueden coexistir como la pobreza, la falta de vivienda, la dificultad para acceder a servicios esenciales o la pérdida de apoyos familiares. Por otra parte, en edades avanzadas la dependencia de la mujer del agresor es mayor, sobre todo la económica, lo que impide a veces que, a pesar de sufrir maltrato, las mujeres decidan terminar con la relación. Por otra parte, la existencia de hijos y su papel es fundamental cuando la mujer mayor es víctima de violencia de género. La posibilidad de una separación puede verse afectada por la falta de apoyo por parte estos, que en ocasiones se muestran reticentes a que su madre deje solo a su padre, centrándose más en el futuro de este que en el bienestar de la madre.

La violencia en las mujeres mayores de 65 años se caracteriza principalmente por su cronicidad, siendo la media de duración de esta superior a 20 años (MONTERO ET AL., 2013). Diversos estudios destacan que la duración suele ser superior a los 30 años en el 55% de las victimas mayores (AYCART ET AL., 2019). En cuanto a los mecanismos de violencia, la violencia psicológica es la más prevalente con una prevalencia de entre el 22 al 33% (BONOMI ET AL.,2007; MENESES ET AL., 2018). En contra, se considera que la violencia física es el mecanismo de abuso menos frecuente en este grupo etario (BONOMI ET AL.,2007; MENESES ET AL., 2018; STÖCKL ET AL., 2015) ya que este tipo de violencia disminuye significativamente a medida que aumenta la edad (STÖCKL ET AL., 2015).

A pesar de que la sociedad es cada día más consciente de la necesidad de luchar contra esta lacra social, el porcentaje de mujeres que deciden solucionar este problema por la vía penal es escaso. La violencia de género contra las mujeres mayores constituye un delito aún menos denunciado y menos entendido por el entorno y recursos públicos (AYCART ET AL., 2019). Según la V Macroencuesta sobre violencia de género, el porcentaje de mujeres mayores que denuncian es inferior en comparación con el de mujeres con una edad menor: un 68,4% das víctimas mayores de 65 anos denunciaron su situación en comparación con el porcentaje de mujeres más jóvenes, el 83,5% de estas denuncia. Se trata de un dato importante porque, para que las mujeres puedan acceder a los recursos de ayuda, es necesario la denuncia de esta violencia, tal y como se recoge en la Ley Orgánica 1/2004 de Medidas de Protección Integral contra la Violencia de Género, tan solo pueden acceder a las ayudas sociales y económicas aquellas victimas que interpusieron la denuncia. Actualmente, el Pacto de Estado recientemente aprobado, en consonancia con el Convenio de Estambul, propone que cualquiera víctima puede acceder a los recursos de ayuda, independientemente de si interpusiera o no la denuncia.

En el presente capítulo se definirán las características de la violencia de pareja en mujeres mayores de 65 en comparación con la violencia que sufren las mujeres más jóvenes a partir de un estudio de empírico. Los datos que se mostrarán forman parte de un amplio estudio de corte retrospectivo y carácter descriptivo realizado a partir de expedientes judiciales de la Fiscalía de Área de Santiago de Compostela. El estudio fue realizado gracias a un convenio firmado entre dicha Fiscalía y la Universidad de dicha localidad. En el estudio se incluyeron todos aquellos casos de violencia contra la mujer en la pareja cuyo procedimiento terminó con sentencia firme entre los años 2005 y 2012. Por otra parte, se excluyeron los casos que concluyeron por otras causas o pendientes de sentencia, así como los casos de violencia contra la mujer en otros contextos o aquellos en los cuales el agresor era solo juzgado por quebrantar una orden de alejamiento. Se recogió y seleccionó la información a partir de los documentos incluidos en los expedientes de la Fiscalía (atestados policiales, los documentos sanitarios y periciales, los expedientes sociales, los informes de la fiscalía y la sentencia judicial). Se seleccionó información relevante relacionada con las características sociodemográficas de los implicados, las características de su relación de pareja y contexto familiar, características y consecuencias de la violencia denunciada, la existencia de pruebas documentales y características del procedimiento judicial, entre otras. Todos estos datos se volcaron en unas fichas prediseñadas y fueron analizados estadísticamente con la finalidad de plasmar y definir de manera veraz este tipo de violencia.

Este capítulo se centrará en los datos del citado estudio relacionados con las mujeres mayores de 65 años. Se describirán las características de estas mujeres, de sus agresores y la relación que ambos mantenían. Así como las características del maltrato denunciado y el comportamiento de la mujer durante el proceso judicial. Además se analizarán las diferencias entre los casos de mujeres mayores y los de mujeres más jóvenes.

2. PREVALENCIA DE CASOS EN MUJERES MAYORES

La prevalencia de violencia de género disminuye a medida que aumenta la edad (BODELON, 2012; PUENTE-MARTÍNEZ ET AL., 2016). Es menos común en las mujeres de mayor edad, de hecho se considera que existe una relación inversamente proporcional entre la edad y ser víctima de violencia de género. Dentro de este colectivo, sobre todo es menos común en las mayores de 80 años (MENESES ET AL., 2018).

En el presente estudio *(Figura 1)* la mayoría de las mujeres tenían entre 21 y 50 años. El porcentaje de mujeres mayores de 65 años es bajo, del 2,41%.

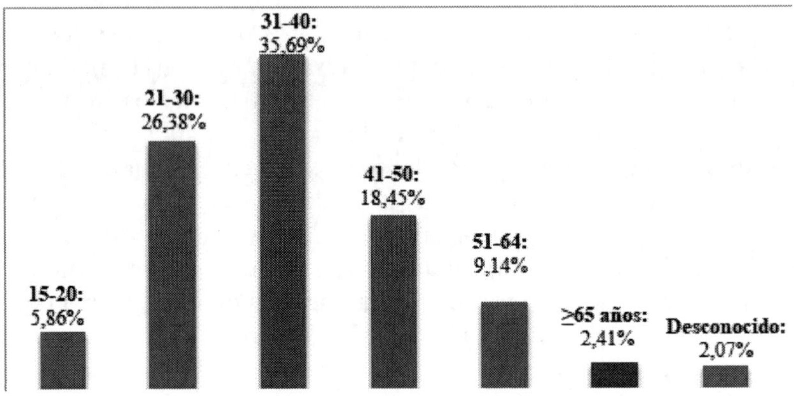

Figura 1. Edad de las mujeres incluidas en el estudio

3. CARACTERÍSTICAS DE LA VÍCTIMA MAYOR

Como ya se ha comentado anteriormente, no es común la violencia de género en mujeres mayores. Dentro de este colectivo, sobre todo es menos prevalente en las mayores de 80 años (MENESES ET AL., 2018). Tal y como se muestra en la *figura 2*, en el presente estudio la mayoría tienen entre 65 y 70 años, echo ratificado también por otros autores (AYCART ET AL., 2019). La media de edad fue de 71,64 años, teniendo la mujer más mayor, 82 años.

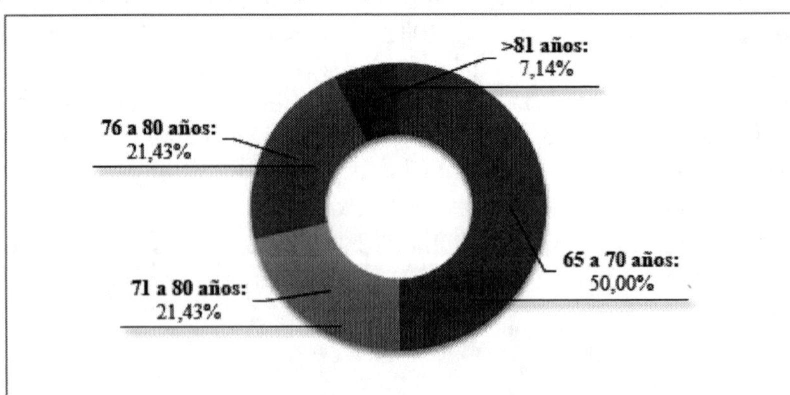

Figura 2. Edad de la mujer

En cuanto a la nacionalidad de esta, los datos del presente estudio muestran que la mujer víctima de violencia de género mayor es fundamentalmente española (92,86%). Parece ser que la inmigración en este grupo etario es un factor poco común, a pesar de que supone un factor que aumenta la probabilidad de sufrir este tipo de violencia debido a la acumulación de diferentes factores negativos como trabajos más precarios, dificultades para acceder a recursos o dificultados en la comunicación (RODRIGUEZ-CALVO ET AL., 2013; VIVES-CASES ET AL., 2010). En contra, en cuanto a las menores de 65 años víctimas de violencia de género recogidas en el presente estudio, el 17,33% es extranjera, porcentaje importante si lo comparamos el porcentaje de extranjeras en Galicia que ronda el 4% según el Instituto Gallego de Estadística.

Se considera que el divorcio o la separación son factores asociados con este tipo de violencia en las mujeres mayores (MENESES ET AL., 2019; MONTERO ET AL., 2013). El porcentaje de mujeres divorciadas o separadas en nuestro estudio fue del 21,45% *(figura 3)*. Debemos tener en cuenta que es menos común que las mujeres mayores agredidas por su compañero sentimental consideren esta vía, la separación o el divorcio, como una forma de terminar con la violencia. No es común que busquen ayuda, lo más común es que estas mujeres acepten el maltrato y lo vean como algo habitual. Además en esta decisión influyen otros factores como la falta de apoyo, la dependencia económica del agresor o la falta de autonomía (AYCART EL., 2019).

A pesar de que tradicionalmente se ha considerado el matrimonio formal como un factor protector en este tipo de violencia (SADDKI ET AL., 2010; VIVES-CASES ET AL., 2009), otras investigaciones destacan al matrimonio como un factor de riesgo que conduce a una mayor victimización (PUENTE-MARTÍNEZ ET AL., 2016). En contra, nuestro estudio muestra que las mayoría de las víctimas de violencia de género mayores estaban casadas o tenían pareja de hecho. En las mujeres más jóvenes, el porcentaje de mujeres casadas y solteras era muy parecido.

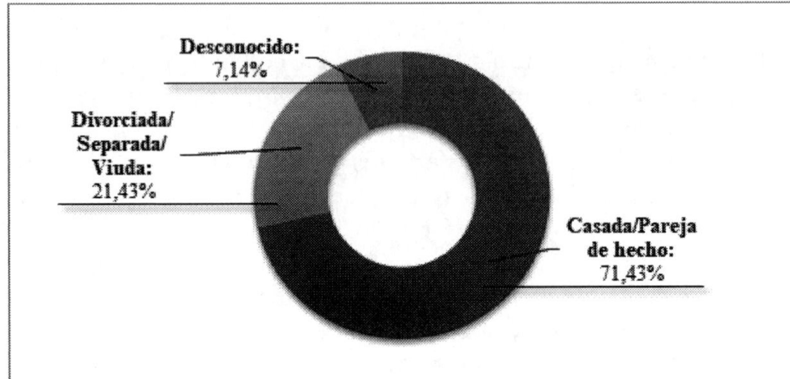

Figura 3. Estado civil de la mujer mayor

La mayoría de estudios destacan una mayor prevalencia del maltrato en las mujeres con hijos (BODELON, 2012; VIVES-CASES ET AL., 2007). La presente serie muestra que la gran mayoría de las mujeres mayores de 65 que sufrieron violencia de género tenían hijos *(figura 4)*, siendo la media de hijos por mujer de 3,07. En las víctimas jóvenes también es común que tengan hijos pero el número de estos es menor (entre 1 y 2). El número de hijos también supone un factor de riesgo, asociando este tipo de violencia a las mujeres que tiene un mayor número de hijos a su cargo. En cuanto a las mujeres mayores el hecho de tener hijos juega un papel importante en la decisión de separarse del agresor, tal y como se comentó anteriormente.

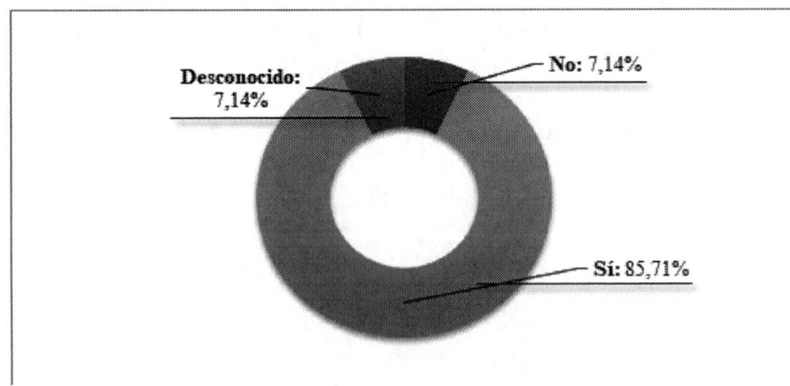

Figura 4. Descendencia de la mujer mayor

En cuanto al lugar de domicilio, diversos estudios destacan que el tamaño del lugar de residencia explica la dinámica de control social: cuanto menor sea el municipio, mayor control y menores oportunidades de cambio y de rematar con la relación violenta (AYCART ET AL.,2019). De hecho existen investigaciones que destacan una mayor prevalencia de la violencia de género en áreas rurales, y así mismo, destacan que en estas zonas existe una mayor probabilidad de que la mujer sea asesinada por su compañero sentimental (SANZ-BARBERO ET AL., 2016). En el presente estudio *(figura 5)*, se muestra un porcentaje importante de mujeres residentes en un entorno rural (núcleo poblacional con menos de 2000 habitantes), aunque lo más común es que las víctimas mayores residan en un entorno urbano (núcleo de población con más de 10.000 habitantes).

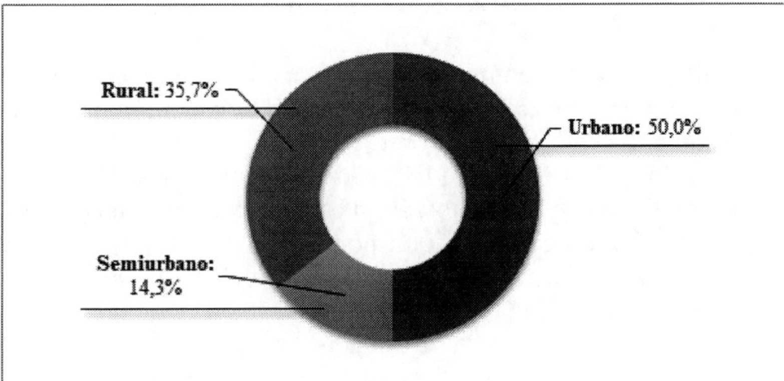

Figura 5: Domicilio de la mujer mayor

En cuanto al nivel socioeconómico *(figura 6)*, la mayoría de las mujeres mayores de 65 años víctimas de violencia de género presentan un nivel socioeconómico bajo y ninguna tiene ingresos superiores a los 1500 euros. El nivel socioeconómico bajo también es común en las mujeres menores de 65 años de nuestro estudio. El hecho de que la mujer cuente con unos ingresos bajos acentúa el nivel de dependencia con el agresor, siendo este unos de los factores clave para que decida no denunciar la agresión y continuar con la relación pese a la violencia.

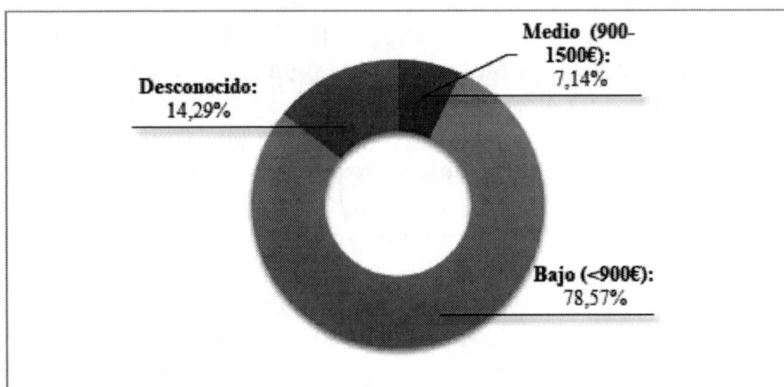

Figura 6: Nivel socioeconómico de la mujer mayor

La falta de un empleo remunerado se considera un factor de riesgo para las mujeres ya que limita la posibilidad de abandonar a su agresor debido a dependencia económica existente con este (SANZ-BARBERO ET AL., 2016). En cuanto a las mujeres mayores, tal y como se muestra en la *figura 7,* y como cabría esperar debido a su edad, todas están desempleadas existiendo un porcentaje importante de mujeres amas de casa. Cabe señalar que la mayor parte de las mujeres de nuestro estudio menores de 65 años tienen un trabajo remunerado.

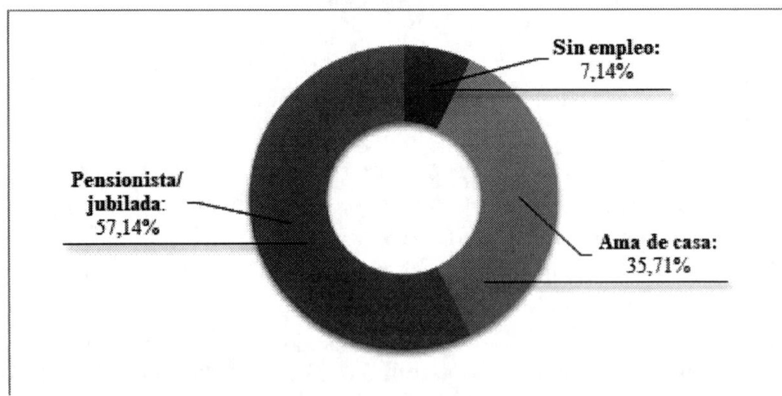

Figura 7: Situación laboral de la mujer mayor

Estas dos últimas características coinciden con la literatura que considera que la baja autonomía económica de la mujer supone un factor de riesgo que aumenta la victimización (LABRADOR ET AL., 2011; THOMPSON ET AL., 2006). Esta situación de dependencia económica implica que en muchos casos la mujer decida continuar con la relación violenta.

En conclusión y coincidiendo con otros autores (AYCART ET AL., 2019), no existe una clara asociación entre la violencia de género y un perfil de mujer mayor desde el punto de vista sociodemográfico aunque podemos destacar una serie de factores asociados a estas como ser españolas o estar casadas.

4. CARACTERÍSTICAS DE SU PRESUNTO AGRESOR

El estudio de las características del agresor es más escaso que los estudios de analizan las características de las víctimas y mucho menos frecuentes aquellos que hablan de los agresores de las víctimas de más de 65 años. En la *tabla 1* se muestra las características sociodemográficas del presunto agresor en aquellos casos de violencia de género en mayores de 65 años.

Los estudios destacan que la mayoría de agresores son jóvenes, con una edad inferior a 40 años (CAMACHO-VALADEZ ET AL.,2015; ECHEBURÚA ET AL., 2008; FIESTAS ET AL., 2012). Sobre todo se considera que la agresividad disminuye a medida que pasan los años (ECHEBURÚA ET AL., 2008). La media de edad del presunto agresor de mujeres mayores en nuestro estudio es de 71 años, al igual que la de la víctima por lo que es de imaginar que la mayoría sean jubilados o pensionistas.

En cuanto al estado civil, la bibliografía es escasa y muestra resultados muy variados. Se considera que cuando el hombre comienza a infligir el maltrato suele estar casado (MADUREIRA ET AL., 2014). En el presente estudio, la mayoría de hombres están casados, hecho que no ocurre con los casos de mujeres más jóvenes en los que la mitad de los agresores (un 50,54%) están solteros o separados.

Tabla1. Características sociodemográficas de los presuntos agresores

71,71 años (min 58, máx83)
76,92% casado
100% Español
50% domicilio urbano
76,92% pensionista/Jubilado
57,14% nivel socioeconómico bajo
64,29% historial adictivo

En los casos de violencia de género perpetrados en mujeres mayores de 65 años en nuestra serie, todos los agresores son de nacionalidad española, al contrario que en aquellos casos de violencia en mujeres más jóvenes, en los cuales un 14,62% de los agresores son extranjeros.

El resto de características sociodemográficas son parecidas a las de los agresores de mujeres más jóvenes. La mayoría residen en un entorno urbano y cuentan con un nivel socioeconómico bajo, hecho concluido también por otros estudios (ECHEBURÚA ET AL., 2008; FIESTAS ET AL., 2012). Casi el 65% de los agresores de la serie contaban con un historial adictivo, principalmente de consumo de alcohol, porcentaje superior al de la mayoría de estudios que ronda el 40% (EHCHEBURÚA ET AL., 2008; REDONDO ET AL., 2015). Se considera que en los hombres que maltratan a sus parejas la prevalencia de consumo de alcohol es superior a la de la población general (CATALÁ-MIÑANA ET AL., 2013; REDONDO ET AL., 2015), además la probabilidad de agresión es de 8 a 11 veces mayor cuando el agresor consume alcohol o drogas. Aunque sea un factor tradicionalmente asociado a los hombres que maltratan a sus parejas, debemos destacar que, tal y como destacan otros autores (FIESTAS ET AL., 2012; MADUREIRA ET AL., 2014: NÓBLEGA, 2012), el alcohol y el consumo de sustancias no supone un factor suficiente para explicar el maltrato, si no que funciona como un desinhibidor incrementando la probabilidad de que sucedan eventos agresivos.

En definitiva, aunque se puede destacar que el agresor de las mujeres mayores de 65 años suele tener su misma edad, consumir algún tipo de sustancia, estar casado y ser español, la literatura disponible describe que los hombres que maltratan a sus mujeres responden a un perfil muy heterogéneo (ECHEBURÚA ET AL., 2008).

5. CARACTERÍSTICAS DE LA RELACIÓN DE PAREJA Y DEL CONTEXTO FAMILIAR

En la *tabla 2* se presentan las características de la relación existente entre la mujer mayor de 65 años y su presunto agresor. Las características de la relación de pareja y del contexto familiar pueden fomentar la violencia o agravar una relación violenta ya existente. Así la literatura describe diversos factores de riesgo como la duración de la relación ya que se considera que con el paso del tiempo aparecen en las parejas diversos conflictos que producen un deterioro de la relación, así como de la capacidad de expresar afectos y llegar a acuerdos.

Es común que las víctimas de violencia de género mantengan una relación duradera con el agresor (BALLESTER ET AL., 2010; CANAVAL ET AL., 2007). En el caso de las victimas mayores, la relación con su agresor suele ser duradera estimando algunos estudios una media de hasta 21 años (MONTERO ET AL., 2013). En la presente serie la media de años de convivencia entre víctima y agresor fue de 42 años, siendo el máximo de 61.

La literatura destaca que cuando se produce la agresión la mayoría de victimas convive con su pareja (ECHEBURÚA ET AL., 2008; VIVES-CASES ET AL., 2009), factor que limita mucho la posibilidad de la mujer de terminar con la relación violenta ya que dificulta la búsqueda de ayuda. En la presente serie convivían con el agresor en el momento de los hechos un porcentaje importante de mujeres, el 78,57%.

Así mismo, se considera un factor de estrés añadido que la pareja conviva con otras personas. El principal colectivo que conviven con la pareja son los hijos (BONOMI ET AL., 2009; VIVES-CASES ET AL., 2009). En el presente estudio, a pesar de tratarse de parejas mayores, la mitad convivían con los hijos. En los casos de mujeres más jóvenes el porcentaje es superior (del 64,01%). La proporción de parejas que viven solas es parecida en ambos colectivos, cercana al 25%.

Tabla 2. Características de la relación de pareja

78,57% conviven con el agresor
Años medios de convivencia: 42 (max.:61)
50% conviven con los hijos
28,57% viven solos

6. CARACTERÍSTICAS DEL MALTRATO

En la *tabla 3* se pueden observar las características del maltrato denunciado por las mujeres mayores de 65 años incluidas en el presente estudio. La violencia en las mujeres de este grupo de edad se caracteriza por tener una larga duración, lo que pone en manifiesto su cronicidad (AYCART ET AL., 2019). En la presente serie, cerca del 65% de las mujeres fueron víctimas de un maltrato continuado siendo la media de duración de este de 25 años y el máximo de 50 años.

Este tipo de violencia se puede producir en cualquier lugar y a cualquier hora del día, pero lo más común es que tenga lugar en el domicilio familiar o en el domicilio de alguno de los miembros de la pareja (MADUREIRA ET AL., 2014; PEREIRA ET AL., 2013). Nuestra serie pone de manifiesto que la totalidad de casos de violencia de pareja en mujeres mayores de 65 años tienen lugar en el domicilio. En los casos de mujeres más jóvenes este lugar también es el más común pero aparecen casos otros lugares, como en lugares públicos.

En el contexto de la violencia de género lo más común es la combinación de violencia física y psicológica (FERNÁNDEZ-GONZÁLEZ ET AL., 2017; LABRADOR ET AL., 2011; THOMPSON ET AL., 2006). Analizados de manera individual, el tipo de maltrato más común es la violencia física, presente en más del 79% de los casos (FERNÁNDEZ-GONZÁLEZ ET AL., 2017), aunque existen estudios que destacan la primacía de la violencia psicológica (VIVES-CASES ET AL., 2010). En esta serie, el 64,29% de las mujeres mayores sufrieron violencia psicológica y el 57% violencia física.

Las lesiones físicas constituyen los efectos más visibles y directos del maltrato. La Organización Mundial de la Salud (2013) destaca en uno de sus estudios que la mitad de las víctimas de violencia de género van a presentar algún tipo de lesión, lo que concuerda con los resultados del presente estudio. El 50% de las mujeres mayores de 65 años presentaron lesiones físicas como consecuencia de la violencia. La mayoría de las mujeres son víctimas de diversos mecanismos de abuso por lo que presentan múltiples lesiones de diferente tipología. El número medio de lesiones por mujer en esta serie fue de de 2,85. Principalmente se trata de contusiones en cabeza y miembros superiores. A las lesiones en cabeza se le atribuye una gran sensibilidad y una baja especificidad del maltrato a la mujer por lo que algunos investigadores proponen que sean considerados como marcadores de este tipo de violencia (DOURADO, 2015). En cuanto a las lesiones en extremidades superiores, se caracterizan por ser lesiones compatibles con lesiones de defensa y descritas como la principal localización por otros autores (BHANDARI ET AL., 2006).

Tabla 3. Características del maltrato

64,29% maltrato continuado
100% en el domicilio
64,29% violencia psicológica y 57,14% violencia física
50% lesión física (media 2,85 lesiones)
50% asistencia sanitaria

7. COMPORTAMIENTO DE LA MUJER DURANTE EL PROCEDIMIENTO JUDICIAL

Durante el procedimiento judicial, el comportamiento de la víctima es fundamental sobre todo a la hora de iniciar el proceso. En los casos de violencia de género, el comportamiento de la mujer durante el procedimiento judicial es diferente al de resto de víctimas de otros delitos. Los vínculos personales y afectivos que existen entre víctima y agresor y la situación en la que la mujer se encuentra tras la agresión (baja autoestima, vergüenza...) se traducen en actitudes incoherentes y contradictorias. Existen por lo tanto, una serie de circunstancias que pueden condicionar su comportamiento e influir así en la decisión final del juez. En la figura 8 se muestra el comportamiento procesal de las víctimas mayores de 65 años de nuestro estudio.

La mayoría de víctimas de violencia de género mayores no se reconocen como tal. Se considera que pasan una media de 4 años hasta que la mujer es consciente de la situación (OSUNA ET AL., 2011). Aproximadamente entre el 28 y el 59% de las victimas denuncian los hechos (BOSCH ET AL., 2003; DE CRISTINO ET AL., 2012). En cuanto a la violencia en mujeres mayores, el presente estudio muestra, sorprendentemente, que la gran mayoría (el 92,86%) denunciaron los hechos y debemos destacar que la mitad de estas contaban con apoyo familiar y/o social.

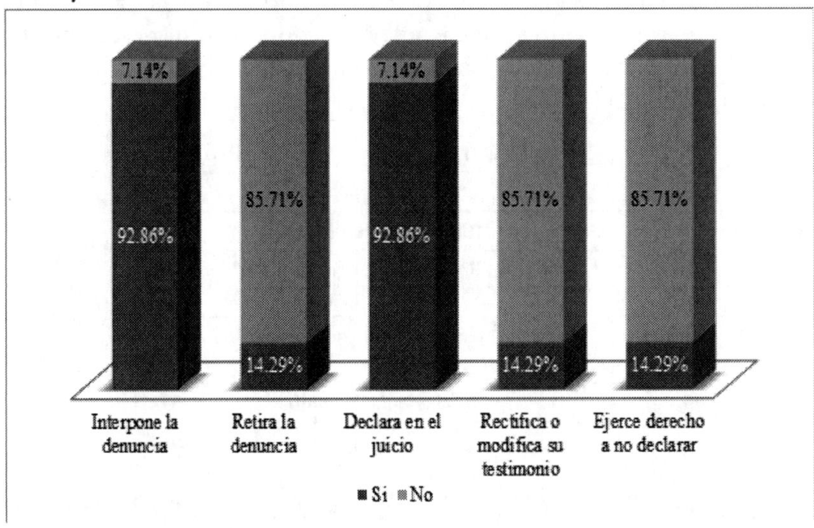

Figura 8: Comportamiento procesal de la mujer mayor

En el 7% de casos restantes, la víctima decidió no denunciar y en casi el 15% de los casos la mujer decidió retirar la denuncia. Los motivos por los cuales las mujeres son reticentes a denunciar estos hechos son variados: miedo a sufrir represalias, deseo de proteger al agresor, falta de apoyo familiar, social o económico, desconfianza en la administración de justicia, creencias culturales y/o sentimiento de culpabilidad. (BODELÓN, 2012; LARRAURI, 2003; ROIG, 2012). En particular en el caso de las mujeres mayores, debemos destacar que la violencia es perpetrada por la pareja con la que han convivido durante años, por lo que la violencia ha pasado a formar parte de sus vidas y a ser algo habitual (AYCART ET AL., 2019). Este no reconocimiento de la violencia se acentúa en los casos de violencia psicológica, ya que muchas mujeres desconocen que este tipo de abuso sea considerado un delito (BODELÓN, 2012).

Diversos autores destacan que en la mayoría de juicios por violencia de género el testimonio de la mujer constituye la única prueba directa del maltrato (LARRAURI, 2003; ROIG, 2012). En el caso de las mujeres mayores, el presente estudio muestra que un porcentaje importante, casi el 93%, declara en el juicio. La mayoría de autores destacan que este testimonio es considerado el principal elemento probatorio (LARRAURI, 2003; PIÑEIRO, 2011).

En el contexto de este tipo de violencia, es común que la mujer retire la denuncia, se intente desvincular del proceso o modifique su versión inicial, hechos que complicarían la resolución del caso. En esta serie, ejercieron su derecho a no declarar casi el 15% de las mujeres, porcentaje superior al de las mujeres más jóvenes que en el presente estudio es poco superior al 8%

Otro de los hechos que dificulta la decisión del juez es la rectificación o modificación del testimonio por parte de la mujer (PIÑEIRO, 2011). En la presente serie, en el 14,92% de los casos, la mujer decidió rectificar o modificar la versión aportada en el proceso de instrucción. El mismo porcentaje de mujeres ejerció su derecho a no declarar expuesto en el artículo 416 de Ley de Enjuiciamiento Criminal. El silencio de la víctima durante el procedimiento tiene importante consecuencias, asociándose a un alto porcentaje de sentencias absolutorias y de sobreseimiento, ya que en la mayoría de casos provoca la inexistencia de una prueba de cargo que incrimine al acusado (ARCE, 2010; PIÑEIRO, 2011) . Esto indica la necesidad de modificar la legislación. Este derecho fue uno de los aspectos más debatidos durante la reuniones realizadas antes del Pacto de Estado. Finalmente, los grupos parlamentarios no llegaron a un acuerdo por lo que el Pacto de Estado no establece ninguna modificación al respecto. Por tanto, es fundamental aumentar las medidas de apoyo a las víctimas y asegurar las medidas de protección para conseguir sobre todo que la mujer se sienta segura y decida continuar con el proceso hasta el final.

8. CONCLUSIONES

Nuestro estudio muestra las características de la víctima de violencia de género mayor a partir de casos denunciados de violencia de género. De él podemos concluir que la violencia de género es menos frecuente en mujeres mayores. Aún así existen características que diferencian a estas mujeres de las mujeres más jóvenes como la nacionalidad y el estado civil (principalmente españolas y casadas). La mayoría conviven con el agresor una media de 40 años. El maltrato que sufren suele ser continuado y son víctimas tanto de maltrato físico como psicológico que tiene lugar principalmente en el domicilio familiar. La mayoría de las mujeres decidió interponer la denuncia contra el agresor jugando un papel importante el hecho de contar con apoyo social.

En definitiva nuestro estudio muestra la vulnerabilidad de la mujer mayor y la necesidad de continuar realizando investigaciones al respecto para conocer mejor la violencia en este grupo etario. El abordaje de la violencia de género en estas mujeres requiere un enfoque específico con una especial atención a la información sobre sus derechos y recursos de protección y apoyo disponibles con el fin de empoderar a la mujer mayor.

9. REFERENCIAS BIBLIOGRÁFICAS

ACKERSON L.K., KAWACHI I., BARBEAU E.M., SUBRAMANIAN S.V. "Effects of individual and proximate educational context on intimate partner violence: a population-based study of women in India", en *Am J Public Health* 98, 2008, pp. 507-514.

AYCART J., GENDE S., MALGESINI G., MONTEROS S., NEBREDA M., GIL P, ET AL. "Estudio sobre las mujeres mayores de 65 años víctimas de violencia de género". Madrid, 2019.

ARCE R. "El Sistema de Evaluación Global en casos de violencia de género: huella psíquica y testimonio", en *Información psicológica* 99, 2010, pp. 19-35.

BALLESTER A., VENTURA M. "Evaluación mediante el Inventario MCMI-III de las mujeres víctimas de maltrato psicológico por parte de su anterior pareja", en *Rev Esp Med Legal* 36(2), 2010, pp. 68-76.

BHANDARI M, DOSANJH S, TORNETTA P, MATTHEWS D. "Musculoskeletal manifestations of physical abuse after intimate partner violence", en *J Trauma* 61, 2006, pp. 1473-1479.

BODELÓN E. Violencia de género y las respuestas de los sistemas penales. Didot, Buenos Aires, 2012.

BONOMI AE., ANDERSON M.L., REID R.J., CARRELL D., FISHMAN P.A., RIVARA F.P., ET AL. "Intimate Partner Violence in Older Women", en *Gerontologist* 47(1), 2007 pp. 34–41.

BOSCH E., FERRER V. "Mujeres maltratadas: Análisis de características sociodemográficas, de la relación de pareja y del maltrato" en *Psychosocial Intervention* 12(3), 2003, pp. 325-344.

CAMACHO-VALADEZ D., PÉREZ-GARCÍA M. "The demographic/anthropometric profile or the denounced perpetrator of gender violence to the north of Mexico: descriptive study", en *Cuad Med Forense* 19, 2015, pp. 29-32.

CANAVAL G.E., GONZÁLEZ M.C., SÁNCHEZ M.O. "Perfil sociodemográfico de las mujeres que denuncias maltrato de pareja en la ciudad de Cali", en *Inv Enf* 9 (2), 2007, pp. 159-176.

CATALÁ-MIÑANA A., LILA M., OLIVER A. "Alcohol consumption in men punished for intimate partner violence: individual and contextual factors", en *Adicciones* 25(1), 2013, pp. 19-28.

DE CRISTINO M., CAMACHO A., ÁVILA J., MATA A., DÍAZ J., ÓJEDA R. "Perfil sociodemográfico de la mujer víctima de la violencia de género en el Dispositivo de Cuidados Críticos y Urgencias de Distrito Sanitario Códoba", en *Páginas enferurg* 3(12), 2012, pp. 19-27.

DOURADO S. "Visible and invisible marks: facial injuries suffered by women as the result of acts of domestic violence", en *Ciência & Saúde Coletiva*, 20(9), 2015, pp. 2911-2920.

ECHEBURÚA E., FERNÁNDEZ-MONTALVO J., DE CORRAL P. "¿Hay diferencias entre la violencia grave y la violencia menos grave contra la pareja?: un análisis comparativo", en Int *J Clin Health Psychol* 8(2), 2008, pp. 355-382.

FERNÁNDEZ-GONZÁLEZ L, CALVETE E, ORUE I. "Mujeres víctimas de violencia de género en centros de acogida: características sociodemográficas y del maltrato", en *Psychosocial Intervention* 26, 2017, pp. 9-17.

FIESTAS F., ROJAS R., GUSHJIKEN A., GOZZER E. "Who is the victim and who the offender in intimate partner physical violence? An epidemiological study in seven cities of Peru", en *Rev Peru Med Exp Salud Pública* 29(1), 2012, pp. 44-52.

GARCÍA-MORENO C. "Violence against women: International perspectivas", en *Am J Prev med* 19(4), 2000, pp. 330-333.

HEISE L. "Violence against women: an integrated, ecological framework", en *Violence Against Wom* 15, 1998, pp. 239-251.

INSTITUTO GALEGO DE ESTATÍSTICA. [sitio web]. [Consulta: 20 enero 2021]. Disponible en: https://www.ige.eu/web/index.jsp?paxina=001&idioma=gl.

INSTITUTO NACIONAL DE ESTADÍSTICA. [sitio web]. 2020. Madrid: INE [Consulta: 30 diciembre 2020]. Disponible en: http://www.ine.es/.

JEWKES R. "Intimate partner violence: causes and prevention", en *Lancet* 359, 2002, pp. 1423-1429.

LABRADOR F.J., FERNÁNDEZ-VELASCO M.R., RINCÓN P. "Psychopathological characteristics of female victims of intimate partner violence", en *Psychol Spain* 15(1), 2011, pp. 102-109.

LARRAURI E. "¿Por qué retiran las mujeres maltratadas las denuncias?", en *Revista de Derecho Penal y Criminología, 2º época* 12, 2003, pp. 271-307.

MADUREIRA A., LÚCIA RAIMONDO M., RAIMONDO FERRAZ M., DE VARGAS MARCOVICZ G., LABRONICI L., MANTOVANI M. "Profile of men who commit violence against women who are arrested in delicto flagrante: contributions to confronting the phenomenon", en *Escola Anna Nery* 18(4), 2014, pp. 600-606.

MENESES C., CHARRO B., RÚA A., UROZ J. "La violencia en mujeres mayores de 60 años", [Consulta: 2 febrero 2021]. Disponible en: https://proyectosluzcasanova.org/wp-content/uploads/2020/09/investigacion-Comillas-1.pdf.

MONTERO I., MARTÍN-BAENA D., ESCRIBÀ-AGÜIR V., RUIZ-PÉREZ I., VIVES-CASES C., TALAVERA M. "Intimate Partner Violence in Older Women in Spain: Prevalence, Health Consequences, and Service Utilization" en *J Women Aging* 25(4), 2013, pp. 358–71.

NÓBLEGA M. "Characteristics of the aggressors toward couple", en *Liberabit*, 18, 2012, pp. 50-69.

OBSERVATORIO ESTATAL DE VIOLENCIA SOBRE LA MUJER, V Macroencuesta de Violencia de Género, 2015. [Consulta: 10 noviembre 2020]. Disponible en: https://violenciagenero.igualdad.gob.es/violenciaEnCifras/estudios/colecciones/pdf/Libro_22_Macroencuesta2015.pdf

OSUNA M., JIMÉNEZ B. "El silencia de las víctimas: un análisis jurídico y social Mujer" IAdl, editor. Sevilla; 2011

PEREIRA A., VIEIRA D., MAGALHÂES T. "Fatal intimate partner violence against women in Portugal: a forensic medical national study", en. *J Forensic Leg Med* 20, 2013, pp.1099-1107.

PIÑEIRO I. "La víctima de la violencia de género y la dispensa del artículo 416 de la LECRIM", en *Revista jurídica de Castilla y León* 24, 2011, pp. 91-116.

PUENTE-MARTÍNEZ A., UBILLOS-LANDA S., ECHEBURÚA E., PÁEZ-ROVIRA D. "Factores de riesgo asociados a la violencia sufrida por la mujer en la pareja: una revisión de metaanálisis y estudios recientes" en *Anales de psicología*, 32, 2016, pp. 295-306.

REDONDO N., GRAÑA J. "Consumo de alcohol, substancias ilegales y violencia hacia la pareja en una muestra de maltratadores en tratamiento psicológico", en *Adicciones* 27(1), 2015, pp. 27-36.

Rodríguez-Calvo M, Vázquez-Portomeñe F. La violencia de género. Aspectos médico-legales y jurídico penales, Tirant Lo Blanch, Valencia, 2013.

ROIG C. "La víctima como testigo en los procesos penales por violencia de género: especial referencia a la Jurisprudencia de la Comunicad Valenciana", en *ReCrim*, 2012, pp. 67-118

RUIZ-PÉREZ I., PLAZAOLA-CASTAÑO J., ÁLVAREZ-KINDELAN M., PALOMO-PINTO M., ARNALTE-BARRERA M., BONET-PLA A., ET AL., "Sociodemographic associations of physical, emotional, and sexual intimate partner violence in Spanish women", en *Ann Epidemiol* 16, 2006, pp. 357-63.

SADDKI N., SUHAIMI A., DAUD R. "Maxillofacial injuries associated with intimate partner violence in women" en *BMC Public Health* 10, 2010, pp.268.

SANDOVAL-JURADO L., JIMÉNEZ-BÁEZ M., ROVIRA G., VITAL O., PAT F. "Violencia de pareja: tipos y riesgos en usuarias de atención primaria de salud en Cancún, Quintana Roo, México", en *Aten Primaria* 49(8), 2017, pp. 465-472.

SANS M., SELLARÉS J. "Detección de la violencia de género en atención primaria", en *Rev Esp Med Legal* 36, 2010, pp. 104-109.

SANZ-BARBERO B., HERAS-MOSTEIRO J., OTERO-GARCÍA L., VIVES-CASES C. "Perfil sociodemográfico del femicidio en España y su relación con las denuncias por violencia de pareja", en *Gac Sanit* (30), 2016, pp. 272-278.

SEIJO M., NOVO M. Aproximación psicosocial a la violencia de género: Aspectos introductorios. En. Violencia de género. Tratado psicológico y legal. Biblioteca Nueva, Madrid, 2009, pp. 63-74.

SEMAHEGN A, MENGISTIE B. "Domestic violence against women and associated factors in Ethiopia; Systematic review", en *Reprod Health* 12(1), 2015, pp.12.

STÖCKL H., PENHALE B. "Intimate Partner Violence and Its Association With Physical and Mental Health Symptoms Among Older Women in Germany", en *J Interpers Violence* 30(17), 2015, pp. 3089–111.

SUELVES J., JANÉ M., PLASÈNCIA A. "Violencia del compañero íntimo contra la mujer: una mirada desde la Salud Pública", en *Rev Esp Med Legal* 36(3), 2010, pp. 98-103.

THOMPSON R.S., BONOMI A.E., ANDERSON M., REID R.J., DIMER J.A., CARRELL D., RIVARA F.P. "Intimate partner violence: prevalence, types, and chronicity in adult women", en *Am J Prev Med* 30(6), 2006, pp. 447-457.

VIVES-CASES C., ÁLVAREZ-DARDET C., GIL-GONZÁLEZ D., TORRUBIANO-DOMÍNGUEZ J., ROHFS I. y ESCRIBÀ-AGÜIR V. "Perfil sociodemográfico de las mujeres afectadas por violencia del compañero íntimo en España", en *Gac Sanit* 23(5), 2009, pp. 410-414.

VIVES-CASES C., CARRASCO-PORTIÑO M., ÁLVAREZ-DARDET C., "La epidemia por violencia del compañero íntima contra las mujeres en España. Evolución temporal y edad de las víctimas", en *Gac Sanit* 21(4), 2007, pp. 298-305.

VIVES-CASES C, RUIZ-CANTERO M, ESCRIBÀ-AGÜIR V, MIRALLES J. "The effect of intimate partner violence and other forms of violence against women on health", en *J Public Health* 33(1), 2010, pp. 15-21.

WORLD HEALTH ORGANIZATION. Global and reginal estimates of violence against women: prevalence anda health effects of intimate partner violence and non-partner sexual violence Geveve, Switzerland; 2013.

Capítulo II

Psicología criminal y violencia de género en mayores de 65 años. ¿Mal vino en odre viejo? Mt 9:14-17

MARÍA PATRICIA NAVAS
XOSÉ ANTÓN GÓMEZ FRAGUELA
JORGE SOBRAL
Universidad de Santiago de Compostela

SUMARIO

Este capítulo de libro focaliza la atención en la violencia de género protagonizada por varones mayores de 65 años, como sujetos posibles de asistencia y reeducación. A pesar de que no se conoce con exactitud el número de varones mayores de 65 años que ejercen violencia de género, diversos estudios y organismos institucionales alertan de que las denuncias oficialmente registradas son únicamente "la punta del iceberg". La violencia de género en mayores de 65 años es, no sólo un grave problema de salud pública sino también una clara violación de los derechos humanos de las mujeres sobradamente invisibilizados. Partiendo de esta prevalencia del silencio, se presenta un modelo que considera múltiples factores de riesgo de la conducta violenta, con especial énfasis en el magma sociocultural que facilita que la agresión de género funcione como un automatismo, exento de autocrítica y sanción contextual, dentro de un entramado de representaciones sociales dominantes que naturalizan y normalizan este tipo de violencia en mayores de 65 años. Para finalizar, se destaca la heterogeneidad en el perfil del maltratador de género mayor de 65 años, se proponen nuevas líneas de investigación que permitan romper con los esencialismos y fomentar nuevas identidades masculinas con las que poder ayudar a los hombres mayores de 65 a ser verdaderos agentes de igualdad, y se destaca la necesidad de más servicios sociosanitarios–asistenciales intervinientes.

Este libro aborda la violencia de género en personas mayores de 65 años. A lo largo del mismo, se proporciona información relativa a ciertos aspectos criminológicos y jurídico-penales de las víctimas de esta violencia. Por ello, conocemos ahora mejor como las acciones preventivas y asistenciales contra la violencia de género deben priorizar la protección, dignificación, empoderamiento y autonomía de las mujeres mayores de 65 años para vivir en condiciones reales de igualdad. Sin embargo, existe un cierto riesgo de que algunas reacciones ante esta violencia generen, como ya advirtió Luis Bonino (2000), un efecto secundario indeseado, y contrario a sus objetivos: así, "*centrarse en las mujeres puede estar confirmando la idea de que el problema de la violencia es -de- las mujeres en vez de ser un problema -de- los hombres con terribles consecuencias -para- las mujeres*". Porque cuando hablamos de que esa violencia es cosa de hombres, no deberíamos entenderlo como un hecho aislado de cada hombre. Más bien al contrario, cada uno de ellos internaliza inputs procedentes de un entorno social y culturalmente construido que, de múltiples modos, impulsa, legitima, justifica y racionaliza los fundamentos de ciertas subculturas en las que la violencia ha terminado por ser un marcador de identidad, además de su carácter puramente instrumental. Por lo tanto, cuando hablamos de que la violencia -en cualquiera de sus manifestaciones- es cosa de hombres, entendemos que atendemos, al menos, a dos planos de análisis: uno, aquellas características definitorias del individuo agente, como alguien singular; y otro, el magma sociocultural patriarcal y androcéntrico en el que ese individuo se desenvuelve. Esto es, su ecosistema contextual (Lorente, 2020). En este capítulo, la idea rectora es focalizar la atención en la violencia de género protagonizada por varones mayores de 65 años, como sujetos posibles de asistencia y reeducación.

1. UNA APROXIMACIÓN CUANTITATIVA AL FENÓMENO

Hasta el momento pocas publicaciones recopilan estudios de violencia de género (en adelante VG) en personas mayores de 65 años. Gran parte de la investigación científica realizada en este campo ha sido producida de manera colateral cuando se ha estudiado el abuso y la violencia que reciben las personas mayores -tanto hombres como mujeres-por sus cuidadores. Sin embargo, la Ley Orgánica *1/2004*, de 28 de diciembre, de Medidas de Protección Integral contra la Violencia de Género, indica actuar contra la violencia que, como manifestación de la discriminación, la situación de desigualdad y las relaciones de poder que tienen los hombres sobre las mujeres se ejerce sobre éstas por parte de quienes sean o hayan sido sus cónyuges, o de quienes estén o hayan estado ligados a ellas por relaciones similares de afectividad (aún sin convivencia). Se define la centralidad que tiene el género como principio organizador e instrumento de control del patriarcado sobre las mujeres, diferenciando la VG de otros tipos de violencia. Así, una de las principales aportaciones llevadas a cabo en España en este ámbito ha sido el estudio realizado por la Delegación del Gobierno contra la VG sobre la discriminación de género en mujeres mayores de 65 años en tanto que víctimas. Las conclusiones más relevantes fueron: a) la extensión del fenómeno, ya que cerca del 40 % había sufrido violencia durante más de 40 años, y el 27% durante al menos 20 años; b) los altos porcentajes de prevalencia de diferentes expresiones de VG, esto es, física, sexual, psicológica y económica, principalmente; c) la manifestación de ciertos acontecimientos vitales (nacimientos, bodas o comuniones, etc.) como amplificadores que potencian, aceleran y agravan la escalada de la violencia; d) la alta percepción de riesgo de nueva agresión; e) a pesar de esa alta percepción, los motivos por los que las mujeres entrevistadas referían haber permanecido en la relación de pareja con el maltratador: el 35% indicaron tener miedo a que las mataran, y el 13% señalaron que no se admitían denuncias por este motivo. Un 32% restante, manifiesta que lo hizo por sus hijos e hijas. En total, un 45% lo hizo por actitudes y creencias fuertemente arraigadas en los mitos y memes patriarcales (Sobral y Gómez-Fraguela, 2015);

f) la ausencia de una clara asociación de la VG con cualquier perfil victimológico esperable desde el punto de vista socioeconómico o sociodemográfico.

Sin embargo, en ese estudio no se aportan cifras sobre el número de hombres mayores de 65 años que ejercen violencia o llegan a estar oficialmente denunciados por este hecho -lo cual no deja de ser una evidencia más de la necesidad de investigar en este campo- , por lo que a continuación, presentamos cifras obtenidas de otras fuentes oficiales. El último informe general de Instituciones Penitenciarias (2018), indica que los delitos y faltas de VG son la 3ª tipología delictiva con más penados (4.690) en España, después de los delitos contra el patrimonio y el orden socioeconómico (16.880 penados), y contra la salud pública (8.828 penados). En al año 2019, el INE indica que 20.448 hombres fueron condenados por VG con sentencia firme. De todos estos, 2.267 fueron menores de 25 años, 17. 518 tenían entre 25 y 64 años, y 663 fueron mayores de 65 años (3.24%). Este pequeño porcentaje de varones mayores de 65 años condenados, tenemos que interpretarlo teniendo en cuenta un dato complementario: "solo" el 62% de las mujeres de 65 o más años que han sufrido violencia física, sexual o emocional por parte de su pareja denuncia o busca ayuda, frente al 85.6% de las mujeres entre 16 a 64 años que lo han hecho (Delegación del Gobierno contra la Violencia de Género, 2015). Si el/la lector/a, conocedor de nuestra realidad, y ahora también de los datos, nos sigue en la reflexión, caerá en la cuenta de que en este rango de edad la VG tiene una peculiaridad que no sólo es un pilar angular para su intervención, sino que además produce que siga siendo una realidad pertinaz aún en nuestros días: una relativa *prevalencia del silencio*. ¿A qué se debe ese notable silencio en la VG en mayores de 65 años? ¿Por qué continúa invisibilizada una realidad que, en nuestros días, puede ser legítimamente denunciada? ¿Existe un binarismo de género que cataliza actitudes, valores, y creencias... acaso compartidas, con la masculinidad hegemónica de los perpetradores que "justifican, minimizan y normalizan" este tipo de violencia, con una intensidad peculiar en ese grupo de edad?

2. CULTURA Y SOCIALIZACIÓN DIFERENCIAL: EL ESQUELETO DE LA VIOLENCIA DE GÉNERO

La psicología criminal, en tanto que uno de los pilares de asiento de las ciencias criminológicas, y que intenta explicar la génesis del delito, la personalidad y motivaciones del delincuente, debe promover medidas que incidan en su prevención, control, tratamiento y reinserción de sus autores (Otín del Castillo, 2010). Existen multitud de modelos que contribuyen a la explicación de la génesis y/o mantenimiento de la VG. La característica común de todos ellos es que, aunque pueden diferir en la importancia que asignan a los diferentes factores individuales y sociales considerados, entienden esta violencia como un fenómeno complejo, sólo explicable a partir de la intervención de un conjunto de factores específicos, vinculados todos ellos con la desigualdad de poder entre varones y mujeres; se trata además de un fenómeno a escala mundial (ONU, 2006). Es decir, estos modelos no sólo tomarían en consideración los múltiples factores de riesgo individuales y psicosociales de conducta violenta, sino que consideran que el género y las relaciones de género desempeñan un papel transversal en múltiples manifestaciones de violencia ejercida por los hombres hacia las mujeres, incorporando como clave etiológica de esa violencia una sociedad dicotomizada y desigualmente estructurada en función del género (Delgado, 2013). Partiendo de ese axioma, Bosch y Ferrer (2016) propusieron un modelo hermenéutico-heurístico, teóricamente plausible, acerca del comportamiento del agresor, encajando en él diversos resultados de investigaciones en el campo, al tiempo que trata de profundizar en los mecanismos y factores diferenciales de aquellos varones que llegan a ser agresores.

El modelo piramidal (en adelante MP) de Bosch y Ferrer (2019) propone una estructura teórica de cinco escalones jerárquicos. Cuatro de ellos constituirían los mecanismos explicativos de la VG. El primero hace referencia al **sustrato patriarcal,** base del modelo, y agrupa a tres elementos comunes en toda violencia de género: *la ideología patriarcal,* nutrida por el sexismo como disposición cognitiva, afectiva y conductual, que considera lo masculino como superior a lo femenino, y la misoginia como su máxima expresión; *la legitimidad de la desigualdad de género,* al justificar la supuesta superioridad masculina a partir de una estructura social en la que los hombres tienen más poder y privilegios; y *la legitimidad de la violencia* dirigida contra quienes no respetan la autoridad masculina o la desafían de algún modo. Además, esta violencia sería "racional" e instrumental, ya que, motivada principalmente por el poder o por la ira, pretende buscar unos determinados objetivos (materiales o morales) justificando la agresión y/o minimizándola para exonerar al agresor o, a menudo, culpar a la víctima (Lorente, 2020). El segundo escalón de este modelo piramidal, hace referencia a **la socialización diferencial**, esto es, a la difusión de la ideología patriarcal durante el proceso de socialización en los círculos más cercanos (familia) o más periféricos (amistades, centros de formación), a través *de los mandatos de género tradicionales,* donde el hombre es enseñado a *ser para sí* -autónomo, racional, exitoso, fuerte, etc.-, mientras la mujer es enseñada a *ser para otros* – a través de la sumisión, obediencia, dependencia, la renuncia y las tareas reproductivas-; y, como no, *el modelo de amor romántico,* donde los mandatos de género tradicionales son complementarios, y determinan la centralidad del amor y la pareja en nuestras vidas.

El tercer estrato jerárquico de la pirámide hace referencia a las **expectativas de control**. Se ubicarían aquí aquellos varones que asumen, sin cuestionarla, la ideología de género tradicional y sus fundamentos, dando lugar al modelo de masculinidad y feminidad hegemónico. Así, ellos creen que tienen unos derechos (expectativas de control) sobre las mujeres no sólo válidos y legítimos, generando comportamientos consistentes con tales expectativas, es decir, manteniendo el control sobre ellas, sus vidas, su economía, sus amistades, etc.

En el último peldaño de esta pirámide estarían los **eventos desencadenantes**. En este MP se consideran eventos desencadenantes todos aquellos en los que las expectativas de control son disparadas ante una asimetría de poder real o percibida (*v.g.* que la mujer gaste más de lo que el hombre piense que debería de haber gastado), y la violencia es ejercida como estrategia para perpetuar la supremacía y el poder masculino o para corregir las diferencias de poder percibido y restaurar el orden tradicional. Así, se produciría un tránsito a lo largo de las diferentes etapas del MP: se activa el mandato de género masculino tradicional (y la ideología de género patriarcal subyacente), ante un evento (desencadenante) que frustra las expectativas del varón respecto a mantener un control sobre sus parejas, considerando legítimo pasar a la acción y poner en práctica estrategias (que incluirían desde los celos hasta la violencia en sus formas más extremas) para recuperar su poder o aumentarlo. Este escenario, desafortunadamente, parece ser más frecuente de lo deseable, y funciona de marco originario a las importantes cifras de incidencia y prevalencia de violencia contra las mujeres en la pareja – y de la muchas que no han sido registradas oficialmente en mayores de 65 años –. Atienda el/la lector/a que en ese iter aparecen todos los componentes del modelo teórico descrito, a excepción de aquel referido a como el agresor proporciona legitimidad a la acción violenta. Por ello, el modelo incorpora un **mecanismo de filtraje** que diferencia a los varones que eligen ejercer la violencia de quienes no lo hacen, y que se sustenta en la identidad cultural y en las actitudes hacia los mandatos de género. Concretamente, este proceso de filtrado propone la existencia de tres modalidades de identidad masculina: a) *la identidad legitimadora* – que supone asumir a título individual la identidad colectiva, diseñada por las instituciones sociales en una cultura y que implica el ejercicio de la violencia como expresión identitaria –; *b) la identidad de resistencia* – que supone apoyar la individualidad como rechazo a la lógica dominante, suponiendo por tanto, rechazar la violencia, pero no oponerse activamente a ella –; y c) *la identidad de proyecto* – que conlleva una redefinición por parte de la persona de su posición en la cultura dominante, elaborando nuevas propuestas que supongan una transformación del contexto, rechazando activamente la violencia como característica identitaria, y buscando formas alternativas de definir la identidad masculina-.

3. LA IDENTIDAD LEGITIMADORA: CONDICIÓN "SINE QUA NON" LA VIOLENCIA ES EJERCIDA POR VARONES MAYORES DE 65 AÑOS

La estructura patriarcal y la socialización diferencial han impregnado el macrosistema, ecosistema y microsistema (Bronfenbrenner, 1987) a lo largo de la biografía de los varones mayores 65 años. Así, la violencia que ejercen a menudo es racionalizada como consecuencia de que su identidad ha sido atacada, amenazada, esto es, "*deslegitimada*". Los razonamientos éticos utilizados por varones mayores de 65 años para justificar y ejercer una violencia reparadora, reconstructora, de esa identidad en peligro, son básicamente dos: *la victimización del agresor*, interpretando éste que son determinadas circunstancias las responsables de "tener que" comportarse de ese modo, *y el merecimiento de la víctima*, esto es, identificar ciertos elementos en la persona agredida para entender que la violencia, incluso la mortal, es consistente con los "méritos" contraídos por la víctima en su proceso de violación de los códigos implícitos de género. Y, además y, por último, se deshumaniza/despersonaliza a la víctima para facilitar una agresión "desculpabilizada".

En muchas ocasiones, estos razonamientos éticos legitimadores de la violencia ejercida por varones mayores de 65 años consolidan actitudes que distorsionan el concepto de maltrato (Sánchez-Prada, et al., 2020), refiriéndolo solo a agresiones físicas de cierta gravedad, de modo que otro tipo de conductas (*v.g.*, control económico, insultos, amenazas, empujones, etc.) serían nimiedades. Así, el maltrato económico, sexual, psicológico y emocional, no es considerado maltrato pese a su elevada incidencia. Por ello, identificar todo el repertorio de comportamientos que contribuyen a anular la voluntad de la pareja y que provocan en la víctima la decisión de no denunciar, es clave para acabar con ese *mal vino en odre viejo* que nutre esa *prevalencia del silencio* en nuestros mayores.

A pesar de los avances sociales y políticos, todavía son necesarios grandes esfuerzos para proporcionar programas *inmunizadores* a este tipo de violencia ¿por qué no hemos desterrado todavía esta lacra social? Es muy probable que, al menos a una parte de la población, no le resulte psicológicamente rentable desmontar todo el sistema jerárquico que supone la desigualdad. El horror al vacío que puede representar la renuncia a muchos de los valores constitutivos de tu identidad personal, social y cultural, debe generar un enorme malestar. Y si hablamos de poblaciones de mayores, esa tarea se vuelve todavía más angustiosa y quimérica, ya que esos valores no son prescindibles: si unos no valen, es necesario sustituirlos por otros; de legitimación novedosa. Y es bien sabido que la edad avanzada no es una buena aliada para cambios sustantivos. Sin embargo, la violencia –en muchas de sus manifestaciones– funciona, permite al agresor alcanzar sus objetivos de manera inmediata, y de forma favorable a sus intereses (privilegios, poder, etc.). Por eso su uso es reforzado a través de contingencias que el agresor entiende positivas, y, en consecuencia, la utiliza de forma repetida. Es por ello por lo que, a nuestro juicio, no es aconsejable "psiquiatrizar" la VG entendiéndola como un impulso irreflexivo, patológico. O como un desorden del ánimo o como un error de autocontrol; más allá de los mecanismos cognitivo/ emocionales vinculados a la VG, interesa aquí resaltar el magma sociocultural que facilita que la agresión de género funcione como un automatismo, exento de autocrítica y sanción contextual, como si se tratase de una rutina más, al ser deudora de todo un entramado de representaciones sociales dominantes que la naturalizan y normalizan.

¿Qué podemos hacer para fermentar buen vino en odre nuevo? Específicamente en el ámbito sociosanitario, una de las estrategias promovidas por el Pacto de Estado para la Erradicación de la Violencia de Género ha sido desarrollar programas de tratamiento psicosocial para varones que ejercen violencia, dirigidos a la intervención con varones denunciados por malos tratos y agresiones contra mujeres. Y, específicamente, estrategias de intervención con varones condenados a prisión por VG. En estos programas es imprescindible implementar la perspectiva de género, para destacar las ventajas de abrazar nuevas masculinidades, además de trabajar la responsabilización, la motivación para el cambio, la conceptualización del género y la violencia, la expresión de los sentimientos, el control de impulsos, las habilidades comunicativas y como gestionar la repetición de actos violentos en contextos relacionales. Todo ello es tanto más necesario (y complejo) con población de mayores: sus rasgos de personalidad están ya muy cristalizados, sus sistemas de creencias les han acompañado en un largo trayecto, y los valores subyacentes les han resultado funcionales y adaptativos. Así, que entiendan que algunos de ellos, o algunas consecuencias derivadas de ellos, deben ser considerados ahora como tóxicos, disfuncionales, opresivos o directamente inmorales, es todo un desafío. Pero es una batalla que no se puede dar por perdida. Hay muchas pruebas de que, a pesar de todo, los mayores tienen capacidad para el cambio y pueden ser mucho más dúctiles de lo que se pueda suponer.

Para crear buen vino en odre nuevo, también tenemos la obligación como sociedad de hacer transferencia de esta identidad legitimadora, no sólo hacia una identidad de resistencia, sino hacia una identidad de proyecto que engendre nuevas masculinidades en las generaciones venideras. En este sentido, es imprescindible iluminar nuevas rutas éticas que los hombres recorran para llegar a construir esas nuevas identidades. Rutas que les alejen del mandato al hasta ahora hombre de "verdad": protector, procreador, dominante, autosuficiente, competitivo, proveedor.... Ese vino viejo no sólo supone una amenaza para las mujeres, sino que también tiene un gran coste para ellos.

En consecuencia, parece necesaria más investigación a este respecto. Las cifras aportadas por organismos institucionales sólo reflejan una parte de la realidad. La prevalencia del silencio no nos permite conocer la amplitud real del fenómeno ni hacer una perfilación criminal de estos agresores; su perfil es heterogéneo y fuertemente determinado por las actitudes que fomentan nuestra cultura, estructura y representaciones sociales. Futuras investigaciones podrían realizar un análisis de como la edad modera la forma que los hombres tienen de auto-percibirse respecto a diversos aspectos relacionados a la igualdad de género (mandatos tradicionales de género, apertura a la diversidad, la corresponsabilidad expresiva, la gestión emocional y del autocuidado, la atribución de roles en la familia y en el mundo laboral, etc.). Igualmente, deberíamos analizar qué, cuáles, y con qué intensidad se puedan identificar nuevas masculinidades en la población española, que prácticas "contrahegemónicas" reforzarían esas nuevas masculinidades, etc. Hay todo un campo que aún está por explorar si realmente queremos romper con los esencialismos, y fomentar nuevas identidades masculinas con las que poder ayudar a los hombres a ser verdaderos agentes de igualdad.

Para todo ello sería imprescindible disponer de más servicios sociosanitarios–asistenciales que intervengan no sólo cuando esta violencia es oficialmente registrada sino también en aquella que está invisibilizada, implicando a los actores formales y no formales más cercanos (médicos de familia, asistentes sociales, etc.) para que colaboren sistemáticamente en esa labor de construcción social de las nuevas identidades masculinas. De todos los hombres. La de los mayores de 65, también.

Este estudio ha sido financiado por el Ministerio de Educación, Cultura y Deporte para la Formación de Profesorado Universitario (FPU/02607) y el Ministerio de Ciencia, Innovación y Universidades- Agencia Estatal de Investigación Gran PSI2015-65766-R.

4. REFERENCIAS

L. Bonino. "Violencia de género y prevención. El problema de la violencia masculina", en *8 de Marzo,* nº 36, 2000, pp.1-3.

E. Bosch-Fiol y V. Ferrer-Pérez. "El Modelo Piramidal: alternativa feminista para analizar la violencia contra las mujeres", en *Revista Estudos Feministas,* nº 27, 2019, pp. 1-13.

U. Bronfenbrenner. La ecología del desarrollo humano, Paidós, Barcelona, 1987.

Delegación del Gobierno para la Violencia de Género. Estudio sobre las mujeres mayores de 65 años víctimas de violencia de género, Ministerio de la Presidencia, Relaciones con las Cortes e Igualdad; Madrid, 2019.

C. Delgado. "Aspectos cognitivos y emocionales de la violencia de género", en Violencia de género e igualdad. Una cuestión de derechos humanos, Comares, Granada, 2013, pp. 65-79.

V. Ferrer-Pérez y E. Bosch. "Las Masculinidades y los Programas de Intervención para Maltratadores en Casos de Violencia de Género en España", en *Masculinities and Social Change,* nº 5, 2016, pp. 28-51.

INE. Estadística de Violencia Doméstica y Violencia de Género, Instituto Nacional de Estadística, Madrid, 2019.

M. Lorente. "Hombres y Violencia", en Masculinidad y Violencia, Abierta UGR, Granada, 2020.

Ministerio de Interior. Informe General de 2018, Instituciones Penitenciarias, Madrid, 2018.

Organización de Naciones Unidas. Estudio a fondo sobre todas las formas de violencia contra la mujer, ONU, Nueva York, 2006.

J. M. Otín del Castillo. Psicología criminal. Técnicas aplicadas de intervención e investigación policial, Lex Nova, Madrid, 2010.

A. Sánchez-Prada, C. Delgado-Alvarez, y VARIOS. "Psychosocial implications of supportive attitudes towards intimate partner violence against women throughout the lifecycle" en *International journal of environmental research and public health,* nº 17, 2020, pp. 6055-6075.

J. Sobral y J. A. Gómez-Fraguela. "Mitos y memes: Cultura y cogniciones. Nutrientes esenciales de la violencia de género" en *Infancia, juventud y ley,* nº 6, 2015, pp. 42-43.

Capítulo III

Calidad de los partes de lesiones en casos de violencia de género contra mujeres mayores

REBECA DIÉGUEZ MÉNDEZ

Doctora por la Universidad de Santiago de Compostela

Enfermera

1. RESUMEN

La violencia de género es un problema de salud con repercusiones jurídicas. Los profesionales sanitarios deben comunicarlo a la autoridad judicial a través del parte de lesiones. El objetivo de este estudio ha sido analizar la calidad de los partes de lesiones en casos de violencia de género, a partir de las recomendaciones de los protocolos de actuación sanitaria, con mención especial a los casos de mujeres mayores, uno de los colectivos más vulnerables. Para ello, se realizó un estudio retrospectivo de una muestra representativa de documentos emitidos en casos con sospecha fundada de violencia de género, elaborándose y aplicándose a continuación un baremo para valorar su calidad. Los resultados muestran que la mayoría de los documentos tenían una calidad media, relacionada esta con la estructura y procedencia de los mismos. De esta manera, se pone de manifiesto la importancia de contar con un documento estándar, así como la necesidad de mejorar la formación y sensibilización de los profesionales sanitarios, teniendo en cuenta las situaciones de mayor vulnerabilidad entre las mujeres maltratadas.

2. ANTECEDENTES

La violencia de género es la forma más frecuente de violencia hacia las mujeres, siendo considerada una grave violación de los derechos humanos y las libertades fundamentales (CONSEJO DE EUROPA, 2011). Su alta complejidad viene dada por la interacción de factores personales, sociales y culturales. Y su gran importancia radica tanto en su alta incidencia, como en su impacto a nivel socio-familiar, económico, jurídico y sanitario (JEWKES, 2002).

De todo esto se deriva la necesidad de prevenir y combatir esta violencia, por lo que los gobiernos deben dar una respuesta global. En España, con este fin, se aprobó la *Ley Orgánica 1/2004, de 28 de diciembre, de Medidas de Protección Integral contra la Violencia de* Género, de carácter multidisciplinar. Más recientemente, para mejorar la respuesta hacia esta violencia, en el año 2017 se elaboró el *Pacto de Estado contra la Violencia de Género*.

En el caso de las mujeres mayores de 65 años, el *Pacto de Estado* las incluye dentro del colectivo de mujeres más vulnerables. Esta mayor vulnerabilidad está relacionada con diversos factores. Por un lado, con el deterioro físico y los problemas de salud propios de la edad (CASADO VERDEJO y BÁRCENA CALVO, 2014; GRACIA IBÁÑEZ, 2015). Y por otro lado, con la presencia de creencias más tradicionales sobre las relaciones de parejas y la violencia, así como la pérdida de recursos y la dependencia económica (ORTE y SÁNCHEZ, 2012; CELDRÁN, 2013).

Según datos del *Instituto Nacional de Estadística*, durante el año 2019, 614 mujeres mayores de 65 años sufrieron violencia de género en España, lo que supuso el 1,9% del total de mujeres maltratadas ese año. La violencia de género hacia mujeres mayores presenta cierta invisibilidad con respecto a mujeres más jóvenes (ORTE y SÁNCHEZ, 2012; CASADO VERDEJO y BÁRCENA CALVO, 2014; GRACIA IBÁÑEZ, 2015; AYCART ET AL., 2019). Entre las recomendaciones del Pacto de Estado se encuentran la realización de campañas de visibilidad y estudios estadísticos propios, así como que se adapten los recursos a sus circunstancias personales y se elaboren protocolos o medidas específicas.

La literatura señala algunas diferencias entre la violencia de género sufrida por mujeres mayores y la que sufren mujeres más jóvenes. Podemos destacar que entre las mujeres mayores la violencia psicológica de control es la más frecuente (BONOMI ET AL., 2007; MENESES FALCÓN ET AL, 2018), mientras que la violencia física, aunque menos frecuente, es más severa (STÖCKL y PENHALE, 2015; PATHAK ET AL., 2019). Otro dato relevante es que las relaciones abusivas con sus agresores perduran más tiempo (MONTERO ET AL., 2013; AYCART ET AL., 2019), lo que se relaciona con una mayor tardanza en pedir ayuda y con que presenten menos denuncias (DE MIGUEL LUKEN, 2015; GÓMEZ PLAZA ET AL., 2019). A pesar de esto último, se ha visto que las mujeres maltratadas sí acuden habitualmente a los servicios sanitarios (MONTERO ET AL., 2013; DE MIGUEL LUKEN, 2015) y que el colectivo sanitario es uno a los que las mujeres acudirían a pedir ayuda (MENESES FALCÓN ET AL., 2018), siendo este en ocasiones el principal o único punto de apoyo para recibir información y asesoramiento (GARCÍA MORENO ET AL., 2013), por lo que su papel ante la violencia de género es fundamental. Parece necesario, por lo tanto, una mayor concienciación y formación de los/las profesionales sanitarios/as para detectar casos de violencia de género entre las mujeres cuanto antes, así como para mejorar su nivel de protección (ORTE y SÁNCHEZ, 2012; CELDRÁN, 2013; CASADO VERDEJO y BÁRCENA CALVO, 2014; PATHAK ET AL., 2019).

La violencia de género es considerada un problema de salud con repercusiones jurídicas. Por este motivo, los/las profesionales sanitarios/as deben atender tanto a los aspectos clínicos como médico-legales de este problema, es decir, no sólo deben tratar los problemas de salud que sufran las mujeres, sino también llevar a cabo la comunicación de la situación de maltrato a través del parte de lesiones. Podemos describir el parte de lesiones como un documento médico-legal que permite la comunicación entre el personal sanitario y las autoridades judiciales, para que estas últimas conozcan la posible existencia de un delito. Su elaboración y envío es una recomendación de los protocolos elaborados en el ámbito sanitario (LÓPEZ RODRÍGUEZ ET AL., 2012; XUNTA DE GALICIA y SERVIZO GALEGO DE SAÚDE, 2009), pero también es una obligación legal (Ley de Enjuiciamiento criminal y Código Penal) y deontológica (CONSEJO GENERAL DE COLEGIOS OFICIALES DE MÉDICOS, 2011). Este documento es importante, no sólo para la protección de las mujeres y la persecución del delito, sino también por su carácter objetivo. El parte de lesiones refleja las lesiones físicas en el momento agudo, información esencial para el posterior informe pericial forense, ya que a veces constituye la única prueba del posible delito, debido a que las lesiones pueden haber desaparecido cuando el forense realiza la valoración de la mujer (ARROYO FERNÁNDEZ, 2000).

En la elaboración del parte de lesiones, los/las profesionales sanitarios/as deben realizar una valoración rigurosa del estado de la mujer, atendiendo a su situación personal específica, a las lesiones tanto físicas como psicológicas que sufra, al tipo de agresión y al presunto agresor, entre otras cuestiones, con el fin de detectar el riesgo al que está sometida la mujer (ARROYO FERNÁNDEZ, 2000; CASTELLANO ARROYO, 2017). Los/las profesionales que atienden a las mujeres maltratadas deben ser conscientes de la transcendencia de estos documentos como intercambio de información, adiestrándose en su cumplimentación. Para orientarlos, los protocolos de actuación sanitaria ante la violencia de género ofrecen recomendaciones sobre cómo se deben cumplimentar y su contenido. A pesar de que en la mayoría de los centros sanitarios existen modelos normalizados de los partes de lesiones, basados en las recomendaciones de los protocolos elaborados tanto a nivel nacional (LÓPEZ RODRÍGUEZ ET AL., 2012) como autonómico (XUNTA DE GALICIA y SERVIZO GALEGO DE SAÚDE, 2009), lo cierto es que en ocasiones no se cumplimentan de manera adecuada (GARCÍA MINGUITO ET AL., 2012; REGUEIRA DIÉGUEZ ET AL., 2015). En el estudio de GARCÍA MINGUITO ET AL. (2012), se recoge que el 42% de los documentos analizados presentaban una calidad intermedia y algo más del 30% una calidad baja. Esto puede provocar problemas en la interpretación por parte del médico forense y, en consecuencia, tener repercusiones en la sentencia judicial. Dada la relevancia que la correcta elaboración de estos documentos tiene en el posterior valoración de forenses y jueces, y por lo tanto, en el correcto enjuiciamiento de los casos, surge la necesidad de analizar si es adecuada la cumplimentación de estos documentos en nuestro entorno.

El objetivo de este estudio ha sido analizar la calidad de los partes de lesiones en casos de violencia de género, valorando el seguimiento de los protocolos de actuación sanitaria. Además se ha tratado de conocer si existen diferencias en función de la edad de las mujeres, así como en relación con la estructura o servicio asistencial que emite los documentos.

3. MATERIAL Y MÉTODOS

Para llevar a cabo este estudio recogimos una muestra representativa de documentos, un total de 474 documentos entre partes de lesiones e informes médicos de primera asistencia, emitidos en casos de violencia de género entre los años 2009 y 2016, procedentes de diferentes juzgados de la provincia de Pontevedra (Caldas, Cambados, Marín, Cangas y Pontevedra). Se incluyeron los casos clasificados como violencia de género según la *Ley Orgánica 1/2004* (mujer maltratada por pareja o expareja sentimental). A partir de los datos incluidos en los mismos, se hizo un contraste de información, teniendo en cuenta las recomendaciones del "*Protocolo nacional para la actuación sanitaria ante la violencia de género*" (LÓPEZ RODRÍGUEZ ET AL., 2012) y de la "*Guía gallega del proceso de atención a las mujeres en situación de violencia de género*" (XUNTA DE GALICIA y SERVIZO GALEGO DE SAÚDE, 2009).

A continuación, basándonos en el baremo publicado por GARCÍA MINGUITO ET AL. en el año 2012, elaboramos uno propio para valorar cuantitativamente la calidad de los documentos, otorgando una puntuación a los distintos ítems, como se puede ver en la *Tabla 1*. La descripción de las lesiones fue puntuada con 15 puntos (5 puntos si incluía el tipo de lesión, otros 5 puntos si contenía la localización y 5 puntos más si describía alguna característica adicional como el número, color, forma o tamaño). Otros como el tipo de violencia o mecanismo lesivo, la especificación del caso como "violencia de género" y las medidas terapéuticas, con 10 puntos. El resto fueron valorados con 5 puntos, como los datos descriptivos del facultativo (nombre y/o número de colegiado), de la paciente, del incidente (al menos 2 datos descriptivos como la fecha, hora o lugar) y de la primera atención sanitaria (al menos 2 datos descriptivos como fecha, hora o centro/servicio), entre otros. Siguiendo las puntuaciones dadas a cada ítem de nuestro baremo, cada documento podía obtener una puntuación entre 0 y 100. Según esta puntuación su calidad podía ser: alta (> 70), media (50-70) o baja (<50).

Tabla 1. Baremo con ítems y puntuaciones

Baremo Propio	Puntuación
Personal facultativo	5
Nombre de la paciente	5
Especificación "violencia de género"	10
Datos del incidente	5
Tipo de violencia/mecanismo lesivo	10
Descripción de las lesiones	15
Dibujo/fotografía de las lesiones	5
Estado psicológico de la paciente	5
Primera atención sanitaria	5
Medidas terapéuticas	10
Pronóstico clínico	5
Actuación posterior/derivación	5
Referencia acompañamiento	5
Antecedentes de violencia	5
Ausencia de abreviaturas y tachaduras	5

4. RESULTADOS Y DISCUSIÓN

Del análisis de la información contenida en los documentos, pudimos conocer que la edad de las mujeres estaba comprendida entre los 16 y 81 años, con una media de 36,7 y una desviación estándar de 12,6; predominando las mujeres menores de 50 años.

Poco más del 3% de los documentos correspondía a mujeres con una edad superior a los 65 años (16 mujeres). Esto está en concordancia con la bibliografía, en la que se recoge, como se comentó anteriormente, que las mujeres de mayor edad denuncian menos la violencia sufrida por parte de sus parejas (DE MIGUEL LUKEN, 2015; GÓMEZ PLAZA ET AL., 2019), así como que en este grupo de edad se producen menos agresiones físicas (STÖCKL y PENHALE, 2015; PATHAK ET AL., 2019), las principales cuando se elaboran partes de lesiones.

Cumplimentación de los documentos

A pesar de que los/las profesionales sanitarios/as tienen la obligación legal y deontológica de elaborar y remitir al juzgado los partes de lesiones y que existen modelos normalizados de los mismos, como se comentó con anterioridad, estos sólo fueron cumplimentados en el 67% de los casos, reduciéndose el porcentaje al 56% entre los documentos que pertenecían a mujeres mayores de 65 años. En el resto se presentaron informes médicos que, a pesar de su validez informativa para la valoración forense, carecían de datos importantes, como se comentará a continuación.

La mayoría de los partes de lesiones fueron elaborados en servicios de urgencias de atención primaria (PAC) y los informes médicos en urgencias hospitalarias, como se puede ver en la *Tabla 2*, lo que puede tener relación con un mayor tiempo de consulta en atención primaria para realizar la entrevista clínica.

Tabla 2. Distribución de los documentos en función del tipo y la procedencia

	Partes de lesiones (67,3%)	**Informes médicos (32.7%)**
Atención primaria	Centro de salud n=71	Centro de salud n=14
	PAC n=236	PAC n=46
Atención hospitalaria	Urgencias n=9	Urgencias n=91
	Consultas n=3	Consultas n=4

A continuación se van a comentar las diferencias de cumplimentación encontradas entre la muestra general y los documentos elaborados en casos de violencia de género contra mujeres mayores, así como entre los dos tipos de documentos (parte de lesiones *vs* informes médicos) y los servicios asistenciales (atención primaria *vs* hospitalaria, atención urgente *vs* programada).

Con respecto a los datos del personal facultativo, más del 90% contenían su nombre. Sin embargo, el número de colegiado, que fue recogido en más del 70% de la muestra general, aparecía sólo en la mitad de los documentos elaborados en casos de mujeres mayores de 65 años. Los datos de la muestra general concuerdan con los descritos por GARCÍA MINGUITO ET AL. (2012). La estructura de los partes de lesiones, con el nombre del facultativo al inicio del documento y el número de colegiado al final, puede favorecer el olvido de plasmar este último dato. Los documentos analizados donde predominaba esta información fueron los partes normalizados, elaborados en atención primaria, que contenían lugares específicos para incorporarlos.

En relación a los datos personales de las mujeres, la información fue recogida de manera similar en los documentos de mujeres mayores y la muestra general. La mayor parte contenía el nombre, año de nacimiento o edad y la dirección. La mayoría de las mujeres residían en un medio urbano, en contraposición con la bibliografía, en la que se ha podido ver que las poblaciones rurales suponen un factor de riesgo de sufrir violencia de género debido a una mayor prevalencia de creencias tradicionales sobre los roles de género, así como al aislamiento al que las mujeres están sometidas (MENESES FALCÓN ET AL, 2018; PATHAK ET AL., 2019). Alrededor de la mitad de los documentos contenían el DNI y el número de teléfono. Sin embargo, otros aspectos como el estado civil y el lugar de origen solamente se reflejaron en alrededor del 20%, lo que puede manifestar un desconocimiento del protocolo por parte del personal sanitario, que no consideró estos datos relevantes para la entrevista clínica. La mayoría de las mujeres de la muestra estaban casadas, lo que en la literatura es una cuestión controvertida. Para algunos autores se trata de un factor de riesgo (MONTERO ET AL., 2013) y para otros un factor protector (MENESES FALCÓN ET AL, 2018). En el caso de las mujeres mayores, la tasa de divorcios es baja, lo que se relaciona con una visión de la pareja como algo inalterable y con la dependencia económica (ORTE y SÁNCHEZ, 2012; CELDRÁN, 2013). En nuestra muestra predominaron las mujeres españolas, al igual que en otros estudios nacionales (MONTERO ET AL., 2013). En los protocolos, también se recomienda reflejar si la paciente presenta antecedentes psiquiátricos o alguna discapacidad, si consume sustancias tóxicas, así como si tiene hijos o personas dependientes a su cargo. Todos estos datos apenas estaban recogidos en nuestra muestra, siendo seguramente, al igual que los anteriores, minusvalorados por los/las profesionales que elaboraron los documentos. Las principales alteraciones psiquiátricas recogidas en las mujeres fueron los trastornos depresivos, tanto en la muestra general como en mujeres mayores. La mayor parte de los datos de filiación de la paciente, al igual que sucedía con los del personal sanitario, se recogieron sobre todo en partes normalizados, que contenían lugares específicos para incorporarlos, y en servicios de atención primaria y consulta programada. Sin embargo, algunos datos como el número de teléfono, aparecían más en informes médicos de atención hospitalaria; y otros, como los antecedentes psiquiátricos, se cumplimentaron más durante la atención hospitalaria y urgente.

Los protocolos recomiendan incluir los datos del presunto agresor, pero apenas aparecían en nuestra muestra. Lo que sí se recogió fue la relación del presunto agresor con la paciente, confirmando una relación sentimental entre la mayor parte de las mujeres y los presuntos agresores en el momento de los hechos. El porcentaje fue similar entre las mujeres mayores de 65 años y sobre todo aparecía en partes normalizados de atención primaria. Esto pone de manifiesto que, a pesar de las indicaciones del *Protocolo Nacional* (LÓPEZ RODRÍGUEZ ET AL., 2012), los/las profesionales sanitarios/as no conocen la necesidad de indagar sobre las características de los presuntos agresores cuando atienden a las víctimas de violencia de género.

Dentro de la descripción del incidente, los protocolos aconsejan señalar si se trata de un caso de violencia de género, ya que condiciona su vía de tramitación. Este aspecto, junto con otros como el tipo de violencia, el mecanismo lesivo y la fecha del suceso aparecían en más del 70% de los documentos, siendo los datos de los documentos de mujeres mayores mucho menores. El tipo de violencia ejercida en mayor medida fue la física, a pesar que la bibliografía refiere una menor incidencia de esa violencia en mujeres mayores con respecto a mujeres más jóvenes, relacionado probablemente con un deterioro físico del agresor (DE MIGUEL LUKEN, 2015; STÖCKL y PENHALE, 2015; PATHAK ET AL., 2019). En la muestra general predominaban como mecanismos lesivos los empujones, caídas y golpes contra objetos, mientras que en el caso de las mujeres mayores los puñetazos y otros golpes fueron los más frecuentes. A pesar de que la bibliografía señala la violencia psicológica como la más frecuente entre las mujeres mayores (BONOMI ET AL., 2007; MENESES FALCÓN ET AL., 2018), sobre todo de control (DE MIGUEL LUKEN, 2015), como se mencionó anteriormente, en nuestra muestra apenas aparecía recogida. Esto tiene sentido, ya que a pesar de las recomendaciones sobre la necesidad de recoger cualquier tipo de agresión en los partes de lesiones, las agresiones psicológicas continúan siendo las menos reflejadas. Además, otro motivo puede ser la falta de asistencia a los servicios sanitarios por parte de las mujeres si no sufren agresiones físicas. Predominaron los insultos y las humillaciones en relación con la violencia psicológica. El lugar y la hora del incidente, aunque ampliamente recogidos, lo fueron en un porcentaje menor, sobre todo en los documentos de mujeres mayores. La mayor parte de los documentos reflejaron el carácter íntimo de la violencia, ya que esta se produjo en un lugar privado, principalmente en el domicilio familiar o de la mujer, durante la noche en el caso de la muestra general y por la mañana en el caso de las mujeres mayores. Otros datos relacionados con el incidente, como el uso de objetos durante la agresión o si hubo otras personas agredidas o testigos, se incluyeron en menos del 10% de los documentos. La descripción del incidente aparecía reflejada en mayor medida de nuevo en los partes normalizados realizados en servicios de atención primaria.

En lo referente a las lesiones, el tipo y la localización fueron descritos en más del 90% de los documentos, alcanzando el 100% en los documentos de mujeres mayores, cifras superiores a las señaladas en el estudio de GARCÍA MINGUITO ET AL. (2012). Las lesiones físicas más frecuentes fueron las contusiones, hematomas y equimosis. En cuanto a las mujeres mayores, la bibliografía (AYCART ET AL., 2019) reflejó más problemas osteoarticulares, en contraposición con nuestra muestra. La mayor parte de las lesiones se encontraban en los miembros superiores, lo que es compatible con lesiones de defensa (SHERIDAN y NASH, 2007). También fueron frecuentes las lesiones en la cara, que junto con las de cabeza y cuello son consideradas marcadores de violencia de género (COHEN ET AL., 2017). Además las lesiones faciales se relacionan en mayor medida con una disminución de la calidad de vida de las mujeres (DE MAGALHAES DOURADO y VILAR NORONHA, 2015). El número de lesiones fue especificado en alrededor de la mitad de los documentos. En cambio, otras características de las lesiones como la forma, tamaño, color o tiempo evolutivo, importantes para una correcta caracterización de las mismas, fueron recogidos en menos del 10%, dificultando en ocasiones la determinación de la data de las mismas. Aunque no se incluyeron fotografías de las mismas, como recomiendan los protocolos, el 37% de los documentos contenían un esquema corporal con la localización de las lesiones. El porcentaje fue inferior en los documentos de mujeres mayores. Estos dibujos únicamente aparecían en partes de lesiones normalizados de atención primaria, ya que estos incluyen un boceto del cuerpo humano que los/las profesionales sólo tienen que marcar.

También resulta importante reflejar el estado psicológico de la mujer al elaborar el parte de lesiones, abordado en algo más del 60% de los casos, situándose en poco más del 30% en los documentos de mujeres mayores. La razón de la escasa cumplimentación de este dato en otras series (GARCÍA MINGUITO ET AL., 2012) se ha atribuido a la baja valoración de la afectación psíquica en casos de maltrato por parte del personal sanitario, al ser menos evidente que el mal estado físico. Aparecía sobre todo entre los documentos normalizados de atención primaria, que también contenían un apartado específico.

Los datos relacionados con la primera atención sanitaria como son la fecha, hora, ciudad, centro o servicio fueron cumplimentados en más del 90% de los documentos, de manera similar a lo ocurrido entre los documentos de mujeres mayores. Fueron mayoritariamente recogidos en los partes normalizados y en atención hospitalaria. La mayor parte de las mujeres fueron atendidas el mismo día de la agresión, durante la noche y en los servicios de PAC. Las medidas terapéuticas y el pronóstico clínico pueden determinar el carácter punitivo de las lesiones, incluso cuando estas han desaparecido (LÓPEZ RODRÍGUEZ ET AL., 2012), y fueron reflejados en el 74% y el 61% de los casos, respectivamente. En el caso de los documentos que pertenecían a mujeres mayores de 65 años, el pronóstico aparecía en la mitad de los casos, pero las medidas terapéuticas solo en el 25%, a pesar de que cerca del 70% las precisaron. En relación con las pruebas complementarias, realizadas en un 25% de las mujeres, aparecía en menos del 20% de los documentos, pero sobre todo en informes médicos del ámbito hospitalario. La mayoría de las mujeres recibieron tratamiento farmacológico en forma de analgésicos y antiinflamatorios, necesitando un estudio radiográfico como prueba complementaria. Todo esto concuerda con la alta incidencia de lesiones contusas mencionadas antes. El pronóstico clínico fue leve en la mayoría de los casos.

Respecto a la exploración física, las recomendaciones indican que debe ser completa, es decir, se deben explorar todas las regiones corporales más allá de las señaladas como afectadas por la paciente. Sólo el 21,5% de los documentos acataron esta norma (12,5% de los documentos de mujeres mayores), tratándose sobre todo de informes médicos elaborados en atención hospitalaria y programada. La referencia a si la paciente acudía sola o acompañada, que puede ser un indicador de su apoyo social (LÓPEZ RODRÍGUEZ ET AL., 2012), fue poco tenida en cuenta (9%), con cifras inferiores a las de GARCÍA MINGUITO ET AL., (2012), cumplimentándose en mayor medida en los documentos de mujeres mayores y en los informes médicos del ámbito hospitalario. Es adecuado incluir la derivación a otro servicio (33%) o el ingreso (0,21%) de la mujer, pero ambos datos fueron incluidos en menos casos que la realidad, siendo la derivación de las mujeres, principalmente, a servicios de atención primaria. También es importante conocer la existencia de antecedentes de violencia, si existieran, para conocer la habitualidad o reiteración, así como para categorizar cada mecanismo lesivo con sus consecuencias para la posterior valoración forense e informe judicial. Cerca del 15% de nuestros documentos contenían referencia a agresiones previas, a pesar de que se constató que el 39% de las mujeres había sufrido agresiones con anterioridad. En el caso de las mujeres mayores, el porcentaje de documentos que contenían estos datos fue similar, pero el número de mujeres con antecedentes de maltrato fue superior, alcanzando el 50%. Apenas se incluyeron datos acerca del inicio y frecuencia de esta violencia, así como de denuncias previas. La escasa referencia a la existencia de agresiones previas (o si se trataba de la primera agresión) está en concordancia con el estudio de GARCÍA MINGUITO ET AL. (2012).

Siguiendo las recomendaciones, la actitud de la mujer frente al documento y la denuncia, así como el riesgo percibido por ella misma y el/la facultativo/a también deberían ser notificados. Esta información es importante, ya que puede acelerar o activar el proceso judicial y respaldar medidas, como una orden de protección (LÓPEZ RODRÍGUEZ ET AL., 2012). Sin embargo, apenas fueron reflejados, destacando que en los documentos de mujeres mayores esta información no aparecía en ningún caso.

En los partes de lesiones también es importante reflejar si el documento se ha puesto en conocimiento del Juzgado de Guardia telefónicamente y especificar cuándo. En más del 70% de los documentos se hacía referencia al Juzgado de Guardia como remitente del documento, de manera similar a lo ocurrido en los documentos de mujeres mayores, pero en ningún caso se confirmó una llamada de teléfono ni se especificó cuándo se envió el documento. La referencia al Juzgado de Guardia como destinatario del documento aparecía con una gran diferencia en los partes de lesiones normalizados, ya que estos lo incluyen por defecto, lo que concuerda con que este aspecto constase en mayor medida en los servicios de atención primaria y consulta programada.

Por último, existen una serie de recomendaciones referidas a la manera de redactar los documentos, cuyos datos fueron similares entre los documentos de mujeres mayores. Es importante conocer bien el documento y tomarse el tiempo necesario para su cumplimentación. Actualmente, las nuevas tecnologías facilitan el trabajo de los/las profesionales en su elaboración, por lo que se recomienda informatizar los partes de lesiones para que no existan problemas de interpretación de la información. En nuestro caso, poco más de la mitad se había realizado telemáticamente, sobre todo los documentos elaborados en el ámbito hospitalario y en consultas programadas. Si no fuese posible su elaboración electrónica y tuvieran que realizarse manualmente, la letra debe ser clara para evitar confusiones. La ilegibilidad del documento puede impedir conocer el alcance exacto de las lesiones, además de otros datos de interés y en consecuencia, la gravedad de la agresión. Poco más del 60% de los documentos fueron considerados con una letra clara, en los que se entendía todo lo escrito, fundamentalmente los documentos elaborados en el ámbito hospitalario y de atención programada. Se desaconseja el uso de abreviaturas o tachaduras, ya que además de interferir en la correcta comprensión del mensaje, pueden ser interpretadas como una manipulación del mismo (LÓPEZ RODRÍGUEZ ET AL., 2012). En la muestra analizada, las tachaduras fueron poco frecuentes (8%), al igual que en el estudio de GARCÍA MINGUITO ET AL. (2012), más usadas en los servicios de urgencias. Sin embargo, las abreviaturas fueron utilizadas en alrededor del 70%, sobre todo en informes médicos del ámbito hospitalario. Tampoco se recomienda utilizar los términos "víctima" ni "agresor", y aunque el primero no aparecía en ningún documento, el segundo se recogía en algo más del 3%.

Estos resultados reflejan que, a pesar de que algunos datos importantes como los referidos a la filiación del personal facultativo y de la paciente, la descripción del incidente y de la primera atención sanitaria, el tipo y localización de las lesiones aparecen ampliamente recogidos; otros aspectos, también necesarios, como los datos de filiación del presunto agresor, ciertas características de las lesiones, la mención de agresiones previas, si la paciente acude sola o acompañada, así como la referencia a otros agredidos o testigos del abuso, se cumplimentaron en menor medida. Cabe destacar que esta información es importante para establecer el riesgo, a partir de las valoraciones periciales y judiciales, y también para poder establecer el apoyo social con que cuenta la mujer, de forma que se pueda notificar a los servicios sociales o a los cuerpos de seguridad. Además, un elevado porcentaje de documentos contenían una letra difícilmente legible y presentaban abreviaturas, dificultando el mensaje.

Calidad de los documentos

Tras analizar la cumplimentación de los distintos apartados que recomiendan los protocolos en nuestra muestra de documentos, procedimos a aplicar nuestro baremo para valorar la calidad de los mismos de una manera objetiva.

Después de aplicar la escala, como se puede ver en la *Tabla 3*, más de la mitad de los documentos tenían una calidad media (puntuación media 62,7), lo que concuerda con los resultados obtenidos en otros estudios (GARCÍA MINGUITO ET AL., 2012). Del mismo modo, la mayor parte de los documentos realizados a mujeres mayores de 65 años eran también de calidad media (puntuación media 54,1), destacando que ninguno de ellos tenía una calidad alta.

Tabla 3. Distribución de la calidad de los documentos

	Total	Edad	Tipo documento		Servicio de atención		Tipo de atención	
		> 65 años	Partes	Informes	Primaria	Hospitalaria	Urgente	Programada
			p-valor<0,001		*p-valor<0,001*		*p-valor=0,1737*	
Alta (>70)	29%	0	41%	5%	36%	6,5%	30%	27%
Media (5 0 - 70)	54%	69%	50,5%	63%	52%	63,5%	53%	62%
Baja <50)	16%	31%	9%	32%	12,5%	30%	18%	11%

Con la aplicación del baremo, encontramos diferencias estadísticamente significativas en función del tipo de documento y del servicio de atención en el que se había elaborado dicho documento. Aunque el porcentaje de documentos de calidad media fue mayor en todos los grupos, los documentos de calidad más alta eran en mayor medida partes de lesiones normalizados elaborados en atención primaria. Por otra parte, había más informes médicos elaborados en el ámbito hospitalario con una calidad baja. No hemos encontrado diferencias estadísticamente significativas en la calidad comparando el tipo de atención, urgente y programada.

5. CONCLUSIONES

Hemos podido constatar que los partes de lesiones normalizados recogen mejor y de manera más completa los datos recomendados cuando se comparan con los informes médicos. Asimismo, los elaborados en servicios de atención primaria superan a los del ámbito hospitalario.

La mejor cumplimentación de los datos tiene relación con la estructura de los documentos y pone de manifiesto la importancia de contar con un documento estándar (los documentos más completos en nuestra muestra), que facilite al personal sanitario los epígrafes necesarios para una correcta comunicación del caso.

Todo ello muestra que la calidad de los partes de lesiones es mejorable, incluyendo la necesidad de mejorar la formación y la sensibilización de los/las profesionales sanitarios/as, sobre todo en el ámbito hospitalario, y adecuar los protocolos, revisándolos y difundiéndolos. La finalidad de esto es responder de manera adecuada ante la violencia de género, teniendo en cuenta las situaciones de mayor vulnerabilidad entre las mujeres maltratadas, como la edad avanzada, recomendaciones todas ellas recogidas ya en el *Pacto de Estado*.

6. REFERENCIAS BIBLIOGRÁFICAS

AYCART J., GENDE S., MALGESINI G., MONTEROS S., NEBREDA M., GIL P., ET AL., "Estudio sobre las mujeres mayores de 65 años víctimas de violencia de género", en *Publicaciones del Ministerio de la Presidencia, Relaciones con las Cortes e Igualdad*, 2019, pp. 1-183.

ARROYO FERNÁNDEZ A., "Mujer maltratada: intervención médico-forense y nueva legislación", en *Aten Primaria* 26(4), 2000, pp. 255-261.

BONOMI A.E., ANDERSON M.L., REID R.J., CARRELL D., FISHMAN P.A., RIVARA F.P., ET AL., "Intimate Partner Violence in Older Women" en *Gerontologist* 47(1), 2007, pp. 34-41.

CASADO VERDEJO I., BÁRCENA CALVO C., "Analysis of violence against elderly women", en *Procedia–Soc Behav Sci* 161, 2014, pp.110-114.

CASTELLANO ARROYO M., "La violencia familiar y de género: un compromiso de todos", en *Actual Med* 102(800), 2017, pp. 5-6.

CELDRÁN M., "La violencia hacia la mujer mayor: Revisión bibliográfica", en *Papeles del Psicólogo* 34(1), 2013, pp. 57-64.

COHEN A.R., RENNER L.M., SHRIVER E.M., "Intimate partner violence in ophthalmology: a global call to action", en *Curr Opin Ophthalmol* 28(5), 2017, pp. 534-538.

CONSEJO DE EUROPA, "Convenio del Consejo de Europa sobre prevención y lucha contra la violencia contra las mujeres y la violencia doméstica", en *Serie de Tratados del Consejo de Europa*, 210, Estambul, 2011.

CONSEJO GENERAL DE COLEGIOS OFICIALES DE MÉDICOS, "Código de Deontología Médica", en *Guía de Ética Médica*, 2011.

DE MAGALHAES DOURADO S., VILAR NORONHA C., "Visible and invisible marks: facial injuries suffered by women as the result of acts of domestic violence", en *Cien Saude Colet* 20(9), 2015, pp. 2911-2920.

DE MIGUEL LUKEN V., "Macroencuesta de Violencia Contra La Mujer 2015", en *Publicaciones del Ministerio de Sanidad, Servicios Sociales e Igualdad*, 2015, pp. 1-474.

GARCÍA MINGUITO L., CASAS SÁNCHEZ J.D., RODRÍGUEZ ALBARRÁN M.S., "Propuesta de baremo (de escala) para analizar la calidad de los partes de lesiones en casos de violencia de género", en *Gac Sanit* 26(3), 2012, pp. 256-260.

GARCÍA-MORENO C., PALLITTO C., DEVRIES K., STÖCKL H., WATTS C., ABRAHAMS N., ET AL., "Global and regional estimates of violence against women: prevalence and health effects of intimate partner violence and non-partner sexual violence", en Publications of the World Health Organitation, 2013, pp. 1-57.

GÓMEZ PLAZA A., VILLAJOS POZUELO S., CANDEIRA DE ANDRÉS L., HERNÁNDEZ GÓMEZ A., "Estudio sobre el tiempo que tardan las mujeres víctimas de violencia de género en verbalizar su situación" en *Publicaciones del Ministerio de la Presidencia, Relaciones con las Cortes e Igualdad*, 2019, pp.1-90.

GRACIA IBÁÑEZ J., "Una Mirada Interseccional sobre la Violencia de Género contra las Mujeres Mayores", en *Oñati Socio-Legal Ser* 5(2), 2015, pp. 547-569.

Instituto Nacional de Estadística, "Estadística de Violencia Doméstica y Violencia de Género", en *Notas de prensa*, 2009 [Última consulta: 15/03/2021]. Disponible en: https://www.ine.es/prensa/evdvg_2019.pdf

JEWKES R., "Intimate partner violence: causes and prevention", en *Lancet*, 359, 2002, pp.1423-1429.

Ley Orgánica 10/1995, de 23 de noviembre, del Código Penal. Boletín Oficial del Estado, 281, de 24 de noviembre de 1995, pp. 33987-34058.

Ley Orgánica 1/2004, de 28 de diciembre, de Medidas de Protección Integral contra la Violencia de Género. Boletín Oficial del Estado, 313, de 29 de diciembre de 2004, pp. 42166-42197.

LÓPEZ RODRÍGUEZ R.M., PELÁEZ MOYA S., FARJAS ABADÍA P., VINUESA SEBASTIÁN M.M., GARCÍA DE SAN JOSÉ S., DÍAS MELGUIZO J.J. ET AL., "Protocolo común para la actuación sanitaria antela violencia de género", en *Publicaciones del Ministerio de Sanidad, Servicios Sociales e Igualdad*, 2012, pp. 1-120.

MENESES FALCÓN C., CHARRO BAENA B., RÚA VIEITES A., UROZ OLIVARES J., "La violencia de género en la pareja o en la ex pareja de mujeres mayores de 60 años", 2018, pp.1-107.

MONTERO I., MARTÍN-BAENA D., ESCRIBÁ AGÜIR V., RUÍZ-PÉREZ I., VIVES-CASES C., TALAVERA M., "Intimate Partner Violence in Older Women in Spain: Prevalence, Health Consequences, and Service Utilization" en *J Women Aging* 25(4), 2013, pp. 358-371.

ORTE C., SÁCHEZ L., "Gender Violence in Older Women", en *Procedia–Soc Behav Sci* 46, 2012, pp. 4603-4606.

Pacto de Estado contra la Violencia de Género. Boletín Oficial de Las Cortes Generales. Congreso de los Diputados, serie D, 200, de 8 de agosto de 2017, pp. 1-89.

PATHAK N., DHAIRYAWAN R., TARIQ S., "The experience of intimate partner violence among older women: A narrative review", en *Maturitas* 121, 2019, pp. 63-75.

Real Decreto, de 14 de septiembre de 1882, por el que se aprueba la Ley de Enjuiciamiento criminal. Boletín Oficial del Estado, 260, de 17 de septiembre de 1882, pp. 803-806.

REGUEIRA-DIÉGUEZ A., PÉREZ-RIVAS N., MUÑOZ BARÚS J.I., VÁZQUEZ-POTOMEÑE F., RODRÍGUEZ-CALVO M.S., "Intimate partner violence against women in Spain: A medico-legal and criminological study", en *J For Leg Med* 34, 2015, pp. 119-126.

SHERIDAN D.J., NASH K.R., "Acute injury patterns from intimate partner violence victims", en *Trauma Violence Abuse* 8(3), 2007, pp. 281-289.

STÖCKL H., PENHALE B., "Intimate Partner Violence and Its Association With Physical and Mental Health Symptoms Among Older Women in Germany" en *J Interpers Violence* 30(17), 2015, pp. 3089-3111.

XUNTA DE GALICIA (CONSELLERÍA DE SANIDADE), SERVIZO GALEGO DE SAÚDE, "Guía técnica do proceso de atención ás mulleres en situación de violencia de xénero", en *Guías Técnicas do Plan de Atención Integral á Saúde da Muller*, 2009, pp. 1-39.

Capítulo IV
Violencia de género y tercera edad

SONIA VICTORIA VILLA SIEIRO
Profesora Ayudante Doctora de Derecho Penal
Universidad de Oviedo

1. INTRODUCCIÓN

La referencia a la violencia de género en la tercera edad hace imprescindible, como punto de partida, aludir al significado actual de dicha violencia, así como al significado de "tercera edad" para poder precisar si existe alguna singularidad destacable, desde la perspectiva penal, en esa franja de edad.

Aunque la violencia de género es una lacra social actualmente visible, pública y de la que la mayor parte de la sociedad está concienciada, lo cierto es que esto es así desde no hace demasiado tiempo. Si bien algunos instrumentos internacionales se hicieron eco de ella, la cifra negra era muy elevada en nuestro país, y sólo a partir de la entrada en vigor *real* (puesto que varias cuestiones de inconstitucionalidad la tuvieron *parada* bastante tiempo) de la LO 1/2004, de 28 de diciembre, de Medidas de Protección Integral contra la Violencia de Género, que pretendía seguir la estela de dichos instrumentos internacionales, la situación comenzó a revertir. Aún así, tanto doctrina como profesionales del Derecho que, en su día a día, tenían que enfrentarse a la aplicación de las normas correspondientes ante supuestos de violencia de género (jueces, fiscales, abogados, policía, etc.) pusieron de manifiesto que, pese a las ventajas de esta ley (que, además, fue la primera en emplear en nuestro país la denominación "violencia de género" y cuyo significado también era fruto de desencuentros), se detectaban una serie de fallos y posibles mejoras en la misma, y ello sin perjuicio de *denunciar* que años después de su entrada en vigor no se hubieran llevado a cabo algunas de las previsiones en ella establecidas. Con este contexto de partida es fácil comprender que la ley fuera sufriendo sucesivas modificaciones hasta la más reciente LO 8/2021, de 4 de junio, de protección integral a la infancia y a la adolescencia frente a la violencia. A ello, se han de unir otros textos fruto de los trabajos derivados de la aprobación del Pacto de Estado contra la Violencia de Género, que, aunque no deja de ser un instrumento político, marca las pautas de las líneas que, en teoría, se pretenden seguir, con sus más de 200 medidas, en varios campos, incluyendo, obviamente, el penal. Este Pacto nació con una visión de trabajo de cinco años (estando vigente en momentos especialmente complejos para la violencia de género como han sido los del confinamiento derivado del COVID-19) pero, recientemente, parece que se empieza a plantear con vocación de continuidad más allá de 2022.

En consecuencia, en una primera parte de este trabajo, se pretende aludir al fenómeno general de la violencia de género en estos últimos años. En una segunda parte, se intentará delimitar, si es que resulta posible, qué entendemos por tercera edad, ya que, como veremos, y a diferencia de la minoría de edad, no es un concepto tan claro. Finalmente, se intentará esbozar si franja de edad, en sí, presenta algunas características que pudieran ser significativas desde la perspectiva de la comisión o padecimiento de violencia de género.

2. LA VIOLENCIA DE GÉNERO Y SU TUTELA PENAL

2.1. Concepto de Violencia de Género en la actualidad

La violencia de género es una lacra social que ha estado presente desde tiempos inmemoriales, pero que no ha sido reconocida y tratada como tal hasta épocas más recientes. No cabe duda, en la actualidad, de la especial vulnerabilidad de sus víctimas y de la necesidad de atención para su prevención y represión. A nivel internacional el reconocimiento de la violencia de género se produjo antes que en nuestro país y sirvió, al menos en teoría, de inspiración para la LO 1/2004, de 28 de diciembre, de Protección Integral de las Víctimas de Violencia de Género, que es la primera ley integral y la primera específica sobre la cuestión. Hasta su promulgación la línea divisoria entre violencia de género y violencia doméstica[1] resultaba especialmente complicada de concretar, integrándose lo concerniente a la primera dentro de la segunda.

A nivel internacional, las expresiones relativas al *género*[2] se comenzaron a generalizar a partir de la IV Conferencia Mundial sobre la Mujer (Beijing, 1995), como vías para descubrir, comprender y enfrentar los mecanismos que, en la práctica, permiten la subsistencia cultural de valores androcéntricos tanto en la sociedad como en el Derecho. Estos mecanismos se fueron trabajando y generalizando desde finales del siglo XX en planos sociales, políticos y jurídicos. Muestra destacable de ello, no sólo por su importancia general sino también por la suscripción del mismo por parte de España motivo por el cual está llamada a cumplirlo[3], es el Convenio del Consejo de Europa sobre prevención y lucha contra la violencia contra la mujer y la violencia doméstica, también conocido como Convenio de Estambul, pues se realizó allí el 11 de mayo de 2011.

En nuestro país la citada LO 1/2004 es la primera que alude expresamente a esta denominación y que toma en consideración las

---

1 Realmente durante mucho tiempo lo que hoy se conoce como violencia de género quedaba englobado dentro de la violencia doméstica. Sin embargo, el campo de actuación de esta última es mucho más amplio ya que puede ser cometida por cualquier sujeto (no sólo por un varón) contra cualquier miembro del hogar (no sólo la pareja o expareja), y no se limita a una expresión de dominación y de superioridad del varón frente a la mujer.

2 Se ha de tener presente que las referencias a este término buscar subrayar las desigualdades que se han construido entre ambos sexos históricamente; desigualdades que no responden a la naturaleza biológica de los sexos sino que son consecuencia de la estructura patriarcal de las familias.

3 Aunque haya cuestiones de primer orden aún pendientes, como la cuestión de la definición de la violencia de género que se ha retomado a raíz del Pacto de Estado contra la Violencia de Género aprobado en nuestro país a finales de 2017.

especificidades de la violencia de género frente a la doméstica. En su regulación se incluyen medidas de sensibilización, prevención y detección, así como cuestiones fundamentales relativas a la tutela institucional, penal y judicial[4]. Aunque después de su aprobación ha sufrido reformas, cuando se aprobó la ley el objeto de la misma era, según su artículo primero, apartado primero, "actuar contra la violencia que, como manifestación de la discriminación, la situación de desigualdad y las relaciones de poder de los hombres sobre las mujeres, se ejerce sobre éstas por parte de quienes sean o hayan sido sus cónyuges o de quienes estén o hayan estado ligados a ellas por relaciones similares de afectividad, aun sin convivencia". El segundo apartado ponía de manifiesto que con la ley se establecían medidas de protección integral "cuya finalidad es prevenir, sancionar y erradicar esta violencia y prestar asistencia a sus víctimas". A continuación, el artículo concretaba la violencia de género a la que se refería la ley y que, según el texto, era comprensiva de cualquier acto de violencia física o psicológica, "incluidas las agresiones a la libertad sexual, las amenazas, las coacciones o la privación arbitraria de libertad".

Dicha redacción, justo después del contenido de la Exposición de Motivos de la ley, daba ya lugar a diversos problemas, pues, para empezar, no parecía adaptarse a lo que se entendía por violencia de género a nivel internacional en los textos que la propia ley usaba como referentes. Concretamente en la Exposición de Motivos se aludía a textos internacionales en los que encontramos una definición que podríamos denominar *amplia* ya que se afirma que estamos ante una violencia que se dirige hacia las mujeres por el mero hecho de serlo, dado que sus agresores las consideran carentes de los derechos mínimos de libertad, respeto y capacidad de decisión, de modo que se entiende la citada violencia como una manifestación de las relaciones

4 De los seis títulos de los que consta la ley queremos destacar el Título Preliminar, relativo al objeto de la ley, el Título IV, relativo a al Tutela Penal y el Título VI, relativo a la Tutela Procesal, pues, aunque en este último no entraremos en este trabajo, es muy interesante tener presente la incorporación de nuevas instituciones y la estrecha relación entre el derecho penal y el procesal penal.

de poder históricamente desiguales entre mujeres y hombres[5]. Esto es, existen dos puntos distintivos entre la visión internacional a la que alude la ley y la que después se plasma en el texto de la LO 1/2004 que nos permiten referirnos a un concepto *limitado* en nuestra legislación. Por una parte, hay diferencias en los tipos de violencia que quedan comprendidos bajo el paraguas de protección contra la violencia de género, y, por otra, hay diferencias en relación con quién puede ser el sujeto activo de la comisión de los citados tipos.

Así pues, a nivel internacional el concepto incluye todo tipo de violencia contra la mujer fruto de la desigualdad y no sólo algunos tipos de violencia como sucede aquí de acuerdo con lo dispuesto en el primer artículo. No se protege en nuestra legislación, por ejemplo, la violencia económica, pero, lo que es más llamativo, tampoco se llegó propiamente a desarrollar la protección en ámbitos *a priori* sí cubiertos por la ley cuando hace referencia a agresiones a la libertad sexual o la más genérica referencia a la "violencia física". En este último caso lo más llamativo ha sido siempre el que se contemplara una agravación en el caso de que se causaran lesiones, pero ninguna en el caso de un homicidio o asesinato. Ante un homicidio o asesinato por violencia de género (los conocidos, fundamentalmente en Hispanoamérica, como *feminicidios)* sólo se podía aplicar, en origen, la agravante mixta de parentesco del art. 23 CP y, desde la reforma operada en 2015 (LO 1/2015, de 30 de marzo, por la que se modifica el Código Penal) también (pues son compatibles) la nueva agravante genérica incluida en el art. 22, apartado cuarto, del CP "de comisión del hecho delictivo por razones de género".

En línea con lo anterior, se ha de destacar que a nivel internacional se alude a la violencia sobre las mujeres sin delimitar quién ha de ser sujeto activo para poder referirnos a violencia de género. Sin embargo,

---

5 Es más, dado el avance en la lucha contra esta situación a nivel internacional, en la propia Exposición de Motivos se hace referencia al reconocimiento internacional del síndrome de la mujer maltratada (SIMUM) con su definición técnica: "las agresiones sufridas por la mujer como consecuencia de los condicionantes socioculturales que actúan sobre el género masculino y femenino, situándola en una posición de subordinación al hombre y manifestadas en los tres ámbitos básicos de relación de la persona: maltrato en el seno de las relaciones de pareja, agresión sexual en la vida social y acoso en el medio laboral".

en España, el legislador se decantó por "limitar" los posibles sujetos activos a unos concretos hombres con los que existiera o hubiera existido cierto tipo de relación; más concretamente aquéllos con los que la mujer estuviera ligada, en el momento de los hechos o con anterioridad, por matrimonio o "análoga relación de afectividad", es decir, pareja o expareja de la misma.[6] Es cierto que este concepto *más limitado* podría responder a un intento de evitar una amplitud excesiva que, en el campo penal, podría dar lugar a mayores problemas de compatibilidad con el principio de proporcionalidad, por ejemplo.[7] También lo es que tampoco había a nivel europeo una homogeneidad en el concepto, si bien existían recomendaciones concretas en forma de estrategia común de los Estados en la lucha contra esta violencia. Sin embargo, a partir del Convenido de Estambul (2011) el concepto se convierte en más amplio y se exige a los Estados suscriptores la aplicación del mismo. Ahora bien, en la práctica aún no hemos llegado a ese punto. Realmente, después de la aprobación de la LO 1/2004, y por lo que respecta al objeto descrito en su artículo 1, sólo se han producido dos modificaciones, si bien de importante calado. Las modificaciones afectaron al punto segundo, ampliando su redacción, y al punto cuarto, que es completamente nuevo (pues el artículo sólo contaba con tres apartados originariamente). El tema de la modificación del concepto, ampliándolo, sigue pendiente y, de hecho, ocupa un lugar en el Pacto de Estado contra la

---

6 La alusión a "análoga relación de afectividad" dio lugar a no pocos problemas interpretativos, en especial en los casos de menores de edad, actualmente básicamente superados. En todo caso no fue éste el único gran problema que suscitó esta normativa, que dio lugar a múltiples cuestiones de inconstitucionalidad por posible vulneración de los principios de proporcionalidad e igualdad. No es éste el lugar para profundizar en ello, pero sí cabe señalar que, tras un periodo de inaplicación de la ley por estas cuestiones, finalmente se puso en marcha al pronunciarse el Tribunal Constitucional (TC) en el sentido de entender constitucional la ley (ejemplo paradigmático es la STC 58/2008, de 14 de mayo, a la que seguirían muchas otras).

7 No obstante, también es interesante tener presente respecto al concepto legal de violencia de género, que varias leyes autonómicas que abordaron la cuestión (como, por ejemplo, la ley 11/2007, de 27 de julio, gallega para la prevención y tratamiento integral de la violencia) optaron por contemplar en sus textos una definición más parecida a la empleada por los textos internacionales entonces de referencia.

Violencia de Género *aprobado* a finales de 2017, aunque aún no se ha plasmado en ninguna ley[8].

Concretamente, por el apartado uno de la disposición final tercera de la LO 8/2015, de 22 de julio, de modificación del sistema de protección a la infancia y a la adolescencia, desde el 12 de agosto de 2015 ya no se alude a medidas de protección integral cuya finalidad es prevenir, sancionar y erradicar esta violencia y prestar asistencia *a las víctimas,* sino que se concreta más y se especifica quiénes son estas víctimas, ya que se pasa a hacer referencia a medidas de protección integral cuya finalidad es prevenir, sancionar y erradicar esta violencia y prestar asistencia *a las mujeres, a sus hijos menores y a los menores sujetos a su tutela, o guarda y custodia, víctimas de esta violencia.* Se pasa así a tener muy presentes a los menores que, al margen de poder ser víctimas directas en el contexto de su propia relación de pareja, también son consideradas víctimas (no sólo indirectas) cuando sufren por la violencia de género que padecen sus madres. Una forma de violencia que ha ido aumentando, o al menos, se ha ido contabilizando más en los últimos años, y se trata como un tipo de violencia que busca hacer sufrir a las madres por la vía de hacer sufrir, desaparecer o matar, a sus hijos. Todos tenemos ejemplos muy recientes al respecto en nuestra mente. Este tipo de violencia denominada *violencia vicaria,* está directamente relacionada con la incorporación del número cuatro del artículo 1 de la LO 1/2004. Es el artículo de más reciente incorporación, ya que ésta tuvo lugar por la disposición final décima de la LO 8/2021, de 4 de junio, de protección integral a la infancia y la adolescencia frente a la violencia, en vigor desde el 25 junio de este año. Según este apartado: "La violencia de género a que se refiere esta Ley también comprende la violencia que con el objetivo de causar perjuicio o daño a las mujeres se ejerza sobre sus familiares o allegados menores de edad por parte de las personas indicadas en el apartado primero."

En relación con lo anterior conviene tener presente que, pese a la reciente aprobación de la LO 8/2021, se llevaba mucho trabajando

---

8 La medida 102 del documento refundido dispone lo siguiente: "ampliar el concepto de violencia de género a todos los tipos de violencia contra las mujeres contenidos en el Convenido de Estambul".

en ella. Además, es también una ley integral, como la de violencia de género. Igualmente cabe destacar que entre la modificación del año 2015 y la modificación del año 2021 encontramos un elemento digno de ser destacado en relación con el objeto de la LO 1/2004: la reivindicación por el Pacto de Estado contra la Violencia de Género (2018-2022, inicialmente) de modificar la definición de violencia de género en coherencia con lo solicitado por el Convenido de Estambul, lo que pone de manifiesto lo inadecuado de la definición de la ley.

Es cierto que la LO 1/2004 fue pionera e incluso referente para otros países de nuestro entorno, pero, como ya indicamos, no es perfecta. Por ello, dado que esta lacra y violación de derechos humanos fundamentales persiste en nuestra sociedad, con el paso de los años, ante los retos aún existentes para combatir las diferentes formas de violencia de género, se comenzó a plantear la idea de un Pacto de Estado que recuperase ese espíritu de consenso que caracterizó a la ley del año 2004 y que, a su vez, ayudara a avanzar en el cumplimiento de lo dispuesto en el Consejo de Europa sobre prevención y lucha frente a la violencia contra las mujeres y la violencia doméstica (el citado Convenido de Estambul de 2011, ratificado por nuestro país en 2014). La idea, según el propio Ministerio de la Presidencia, Relaciones con las Cortes e Igualdad, era vincular a todos los partidos políticos, poderes del Estado y sociedad civil, en un compromiso firme para lograr una política sostenida para la erradicación de la violencia de género en todas sus formas.[9] En la actualidad, además, es reseñable que, este mismo verano, se haya anunciado que el Gobierno está trabajando para convertir en permanente el Pacto de Estado contra la violencia de Género y su financiación. Esto no deja de ser destacable pues se está planteando la continuidad de un Pacto que aún no ha finalizado y que se inició hace más de tres años con muy pocos resultados prácticos, a día de hoy, en atención a sus pretensiones iniciales.[10]

---

9 Recordemos que el citado Ministerio defiende un sistema integral basado en tres pilares: la prevención, la protección y recuperación de la víctima y la persecución del delito, algo que, por otra parte, siempre estuvo en la base de una lucha integral contra la violencia que nos ocupa.

10 Eso no significa que las reformas derivadas de algunas de sus propuestas no sean de gran calado, pero sí que sorprende la poca *repercusión* del mismo a estas alturas de su puesta en marcha sobre todo si se tiene presente que cuenta con más de 200 medidas y una dotación inicial de unos 1.000 millones de euros.

El Pacto de Estado contra la Violencia de Género de 2017 fue el primero consensuado por los grupos parlamentarios desde 2015. Fue también el resultado de arduas negociaciones parlamentarias en los grupos de trabajo constituidos en la subcomisión parlamentaria en el Congreso de los Diputados y en la Comisión de Igualdad del Senado. Las 214 medidas del Congreso y las 267 del Senado se refundieron en un documento único que constaba de 292 medidas estructuradas en diez ejes de acción.[11] En una sencilla aproximación a lo que se

---

Indirectamente se está reconociendo, en nuestra opinión, un importante *fracaso* de este proyecto de lucha. En este sentido, por ejemplo, se ha de tener presente que, según algún sector de opinión, nació cojo ya que no contenía medidas para el ámbito laboral, siendo necesario revisar las políticas públicas para fomentar el empleo de calidad e inserción de las mujeres víctimas de violencia de género, de modo que se garanticen salarios dignos que permitan a las mujeres víctimas una independencia económica. No obstante, esto, a nuestro entender, es, al menos, matizable, ya que entre los derechos de las víctimas (que se han ido publicitando en mayor medida en forma de guías y campañas de sensibilización varias –por ejemplo, en los medios de comunicación-) se puede encontrar alusión a derechos en materia de empleo y para la inserción laboral (como es el caso de un programa específico de empleo o incentivos para las empresas que contraten a víctimas de violencia de género) y derechos económicos (como ayudas específicas, anticipos por imago de pensiones alimenticias, etc.).

En todo caso, y aún muy brevemente, se han de tener presentes, como algunas de las modificaciones más relevantes fruto del Pacto de Estado, algunas que, vía modificación del Código Civil (CC) o de la Ley de Enjuiciamiento Criminal (LECrim), han supuesto el cumplimiento de medidas citadas en el Pacto de Estado, como las que se encuentran en las medidas número 6, 128, 129, 198, 203, 204, 205 ó 208. Algunas de éstas han llegado por la publicación de dos importantes leyes como son la referida LO 8/2021, de 4 de junio, de Protección Integral a la Infancia y la Adolescencia frente a la violencia y la Ley 8/2021, de 2 de junio, por la que se reforma la legislación civil y procesal para el apoyo a las personas con discapacidad en el ejercicio de su capacidad jurídica. Aunque las citadas son las más recientes también se podrían citar, sin profundizar tampoco en ellos por razones obvias, el Real Decreto-ley 9/2018, de 3 de agosto, de medidas urgentes para el desarrollo del Pacto de Estado contra la violencia de género o el Real Decreto-ley 12/2020, de 31 de marzo, de medidas urgentes en materia de protección y asistencia a las víctimas de violencia de género (tramitado, este último, posteriormente, como Proyecto de Ley de medidas urgentes en materia de protección y asistencia a las víctimas de violencia de género, en relación directa con la Ley 1/2021, de 24 de marzo, de medidas urgentes en materia de protección y asistencia a las víctimas de violencia de género).

11 La elaboración de este último documento, que se puede consultar en https://violenciagenero.igualdad.gob.es/pactoEstado/docs/Documento_Refundido_PE-

pretendía con la firma de este documento y su contenido, cabe señalar que es un punto de inflexión, según el Gobierno, en la actuación de los poderes públicos para la erradicación de la violencia de género *en todas sus formas* en nuestro país. Destacamos la pretensión de su erradicación "en todas sus formas" pues no debemos perder de vista cuáles son éstas actualmente, y cuáles se pretende que sean, de acuerdo con el propio documento (tomando como referencia principal el Convenido de Estambul). Y, en este último sentido, no sólo debemos tener presentes tipos de violencia, como la económica[12], que no fueron originariamente contempladas, pese a existir, sino otras nuevas o ampliadas como consecuencia de los cambios producidos por la globalización (en especial, la trata de mujeres y menores con fines de explotación sexual).

Una de las partes positivas de este trabajo es el hecho de que para desarrollarlo se buscaron las disfunciones y carencias así como propuestas de mejora para la erradicación de la violencia de las mujeres (veremos si hay alguna, y en qué línea, en relación con "la tercera edad"), y que se buscó un necesario consenso y compromiso de todos los sectores políticos, lo que, se supone, permite confiar en que se sitúe en el centro de la agenda pública y que los desencuentros políticos en determinados temas no afecten a las medidas y objetivos de lucha marcados contra la violencia de género (y sobre cuya evolución se tiene que ir informando)[13]. Es interesante también tener presente que, aparte del, sin duda complicado, compromiso económico (y su reparto), la colaboración y coordinación institucional, dado el modelo territorial español, se plantea en un marco multinivel. El dialogo y es-

---

VG_2.pdf, se realizó desde la Delegación del Gobierno para la Violencia de Género (órgano encargado de coordinar e impulsar la ejecución de las medidas del Pacto de Estado).

12 Cada vez son más los trabajos y autores que no sólo hacen referencia a esta violencia, sino que, específicamente, incluyen en ella, por ejemplo, el impago de pensiones.

13 La información, además de la realizada vía comparecencia ante la Comisión de seguimiento del Pacto de Estado para explicar el cumplimiento del actual Pacto de Estado (así, por ejemplo, en octubre de 2020, en el Congreso de los Diputados) se pretende lograr con la creación de un grupo de trabajo con las Comunidades Autónomas para el diseño de un sistema de indicadores que permita controlar el desarrollo del Pacto de Estado de forma objetiva (en consonancia con la metodología de trabajo de la Agenda 2030).

cucha activa, como se indica desde la Secretaría de Estado e Igualdad, recae en la Conferencia Sectorial de Igualdad y en el Observatorio Estatal de Violencia sobre la mujer.[14]

Sin duda, las labores necesarias, al ser abordado el propósito de la lucha y erradicación de la Violencia de Género desde una perspectiva integral, son amplísimas. Las numerosas medidas del texto refundido son una clara muestra de ello. En consecuencia, para facilitar, por ejemplo, tanto su conocimiento, como evolución, es razonable proceder a agruparlas bajo varios criterios o áreas temáticas. De hecho, el propio texto refundido incluye, en unas pocas páginas previas a los cuadros con las medidas, unos antecedentes que ayudan a comprender el origen de este texto y en los que, tras incidir en que la violencia de género es un problema de la sociedad y que ésta ha de involucrarse en la búsqueda de soluciones efectivas para proteger "a las víctimas así como a sus hijas e hijos, rechazar a los maltratadores y prevenir la violencia", explica cómo se articula el pacto y sus ejes de actuación.

En el mismo texto del Pacto, a continuación de lo anteriormente indicado, hay un segundo punto que es el texto del propio "documento de trabajo sobre las Propuestas realizadas en el Congreso y Senado para el Pacto de Estado contra la Violencia de Género", en el que se explica, no sólo cómo se llega a este texto con sus concretas medidas, sino que se facilitan unas indicaciones para poder comprender mejor las tablas que lo constituyen, aludiéndose a los diferentes elementos que las conforman[15] y a los colores que se utilizan.[16]

---

14 El diálogo va aún más allá de las Comunidades Autónomas y entidades locales. Se afirma mantener también con los medios de comunicación, entidades privadas y sociedad civil.

15 Las tablas se constituyen por tantas medidas como las finalmente aprobadas agrupadas en seis columnas en las que se informa de: 1) número obtenido en la consolidación y ordenación de las medidas del Congreso y del Senado; 2) texto de la medida; 3) número original de la medida procedente del documento del Congreso; 4) número original de la medida procedente del documento del Senado; 5) agentes implicados en el impulso o desarrollo de la medida, y 6) agentes responsables del cumplimiento de la medida.

16 Se explica que las medidas aparecen marcadas en diferente color según se considere: cumplida (color violeta), cuando se considere que se ha realizado (lo que no impide que pueda requerir que se siga implementando); en proceso (color naranja), si se han dado pasos significativos para su implementación, pero todavía no se puede considerar completamente implementada, y pendiente (en color

2.2. *Aspectos básicos de la tutela penal y consecuencias jurídicas*

Una vez que hemos puesto de manifiesto qué se entiende por violencia de género en la actualidad y el sendero que se lleva en esa cuestión, conviene también tener presentes algunos **aspectos básicos de la tutela penal,** para lo cual hemos de tener especialmente presente el Título IV de la LO 1/2004, así como las modificaciones promovidas por distintas leyes posteriores que han supuesto, a su vez, modificaciones en textos legales como el Código Penal.

Inicialmente, la LO 1/2004 reguló cuestiones tanto de la parte general como de la parte especial del Código Penal. En relación con la parte general modificó los arts. 83.1.6ª, 93.4 y 88.1 CP, relativos a la suspensión y sustitución de las penas. Mayores cambios se produjeron en la parte especial, en la que se cambió la regulación de las lesiones (con la modificación del art. 153 CP), las amenazas (creando los apartados cuarto, quinto y sexto del art. 171 CP), las coacciones (con la inclusión de un segundo apartado en el art. 172 CP), las vejaciones leves (vía modificación del art. 620 CP, que se incardinaba en el desaparecido Libro III del CP, relativo a las Faltas), y el quebrantamiento de condena (art. 468 CP).

Posteriormente diferentes reformas han continuado *ampliando* o variando la protección contra la violencia de género, intentando dar una mayor cobertura desde distintas perspectivas, incluida la penal. Así, particularmente destacable es la LO 1/2015, de 30 de marzo, por la que se modifica el Código Penal, pues, a diferencia de lo que, en general, había sucedido con reformas previas, dio lugar a modificaciones tanto en la parte general como en la especial del Código Penal. Por lo que respecta al objeto de estudio, en la parte general del Código Penal una de las cuestiones más destacables fue la inclusión de una nueva agravante, aunque también cabría aludir a cambios en el marco de la suspensión de las penas y la libertad vigilada. En relación con el primer cambio señalado se ha de tener presente que se incluyó, en

blanco). También se resalta que la clasificación por grado de cumplimiento se hace tomando como referencia la medida del Congreso (caso de que una medida del Congreso tenga asociada una o más medidas del Senado) y que son los ministerios los que determinan el grado de cumplimiento de las medidas que se les atribuyen en función de su temática.

el apartado cuarto del artículo 22 CP, junto con el sexo como causa de discriminación (que ya estaba), la circunstancia agravante de comisión del hecho delictivo por razones de género. Obviamente esta agravante no será de aplicación en aquellos delitos propios de violencia de género en los que ese ya es un elemento del tipo que se ha tenido en cuenta para un mayor agravamiento penológico, pero sí podrá tenerse en cuenta en otros en los que esto no se prevé (como sucede, curiosamente, con el homicidio o asesinato). Anteriormente en estos supuestos se recurría, únicamente, al art. 23 CP (circunstancia mixta de parentesco que operaba como una agravante).

En el marco de la suspensión de las penas se prevé que para que sea posible la suspensión siempre se han de imponer las prohibiciones y deberes indicados en las reglas 1ª, 4ª y 6ª del art. 83.1 CP, esto es, en esencia, prohibición de aproximación a la víctima o ciertos familiares, prohibición de residir en un determinado lugar o de acudir al mismo y deber de participar en determinados programas (como el PRIA). Además, aunque de acuerdo con el artículo 84.1 CP el Juez puede condicionar la suspensión de la ejecución de la pena al cumplimiento de ciertas prestaciones o medidas una de las cuales es el pago de una multa, también se dispone que cuando se trate de un delito cometido sobre la mujer por quien sea o haya sido su cónyuge, o por quien esté o haya estado ligado a ella por una relación similar de afectividad, aun sin convivencia, entre otros sujetos, dicha multa sólo se puede imponer si queda acreditado que no hay vínculos económicos entre las partes que se deriven de una relación conyugal, de convivencia o filiación o de la existencia de una descendencia común. Ahora bien, si se incumplen de modo grave o reiterado las prohibiciones y deberes impuestos en virtud del artículo 83 CP o si se incumplen del mismo modo las condiciones que para la suspensión se hubieran impuesto de conformidad con el artículo 84 CP, cabrá la revocación de la suspensión y ejecución de la pena.

Por lo que respecta al enfoque de la medida de libertad vigilada (artículo 106 CP), cabe señalar que se amplía en la reforma de 2015, resultando posible su aplicación facultativa en determinados supuestos de violencia de género. Concretamente, esta posibilidad se ha previsto para los condenados por la comisión de uno o más delitos comprendidos en el Título III del Código Penal, relativo a las lesiones, cuando la víctima fuera alguna de las personas a las que se refiere el artículo 173.2 CP, y para los casos de violencia habitual del citado artículo 173.2 CP.

En la parte especial, se ha de distinguir entre la modificación de delitos considerados propiamente de violencia de género y otros que se incluyen en la reforma, conectando, por ejemplo, con peticiones del Convenido de Estambul en esta materia, pero que, en puridad, no son exactamente delitos de violencia de género ya que, algunos, no están regulados considerando un sujeto activo y un sujeto pasivo acordes con lo que, actualmente, se entiende por violencia de género. Sin embargo, se incluyen y tratan con la violencia de género porque, además de lo anteriormente señalado (necesidad de incorporación de acuerdo con regulación internacional), desde un punto de vista *de facto* son las mujeres quienes los sufren fundamentalmente y a manos de sus parejas o exparejas. Así, en primer lugar, aludiremos a las lesiones vinculadas a la violencia de género y, en segundo lugar, a los nuevos delitos de matrimonio forzado, *stalking,* difusión de imágenes obtenidas con consentimiento de la víctima, pero sin autorización para su difusión o una nueva modalidad de quebrantamiento de condena. Ello sin olvidar la reubicación de las vejaciones leves.

En relación con la protección contra las lesiones vinculadas a la violencia de género se han de tener presentes los artículos 148.4° y 153.1 CP. En el primero, si la víctima es o ha sido esposa o mujer que esté, o hubiere estado, ligada al autor por análoga relación de afectividad aún sin convivencia, es posible agravar la pena de prisión prevista para los comportamientos tipificados en el artículo 147.1 CP.[17] El artículo 153.1 CP, por su parte, sanciona de modo agravado al que por cualquier medio o procedimiento causa a otro menoscabo psíquico o lesión de menor gravedad de las previstas en el artículo 147.2 CP (relativo a las lesiones que no puedan ser incluidas en el 147.1 CP) o golpeare o maltratare de obra a otro sin causarle lesión "cuando la ofendida sea o haya sido esposa, o mujer que esté o haya estado ligada a él por una análoga relación de afectividad aun sin convivencia".

---

17 Esto es, causar, por cualquier medio o procedimiento, una lesión que menoscabe la integridad personal o salud física o mental siempre que la lesión requiera objetivamente para su sanidad, además de una primera asistencia facultativa, tratamiento médico o quirúrgico.

Por lo que respecta a la protección contra los malos tratos se hace necesario aludir a los apartados segundo y tercero del artículo 173 CP, en el que se contempla el delito de violencia habitual. En este caso no se agrava un comportamiento delictivo común, sino que se crea una figura legal especial para combatir la violencia de género y doméstica. Lo que se castiga es el ejercicio de violencia física o psíquica habitual contra personas del entorno de convivencia del sujeto[18] con independencia del castigo que corresponda por los actos de violencia individualmente contemplados. La pena prevista para el delito tipificado en el artículo 172.2 CP se agravará si el delito se perpetra en presencia de menores o tiene lugar en el domicilio común o de la víctima o se realiza quebrantando una pena de las contempladas en el artículo 48 CP o una medida cautelar o de seguridad de la misma naturaleza. La agravación prevista en el apartado tercero se dará cuando la conducta se lleve a cabo contra alguna de las personas a las que alude el apartado segundo.[19] En este sentido, problema importante, con frecuencia, es el de determinar la responsabilidad de quien no ejerce actos de violencia, pero tampoco los impide (quienes, en principio, serán autores o partícipes en comisión por omisión en el delito).

La citada reforma de 2015, como indicábamos, además incluye nuevas figuras delictivas. Así, por lo que respecta al nuevo delito de matrimonio forzado, cabe señalar que se encuentra situado entre las coacciones (art. 172 bis CP) y que se defiende su inclusión como delito por la necesidad de dar respuesta a un fenómeno que se reconoce como una forma de esclavitud y que está relacionado con la violencia sobre la mujer, además de con la trata de seres humanos. Se trata de una figura controvertida, pero se ha de reconocer que con esa forma de matrimonio se vulnera el derecho a contraer matrimonio en situación de libertad e igualdad y se atenta contra los derechos humanos; lo cual constituye un tipo de vulneración que España

[18] En el caso que nos ocupa, de nuevo, sobre quien sea o haya sido su cónyuge o sobre persona que esté o haya estado ligada a él por una análoga relación de afectividad, aun sin conveniencia.

[19] En este tema interesa subrayar que para apreciar la "habitualidad" se ha de estar al número de actos de violencia acreditados y a su proximidad temporal. En principio se entendió que hacían falta en torno a tres pero se ha impuesto entre la doctrina y la jurisprudencia la idea de que lo decisivo no es el número de agresiones sino el estado o clima de violencia permanente creado.

se ha comprometido internacionalmente a perseguir. Como vemos, la redacción del tipo no está en consonancia con lo que, como hemos tenido oportunidad de indicar, aún se asocia con la violencia de género, esto es, un delito en el que el sujeto activo es un hombre y el sujeto pasivo una mujer que tenga o haya tenido con él relación *sentimental*. No obstante, también es cierto que, como se indicó, no sólo es una vulneración de derechos contra la que nuestro país se ha comprometido a luchar, sino que, atendiendo a la realidad social, lo habitual no es que es una mujer quien fuerza el matrimonio, sino que sea una mujer quien sufra sobre sí la conducta. Algo similar sucede en otros de los delitos de este apartado, como veremos.

Otro delito de nueva inclusión es el *stalking* (artículo 172 ter CP) que también guarda relación con la libertad y con el que se busca dar protección en aquellos casos en los que, aunque no se anuncie necesariamente la intención de causar algún mal (amenazas) o el empleo de la violencia (coacciones), sí se producen conductas reiteradas mediante las cuales se menoscaba el sentimiento de seguridad de la víctima, sometida a persecuciones o vigilancias constantes, entre otros actos de hostigamiento. Se considera que para su aplicación es preciso que el acoso sea constante y no aislado (ya que ha de alterar el desarrollo de la vida cotidiana de la víctima de modo grave).

Por lo que respecta a la difusión de imágenes obtenidas con consentimiento de la víctima, pero sin haber autorizado su difusión, incorporado en el apartado séptimo del art. 197 CP, cabe señalar que se protege la intimidad personal en relación con materiales fotográficos o audiovisuales cuya difusión pueda generar un menoscabo grave y, si bien tampoco es de aplicación exclusiva en materia de género, en este caso se contempla una agravación de la pena cuando el sujeto activo fuera el cónyuge u otra persona que esté o haya estado unida a él por análoga relación de afectividad, aun sin convivencia.

La inutilización o perturbación del normal funcionamiento de los dispositivos técnicos dispuestos para controlar el cumplimiento de las penas es otro delito surgido en el marco de la reforma de 2015. Se encuentra en el artículo 468 CP, párrafo tercero, con lo que se está situado en el contexto del quebrantamiento de condena. Sin duda, es frecuente, en particular por lo dispuesto en el artículo 64.3 LO 1/2004, así como en los artículos 48.4 CP y 57.3 CP, la utilización de dispositivos telemáticos para controlar las medidas cautelares y las penas de alejamiento en materia de violencia de género.[20] Actualmente, cuando el sujeto haga que el dispositivo no funcione correctamente (por ejemplo, no cargando su batería) o en los supuestos en los que fracture intencionadamente el brazalete, pero sin que llegue a invadir las zonas de exclusión establecidas en la resolución judicial, se aplicará lo dispuesto en este precepto.[21]

Finalmente, se ha de resaltar que las vejaciones leves, que la LO 1/2004 incluyó entre las faltas en el artículo 620 CP, permanecen pese a la supresión del Libro III operada por LO 1/2015, ya que parte del contenido de tal libro continúa en el Código Penal como delito leve. En este caso, la que fuera falta de amenazas y coacciones ha pasado a los artículos 171.7 CP (amenaza leve, también cuando se trate de personas mencionadas en el art. 173.2 CP, que antes se situaba en el art. 620.1 CP) y 172.3 CP (coacciones leves, también cuando se trate de personas mencionadas en el art. 173.2 CP, que antes se situaba en el art. 620.2 CP). No obstante, aún en relación con el otrora artículo 620 CP se ha de aludir a un nuevo delito leve que se ha incluido creando un apartado cuarto en el artículo 173 CP, en el cual se tipifica la injuria o vejación injusta de carácter leve cuando el ofendido fuera una de las personas a las que se refiere el artículo 173.2 CP, incluyéndose la multa en los términos señalados en el artículo 84.2 CP e indicándose que las injurias sólo son perseguibles mediante denuncia de la persona agraviada o su representante legal.

---

20 Ahora bien, dado que el contenido de la pena o medida no es el dispositivo telemático, sino que éste es, simplemente, un instrumento para controlar su cumplimiento, antes de esta incorporación dichos comportamientos no podían ser canalizados a través del quebrantamiento de condena (aunque sí era posible aplicar un delito de desobediencia).

21 Cabe añadir, en relación con lo anterior, que el delito de quebrantamiento de condena plantea, con carácter general, otras dificultades en relación con la violencia de género como la eventual responsabilidad penal de la víctima en aquellos casos en los que fuera ella quien animara o permitiera a su pareja o expareja a retomar el contacto con ella cuando éste hubiera sido prohibido. Es un tema muy debatido y en el que se defiende desde su responsabilidad como inductora o cooperadora necesaria del delito de quebrantamiento de condena de su pareja hasta la completa ausencia de responsabilidad en la medida en que se diera valor a su consentimiento.

Las **consecuencias jurídicas** que se pueden aplicar con carácter principal son diversas.[22] Así, en primer lugar, procede subrayar que en los artículos citados en relación con delitos cometidos en el marco de la violencia de género, se prevén como penas las de prisión, trabajos en beneficio de la comunidad, localización permanente, multa, privación del derecho a la tenencia y porte de armas o la inhabilitación para el ejercicio de la patria potestad, tutela, curatela, guarda o acogimiento.

Ahora bien, alguna, como los trabajos en beneficio de la comunidad, resulta especialmente destacable pues, además de como pena principal, también es posible su aplicación como forma sustitutiva de la ejecución de las penas privativas de libertad (a través, actualmente, de la suspensión de su ejecución). Sin duda, es fundamental la posibilidad de aplicar planes formativos y de rehabilitación de los maltratadores como alternativa al ingreso en prisión. Ello sin olvidar que, si bien es cierto que se trata de una pena que requiere del consentimiento del penado, también lo es que se considera particularmente interesante por su doble efecto resocializador que facilita la reintegración social.

Por otra parte, de particular relevancia es, también, la posibilidad (obligación en el caso de la suspensión de la pena privativa de libertad cuando se den los requisitos para ello) de imponer dos prohibiciones concretas en el contexto de violencia de género: la de residencia (art. 48.1 CP) y la de aproximación (art. 48.2 CP). Y ello sin olvidar, tampoco, la posible imposición de la prohibición de comunicación con la víctima o determinados familiares en ciertos supuestos.

---

22 Ello tanto en el caso de adultos como en el de menores, pues, aunque en estas páginas se intenta realizar una aproximación a cuestiones penales de la violencia de género en adultos (ya que, a falta de definir "tercera edad" no cabe duda de que se sitúa dentro de la edad adulta), la violencia de género en menores presenta, sin lugar a dudas, diversas particularidades entre las que se encuentra el tipo de sanciones que se pueden imponer ante la comisión de hechos delictivos. Y, a falta de poder adentrarnos en el sistema de menores, y aún menos en el de las sanciones ("medidas"), sí se puede remarcar la posibilidad de aplicar distintos tipos de sanciones (en general es así en el sistema de menores con independencia de que los delitos sean de violencia de género), de acuerdo con las disposiciones de la Ley Orgánica 5/2010, de 12 de enero, reguladora de la responsabilidad penal de los menores.

De acuerdo con lo anterior, es muy destacable en estos caos que, además de las penas principales, se han de tener presentes las accesorias. En este sentido, se ha de realizar especial mención a lo dispuesto en el artículo 57.2 CP.[23] Y ello, por supuesto, sin perjuicio de lo dispuesto en el párrafo segundo del apartado primero del artículo 57 CP, relativo a la imposición de prohibiciones del artículo 48 CP en los casos en los que el condenado lo hubiera sido a la pena de prisión. De este modo **la prohibición de aproximación[24], como pena accesoria** (*sui generis*), es de suma importancia en la violencia de género.

En general, si analizamos, aunque sea rápidamente, todos los artículos que guardan relación con supuestos de violencia de género, apreciamos que en esta materia está presente la tendencia general del Derecho penal sustantivo de los últimos tiempos, que no es otra que la de la agravación, bien ampliando el catálogo de conductas tipificadas, bien aumentando las penas o bien creando penas y medidas orientadas a la disuasión y prevención de agresiones, así como la adaptación de su ejecución a tales necesidades.

Por otra parte, pese a ser cuestiones procesales, es interesante tener en cuenta dos figuras que son vital importancia ante posibles delitos de género: las órdenes de alejamiento y la posible dispensa del deber de declarar (art. 416 LECrim).

No podemos finalizar este apartado sin destacar una cuestión muy importante como es que, según el propio texto de la LO 1/2004, la ley es aplicable a cualquier mujer víctima de la violencia de género con independencia de "su origen, condición o cualquier otra circunstancia personal o social".[25] Esto es, no importa la raza, formación

---

23 Artículo que supone la obligación de aplicar, por un tiempo que no exceda de diez años si el delito fuera grave o de cinco si fuera menos grave, la pena del 48.2 CP cuando los delitos del primer párrafo del artículo 57. 1 CP fueran cometidos "contra quien sea o haya sido el cónyuge, o sobre persona que esté o haya estado ligada al condenado por una análoga relación de afectividad aun sin convivencia".

24 La distancia mínima de prohibición de aproximación queda determinada por el Juez en la sentencia. Aunque no es vinculante, se ha de tener presente que el Protocolo de actuación de las Fuerzas y Cuerpos de seguridad aconseja, para la protección de esta violencia, que la distancia sea, al menos, de 500 metros.

25 Cuestión que fue reiterada, por ejemplo, por la Circular 6/2011 de la Fiscalía General del Estado a propósito de uno de los problemas que se suscitó en la

académica o edad, por ejemplo. Esto significa que con independencia de lo que consideremos "tercera edad" esta quedará incluida en la ley porque no es factible establecer un perfil de mujer víctima[26]; no se ha comprobado ningún patrón que permita afirmar características específicas de las mujeres que determinen la incidencia del maltrato. Cualquier mujer puede sufrir maltrato[27]. Ahora bien, la Comisión contra la Violencia de Género del Sistema Nacional de Salud (2012) puso ya de manifiesto que, pese a lo anterior, existen procesos vitales en los que la mujer puede ser particularmente vulnerable. ¿Puede ser la tercera edad uno de ellos dando lugar a una doble victimización como sucede con las mujeres menores o extranjeras sometidas a violencia de género? Lo veremos, pero cabe adelantar que muy probablemente así sea, pues la edad, en cualquiera de sus extremos, con carácter general, hace al sujeto particularmente vulnerable.[28]

3. ¿QUÉ ENTENDEMOS POR TERCERA EDAD?

El primer problema que se nos plantea en este apartado es delimitar qué entendemos por tercera edad. Si acudimos al diccionario de la Real Academia de la Lengua (RAE) nos encontramos con la siguiente definición: "Período avanzado de la vida de las personas en el que normalmente disminuye la vida laboral activa". Así pues, como se puede apreciar, con esta definición no es posible delimitar una franja

---

interpretación de la expresión de "análoga relación" en el contexto de las relaciones entre menores.

26 Propiamente tampoco se puede establecer un perfil de agresor, si bien es cierto que se mencionan, en ocasiones, una especie de indicadores.

27 Lo que podría llevar también a ciertas reflexiones relacionadas con la efectividad de la ley y el cambio, o no, sociocultural de nuestra población si, como se sabe por las estadísticas, no sólo es que la violencia de género siga siendo un problema, sino que está considerablemente presente entre menores de edad, esto es, entre personas que ya han crecido conociendo el problema, la lucha contra él, las ayudas de las que se dispone si se sufre, etc. Obviamente, no es éste el lugar oportuno para desarrollar esa cuestión que sólo dejamos apuntada.

28 Y, aunque tampoco sea objeto de estudio, es conveniente tener presente la victimización secundaria que se suele sufrir en estos casos, lo cual, unido a una doble victimización, hace más difícil, si cabe, encontrar soluciones.

de edad. No deja de ser un indicador de tipo sociocultural, variable, sin duda, en función de múltiples factores.

Tampoco la Organización Mundial de la Salud (OMS) nos facilita una definición que permita acotar la franja inicial de este período vital que podríamos asumir que finaliza con el fallecimiento del sujeto. Cabría plantearnos así, la duda, de a qué edades nos referimos y si un cambio en la determinación de las mismas podría, de algún modo, afectar a la temática que nos concierne. De nuevo, tampoco desde un punto de vista jurídico hay una edad concreta, si bien el fin de la edad laboral, durante muchos años, vino situándose en los 65 años. Ahora bien, ni esto es necesariamente así en todos los trabajos, ni toda la población llega a esa edad con un empleo, ni, de acuerdo con los más recientes cómputos para acceder a la pensión de jubilación, ésta se puede producir necesariamente a los 65 años. Además, la propia evolución social, tan en el fondo de la violencia sobre la que redactamos estas páginas, ha generado modificaciones significativas que permiten afirmar que se está produciendo un cambio en la pirámide poblacional, de modo que cada vez hay más gente *mayor* y menos gente *joven.* Esto no sólo responde a una menor natalidad (también por motivos varios), sino al hecho de que la edad media de vida de los hombres y mujeres ha ido aumentando considerablemente. Sin perjuicio de los relevantes datos que se puedan extraer de análisis complementarios, nos limitamos aquí a tener en cuenta que la media de vida de los hombres se situaba, en 2019, en 80,9 años y en las mujeres en 86,2 años.[29] Esta tendencia ascendente (al margen de las modificaciones que se puedan derivar del estudio de los efectos de la pandemia en este campo de datos) es importante para tener una referencia de la elevada edad media de vida, lo que, de suyo, nos sitúa ante un colectivo potencialmente vulnerable y necesitado de mayores atenciones. En cualquier caso, también es reseñable que en el año 2021, según el Instituto Nacional de Estadística (INE), la población nacional con 65 años o más supone casi el 20% de la población total de nuestro país,[30] lo que es un porcentaje significativo.

---

29 Lo que supuso un aumento de unos 4 años en cada sexo desde 1999.

30 Para ser exactos un 19,77%. [https://www.ine.es/jaxiT3/Datos.htm?t=1488] Dejaremos a un lado otro tipo de análisis como los que afectan a la variación de población mayor tras la pandemia, la diferencia en los datos según la CCAA,

Es más, el porcentaje es tan elevado y la media de edad tan alta, que la alusión a la "tercera edad" como aquella se inicia en los 65 años y que finaliza con el fallecimiento del sujeto podría ser discutible. Cada vez más, aunque fundamentalmente en un plano social sin consecuencias jurídicas específicas claras, se alude a una "cuarta edad" o, incluso, a una quinta. Normalmente cuando se alude a cuarta edad se señala la tercera entre los 60 y los 79 años y la cuarta a partir de los 80 hasta los 99 años. La quinta comenzaría en los 100 años, que actualmente no es ni un 1% de la sociedad española.[31] A los efectos de este trabajo no consideramos determinante adentrarnos en estas diferenciaciones, incluyendo como "tercera edad" todas estas edades (si bien partiendo de los 65, como reiteraremos, en atención a la media de vida, que nos hace pensar que la referencia de partida de la tercera edad en los 60 años resultaría demasiado baja). No obstante, esta división sí la consideramos positiva a los efectos de interiorizar que las dificultades a las que un sujeto se enfrenta en la tercera edad son diversas y, normalmente, salvo enfermedades previas o patologías concretas, serán mayores cuanta más edad tenga. Eso convierte a este colectivo, como señalamos, en vulnerable, pero posiblemente más a medida que los años pasan. Sin duda, esto es tenido en cuenta por la OMS que ha realizado trabajos interesantes enfocados a las necesidades específicas a las que se enfrentan las personas según se hacen mayores. En este sentido es reseñable su Informe Mundial sobre Envejecimiento y Salud[32].

---

la posibilidad de acotar más y subdividir en franjas de mayor edad o la media de edad concreta de esperanza de vida de hombres y mujeres (si bien, se puede destacar, como se ha visto que es superior la de las mujeres). Como se indica en el propio INE "La Estadística de defunciones según la causa de muerte constituye una de las fuentes de información más importantes en el campo de la Sanidad. Se realiza siguiendo los criterios establecidos por la OMS en la Clasificación Internacional de Enfermedades (CIE), que recoge más de 12.000 enfermedades." [https://www.ine.es/dyngs/INEbase/es/operacion.htm?c=Estadistica_C&cid=1254736176780&menu=ultiDatos&idp=1254735573175].

[31] Obviamente, los porcentajes y el nivel de envejecimiento de otras poblaciones son distintos y no objeto de referencia en estas páginas.

[32] *Vid*, https://apps.who.int/iris/bitstream/handle/10665/186466/9789240694873_spa.pdf, en el que ya en 2015, subrayaba cuestiones de máximo calado como el envejecimiento, la esperanza de vida, los ancianos y sus servicios de salud, el tema de la salud global, la dinámica de la población y la prestación de atención

Dado que no puede cuestionarse que con el paso de los años se produce un envejecimiento, resulta interesante ver cómo define este proceso el informe, que entiende que los cambios que constituyen e influyen en el envejecimiento son complejos. En el informe se afirma que "en el plano biológico, el envejecimiento está asociado con la acumulación de una gran variedad de daños moleculares y celulares. Con el tiempo, estos daños reducen gradualmente las reservas fisiológicas, aumentan el riesgo de muchas enfermedades y disminuyen en general la capacidad del individuo. A la larga, sobreviene la muerte".[33] Ahora bien, también se subraya en el informe que tales cambios no son ni lineales ni uniformes, y que únicamente se asocian vagamente con la edad de una persona en años[34], pues muchos de los cambios están altamente influenciados por el entorno y el comportamiento de la persona y porque muchos de los mecanismos del envejecimiento son aleatorios. Además, con la vejez no sólo se producen pérdidas biológicas sino que suele llevar aparejados otros cambios importantes, como cambios en roles y posiciones sociales y la necesidad de afrontar la pérdida de relaciones estrechas.[35] Así, de nuevo, vemos que no podemos concretar una edad

---

de salud. La línea de trabajo es la de agregar salud a los años. Así, uno de los objetivos de este informe es fomentar un marco para la acción de salud pública sobre el envejecimiento que sea aplicable a todas las personas mayores ya que lo más acertado es ver las necesidades diversas de las personas mayores como un espectro de grados de funcionamiento, esto es, es preferible evitar la polarización en relación con dos modelos de envejecimiento (el modelo centrado en las carencias considera la vejez como un período de vulnerabilidad y desconexión y los modelos que se centran en la importancia de la participación social en la edad avanzada, la contribución que las personas mayores pueden hacer en todos los niveles de la sociedad y el potencial para que esto sea lo normal y no una excepción).

33 *Vid.*, p. 27 del citado informe, que desde esa página hasta la 40 se centra en otras cuestiones de interés sobre el envejecimiento, cómo intentar hacerlo saludable y las políticas para ello.

34 Por ello, se afirma, mientras que algunas personas de 70 años gozan de un buen funcionamiento físico y mental, otras tienen fragilidad o requieren apoyo considerable para satisfacer sus necesidades básicas.

35 En este sentido el mismo informe señala que "los adultos mayores suelen concentrase en un conjunto menor pero más importante de metas y actividades, además de optimizar sus capacidades presentes a través de la práctica y el uso de nuevas tecnologías y compensar la pérdida de algunas habilidades con otras maneras de realizar las tareas".

exacta para fijar cambios dentro de la edad adulta y que, básicamente, es una cuestión social. Aunque estemos acostumbrados a escuchar que los 40 son los nuevos 30 o los 70 los nuevos 60, a los efectos de estas líneas, en atención a lo brevemente esbozado, optamos por considerar tercera edad la que va desde los 65 hasta el fin de la vida, sin perjuicio de ser conscientes de las enormes diferencias que puede haber entre sujetos en ese marco vital.

De acuerdo con lo anterior, aunque nos falte jurídicamente una concreción de la franja de edad para la llamada *tercera edad*, en nuestra opinión, por ser la más avanzada, compartiría, al menos potencialmente, esa vulnerabilidad a la que están expuestos los menores de edad. Y, al igual que entre ellos, aunque no esté fijado jurídicamente, se podría hacer alusión a diferentes necesidades o planteamientos jurídicos subdividiendo la correspondiente franja. Es evidente, desde una perspectiva social, que nada tiene que ver una persona de 65 años con una de 95 (tomando como referencia la situación de vida que un sujeto suele tener en esas edades por el desarrollo biológico –posibles deterioros motores y cognitivos- y personal más habitual), como también lo es que existen diferencias entre un menor de 10 años, uno de 14 o uno de 17 y medio (algo, que, por otra parte, y respecto a la comisión de delitos, sí goza de una previsión sobre su posible sanción o no y duración de la misma según la concreta edad y su situación personal).

Hemos realizado una selección, pues, discutible en cuanto a la franja de edad en cuestión, pero es que, a diferencia de lo que sucede con la minoría de edad, no hay instrumentos jurídicos adecuados para determinar algo necesariamente diferente. En todo caso, de nuevo, nos encontramos con una franja de edad en la que, presumiblemente, habrá una vulnerabilidad especial, como sucede con los menores. Como indicábamos, el fin de la minoría de edad (y, por ende, el inicio de la edad adulta) está fijada jurídicamente en los 18 años por nuestra Constitución y también por textos internacionales como la Convención de Derechos del Niño, que insiste en la necesidad de protección de ese colectivo *especialmente vulnerable*. De ello se derivan una serie de consecuencias jurídicas como son la plena capacidad jurídica y, concretamente, a efectos penales, la aplicación del Código Penal frente a hechos delictivos en lugar de la de la LO 5/2010, de 10 de enero, reguladora de la responsabilidad penal de los menores. Esto, llevado a la violencia de género sí tiene unas consecuencias directas ligadas a la edad.[36] Lo que nosotros intentaremos ver es si existe alguna similar en la franja de edad que hemos optado por analizar como "tercera edad" o si algún delito existente en el marco de la violencia de género presenta particularidades en relación con la tercera edad (aunque en atención a la propia descripción de los tipos brevemente efectuada, no es éste el caso; cuestión distinta es si tendría que serlo).

4. LA PRESENCIA DE LA VIOLENCIA DE GÉNERO EN LA TERCERA EDAD

Una vez indicado en qué consiste la violencia de género, los delitos de dicha naturaleza o directamente relacionados con ella, las sanciones, y avanzadas cuestiones varias sobre la evolución de los trabajos de sensibilización contra esta lacra social así como de prevención y persecución de la misma, en los que las previsiones del Pacto de Estado contra la Violencia de Género son especialmente destacables, y concretado que, a los efectos de este trabajo, entendemos como "tercera edad"

---

36 Se trata, de nuevo, de una cuestión muy interesante, pero en la que no es posible adentrarse en este trabajo. No obstante, y por comparación con lo que posteriormente veremos, conviene tener presente que, con certeza, legalmente sí hay unas cuestiones que, en materia de violencia de género, han estado *ligadas* a la minoría de edad incluso antes del Pacto de Estado. En primer lugar, aunque ya esté superado, el concepto aún vigente de Violencia de Género llegó a plantear que ésta pudiera darse en los menores (pero se puede). Por otra parte, la coexistencia de dos leyes especiales llevó a determinar cuál era la que había que seguir, quedando claro que es la LO 5/2000, que da preferencia a jueces formados en menores, pero no necesariamente en violencia de género. Entre otras cuestiones, el cumplimiento de la sanción en menores, si conllevara el internamiento en régimen cerrado durante cuyo cumplimiento se alcanzaran los 18 años (o incluso los 21 años), plantea la posibilidad de terminar de cumplir la sanción en centro penitenciario (*vid.* art. 14 LO 5/2000). La minoría de edad también suscita particularidades en la ya controvertida previsión del art. 416 LECrim. No obstante, entre otras muchas cuestiones, lo más destacable y sorprendente es la existencia aún, y elevada, de violencia de género en el caso de menores. Se articula más a través de nuevas formas delictivas (caso del *stalking,* por ejemplo, y uso de nuevas tecnologías), pero con independencia de cómo suceda lo que asombra es que jóvenes que tienen 18 años o menos y, que, por tanto, han crecido bajo el amparo (información, protección, etc...) de la LO 1/2004, sigan aumentando las cifras de violencia de género –directa- incluso con resultado de muerte.

el período de la edad adulta que va de los 65 años hasta el final de la vida, se hace necesario unir esos elementos para intentar determinar si, para este grupo vulnerable, se ha establecido o se tiene prevista, alguna particularidad en el contexto de la violencia de género, como sucede con el grupo vulnerable que se sitúa en el otro extremo de la vida (los menores). O, en su defecto, si resultaría necesaria.

Para ello, en primer lugar, debemos tener presente que el amplio margen de edad al que nos enfrentamos es susceptible de presentar particularidades, propias de la concreta edad, dignas de mención, pero también que, éstas pueden ser, como en otras franjas de edad (aunque quizás en más proporción), concretas del sujeto activo (sin connotación directa por edad), lo que merecería diferente atención (la habitual dentro del esquema de la teoría jurídica del delito).

Dado el amplio margen de edad cabe, en primer lugar, plantearse la posibilidad de la violencia vicaria en este contexto. Recordemos que la pirámide poblacional se está invirtiendo y que, cada vez, se posterga más la maternidad por razones varias. Ello no hace extraño que iniciada la llamada tercera edad la mujer tenga hijos menores aún a su cargo.[37] Ahora bien, tampoco se debe olvidar que, para que nos encontremos ante violencia de género, no es necesario que la mujer y

---

[37] Aunque hay limitaciones en el contexto de la edad para permitir el acceso a la maternidad por medios naturales y no naturales, ya que la adopción, la Fecundación in Vitro o la Inseminación Artificial tienen unas edades máximas para su *permisión*. Por ejemplo, en el sistema de sanidad pública la edad límite para las técnicas de reproducción asistida son los 40 años (con ciertos matices). Sin embargo, en el sistema privado de nuestro país no existe legalmente ningún límite de edad máximo para recurrir a técnicas de reproducción asistida (véase la Ley 14/2006 sobre Técnicas sobre Reproducción Humana Asistida). Ahora bien, sí hay un consenso por el cual los expertos que constituyen la Sociedad Española de Fertilidad desaconsejan el uso de la misma en mujeres mayores de 50 años. Así, entraría dentro de lo aceptable y viable médicamente, pese a los mayores riesgos, un embarazo incluso a los 50, lo que permitiría tener un hijo menor de edad a cargo, incluso después de los 65 años en el caso de las mujeres. Con mucha más edad sería complicado, pues, aunque se conocen casos de mujeres que se sometieron con posterioridad a estas técnicas, también se sabe de la retirada de sus hijos por los servicios sociales. En este sentido, y aunque no sea el objeto de nuestro trabajo, podemos recordar el caso de una mujer que, en 2017, fue madre de mellizos y en cuyo caso el Tribunal Supremo avaló la sentencia por la que se le retiraba la custodia de los niños porque se encontraban en "situación clara de desprotección" por la incapacidad de la madre para atenderlos.

el hombre estén en la misma franja de edad, por lo que, si el sujeto activo –hombre- tiene más de 65 años pero su pareja o expareja menos, es aún más probable que haya hijos de ella -o de ambos- que puedan verse sometidos a violencia vicaria. Así pues, cabe destacar que para situarnos en el contexto de la violencia de género en la tercera edad puede ser que tanto hombre como mujer estén en este período vital o que simplemente uno lo esté. En este caso, es irrelevante si es el hombre o la mujer quien está en la tercera edad para que el hecho se cometa, aunque ello sí puede ser importante, así como la concreta edad y estado físico y mental de la persona, para establecer alguna observación, como veremos.

En relación con lo anterior podemos avanzar que, si consideramos en qué consiste la violencia de género y la regulación que la contempla hasta el momento, no hay unas especificidades jurídicas completamente destinadas a dar cobertura a las mujeres que, además, están en la tercera edad, al contrario de lo que sucede con otras mujeres que pueden sufrir una doble vulnerabilidad, como las menores o las extranjeras.[38] Y sabemos que una mujer puede sufrir violencia de género a cualquier edad, por lo que los problemas o las cuestiones que nos encontramos, en general, como el que no sea obligatoria la presencia de letrado para la mujer, las dudas sobre la dispensa del 416 LECrim, las dificultades para determinar si es suficiente con que el hecho haya sido cometido por pareja o expareja,[39] entre otras, están siempre presentes. También están habitualmente presentes problemas derivados de la falta de más personal especializado, de la necesidad de más información y recursos, del miedo de

---

38 Ya conocemos la existencia de la LO 5/2000 y, en el caso de las extranjeras se ha de tener presente que la ley de extranjería se modificó a raíz de la LO 1/2004 y, en la actualidad, contempla la suspensión del expediente de expulsión de una mujer extranjera en situación irregular, durante el tiempo que dura la causa, si bien es cierto que, en teoría, el expediente podría retomarse si no se consigue condena por la causa de violencia de género.

39 Se han producido cambios, que tampoco se pueden abordar aquí, sobre si es preciso comprobar la presencia de un elemento de dominación por parte del sujeto activo o esto no es necesario. A pesar de existir voto particular, la STS del Pleno de 677/2018 realizó un nuevo cambio en virtud del cual se defiende que la aplicación es *automática* ya que los tipos penales (art. 153 CP, en el caso) no piden ese elemento.

la víctima (que normalmente puede haber estado ya sometida a un aislamiento personal), del estigma de las denuncias falsas...Si todo eso es común a todas las mujeres víctimas de violencia de género adultas: ¿Por qué puede ser entonces lo que diferencia estos casos? ¿dónde se pueden apreciar más problemas por la edad de la víctima o la del agresor (o de ambos)? Entendemos que, en aquellos factores que van más ligados a la edad.[40] Y en este sentido realizaremos alguna observación al respecto.[41]

Para comenzar, el informe de la OMS citado en el apartado anterior, sobre el envejecimiento, hace una referencia expresa a los factores de riesgo de maltrato a las personas mayores y valor de las pruebas de los factores de riesgo. En él, cuando se alude al nivel "relación" se referencian tres factores de riesgo: relación de la víctima con el agresor (en el que el valor de las pruebas es bajo-moderado); la modalidad de convivencia, cuando la víctima vive sola con el agresor (valor de las pruebas alto), y estado civil (valor de las pruebas bajo-moderado).[42] Pero es más, otros factores de maltrato en el envejecimiento, según el referido informe, también serían de necesaria consideración en algunos supuestos de violencia de género. Así, el informe, entre otras cuestiones, alude a los casos en los que el agresor sufre trastornos mentales (ej. depresión), abusa de sustancias (ej. alcohol y drogas) o tiene dependencia de la persona maltratada: financiera, emocional o relacional. Como veremos, esto puede darse en sujetos de menor edad, pero es más probable en supuestos de edad avanzada y tiene impacto ante la comisión del hecho delictivo (aunque sea algo que se limite al análisis de la culpabilidad, como veremos).

---

40 Dejamos aquí al margen otro problema digno de estudio como es el maltrato de mayores, con independencia de connotaciones de género; fenómeno, lamentablemente creciente, como el de la violencia intrafamiliar en general (y, en particular, de hijos a sus progenitores).

41 Para ello se tendrá presente tanto el informe de la OMS como las previsiones del Pacto de Estado para mujeres mayores. No obstante, tampoco se olvidará que, precisamente por la edad, pueden suscitarse problemas en el marco de la teoría jurídica del delito como consecuencia de enfermedades o de discapacidad de uno u otro miembro de la pareja.

42 *Vid.*, p. 78, cuadro 3.1 del informe, en el que se hace referencia a otra serie de factores sobre el maltrato (a algunos de los cuales se hará referencia a continuación).

Cuando el informe se refiere a los factores de riesgo para la víctima, de nuevo, facilita una información que es relevante ante la comisión de muchos hechos delictivos, pero particularmente presente en los casos de violencia de género. Así, por ejemplo, es un factor de riesgo el género femenino en sí mismo, el tener más de 74 años de edad, una situación de dependencia (como una discapacidad importante), un mal estado de salud física, la presencia de trastornos mentales como la depresión, tener un nivel socioeconómico o ingresos bajos que lleven a una dependencia financiera, la raza, un deterioro cognitivo o el aislamiento social. Y no finaliza con lo anterior la alusión a factores de riesgo. Son citados, y nos interesan también, la comunidad (ubicación geográfica)[43] y la sociedad (estereotipos negativos sobre el envejecimiento y normas culturales).[44]

Como acabamos de destacar también en relación con el informe de la OMS sobre el envejecimiento, ser mujer es un factor de riesgo. Como también indicamos anteriormente, cualquier mujer es susceptible de sufrir esta violencia, al margen de su economía, edad, raza, formación, etc. Cierto es que hay períodos de la vida en los que es más factible sufrir esta lacra, como durante el embarazo, por ejemplo, y, según el informe, tener más de 74 años o situación de dependencia (dependencia económica o personal) también son datos relevantes. La cuestión a tener en cuenta es resultado de la conjunción de lo expuesto. Las mujeres de la tercera edad, con hijos aún menores o no, se mueven entre los 65 y los 86 años, en general, si bien pueden ser incluso mayores. Con esas edades es inevitable tener en cuenta a qué generación pertenecen y, por tanto, bajo que premisas socioculturales han crecido. Y lo solas que pueden estar.

Muchas de estas mujeres (y sin añadir otro factor relevante como podría ser la extranjería) no han tenido acceso ni a una formación primaria (hablamos de mujeres que pueden haber vivido la Guerra

---

43 Veremos, por ejemplo, la trascendencia para la violencia de género del hecho de vivir en ciertas zonas rurales. No en vano, ha sido tenido en cuenta este factor en el Pacto de Estado contra la Violencia de Género.

44 Aunque en relación con los factores de riesgo a nivel de sociedad no existen datos suficientes sobre el valor de las pruebas, es asumible que, aún hoy, el envejecimiento de la mujer y la actitud negativa de la sociedad al respecto comienza antes en el caso de las mujeres.

Civil Española, por ejemplo) y menos a un trabajo fuera del hogar, no han elegido a su pareja (lo que hoy podría incluso implicar un tipo delictivo de matrimonio forzado), han crecido escuchando que "hay que aguantar", que el rol de la mujer es el de esposa sumisa y madre, no han encontrado apoyo de sus madres porque ellas estaban aún más acostumbradas al patriarcado... Recordemos que, hasta no hace tanto tiempo, la mujer necesitaba el permiso del hombre para tener una cuenta bancaria, vivían con mayores diferencias que en la actualidad (en la que aún existen entre ambos sexos), siendo, por ejemplo, diferente la forma de tratar las relaciones extramatrimoniales según fueran tenidas por hombres o mujeres, sin ser posible, incluso, durante mucho tiempo el divorcio, etc. Eran muchas las connotaciones socioculturales que hacían que estas mujeres no sólo vieran como normal lo que en realidad es un atentado a sus derechos fundamentales, sino que vivieran aisladas (en muchas ocasiones en zonas rurales) y con miedo. Un caldo de cultivo idóneo para que la violencia de género proliferara como algo normal, bien de modo psicológico, físico, económico, sexual o de otros modos. Todas esas modalidades lo son de violencia de género, aunque, ya sabemos, que aún hoy no están todas reconocidas y tratadas como tal en nuestra legislación. Cuando algo está tan interiorizado y "normalizado", es complicado salir de esa situación (que acaba en el clásico ciclo de la violencia de género en el que cada vez duran más unas fases y menos otras). Es complicado saber dónde y cómo pedir ayuda, cuando, a veces, ni siquiera la salud física o mental acompañan y prolifera la soledad.[45] Y este es el caso mayoritario de las víctimas en la tercera edad. Fundamentalmente mujeres que llevan sufriendo esa violencia en silencio muchos años por ser de generaciones que ni siquiera se planteaban que tenían derechos o la posibilidad de separarse.[46] Está claro que la

45 Muchas de las mujeres maltratadas, menores o adultas, en su tercera edad o no, sufren SIMUM, lo que las sitúa en una posición muy complicada si no tienen ayuda para reconocerlo y tratarlo, ya que, incluso, cuando (si) se deciden a hablar, tienen un tipo de relato inconexo, saltígrado, etc., que puede llevar a quienes no son profesionales especializados a pensar que mienten en sus relatos.

46 Son frecuentes matrimonios de "toda la vida", si bien también hay que tener presente que cada vez son más frecuentes segundas nupcias o nuevas relaciones después de la viudedad (o incluso, una separación o divorcio, aunque esto es menos frecuente y un elemento que puede ser detonante, si lo solicita la mujer, de

franja de edad tan amplia que se contempla en la denominada tercera edad permitiría realizar múltiples matizaciones, pero nos limitaremos a algunas observaciones.

Por una parte, y en relación directa con el tema de la elevada edad y el desconocimiento que, en mayor medida, se puede tener de sus derechos y mecanismos de ayuda, en particular cuando se trata de mujeres que viven aisladas en zonas rurales, cabe señalar que son cuestiones que se han tenido en cuenta por el Pacto de Estado contra la Violencia de Genero que, en varios de sus ejes, alude específicamente a las "mujeres mayores" y las que viven en zonas apartadas. Veamos, pues, de un modo breve, las principales líneas de actuación que aborda (o pretende abordar) el Pacto de Estado para destacar aquéllas que guardan especial relación con las víctimas de mayor edad.

Aunque, como sabemos, todas las medidas son de interés general, algunas hacen hincapié en el bienestar de los hijos menores, por ejemplo,[47] y en otras se tiene especialmente en cuenta la situación de las mujeres de mayor edad. Es el caso del eje 3, relativo al perfeccionamiento de la asistencia, ayuda y protección que se ofrece a las mujeres víctimas de género y a sus hijos e hijas, para cuya consecución se señala la necesidad de proporcionar un tratamiento personalizado y potenciar y adecuar los recursos así como facilitar el acceso a los mismos a todas las mujeres *con especial atención a los colectivos de mujeres más vulnerables como las mujeres mayores,* las mujeres migrantes, las mujeres con cualquier tipo de discapacidad, las mujeres de minorías étnicas y las que residan en el ámbito rural.[48] Ya hemos

---

un episodio de violencia de género), y que no siempre las mujeres han de tener más de 65 años. Podrían ser más jóvenes y ser los hombres los que se situaran en el marco de la tercera edad, pues, como se avanzó, pueden estar los dos en esa franja de edad o sólo uno, lo que da lugar a una elevada combinación de posibles problemas. Así, si las mujeres son más jóvenes es más factible que tenga hijos aún menores. Si los hombres son más jóvenes, es más sencillo que ellas se sientan más limitadas. Todas estas "combinaciones" merecerían un análisis estadístico y social que no podemos abordar en estas páginas.

47 De hecho, en esta línea se han realizado ya algunas reformas que afectan, sobre todo, a la visita, custodia o cambio de apellidos.

48 En este eje también hay referencia directa al importante papel de los centros sanitarios en lo que respecta a la detección temprana, atención y derivación, precisándose la revisión y refuerzo de los protocolos ya existentes. Igualmente

insistido en que puede darse una doble o triple victimización por lo que no sería extraño que una mujer perteneciera a varios de estos grupos.[49] En todo caso, en atención al rango de edad, sin duda, se ha de tener presente su consideración de más vulnerables por el propio Pacto de Estado. Asímismo, no sería extraño, por el propio proceso de envejecimiento, que sufrieran algún tipo de discapacidad (lo que podría dar lugar a otro tipo de cuestión jurídica, como se señalará posteriormente) o que vivieran en el ámbito rural, en el que aún es más difícil contar con información y recursos. Esto es, sin perjuicio de la importancia de todas las medidas agrupadas en todos los ejes del Pacto de Estado, hay algunas que pueden ser de mayor *utilidad* para las mujeres mayores (incluyendo las que aluden a los menores, en la medida que, según vimos, es posible tener hijos menores a cargo en la tercera edad).[50]

En la misma línea, es destacable el eje 1, enfocado a la ruptura del silencio a través del fomento de actuaciones de sensibilización de la sociedad y de la prevención de la violencia de género. La razón por la que es especialmente destacable es porque, además de dirigirse actuaciones principalmente a niños y niñas, adolescentes y jóvenes, con el fin de que interioricen la igualdad como un valor esencial para la convivencia, se tiene presente en este mismo eje, *por su especial*

---

se prevé la potenciación de los plantes de inserción laboral y la mejora de los sistemas de ayudas previstos en el momento de aprobación del Pacto.

49 También es muy importante evitar el riesgo de victimización secundaria y mejorar la confianza de las víctimas en las instituciones. Por ello, el eje 2 busca mejorar la respuesta institucional a las víctimas de violencia de género vía coordinación y trabajo en red.

50 En relación con los menores son de especial interés, y quizás en lo que más se ha avanzado en los últimos tiempos, las medidas del eje 4, relativo a la intensificación de asistencia y protección de menores, que incluye previsión de prestaciones en casos de orfandad como resultado de la violencia de género, la revisión de medidas civiles relativas a la custodia de los menores, el fomentar el refuerzo en el ámbito educativo y el impulsar la especialización de los Puntos de Encuentro Familiar para los casos relacionados con la violencia de género. La mayor especialización de todos los profesionales que intervienen en la prevención y ayuda psicosocial de las víctimas es fundamental en el eje 5, que pretende que se incluyan tanto técnicas como procedimientos de la profesión en cuestión y características, causas, efectos y consecuencias de la violencia de género a través de contenidos formativos obligatorios y homologados por los organismos especializados, además de evaluables para todos los operadores.

incidencia, la necesidad de desarrollar campañas dirigidas de modo específico a mujeres que *viven en el ámbito rural* y a las mujeres que sufren *algún tipo de discapacidad* (elementos que, ya señalamos, es más fácil que estén presentes durante la tercera edad) con el propósito de garantizarles la accesibilidad de los materiales de información. Es interesante también subrayar, respecto a este eje, el importante papel que se les atribuye, en la eficaz prevención y lucha contra la lacra social que nos ocupa, a los medios de comunicación (que se pretende elaboren contenidos de entretenimiento basados en los valores de igualdad y respeto).

El eje 6 también referencia expresamente la edad. En general plantea la mejora del conocimiento de todos los tipos de violencia incluidos en el Convenido de Estambul (que, como sabemos, supone incluir formas de violencia que aún no constan en nuestra legislación pero que son de obligaba inclusión)[51] para lo que se busca contar con datos sobre sus formas, incidencia, causas y consecuencias a través de un seguimiento estadístico en el que se tengan en cuenta variables como la *edad*, la discapacidad, la precariedad laboral o la incidencia en el mundo rural, así como la realización de estudios e informes (con especial hincapié en el impacto sobre los hijos e hijas de las víctimas, sobre la violencia sexual y sobre la situación laboral de las mujeres víctimas).[52]

---

51 En relación con otros tipos de violencia pendientes del oportuno reconocimiento, se ha de tener presente el contenido del eje 7, en el que se pretende la visualización y atención de las formas de violencia de género fuera del contexto de pareja o expareja y, en especial, a la violencia sexual, a la trata de mujeres y niñas con fines de explotación sexual, a la mutilación genital femenina y a los matrimonios forzados. En realidad, con ello se incluye la visión de la violencia de género del Convenio de Estambul, que para prevenir y combatir la citada lacra social, adopta una visión más amplia que la nuestra (y más en la línea de los textos internacionales que lo precedieron) en la que tienen cabida *todos los actos de violencia basados en el género que impliquen o puedan implicar para las mujeres* daños o sufrimientos de naturaleza física, sexual, psicológica o económica, incluidas las amenazas de realizar tales actos, la coacción o la privación arbitraria de libertada, en la vida pública o privada.

52 Con respecto al seguimiento estadístico se presentaron, en septiembre de 2020, los resultados de la Macroencuesta de la Violencia Sobre la Mujer (2019), para cuyo diseño se tuvieron en cuenta las propuestas del Pacto de Estado y las directrices marcadas por los organismos internacionales.

Dentro de los ejes del Pacto de Estado interesa realizar, aún muy brevemente, mención a algunas medidas incluidas en este texto. Concretamente, dentro del apartado 2.5, relativo a los sectores vulnerables, la medida número 100 del texto refundido[53] señala el propósito de "realizar estudios sobre la situación de las *mujeres mayores de 65 años* que sufren Violencia de Género y preparar recursos adaptados a ellas".[54] Como vemos se concreta la edad de las mujeres a las que superan los 65 años, que son las que abren la franja de lo que hemos considerado "tercera edad".

La medida 102, situada dentro del apartado 2.6 –Justicia-, busca "ampliar el concepto de violencia de género a todos los tipos de violencia contra las mujeres contenidos en el Convenido de Estambul". Ello es importante por muchos motivos, pero para las mujeres de mayor edad, fundamentalmente por la violencia económica, una de las principales que las retiene junto a sus agresores.

La medida 127[55] se centra en programas de reeducación en violencia de género y delitos sexuales. Se trata de algo muy importante a cualquier edad, pero más, si cabe, entre los agresores de mayor edad pues tienen muy interiorizadas otras pautas de actuación.

Dentro del eje 3, sobre perfeccionamiento de la asistencia, ayuda y protección a las víctimas, el apartado quinto lleva por título "rural". Como ya hemos señalado, no es infrecuente que las mujeres de más edad estén fuera de las ciudades (muchos pequeños pueblos están casi desiertos y sólo se ocupan por un pequeño número de personas mayores), por lo que las medidas 178 a 183, son todas de interés en este contexto. Por un motivo similar interesa el apartado séptimo del eje 3, dedicado a la discapacidad y diversidad funcional (medidas 191 a 197). Destacamos también estos casos porque no es infrecuente que mujeres mayores víctimas de violencia de género sufran, como consecuencia de

---

53 Que es la 130 del Senado y sobre la que los agentes implicados en su impulso y desarrollo son las Comunidades Autónomas y la DGVG.

54 Cursiva añadida.
Medida en naranja, lo que supone que está en proceso en el momento de escribir estas lineas.

55 Aún dentro del punto 2.6 -Justicia- y cuyo impulso y desarrollo depende de los Ministerios de Justicia e Interior, que son también agentes responsables junto con el Congreso (donde fue la medida 241) y el Senado.

la edad, la aparición, agravamiento -o alargamiento- de enfermedades de esta naturaleza y porque la medida 192 específicamente vuelve a asimilar, por vulnerables, las mujeres mayores, las mujeres con diversidad funcional/discapacidad y las mujeres migrantes en situación irregular. Para todas se solicita la realización de "protocolos específicos o incorporar medidas especializadas en los que ya existen".

Precisamente, además, en el eje 6, sobre estadísticas, la medida 236 es reseñable aquí por su conexión con lo previamente señalado. Se dispone que se incluyan en los indicadores utilizados por el Observatorio Estatal, entre otros indicadores, siempre que sea susceptible de ser valorado en el estudio, los indicadores "tramo de edad" y "diversidad funcional/discapacidad". Sin duda, contar con estos datos puede permitir obtener conclusiones de interés y al hilo de ellas, medidas más adecuadas para enfrentar la violencia según se relacione con tales parámetros.

La discapacidad, además, resulta relevante por otros motivos. Ésta puede ser de diferente naturaleza y, por ende, puede suponer unas limitaciones u otras, físicas o mentales. Según la padezca el hombre o la mujer, en el tema que nos ocupa, podría dar lugar a dos cuestiones dignas de mención (pero básicamente ligadas a cuestiones relacionadas con la teoría jurídica del delito; en particular tipicidad y culpabilidad).

Por una parte, si la padece la mujer y es de una naturaleza tal que le impide tomar medidas ella misma para dejar de seguir viviendo, pero ese es su deseo claro como consecuencia de una situación de padecimiento grave, crónico e imposibilitante, o de una enfermedad grave e incurable, que le ocasiona un sufrimiento insoportable y que no se puede aliviar en condiciones que considere aceptables, podría solicitar ayuda para quitarse la vida. Esto, hasta hace muy poco tiempo, no estaba permitido por nuestro Código Penal, que sancionaba a quien asistiese a otro al suicidio. De hecho, fue muy mediático un caso en el que el marido quitó la vida a su mujer (o la ayudó a quitársela) argumentando que sólo la había ayudado a cumplir sus deseos ante su enfermedad por la cual llevaba mucho tiempo sufriendo e imposibilitada y por la que había permanecido mucho tiempo bajo su cuidado. Esto despertó una polémica social e incluso judicial en términos de competencia, ya que mientras un sector defendía un homicidio/asesinato en contexto de violencia de género ya que lo había cometido el esposo, lo que hacía necesario que fuera juzgado por el Tribunal de Violencia sobre la Mujer competente, otro sector afirmaba que no había componente de género en este caso, ya que él quería ayudarla a cumplir sus deseos (lo que resultaba materialmente imposible para ella sola) y que tenía que ser juzgado por tribunales ordinarios. En realidad, lo anterior plantea más de un tema de interés. En primer lugar, la cuestión de si la violencia de género ha de darse por sentada en cuanto es un hombre quien comete un delito contra su pareja o expareja o persona con la que tenga o haya tenido equivalente relación de afectividad[56] y, en segundo lugar, si la asistencia al suicidio está permitida. Comenzando por esta última cuestión, cabe señalar que en el momento en que se realizaron los hechos esto no estaba permitido, sino sancionado de acuerdo con el art. 143 CP. No obstante, durante el curso del enjuiciamiento de los hechos[57] se aprobó la Ley Orgánica 3/2021, de 24 de marzo, de

---

56 Todavía más, hay que recordar que el caso al que aludimos es un caso en el que se produce fallecimiento de la persona y, en puridad, eso nos llevaría a plantearnos la agravante de género sobre la figura de homicidio o asesinato. En otros casos, lo que más polémica en este contexto han generado por los cambios jurisprudenciales y las discusiones doctrinales, el problema surge cuando la figura a aplicar es una en la que ya se tiene en cuenta el género para la aplicación del tipo. En estos supuestos la discusión versa sobre si se ha de aplicar directamente el tipo correspondiente de violencia de género, sin comprobación adicional, o si, por el contrario, es necesario comprobar si existe ese componente subjetivo en el hombre cuando se produce la agresión en cuestión sobre la mujer; problema al que aludimos previamente.

57 Nos referimos al conocido como “caso Carrasco”, que provocó, en 2019, críticas de Gobierno y Judicatura. Algunos magistrados argumentaron que en la muerte asistida de María José Carrasco quedaban por analizar pruebas para excluir la violencia machista. Sin embargo, el juzgado de la violencia de género rechazó investigar la muerte asistida de la mujer argumentando que la existencia de una “petición expresa, seria e inequívoca” de la mujer para que la ayudasen a morir excluía su competencia. La Audiencia Provincial, por su parte, decidió que el caso Carrasco lo investigara un juzgado de Violencia sobre la Mujer. Finalmente, la Fiscalía, después de haber pedido seis meses de prisión para el hombre que ayudó a morir a su mujer, enferma de esclerosis múltiple, retiró la acusación tras la entrada en vigor de la ley de la eutanasia, al entender que el marido se encontraba en un “supuesto legalmente autorizado”. Un resumen del caso en prensa se puede consultar en https://elpais.com/noticias/caso-maria-jose-carrasco/

regulación de la eutanasia, por la que se introdujeron los apartados cuarto y quinto en el artículo 143 CP. De acuerdo con el apartado cuarto el que "causare o cooperare activamente con actos necesarios y directos a la muerte de una persona que sufriera un padecimiento grave, crónico e imposibilitante o una enfermedad grave e incurable, con sufrimientos físicos o psíquicos constantes e insoportables, por la petición expresa, seria e inequívoca de esta, será castigado con la pena inferior en uno o dos grados a las señaladas en los apartados 2 y 3". Ahora bien, no obstante lo anterior, el apartado quinto prevé que "no incurrirá en responsabilidad penal quien causare o cooperare activamente a la muerte de otra persona cumpliendo lo establecido en la ley orgánica reguladora de la eutanasia". En el caso que comentamos la nueva ley no estaba aprobada, por lo que, obviamente, no se pudieron seguir sus disposiciones[58] para plantear la atipicidad de la conducta, pero, en atención a lo dispuesto en el propio Código Penal sobre la retroactividad de las disposiciones penales más favorables, cabría la aplicación del apartado cuarto del artículo 143 CP, claramente más ventajoso, en términos de pena, que la aplicación de homicidio o asesinato agravado (y doblemente, por los artículos 23 CP –circunstancia mixta de parentesco- y agravante de género –art. 22.4 CP-). Así pues, habrá que tener presente esta ley y sus disposiciones, pudiendo dar lugar a una conducta atípica.

Por otra parte, si es el hombre quien tiene alguna discapacidad por la cual, por ejemplo, no entienda la antijuricidad del comportamiento o, aun comprendiéndolo, no sea capaz de actuar de acuerdo con esa comprensión, entraríamos en un tema en el que el análisis de la culpabilidad tendría un papel muy relevante. Obviamente, problemas de culpabilidad pueden darse a cualquier edad (enfermedades mentales, consumo de sustancias, etc.), pero, es posible que esté particularmente presente en la tercera edad. Se trata de una cuestión que debería analizarse adecuadamente incluyendo estadísticas para pronunciarse. En todo caso, los deterioros que suelen ir aparejados a la edad, hacen factible que en más de una ocasión el sujeto que lleva a cabo los hechos delictivos contra su mujer sufra problemas de imputabilidad y acabe

---

[58] El capítulo II de la LO 3/2021 establece los requisitos para que las personas puedan solicitar la prestación de ayuda para morir y las condiciones para su ejercicio.

precisando la aplicación de una medida de seguridad en lugar de una pena o además de la pena rebajada en uno o dos grados.

En relación con la aplicación de las penas[59] resulta interesante, por motivo de edad, resaltar una cuestión como es la de si se cumple la pena de prisión cuando el delincuente tiene una edad muy elevada. Es importante tener presente en este sentido que no hay un límite para la entrada en prisión por la comisión de hechos delictivos (eso llevaría, *de facto*, a impunidad), pero determinadas edades o enfermedades pueden ser tenidas en cuenta a los efectos de concretar el tiempo que finalmente se pasa en prisión. En ese sentido, es de especial interés lo dispuesto en el actual artículo 91 CP[60], relativo a la libertad condicional y según el cual pueden modificarse algunos requisitos dispuestos para el acceso a la misma en el artículo 90 CP.[61]

Retomando lo relativo a las pretensiones del Pacto de Estado, presentes también en relación con la edad, se ha de tener en cuenta que las mismas necesitan de un apoyo no sólo económico sino institucional a todos los niveles, así como de un seguimiento para valorar su

---

[59] Tampoco entramos con detenimiento en esta cuestión, mencionada someramente con anterioridad en el texto, pero cabría tener presente, además de lo que ahora se señalará, la importancia de las denominadas penas de alejamiento, así como las previsiones que, en el campo de las sanciones, se incluyen en el texto del Pacto de Estado contra la Violencia de Género; algunas de las cuales (por ejemplo, en el caso de menores implicados) ya han entrado en vigor gracias a las últimas reformas de la LECrim y CC, así como la nueva LO de protección a la infancia.

[60] Artículo 91 redactado por el número cincuenta del artículo único de la LO 1/2015, de 30 de marzo, por la que se modifica la LO 10/1995, de 23 de noviembre, del Código Penal, vigente desde el 1 julio 2015

[61] El artículo 91 CP, apartado primero, dispone: "No obstante lo dispuesto en el artículo anterior, *los penados que hubieran cumplido la edad de setenta años, o la cumplan durante la extinción de la condena,* y reúnan los requisitos exigidos en el artículo anterior, excepto el de haber extinguido las tres cuartas partes de aquélla, las dos terceras partes o, en su caso, la mitad de la condena, podrán obtener la suspensión de la ejecución del resto de la pena y la concesión de la libertad condicional.
El mismo criterio se aplicará cuando se trate de enfermos muy graves con padecimientos incurables, y así quede acreditado tras la práctica de los informes médicos que, a criterio del juez de vigilancia penitenciaria, se estimen necesarios". Cursiva añadida para destacar el factor edad o enfermedad (a veces ligada a la edad).

evolución. A ello aluden específicamente los ejes 7, 9 y 10. El eje 7 lo hace con recomendaciones a las Comunidades Autónomas, Entidades Locales y otras instituciones como agentes necesarios para conseguir erradicar la violencia sobre las mujeres por razón de género. El eje 9 se refiere al compromiso económico para la erradicación de la violencia implementando las correspondientes medidas vía respaldo de los Presupuestos Generales del Estado[62]. Y el eje 10, por su parte, se refiere a una cuestión de vital importancia como es el seguimiento del Pacto facilitando la información necesaria a la Comisión de Seguimiento de su evolución, con el fin de que ésta pueda desempeñar sus funciones de evaluación y control de los avances realizados en el desarrollo del Pacto.[63]

No cabe duda de que la situación de todas las mujeres víctimas de violencia de género es actualmente más visible y cuentan con más apoyos. En este sentido también es destacable el apoyo específico que se les pretendió dar durante la pandemia,[64] dada la mayor probabilidad de que sufrieran violencia de género durante el confinamiento y se vieran más limitadas para defenderse de tan lamentable situación, siendo destacable el Real Decreto-Ley 12/2020, de 31 de marzo, de medidas urgentes en materia de protección y asistencia a las víctimas de violencia de género.[65] En este sentido el Pacto de

---

62 Se pretende que los Presupuestos Generales del Estado destinen a cada administración la cuantía económica necesaria, en el ámbito de sus competencias, para el desarrollo o ampliación de las medidas contempladas en el Pacto.
En este momento se puede afirmar que la última Ley de Presupuestos Generales del Estado contempla un crédito de 100.000.000 de euros para las nuevas y ampliadas competencias que corresponden a las Comunidades Autónomas. El reparto de los fondos será acordado en las reuniones de la Conferencia Sectorial de Igualdad.

63 En este sentido, a finales de 2020 se informó de que se estaba preparando una aplicación informática para recoger datos del progreso del cumplimiento de las medidas e indicadores.

64 El estado de alarma para la gestión de la situación de crisis sanitaria ocasionada por el COVID-19, se declaró por Real Decreto 463/2020, de 14 de marzo.

65 Desde el inicio de la pandemia, y consiguiente confinamiento, la situación de las mujeres víctima de violencia de género se vio potencialmente agravada. No sólo por las dificultades para comunicarla por la situación de *encierro* sino también por la posibilidad de aumento de la violencia sufrida como consecuencia de la permanencia continua con el agresor, lo que facilita la aparición o aumento de conductas agresivas por cualquiera de las vías conocidas (violencia psíquica y

Estado es un documento relevante, pues marca las líneas para continuar en esa lucha y menciona, expresamente, como hemos visto en distintos puntos, a las mujeres mayores (además de otras cuestiones que pueden estar particularmente ligadas a la "tercera edad" como la discapacidad o vivir en entornos rurales). No obstante, a diferencia de lo que sucede con las menores, no hay tantas medidas específicamente pensadas para ellas, a pesar de que por edad (aunque sea en el extremo contrario) también son especialmente vulnerables y necesitan especial atención, pues es un colectivo con unas particularidades concretas que se derivan también de su edad. En muchos casos pueden estar enfermas (con limitaciones físicas o mentales), encontrarse con menos apoyo social -o familiar- o sin recursos económicos propios, contar con escasa formación o tener interiorizada la idea de que sufrir este tipo de violencia es algo *normal* y ha de soportarse como parte de las relaciones sentimentales. Y ello, sin olvidar tampoco, que pueden tener hijos menores con lo que se añade a su situación todo lo que supone la violencia que ellos también sufren y la violencia vicaria.

física, fundamentalmente, en atención a la regulación actual). Conscientes de ello desde el Gobierno se tomaron unas medidas urgentes que pretendían *aliviar* de algún modo esta situación en atención a que el artículo 18 del Real-Decreto 463/2020 preveía que las autoridades, empresas y proveedores adoptaran medidas necesarias para asegurar la prestación de los servicios esenciales que les son propios. De ahí también la importancia del Real Decreto-Ley 7/2020, de 12 de marzo, por el que se adoptan medidas urgentes para responder al impacto económico del COVID.-19 y el Real Decreto-ley 8/2020, de 17 de marzo, de medidas urgentes extraordinarias para hacer frente al impacto económico y social del COVID-19, con la finalidad de poder dar respuesta a la situación creada como consecuencia de la situación de emergencia y de la declaración del estado de alarma, en los diferentes ámbitos, tanto económicos como sociales, afectados. Y, desde luego, el Real Decreto-ley 12/2020, de 31 de marzo, de medidas urgentes en materia de protección y asistencia a las víctimas de violencia de género, en cuyo preámbulo se señala, expresamente, que las mujeres víctimas de violencia de género "son un colectivo especialmente vulnerable en situaciones de aislamiento domiciliario, por verse forzadas a convivir con su agresor, lo que las sitúa en una situación de mayor riesgo, como se ha venido demostrando con motivo de situaciones parcialmente análogas, como los períodos vacacionales sin situación de permanencia en domicilios, períodos en los que se disparan los casos de violencia de género y de violencia doméstica".

5. CONCLUSIONES

Resulta evidente que la violencia de género sigue presente en nuestro país, como en tantos otros, y se cobra muchas vidas al año tanto de mujeres como de sus hijos (cada vez más como forma de violencia vicaria), aunque cada vez se tiene más presente y se establecen más medidas y se aportan más recursos en la lucha para su prevención y erradicación.

A pesar de los años que han pasado desde la LO de 2004 y las diferentes críticas a la misma en relación con su definición, en especial si se atiende a los textos internacionales en los que, según su propia Exposición de Motivos se inspiró, la definición no ha sido ampliada. Por ello, no reconoce todas las formas de violencia contra la mujer ni contra toda mujer por el hecho de serlo, sino sólo algunas modalidades de violencia y cuando es ejercida por quien sea o haya sido su pareja sentimental. Tanto el Convenido de Estambul, como, en particular atención a él, el Pacto de Estado contra la Violencia de Género (medida 102 del documento refundido), pretenden su modificación ampliando el concepto. En todo caso, lo que es indudable es que cualquier mujer, sin importar edad, raza, formación, capacidad económica, etc., es susceptible de sufrir violencia de género (incluso en la versión más limitada de la definición en nuestra legislación y mucho más en la amplia).

Es difícil encontrar elementos suficientemente contrastados que *predispongan* a padecer esta violencia, si bien es cierto que hay ciertos momentos vitales, como embarazos, en los que es más *frecuente* que se produzca. La edad, en sí, no es un condicionante que se haya comprobado en estudios previos, pero sí es interesante tener presente alguna consideración al respecto, especialmente porque implica mayor vulnerabilidad (tanto en el caso de la minoría de edad como en las edades más avanzadas).

Hemos partido de que la violencia de género la puede sufrir cualquier mujer. Dado que es un fenómeno visible y sobre el que la población se ha ido concienciando desde hace más de dos décadas, sería de esperar que las mujeres más jóvenes lo sufrieran menos o ni lo sufrieran, ya que, a diferencia de, por ejemplo, sus abuelas, se encuentran con una sociedad, al menos en teoría, menos patriarcal, más libre y más concienciada. Sin embargo, sorprende ver la magnitud con la que aún se presenta violencia de género entre los más jóvenes, lo que da lugar a particularidades claras en la lucha contra este fenómeno entre los menores de edad (por ejemplo, con la LO 5/2000). Ello es factible porque no existe ninguna duda sobre lo que implica la minoría de edad, ya que tanto textos internacionales como nuestra Carta Magna la sitúan en los 18 años, y, aunque con diferencias según la concreta edad, el tratamiento de la violencia es diferenciado al de la edad adulta. Es llamativa, pues, la persistencia de este fenómeno en personas que han tenido muchas más oportunidades para conocer la existencia de ayudas y defender sus derechos (empezando, en situaciones normales, por poder elegir pareja) y ello pone de manifiesto que aún queda mucho por hacer y que la base persiste en un componente sociocultural. No en vano, como indicada Charlotte Bunch, "La violencia racial, de género, sexual y otras formas de discriminación y violencia, no pueden ser eliminadas sin cambiar la cultura".

Así las cosas, si el fenómeno persiste entre los más jóvenes a pesar de sus mayores conocimientos y la existencia de más medidas enfocadas en ese rango de edad, no debe extrañar ni sorprender que el problema también persista en la tercera edad, donde es más frecuente que las personas, en general, hayan carecido de una formación sobre esta temática, estén más solas, vivan alejadas muchas veces de núcleos urbanos, no tengan recursos económicos propios, formación o edad para obtener un trabajo o puedan tener todavía menores a su cargo, entre otras dificultades adicionales. Y más si se tiene en cuenta que no son muchas las atenciones especiales con las que estas mujeres cuentan por el factor intrínseco de su edad. De hecho, también hemos visto que, a diferencia de la minoría de edad, no es tan sencillo acotar el período de vida que encajaría en lo que se denomina "tercera edad" ya que es más un fenómeno social, que parece aceptarse comienza, en general, a partir de los 65 años, pero que si analizamos algo más lo que implica esa etapa vital nos plantea algunas dificultades. En primer lugar, en la actualidad, a los 65 años hay muchas personas que están perfectamente sanas, continúan trabajando, tienen formación, información y recursos y rechazan abiertamente pertenecer a ese colectivo que, socialmente, se une, aunque sea de manera indirecta, a cierta senitud. Sin embargo, aunque aceptáramos, como hacemos, que ese proceso comienza a los 65 años es comprensible que no es, con carácter general, comparable la situación de una persona de 65 con la de una de 85 o 100 años. Lo normal, es que la edad vaya implicando una pérdida de facultades que haga a los sujetos más dependientes y más vulnerables y, eso, son factores extrínsecos que añaden más riesgo en el caso de las mujeres. Además, la definición de violencia de género alude a pareja o expareja, y, en esa etapa de la vida, podemos encontrarnos con más facilidad con más exparejas o con parejas en las que el hombre puede ser más joven o mayor que la mujer víctima, estando él por encima o debajo de esa edad de referencia inicial de 65 años.

Así pues, las mujeres de mayor edad se encuentran, como mínimo, con todos los problemas de violencia de género y, muy probablemente, con menos acceso a los recursos para salir de ella. A ello se ha de añadir que, por su edad, es mucho más probable que sufran problemas de salud ellas o sus parejas. Y que estos problemas pueden estar en la raíz de la concreta violencia que sufran. Hemos visto como cuando el hombre tiene determinados problemas de salud (más frecuentes por la edad) puede cometer actos que encajen en violencia de género y que en estos casos la problemática se canalizará por la vía de la culpabilidad, como puede pasar en otras franjas de edad adulta. En todo caso, si cometen actos de violencia de género en edades avanzadas y la condena implica prisión ésta sí se cumple (pese a que se pueda tener acceso antes a la libertad condicional).

También puede ser que el hombre realice actos de *violencia* contra su pareja pero con la voluntad de colaborar con ella en la finalización de su sufrimiento derivado también de graves problemas de salud (y que ella solicita). En estos casos, desde la aprobación de la ley de la eutanasia habrá que comprobar si realmente se ha producido violencia de género o un caso de asistencia al suicidio actualmente permitido, pues la ley de la eutanasia ha venido a marcar un cambio relevante también de un modo especial en los contextos de lo que, hasta entonces, podrían haber tenido cabida en delitos de violencia de género y que, ahora, quedan fuera de la competencia de los Tribunales de Violencia sobre la Mujer. Se plantea, así, aquí, la tipicidad en lugar de la culpabilidad. Por supuesto, puede ser la mujer quien tenga estos problemas antes de los 65 años, pero cuanta más edad tenga más probable será que sufriera enfermedades, no cuente con red de amigos o familia o que no fuera consciente realmente de esa violencia asumiéndola. Obviamente, estamos aludiendo a una ventana temporal muy amplia, pero en los extremos superiores, en particular, es comprensible que se haya crecido con unos roles de tolerancia al maltrato, sumisión al hombre, al que, en muchas ocasiones ni se eligió sino con el que se "acordó" un matrimonio, entendimiento, como finalidad de la vida femenina, de la maternidad, falta de formación o conocimientos, etc., que aleja estos casos de las denuncias de los mismos por su *normalización*. Mujeres que aprendieron ya de sus madres que lo normal era la dañina sociedad patriarcal. Mujeres en especial situación de vulnerabilidad.

En definitiva, no se aprecian, lamentablemente, especialidades en los tipos cuando las mujeres afectadas sean de una edad avanzada ni especialmente en ayudas específicas en atención a sus circunstancias. Afortunadamente, el Pacto de Estado contra la Violencia de Género, ha tenido, en alguna de sus medidas, especialmente en cuenta la vulnerabilidad asociada, entre otros casos, a las mujeres mayores o las que viven en zonas rurales (frecuentemente mayores), pero no ha contemplado suficientes medidas específicas en atención a sus necesidades. Sería interesante analizar estas necesidades de manera más específica para intentar buscar una ayuda y medidas más específicas para este amplio colectivo, que, además, precisamente por esa amplitud, se enfrenta a problemas muy diversos (desde la posibilidad de tener aún a su cargo a hijos menores hasta las extremas limitaciones físicas o mentales propias del envejecimiento). Una vía, por ejemplo, podrían ser los resultados estadísticos que se espera obtener a través de alguna medida del Pacto de Estado contra la violencia de género (si llegan, pues es un documento político que pese a llevar varios años en marcha con una dotación económica significativa, pero que no ha dado todavía demasiados frutos y no sabemos los que podrá dar antes de su finalización en 2022 o si su duración se prolongará, como se ha planteado recientemente). En su defecto, podrían ser otras. Lo importante es darle mayor visibilidad a este colectivo vulnerable y tenerlo en cuenta desde la perspectiva integral con la que se pretende luchar contra esta trágica vulneración de derechos humanos.

Capítulo V
La violencia de género contra las mujeres mayores de 65 años

PILAR FERNÁNDEZ PÉREZ
Fiscal

Sumario: 1. Introducción. 2. Perspectiva de los hechos denunciados y análisis jurídico. 3. Procedimiento aplicable. 4. Declaración de las víctimas. 5. Fiscalía especializada en violencia contra la mujer. 6. Bibliografía.

El presente trabajo parte de una primera reflexión sobre la violencia como fenómeno que puede presentar muy diferentes manifestaciones y depende de múltiples variables. Analizaremos en que medida podemos ponderar que las mujeres mayores de 65 años se encuentren en una situación de una mayor vulnerabilidad, y lo haremos sin perder de vista sus particularidades, intentando en todo momento evitar caer en estereotipos que nos impidan conocer la verdadera historia de cada una de ellas . Examinaremos este fenómeno criminal y las dificultades con las que se suelen encontrar las mujeres en el momento de denunciar estos hechos.

1. INTRODUCCIÓN

La violencia puede tener múltiples enfoques dependiendo de quien la sufra o la tolere, de quien la ejerza o incluso de quien la juzgue. La violencia patriarcal, como manifestación de la grave discriminación que sufren las mujeres, es un fenómeno universal que no siempre se manifiesta de la misma manera, ni son idénticas o similares aquellas que la que la sufren, ni lo son siquiera sus circunstancias personales y sociales. Cuando hablamos de mujeres mayores de 65 años, al edadismo o discriminación por edad hay que sumarle la discriminación por razón de género. Así que cuando estas mujeres sufren situaciones de violencia podemos afirmar que se encuentran en una situación de mayor vulnerabilidad.

Quevedo (1988) señala en su análisis sobre el concepto aristotélico de la violencia que *"[l]a violencia es siempre extrínseca al que la padece, precisamente porque es contraria a la tendencia y al deseo del que la sufre"* (p.159) . *"[l]a mayor violencia es aquélla que se opone a lo más propio de cada ser, la que contraría a una cosa según su modo peculiar de actuar"*(p.162)

La perspectiva interseccional sobre la violencia contra las mujeres, hace referencia a como confluyen en las mujeres mayores de 65 años los diversos ejes de subordinación (vulnerabilidad , edad , discriminación) (Ibáñez, 2015). La violencia se contextualiza analizando todas estas variables y ello nos permite una mejor comprensión de las particularidades de la vida de estas mujeres sin caer en estereotipos que simplifican toda la problemática que se plantea al analizar este fenómeno, partiendo de un único patrón de mujeres y un único patrón de violencia. (Rodrigo, 2015, págs. 596-605).

Existe una tendencia generalizada al describir en las mujeres un patrón de conducta determinado, se perciben como seres bisexuales, tolerantes, correctas, agradables, buenas madres, buenas hijas, cuidadoras, manipuladoras, histéricas, trabajadoras.... y un sinfín de estereotipos que contaminan la toma decisiones a la hora de administrar justicia , pues esta aproximación está cargada de juicios (pre-juicios en realidad) de valor que impiden en la mayoría de las ocasiones observar de manera mas tangible el sufrimiento que supone para muchas mujeres ser víctimas de la violencia física , psíquica o sexual.

Las integrantes de la generación de mujeres de los años 50 han nacido en un entorno socio- cultural que ha experimentado un cambio vertiginoso, sobre todo y de manera acentuada un cambio sociocultural cuyas características impactan de manera rotunda en la forma en que estas mujeres se enfrentan a la violencia en una sociedad machista y patriarcal.

El autoritarismo, la religiosidad, la rápida emancipación, el tránsito rural-urbano, el descenso de la natalidad, la expansión del Estado de Bienestar, son los signos definitorios y los puntos de partida. Destaca también la influencia de la ideología de la Sección Femenina que marcaba el rumbo vital hacia el matrimonio, con una insistencia casi obsesiva en la preservación femenina de la virginidad (mezcla de los modelos de la "Virgen María" y "La perfecta casada" de Fray Luís de

León), un valor de cambio en el mercado de los afectos y los compromisos prematrimoniales. Para "casar bien" las chicas de la generación de los 50 deberían ser novias formales (vírgenes) porque en caso de "pecado" o "mancha" el castigo era la rotulación social como "mujer fácil" y el estatus de madre soltera. La generación femenina del 50 es también la primera en experimentar el cambio de modelo doméstico. (Rúa, 2013).

La Declaración y Plataforma de Acción de Beijing[1] sostiene que uno de los factores que frenan el empoderamiento y avance de las mujeres es la discriminación por motivos de edad, en particular, la Plataforma de Acción señala que las mujeres de más edad se sitúan entre los grupos de mujeres más pobres y desfavorecidos (párrafo 60, letra a) y son particularmente vulnerables a la violencia (párrafo 112).

La Declaración destaca su preocupación por la particular vulnerabilidad a la violencia que presentan algunos grupos de mujeres, entre los que incluye al de las ancianas, exhortando a los Estados a la adopción de «medidas orientadas a eliminar la violencia contra las mujeres especialmente vulnerables» (artículo 4, letra l).

En cuanto a las recomendaciones adoptadas por el Comité para la Eliminación de la Discriminación contra la Mujer, hacen referencia a la edad como uno de los motivos que agrava la discriminación , de ahí la enorme importancia de realizar estudios y estadísticas que recojan este dato , que por ello, vengan desglosadas por tramos de edad y sexo para una mejor evaluación y análisis de la realidad[2].

Concretamente la Recomendación general nº 25 del Comité[3] relativa al artículo 4, párrafo 1, de la Convención (medida especiales de carácter temporal), alude a la edad como uno de los motivos por los que las mujeres pueden sufrir múltiples formas de discriminación

---

1 Declaración y Plataforma de Acción de Beijing. Cuarta Conferencia Mundial sobre la Mujer (1995).

2 párrafo 1 del artículo 21 de la Convención sobre la eliminación de todas las formas de discriminación contra la mujer. (resolución 34/180, de 18 de diciembre de 1979)

3 Recomendación general No. 25, sobre el párrafo 1 del artículo 4 de la Convención sobre la eliminación de todas las formas de discriminación contra la mujer, referente a medidas especiales de carácter temporal.

(párrafo 12)[4]. En particular, el Comité hace hincapié en la necesidad de disponer de datos estadísticos, desglosados por edad y sexo, a fin de evaluar mejor la situación de las mujeres de edad (párrafo 35).[5]

Resalta la recomendación nº 27 , que tanto los estereotipos basados en el género como las prácticas tradicionales y consuetudinarias pueden tener efectos nocivos para las mujeres de edad , especialmente para las mujeres con discapacidad .[6]

2. PERSPECTIVA DE LOS HECHOS DENUNCIADOS Y ANÁLISIS JURÍDICO

Por regla general, cuando las mujeres mayores de 65 años acuden a denunciar lo hacen impulsadas por algún desencadenante, en ocasiones, incluso puede ser el hecho menos grave o mas banal de los episodios ocurridos durante un largo periodo de tiempo de convivencia con su pareja. En esta historia de convivencia y en su relato aflora

[4] Las mujeres pertenecientes a algunos grupos, además de sufrir discriminación por el hecho de ser mujeres, también pueden ser objeto de múltiples formas de discriminación por otras razones, como la raza, el origen étnico, la religión, la incapacidad, la edad, la clase, la casta u otros factores. Esa discriminación puede afectar a estos grupos de mujeres principalmente, o en diferente medida o en distinta forma que a los hombres. Quizás sea necesario que los Estados Partes adopten determinadas medidas especiales de carácter temporal para eliminar esas formas múltiples de discriminación múltiple contra la mujer y las consecuencias negativas y complejas que tiene

[5] El Comité recuerda y reitera su recomendación general No. 9 sobre datos estadísticos relativos a la situación de la mujer, y recomienda que los Estados Partes presenten datos estadísticos desglosados por sexo a fin de medir los progresos realizados en el logro de la igualdad sustantiva o de facto de la mujer y la eficacia de las medidas especiales de carácter temporal.

[6] La Recomendación general nº 27, sobre las mujeres de edad y la protección de sus derechos humanos, el Comité, en relación a las múltiples formas de discriminación que sufren las mujeres de más edad, sostuvo lo siguiente: «Los estereotipos basados en el género y las prácticas tradicionales y consuetudinarias pueden tener efectos nocivos para las mujeres de edad, particularmente las discapacitadas, en todos los aspectos de su vida, incluidas sus relaciones familiares, sus funciones en la comunidad, la manera en que se las representa en los medios de información, la actitud de los empleadores, los trabajadores del sector de salud y otros proveedores de servicios, y pueden resultar en violencia física y abusos psicológicos, verbales y financieros» (párrafo 16).

una vida llena de humillaciones, agresiones continuas, menosprecios, vejaciones, intimidaciones, coacciones, o incluso en no pocos casos , atentados contra su libertad sexual.

También nos encontramos con mujeres mayores de 65 años que relatan en sus denuncias comportamiento agresivos cometido por sus nuevas parejas, si bien son menos frecuentes, en estos casos es revelador su edad, su condición de mayores con mayores inseguridades y exposición como uno de los factores que influye en su mayor vulnerabilidad.

Los comportamiento denunciados, por lo tanto , suelen ser constitutivos de lo que se recoge en el código penal como un delito de maltrato habitual,[7] en su sistemática y ubicación el bien jurídico

---

7 Artículo 173.

1. El que infligiera a otra persona un trato degradante, menoscabando gravemente su integridad moral, será castigado con la pena de prisión de seis meses a dos años.

Con la misma pena serán castigados los que, en el ámbito de cualquier relación laboral o funcionarial y prevaliéndose de su relación de superioridad, realicen contra otro de forma reiterada actos hostiles o humillantes que, sin llegar a constituir trato degradante, supongan grave acoso contra la víctima.

Se impondrá también la misma pena al que de forma reiterada lleve a cabo actos hostiles o humillantes que, sin llegar a constituir trato degradante, tengan por objeto impedir el legítimo disfrute de la vivienda.

2. El que habitualmente ejerza violencia física o psíquica sobre quien sea o haya sido su cónyuge o sobre persona que esté o haya estado ligada a él por una análoga relación de afectividad aun sin convivencia, o sobre los descendientes, ascendientes o hermanos por naturaleza, adopción o afinidad, propios o del cónyuge o conviviente, o sobre los menores o personas con discapacidad necesitadas de especial protección que con él convivan o que se hallen sujetos a la potestad, tutela, curatela, acogimiento o guarda de hecho del cónyuge o conviviente, o sobre persona amparada en cualquier otra relación por la que se encuentre integrada en el núcleo de su convivencia familiar, así como sobre las personas que por su especial vulnerabilidad se encuentran sometidas a custodia o guarda en centros públicos o privados, será castigado con la pena de prisión de seis meses a tres años, privación del derecho a la tenencia y porte de armas de tres a cinco años y, en su caso, cuando el juez o tribunal lo estime adecuado al interés del menor o persona con discapacidad necesitada de especial protección, inhabilitación especial para el ejercicio de la patria potestad, tutela, curatela, guarda o acogimiento por tiempo de uno a cinco años, sin perjuicio de las penas que pudieran corresponder a los delitos en que se hubieran concretado los actos de violencia física o psíquica.

Se impondrán las penas en su mitad superior cuando alguno o algunos de los actos de violencia se perpetren en presencia de menores, o utilizando armas, o

protegido en estos delitos es la " integridad moral" .(TÍTULO VII libro II del CP1995, De las torturas y otros delitos contra la integridad moral).

Este delito de maltrato habitual , uno de los delitos más graves que se comete contra las mujeres y en especial contra las mujeres de más edad y uno de los comportamientos que son objeto de mayor número de denuncias, es el hecho típico que mejor representa la violencia machista. Sin embargo, su regulación lo es sin una distinción específica dentro del denominado "maltrato" concebido como un maltrato genérico, como una simple modalidad de violencia doméstica. Como establece (Gorjón Barranco, 2020) " la ley integral no ha conseguido seleccionar de forma adecuada aquellos delitos a los que aplicar la agravante específica de género, restando transcendencia al delito de maltrato habitual" (pp 63-120).[8]

Sin ánimo de minimizar el maltrato o cualquier otra conducta violenta cualquiera que sea el sujeto pasivo, y que debe de ser sancionada con contundencia, la inclusión de esta modalidad de maltrato contra las mujeres dentro de lo que podemos denominar un delito de violencia doméstica, no le otorga desde un punto de vista de política

---

tengan lugar en el domicilio común o en el domicilio de la víctima, o se realicen quebrantando una pena de las contempladas en el artículo 48 o una medida cautelar o de seguridad o prohibición de la misma naturaleza.
En los supuestos a que se refiere este apartado, podrá además imponerse una medida de libertad vigilada.
3. Para apreciar la habitualidad a que se refiere el apartado anterior, se atenderá al número de actos de violencia que resulten acreditados, así como a la proximidad temporal de los mismos, con independencia de que dicha violencia se haya ejercido sobre la misma o diferentes víctimas de las comprendidas en este artículo, y de que los actos violentos hayan sido o no objeto de enjuiciamiento en procesos anteriores.

8 Si la LOMPIVG acertó al introducir una protección diferenciada hacia las mujeres, desde luego, no lo hizo al seleccionar los delitos a los que aplicar la agravante específica de género, centrándose en el combate de las conductas más leves. La penalización de estos micromachismos ha logrado arrinconar el delito de violencia habitual, cuando sin duda, el ejercicio de violencia reiterada hacia las mujeres sigue siendo una tarea pendiente, y una realidad silenciada y ocultada por esos delitos más leves. Es por ello, que esta investigación reivindica la habitualidad como el eje sobre el que hacer pivotar la estrategia penal en este ámbito. El delito de violencia habitual: Consideraciones en relación a la despenalización de los "micromachismos"(pp63-12

criminal la importancia y el significado que tiene como hecho típico . El bien jurídico protegido además de la integridad moral, o la integridad física o psíquica , es la igualdad y a través del mismo se pretende otorgar una protección reforzada a las mujeres víctimas de la violencia patriarcal. De ahí su extraordinaria importancia.

El legislador ha optado por establecer esta distinción en los delitos menos graves, como el maltrato de obra, lesiones, amenazas y coacciones leves, y no asi en los delitos graves, [9]donde se opta por la aplicación, en lugar de un subtipo agravado, de la agravante de género regulada en el artículo 22 nº 4, introducida por el artículo único 14 de la LO.1/2015,de 30 de marzo[10].

La jurisprudencia del Tribunal supremo, describe el maltrato habitual contra las mujeres, como aquel que genera : "Un ambiente infernal e irrespirable " . "El delito del artículo 173.2 CP se consuma cuando la actuación se manifiesta de manera habitual y determina la creación de una convivencia insoportable para la víctima, la cual vive y respira en una situación de miedo, depresión y ansiedad, temiendo, incluso, por su vida"[11].

La jurisprudencia ha ido evolucionando progresivamente y ha cambiado la configuración del delito de maltrato habitual , considerándolo

---

9 Aplicación de la agravante de género. Sentencia TS Nº 565/2018 (Sala de lo Penal), de 19- 11-2018, (Rec 10279/2018) .la agravante de género debe aplicarse en todos aquellos casos en que haya quedado acreditado que el autor ha cometido los hechos contra la víctima mujer por el mero hecho de serlo y con intención de dejar patente su sentimiento de superioridad frente a la misma; es decir, en aquellos casos en que se cometió el hecho por esa motivación, que atenta contra el principio constitucional de igualdad."

10 Ley Orgánica 1/2015, de 30 de marzo, por la que se modifica la Ley Orgánica 10/1995, de 23 de noviembre, del Código Penal. boe» núm. 77, de 31 de marzo de 2015, páginas 27061 a 27176 (116 págs.) artículo 22 nº 4.ª Cometer el delito por motivos racistas, antisemitas u otra clase de discriminación a la ideología, religión o creencias de la víctima, la etnia, raza o nación a la que pertenezca, su sexo, orientación o identidad sexual, razones de género, la enfermedad que padezca o su discapacidad.

11 Sentencia 2/2021(sala de lo penal), de 13/01/2021(recurso nº891/2019. La creación de un clima de "insostenibilidad emocional" en la familia mediante el empleo de una violencia psicológica de dominación llevada a cabo desde la violencia física, verbal y sexual, por la que ejerce esa dominación que intenta trasladar a los miembros de la familia y lo consigue de facto".

como un delito grave de carácter autónomo que sanciona la habitualidad en si misma.[12] Este delito se castiga al margen de los comportamiento individualizados que lo integran , que son castigados de forma diferenciada, dado que en este delito lo que se trata de castigar es ese trato degradante habitual y persistente en el tiempo[13].

La sentencia STS 658/2020[14], realiza un tratamiento pormenorizado y detallado del delito de maltrato habitual y en concreto en su fundamento jurídico octavo describe la resilencia generada por este comportamiento criminal.

En estos supuestos de reiteración en el maltrato, les resulta a las víctimas sumamente complicado salir del "pozo del maltrato reiterado", que está enmarcado en un contexto de dominación y subyugación, por lo que les hace falta la ayuda de su entorno para poder encontrar vías de escape ante este acoso físico y psicológico que se ejerce por el agresor. A su vez, éste se ampara en esa urna en la que ha ubicado a su víctima y de la que ésta no puede escapar y que le impide tomar decisiones serenas y razonadas de escapar, denunciar los hechos y ponerlos en conocimiento de terceros, aunque se trate de servicios sociales. El presente caso y la gravedad de los acontecimientos que ha sufrido la víctima pueden enmarcarse en lo que se denomina la resiliencia de la víctima de malos tratos físicos, psíquicos, y/o sexua-

---

12 Sentencia del Tribunal Supremo 232/2021 (Sala de lo Penal, Sección 1), de 28 de enero del 2021 (recurso 10638/2020).

13 Lo esencial en el delito de maltrato habitual es que se llegue a la percepción de su existencia, partiendo de las declaraciones de las víctimas y se llegue a la creencia de que esos hechos reiterados que constituyen un delito autónomo de maltrato han ocurrido, sin que se precise una concreción de fechas, pero sí una aproximación del periodo de los hechos La habitualidad así configurada responde a un concepto criminológico-social más que jurídico- formal. Será conducta habitual la del que actúa repetidamente en la misma dirección con o sin condenas previas, que, de existir, son prueba de aquella, aunque no la única vía para su acreditación. SSTS 765/2011(sala segunda, de lo penal) de 19 de julio de 2011, (recurso nº 10304/2011) ; 701/2013 (sala segunda, de lo penal) de 30 de septiembre–2013 (recurso nº 10054/2013) , 981/2013(sala segunda, de lo penal) de 23 de diciembre 2013 (nº de recurso 10527/2013)- y 856/2014 (sala de lo penal , sección 1º) de 26 de diciembre del 2014 (nº de recurso 10569/2014).

14 STS 658/2019 (Sala Segunda del Tribunal Supremo) de 8 de Enero de 2020,(recurso nº 8 de Enero de 2020).

les. Es sabido que la resiliencia es la capacidad de los seres humanos para adaptarse positivamente a las situaciones adversas."

El magistrado del Tribunal Supremo (Magro Servet, 2018) utiliza la expresión de " jerarquización de la violencia" para describir el maltrato habitual ," expresión que representa de forma muy gráfica y descriptiva como el maltratador pretende enviar un mensaje claro y diáfano de subyugación psicológica que representa el propio ejercicio de la violencia."

3. PROCEDIMIENTO APLICABLE

Una de las mayores dificultades con las que se encuentran las mujeres mayores de 65 años en el momento de denunciar el delito de maltrato habitual es la de enfrentarse al proceso, al proceso policial y judicial, y por lo tanto a todo lo que representan las inercias derivadas de los automatismos, dinámicas de trabajo , que en ocasiones pervierten en si mismo, el procedimiento aplicable.

Se puede constatar, según experiencia propia y compartida con muchas compañeras una tendencia a simplificar por parte de los fiscales o los jueces la tramitación del procedimiento de investigación , utilizando fórmulas de acortamiento del proceso, aplicando, por ejemplo, el mecanismo de las conformidades a las denuncias presentadas, resultando de ellas, condenas por el último de los hechos denunciados, procurando su tramitación a través del procedimiento de urgencia, (los juicios rápidos). Sin duda esto supone una brevedad en los plazos y tiene la ventaja de resolver el conflicto planteado de forma inmediata y expeditiva, pero tiene a su vez la desventaja de silenciar, en multitud de ocasiones, el largo historial de violencias sufridas por las víctimas.

Contamos con instrumentos legales y jurisprudenciales suficientes para trabajar en el ámbito de la justicia aplicando el principio de igualdad, ahora bien, una de las grandes retos a la que nos seguimos enfrentando son el enfoque y la aplicación práctica de esos instrumentos en la resolución de las denuncias de violencia contra la mujer, incluyendo los asuntos de agresión sexual.

Uno de los principios básicos en el procedimiento penal " indubio pro reo ", esto es, la duda a favor del reo, supone en multitud de ocasiones y en el ámbito de los procedimientos de violencia contra las mujeres una verdadera prueba diabólica. Nos podríamos plantear cuestiones concretas en la psique del juez o de la jueza, de las y los fiscales intervinientes : ¿Qué es lo que genera la duda? , ¿ Genera la duda la prueba , o la genera el hecho de ser mujer?, o en concreto , ¿ genera la duda el hecho de ser mujer o el hecho de ser un determinado un "tipo" de mujer? .

En determinados tipos de violencia, especialmente la violencia psicológica, la que se manifiesta a través de comportamientos, tales como, la intimidación, el desprecio, humillación, control , anulación .... los tribunales suelen exigir para desmontar esa duda, unos patrones de comportamiento que encajen en estereotipos predeterminados.

Podría ser un trabajo interesante, y dar lugar a un serio estudio y reflexión, analizar en las resoluciones de archivo o absolutorias en el ámbito de los delitos de violencia contra la mujer, aquellos argumentos expuestos por los tribunales en los que concluyen que la prueba practicada genera esa "duda razonable " en el o la juzgadora o tribunal y que en el final del proceso impide la condena. Creo que nos sorprendería enormemente saber qué es lo que influye en un tribunal en el momento de la toma de decisiones y la valoración que el quien juzga hace de la forma en que debería de haberse comportado una víctima para, a partir de ahí otorgarle suficiente crédito como para considerar ciertos los hechos que están denunciando.

Nuestro procedimiento penal es largo y exigente , requiere una primera fase de búsqueda de indicios que motivan un esfuerzo probatorio importante. Pasada esa primera fase de instrucción, es en el juicio oral donde toda esa prueba recopilada debe de ser acreditada. Hemos de convencer al tribunal sobre la certeza de todas nuestras alegaciones para que se dicte condena por un comportamiento violento e injusto . ¿Cuántas dudas tenemos entonces que que desmontar para que se alcance a creer y valorar el testimonio de la víctima?.

Podemos afirmar que una formación especializada a la hora de afrontar este tipo de pruebas es determinante. Creo que esto es de enorme importancia, necesitamos resetearnos, necesitamos ampliar nuestra visión , conocer otros enfoques desde diferentes ámbitos del conocimiento; la sociología, la filosofía o la psicología, que nos permitan acercarnos a descubrir la verdad. No podemos acomodarnos en una valoración de los hechos desde nuestro único patrón de comportamiento. Con bastante probabilidad de error, por esta causa, no llegamos a conocer la realidad y ello nos lleva a resolver de forma injusta.

Es importante por ello y también que los tribunales colegiados estén integrados por mujeres y hombres, con formación especializada que permita una resolución lo más equitativa posible y capaz de percibir todo tipo de sensibilidades.

El procedimiento debe de adaptarse tanto a las exigencias técnicas de nuestros tiempos en provecho de las partes, como al contenido de lo que estamos tratando y resolviendo. No es equiparable un procedimiento destinado a resolver una cuestión económica que un procedimiento donde se están planteando conflictos que afectan a bienes jurídicos tan delicados y trascendentes como la integridad moral, la intimidad, la libertad sexual de las personas.

La "Guía de actuación con perspectiva de género en la investigación y enjuiciamiento de delitos de violencia de género" elaborada por la Unidad de Coordinación de Violencia sobre la Mujer de la Fiscalía General del Estado, (enero del 2021), recomienda, en relación al delito de maltrato habitual, que no debe de tramitarse por el procedimiento previsto para los juicios rápidos , aunque la ley así lo permita.[15]

---

15 Estos delitos, junto con los delitos de violencia habitual no deben de tramitarse nunca por DUD y solicitar su transformación en DP
El art. 795.1. 2ª de la Real Decreto de 14 de septiembre de 1882 por el que se aprueba la Ley de Enjuiciamiento Criminal. permite tramitar como juicio rápido a) los delitos de violencia física y psíquica habitual, pero es ineficaz.
Es necesario transformar para la realización de un informe psico-familiar que determine el estado psicológico de la víctima y ponerlo en relación (causa-efecto) con la vivencia victimizante que se denuncia (huella psicopatológica del delito); a su vez para objetivar su dinámica de funcionamiento (descartar desajustes psicológicos, como concasuas, no presencia de psicopatología...) en relación con los hechos. Para ello es necesario que el informe sea de la víctima y victimario y si hay hijos menores comunes también de los mismos a fin de determinar, si no son víctimas directas sino, generalmente, de un círculo de perjudicados más amplio que el sujeto lesionado o golpeado, y en los que deben calibrarse muy detenidamente determinadas circunstancias -familiares, laborales, económicas, sociales, etc.- para incidir acertadamente en su resolución. Con todo, la importancia de la tramitación de los hechos incardinables en la violencia familiar como diligencias urgentes de enjuiciamiento rápido, aun cuando posteriormente hubiere de entenderse que no son suficientes las diligencias practicadas -a tenor del art. 798.2.2º-

En estos procedimientos, es sustancial a ellos, o debe serlo, para poder acreditar los hechos denunciados, la práctica de las pruebas periciales realizadas por los equipos psicosociales integrados en la cínicas médico forenses. Es cierto que requieren de un cierto tiempo para la elaboración de las entrevistas y realizar una evaluación pormenorizada de la huella psíquica sufrida por las denunciantes. Estas valoraciones nos permiten solicitar también la correspondiente indemnización a la que tienen derecho las mujeres , de ahí, entre otras razones, su importancia[16].

---

y debiera ordenarse la transformación en diligencias previas del procedimiento abreviado, estriba en dos circunstancias:
La absoluta conveniencia de los hechos delictivos, como ha afectado a los menores en el desarrollo de su personalidad el estar expuestos a la violencia sufrida en el hogar familiar.
Sin olvidar, que en los delitos de maltrato habitual hay que pedir responsabilidad civil por daño moral y dicho informe facilitará su cuantificación. También el art. 173.2 CP prevé como pena potestativa la inhabilitación especial para el ejercicio de la patria potestad, y dichos informes nos ayudará mucho para motivar su aplicación.
La Circular de FGE 1/2003, de 7 de abril sobre procedimiento para el enjuiciamiento rápido e inmediato de determinados delitos y faltas y la modificación del procedimiento abreviado ya establecía "Resulta oportuno de una respuesta judicial inmediata, procurando una atención judicial a la víctima, que se ha decidido a denunciar los hechos, que no admita dilación alguna. Las diligencias urgentes cumplen dicho objetivo pues en el propio servicio de guardia y con «la participación del Ministerio Fiscal» (art. 797.1) será posible y absolutamente conveniente que se proceda a recibir declaración al denunciado y a los denunciantes (art. 797.1. 3ª y 4ª) -siendo especialmente importante la posibilidad de valorar la conveniencia de preconstituir la prueba conforme al art. 797.2 ante la eventualidad de futuras retractaciones- , que sean examinados por el médico forense tanto las víctimas como la persona denunciada (art. 797.1.2.b) y que se recaben cuantas otras diligencias se estimen oportunas (797.1.9ª), ordenando así y aligerando la instrucción y segundo La inmediata resolución sobre adopción de medidas cautelares en aras a dar protección a las víctimas".
Conclusiones del Seminario de Fiscales Especialistas de violencia de Género de 2018: I V.I.- Eleccion Del Procedimiento "La experiencia nos muestra que en los casos de Violencia Habitual del art. 173.2 donde se relatan, lesiones, amenazas, coacciones, insultos y otros menosprecios hacia la mujer, prolongados en el tiempo, el cauce procesal que permite investigar y aportar informes y otros elementos probatorios demostrativos de estos hechos es el trámite de diligencias previas".

16 Tribunal Supremo , nº 127/2020 (Sala de lo Penal , sección 1), de 14 de abril del 2020 (recurso nº 10553/2019).

Es fundamental, pues, la especialización de la totalidad de los profesionales que intervienen en las distintas fases del procedimiento relativo a la violencia , las mujeres que tienen la valentía de denunciar la violencia de la que son víctimas, no pueden encontrarse con personas carentes de preparación especializada. El impacto y victimización son entonces mucho mayores , pues puede dar lugar a que se minimice su sufrimiento, y se las haga sentir responsables de los hechos que motivan la interposición de denuncia. Por regla general, en el primer momento de la denuncian experimentan una importante confusión , se sienten responsables de sus agresores , responsables en todos los sentidos, incluido un sentimiento de culpabilidad de aquello que ocurre o que pueda ocurrir como consecuencia de su denuncia.

Somos nosotros los profesionales de la justicia quienes tenemos que prepararnos para resolver este tipo de conflictos y no le corresponde a las víctimas soportar y aguantar la carga y penosidad del procedimiento.

4. DECLARACIÓN DE LAS VÍCTIMAS

Como establece la psicóloga del equipo psicosocial del Instituto de Medicina Legal de Santiago de Compostela , Paula Souto , en sus informes de evaluación : " las mujeres mayores de 65 años que sufren violencia habitual, experimentan un proceso de acomodación a esa situación de violencia que ha de ser evaluado como huella psíquica, ya que, se acostumbran a vivir con ese tipo de violencia, siendo muy difícil detectarlo, en su mayoría , originado por una ideología patriarcal de la concepción de familia , de sometimiento.

En relación a la declaración de las mujeres mayores víctimas de violencia habitual , debido al sufrimiento que experimentan por la crueldad de la violencia a la que se encuentran sometidas de forma continuada, que suponen la vivencia de una serie de acontecimiento muy similares a lo largo del tiempo, sufren lo que se denomina un proceso acumulativo, su memoria tiende a concentrar todos los acontecimientos, no describen de forma detallada y pormenorizada lo que puede resultar esencial para un investigación, suelen relatar los acontecimientos de forma desorganizada, dando saltos en el tiempo, además del deterioro cognitivo que por razón de edad pueden experimentar, la memoria no fija detalladamente cada hecho sufrido, concentran la información. Lo que si suelen describir son diversas estrategias de adaptación para evitar la violencia, tales como: "nos hacíamos los dormidos cuando él llegaba a casa", estrategias que lo que hacen es prevenir la violencia de forma ilusoria, que suponen una falta de percepción del control de la situación.

Hay que distinguir entre las mujeres que viven en un entorno urbano de aquellas que viven en un entorno rural. La mujer del rural, en ese proceso de acomodación a la situación de violencia, sufre como un fenómeno de sedación, ellas no se perciben, están totalmente silenciadas, tienen puesto su foco de atención en el agresor, sienten vergüenza, carecen de un lenguaje emocional y de riqueza lingüistica a la hora de describir su sufrimiento, y ello hace muy difícil tanto su examen pericial como su declaración ante los Tribunales.

En ocasiones al no acudir al médico, suelen carecer de historia clínica, no han sido derivadas nunca a algún psicólogo o psiquiatra, son mujeres acostumbradas a vivencias muy fuertes que ellas no identifican claramente, que incluso pueden llegar a perder a sus hijos que no aguantan esa situación de maltrato y abandonan cuanto antes el hogar familiar.

Es necesario utilizar estrategias para buscar toda la información que nos puedan proporcionar, para aclarar y probar su situación de violencia, auxiliarnos de la familia para que las ayuden a describir su vivencia que suelen ser durísimas.

La mujer que vive en el entorno urbano, sufre igualmente ese proceso acomodaticio, pero de diferente manera, si bien, también depende mucho de su entorno y su situación sociocultural, sufren un menor aislamiento que la mujer del entorno rural que puede ayudar y favorecer su relato y su evaluación..

La mayor vulnerabilidad que sufren estas mujeres es debida, en algunas ocasiones a su situación de dependencia frente al agresor y conviviente y, en otras ocasiones, a sentirse responsables del mismo o que la propia familia y el entorno las hace responsable de quienes las agreden.

La regla general es que estas mujeres cuando toman la decisión por si mismas o impulsadas por los acontecimientos de denunciar, se sienten culpables de esta situación, y ese sentimiento hace que en muchas ocasiones retiren la denuncia o no quieran declarar. Es un comportamiento bastante habitual que estén dispuestas a proporcionar una segunda oportunidad a sus agresores si se someten a un tratamiento del que en muchas ocasiones se responsabilizan.

La toma de decisión de poner fin a ese espiral de violencia viene motivada por múltiples factores, uno de ellos , sin duda, es el sentirse apoyadas en una sociedad como la actual, en la que la tolerancia frente a la violencia contra las mujeres es cero. Ello gracias al impulso, bien de los servicios sociales o los servicios de salud, quienes detectan ese maltrato detrás de las muchas enfermedades sufridas por las mujeres mayores de 65 años y por las que demandan asistencia sanitaria.

En relación a la práctica de la prueba en los procedimientos relativos a la violencia contra la mujer, el magistrado del Tribunal Supremo (Magro Servet, 2018), refiere:

Se trata de delitos cometidos en la intimidad, y no puede exigirse a la acusación que aporte al plenario testigos ajenos a las víctimas que declaren sobre hechos, cuando puede que estos testigos no existan al cometerse en la intimidad del hogar, pero sin que ese miedo que han tenido por denunciar se les vuelva en contra cuando se deciden a hacerlo. Y ello, ante una especie de «síndrome de Estocolmo», como perfil típico en muchos casos de violencia de género y doméstica.

El hecho de que las mujeres presenten su denuncia no de forma inmediata, sino después de sufrir un largo periodo de tiempo estas vivencia de sometimiento, continuas agresiones y vejaciones, no debe de ser un obstáculo a la hora de enjuiciar la violencia habitual. No puede admitirse, por ello, que el estado de pánico y terror que sufren las víctimas les suponga una «traba de credibilidad» cuando éstas deciden a denunciarlo más tarde, ya que el retraso en denunciar hechos de violencia de género, o doméstica, no es sinónimo de falsedad en una declaración, sino que es perfectamente admisible entender veraz esa declaración por las especiales características de los hechos de maltrato, cuya valoración debe tener unas condiciones distintas por las propias diferencias inherentes a quien es el autor del delito: nada menos que tu pareja, o tu propio padre, o la pareja de tu madre, como en este caso ocurrió.

La jurisprudencia del Tribunal Supremo[17] enmarca la credibilidad y verosimilitud de la declaración de la víctima en una serie de elementos de valoración de esta declaración, como son los siguientes:

Seguridad en la declaración ante el Tribunal por el interrogatorio del Ministerio Fiscal, letrado/a de la acusación particular y de la defensa; Concreción en el relato de los hechos ocurridos objeto de la causa; Claridad expositiva ante el Tribunal; "Lenguaje gestual" de convicción, elemento es que se caracteriza por la forma en que la víctima se expresa desde el punto de vista de los "gestos" con los que se acompaña en su declaración ante el Tribunal; seriedad expositiva que aleja la creencia del Tribunal de un relato figurado, con fabulaciones, o poco creíble ; expresividad descriptiva en el relato de los hechos ocurridos; ausencia de contradicciones y concordancia del iter relatado de los hechos; ausencia de lagunas en el relato de exposición que pueda llevar a dudas de su credibilidad ; la declaración no debe ser fragmentada; debe desprenderse un relato íntegro de los hechos y no fraccionado acerca de lo que le interese declarar y ocultar lo que le beneficie acerca de lo ocurrido; debe contar tanto lo que a ella y su posición beneficia como lo que le perjudica.

Esta descripción es elocuente, si bien estos elementos valorativos hay que considerarlos sin perder de vista las dificultades que soporta la víctima ante el tribunal al encontrarse en un escenario hostil en el que tiene que recordar y verbalizar los hechos de los que ha sido víctima. Ello puede llevarle a exteriorizar signos o expresiones de temor ante lo sucedido y que tengan luego trascendencia en su declaración ; Temor evidente al acusado por la comisión del hecho dependiendo de la gravedad de lo ocurrido ; temor a la familia del acusado ante posibles represalias, aunque estas no se hayan producido u objetivado, pero que quedan en el obvio y asumible temor de las víctimas; deseo de terminar cuanto antes la declaración; deseo al olvido de los hechos; posibles presiones de su entorno o externas sobre su declaración.

Muchos de estos elementos valorativos y a los que hemos hecho referencia anteriormente, y que han de ser tenidos en cuenta por los

---

17 2018; 304/2019 (sala segunda del Tribunal Supremo), de 11 de junio 2019 (recurso nº 10585/2018); 349/2019 (sala segunda del Tribunal Supremo) , de 4 de julio 2019 (recurso nº 10079/2019); 2/2021(sala de lo penal , sección 1º), de 13 de enero del 2021(nº de recurso 891/2019).

tribunales, no se corresponden con la realidad a la que se enfrentan las mujeres mayores de 65 años cuando se les toma declaración en el momento de denunciar estas situaciones de violencia continuada. Pues a ellas se suman las derivadas del estrés originado por la situación vivida; el proceso acomodaticio y acumulativo que experimenta su memoria, (al que hay que añadir los posibles deterioros cognitivos por razón de edad). En ocasiones a esto se añade una posible carencia de recursos lingüísticos en el momento de relatar determinados acontecimientos. Ello puede motivar que se cuestione su declaración, que no se las haga merecedoras de una especial protección ante la situación de riesgo que genera denunciar a su agresor, a la humillación que supone el no sentirse creída y, finalmente, el hecho de experimentar como se minimiza su sufrimiento.

5. FISCALÍA ESPECIALIZADA EN VIOLENCIA CONTRA LA MUJER

En definitiva, es necesario impulsar la reforma del procedimiento penal, lo que resulta de especial necesidad y urgencia en los delitos de violencia contra la mujer.

Contamos para ello también con una Fiscalía especializada, cuya organización estructurada en todo el territorio nacional y centralizada en la Fiscalía de Sala de Violencia contra la mujer y Fiscalía de Sala especializada de protección a la víctimas, favorece una mejor concentración de recursos especializados; la coordinación y supervisión de la investigación realizada por las fuerzas y cuerpos de seguridad de estado ; la coordinación con los servicios sociales e instituciones de protección a las víctimas en todo el territorio de Estado.

Esto supone que la Fiscalía se encuentra en estos momentos en la mejor disposición para asumir la investigación de los delitos relativos a la violencia contra la mujer, y con ello estar a la altura del resto de las legislaciones procesales Europeas. Es preciso, con este impulso, salvar las disfunciones derivadas de un procedimiento de instrucción rígido, tramitado por Juzgados con una carga de trabajo muy superior a la que puedan asumir, no exclusivos ni especializados en la mayor parte del territorio Nacional. Hay pues un tratamiento diferenciado de las víctimas según su lugar de residencia.

Es necesario garantizar la necesaria imparcialidad del Juzgador en la toma de decisiones más justa y garantista para ambas partes. Además es imprescindible la regulación en el ámbito del proceso penal de mecanismos excepcionales para anticipar la práctica de prueba dirigida impedir las consecuencias perjudiciales para la víctima que se supone someterla a sucesivos y continuos interrogatorios, así como la confrontación visual con los agresores.

En definitiva debe ser la Fiscalía quien líder un cambio en el proceso penal, especialmente en esta materia, con la finalidad de liberar a las víctimas, mujeres y menores de edad, de la responsabilidad de hacer depender únicamente de ellas mismas el éxito o fracaso del procedimiento. Tenemos la obligación por ello, de optimizar los recursos existentes, dotarlos de las unidades especializadas, tanto de las fuerzas y cuerpos de seguridad del Estado, como de unidades de psicología, médicos/as forenses especializadas, para garantizar la adecuada protección a las víctimas y, por ende, la eficacia del procedimiento.

6. BIBLIOGRAFÍA

Galeano Santamaría, A (2020). Algunas Cuestiones Para Trabajar Con Perspectiva De Género, Jornadas específicas de formación de formadores: hacia una Fiscalía con perspectiva de género. CEJ

General, U. d. C (Enero de 2021). Guía de actuación con perspectiva de género en la investigación y enjuiciamiento de delitos de violencia de género.

Gorgón Barranco, M. C. (2020). *El delito de violencia habitual Consideraciones en relación a la despenalización de los "micro machismos"*. Barcelona, España: José María Bosch Editor.

Ibáñez, J. G. (2015). Una Mirada Intersecciones sobre la Violencia de Género contra las Mujeres Mayores. *Oñate socio-legal series, ISSN-e 2079-5971, Vol. 5, Nº. 2*, 547-569.

Magro Servet, V. (2018). La perspectiva de género en los delitos cometidos sobre la víctima mujer. *Revista de Jurisprudencia El Derecho.*

Quevedo, A. (1988). El concepto aristotélico de la violencia. *Anuario filosófico*, 155- 170.

Rodrigo, R. G. (2015). La Interseccionalidad Como Instrumento Analítico De Interpelación En La Violencia De Género. *Oñati Socio-Legal Series, Vol. 5, No. 2*, 596-609.

Rúa, M. P. (2013). La generación femenina de 1950 y el cambio social (1950-2000). *Revista De Investigaciones Políticas Y Sociológicas, 12(1). Recuperado a partir de https://revistas.usc.gal/index.php/rips/article/view/1312.*

Capítulo VI

La interposición de la denuncia más allá de la víctima en los casos de violencia de género

ALMUDENA VALIÑO CES
Investigadora Postdoctoral del Área de Derecho Procesal
Universidad de Santiago de Compostela
almudena.valino@usc.es

Sumario: 1. Introducción. 2. La expresión "violencia de género". 3. La denuncia como modo de iniciar el proceso penal. 4. La denuncia de la víctima. 5. El deber de denunciar la violencia de género. 5.1. Personas que presenciaren la perpetración de cualquier delito público. 5.2. Determinados familiares del presunto autor del hecho denunciado. 5.3. Ciertas personas por razón de su cargo o profesión. 6. Conclusiones. 7. Bibliografía.

1. INTRODUCCIÓN

La violencia de género constituye un mal endémico de nuestra sociedad que no se circunscribe a España, sino que existe a escala mundial, llegando a afirmarse que este tipo de violencia es una "*epidemia internacional*" que afecta a gran parte de las mujeres del planeta, con independencia de su grado de desarrollo[1], por lo que no conoce de fronteras geográficas, no tiene límite de edad, no es exclusivo de ninguna raza, cultura, religión, ni de un tipo de familia u estrato social[2].

---

1 A. Rodríguez Álvarez. "La violencia de género en Italia", en R. Castillejo Manzanares (Dir.) y C. Alonso Salgado. Violencia de género y Justicia, Servicio de Publicaciones e Intercambio Científico de la Universidad de Santiago de Compostela, Santiago de Compostela, 2013, p. 194.

2 E. Marí Farinós. "La lucha contra la violencia de género en el derecho comparado, con especial referencia a Europa", *Diario La Ley*, núm. 9128, Sección Tribuna, 29 de enero de 2018.

En efecto, la violencia de género no hace distinción alguna, sino que cualquier mujer, por el mero hecho de ser mujer, puede ser la destinataria de estas conductas violentas en las que las posiciones de víctima y agresor están definidas desde el inicio: la víctima es la mujer y el agresor es el hombre. Esta violencia representa la expresión más brutal de la desigualdad entre hombres y mujeres, la cual ha existido desde siempre, en todos los tiempos y en todos los pueblos y civilizaciones[3]. Y además es fruto de las relaciones de poder de los hombres sobre las mujeres y ello como consecuencia de los condicionamientos socioculturales que actúan sobre los géneros masculino y femenino. En este sentido, Clare señala que la sexualidad masculina se vincula al deseo de dominar y poseer al otro y que un imperativo de ser hombre es seguir demostrando su hombría a las mujeres[4]. Esta idea, que por desgracia se perpetúa en muchos ámbitos, coadyuva a potenciar los actos de violencia contra la mujer, máxime si nos encontramos ante uno de los colectivos de mujeres más vulnerables, como pueden ser las mujeres mayores de 65 años. Es más, la violencia contra las mujeres se ha visto intensificada por las situaciones de aislamiento domiciliario derivado del estado de alarma ocasionado por la COVID-19, por verse forzadas a convivir con su agresor, lo que las sitúa en una situación de mayor riesgo.

2. LA EXPRESIÓN "VIOLENCIA DE GÉNERO"

Al margen de alguna referencia aislada, la expresión "*violencia de género*" sólo comienza a consolidarse a partir de los años noventa, gracias, fundamentalmente, a importantes iniciativas de orden internacional, tales como: la Conferencia Mundial para los Derechos Humanos celebrada en Viena en 1993; la Declaración de las Naciones Unidas sobre la eliminación de la violencia contra la mujer, celebrada también en 1993; la Convención Interamericana para prevenir, sancionar y erradicar la violencia contra la mujer en 1994; o la Conferen-

---

3 M. Martín Sánchez. "Derechos y Exclusiones en la Constitución de Cádiz de 1812", en VARIOS, La Constitución de 1812 y su difusión en Latinoamérica. Homenaje a la Constitución de Cádiz, Tirant lo Blanch, Valencia, 2012, pp. 177-190.

4 A. Clare. Hombres. La masculinidad en crisis, Taurus, Madrid, 2012.

cia Mundial de Mujeres de Beijing en 1995. En ésta última se concibe a la violencia de género como "*todo acto de violencia basado en el género que tiene como resultado posible o real un daño físico, sexual o psicológico, incluidas las amenazas, la coerción o la privación arbitraria de la libertad, ya sea que ocurra en la vida pública o en la privada* [...]". En consecuencia, con este concepto se acoge todo tipo de violencia sobre la mujer fruto de la desigualdad, respecto a lo que se añade que "*es una manifestación de las relaciones de poder históricamente desiguales entre mujeres y hombres, que han conducido a la dominación de la mujer por el hombre, a la discriminación contra la mujer y a la interposición de obstáculos contra su pleno desarrollo*"[5].

Por su parte, España es un país de referencia en la conquista de la igualdad entre hombres y mujeres y en la puesta en marcha de medidas para erradicar la violencia de género[6]. En el año 2004 se aprobó por unanimidad la LO 1/2004, una Ley pionera en Europa que constituye legislación básica que han incorporado y desarrollado las Comunidades Autónomas[7] para combatir la violencia sobre las mujeres dentro de su ámbito competencial. Así, nuestro país dispone de una amplia relación de normas que prevén, desde un punto de vista integral, la persecución y eliminación de cualquier forma de violencia ejercida sobre la mujer.

Justamente fue esta Ley la que introdujo el concepto de violencia de género, en tanto pretende atender precisamente a las recomendaciones de los organismos internacionales en el sentido de proporcionar una respuesta global a la violencia que se ejerce sobre las mujeres, tal y como señala su Exposición de Motivos[8].

---

5 Disponible en: www.un.org/womenwatch/daw/beijing/pdf/Beijing%20full%20report%20S.pdf, pp. 51 y 52.

6 A este respecto, cabe destacar el Pacto de Estado contra la Violencia de Género, cuya aprobación culminó en diciembre de 2017. Este Pacto, además de medidas genéricas dirigidas a todas las Administraciones Públicas, incluye en su Eje 7 recomendaciones específicas para las Comunidades Autónomas y las Entidades Locales.

7 *Vid*. https://violenciagenero.igualdad.gob.es/pactoEstado/docs/FolletoPEVGcastweb.pdf.

8 A este respecto, cabe citar la Convención sobre la eliminación de todas las formas de discriminación contra la mujer de 1979; las Resoluciones de la última Cumbre Internacional sobre la Mujer celebrada en Pekín en septiembre de 1995;

De conformidad con su artículo 1.3, la violencia de género "*comprende todo acto de violencia física y psicológica, incluidas las agresiones a la libertad sexual, las amenazas, las coacciones o la privación arbitraria de libertad*". Si bien este concepto comprende "*todo acto de violencia física y psicológica*", lo cierto es que no todo acto de esta naturaleza podrá ser definido como violencia de género[9], toda vez que será necesario aún que, de acuerdo con su artículo 1.1, aquélla se ejerza "*sobre las mujeres, por parte de quienes sean o hayan sido sus cónyuges o de quienes estén o hayan estado ligadas a ellas por relaciones similares de afectividad, aun sin convivencia, como manifestación de la discriminación, la situación de desigualdad y las relaciones de poder de los hombres sobre ellas*". A la vista de tal previsión, se constatan que se excluyen de este concepto múltiples situaciones de violencia del hombre sobre la mujer que son resultado de la discriminación, de la situación de desigualdad y de las relaciones de poder de unos con respecto a otros[10].

---

la Resolución WHA49.25 de la Asamblea Mundial de la Salud declarando la violencia como problema prioritario de salud pública proclamada en 1996 por la OMS; el informe del Parlamento Europeo de julio de 1997; la Resolución de la Comisión de Derechos Humanos de Naciones Unidas de 1997; y la Declaración de 1999 como Año Europeo de Lucha Contra la Violencia de Género, entre otros. Se hace referencia igualmente a la Decisión núm. 803/2004/CE del Parlamento Europeo, por la que se aprobó un programa de acción comunitario (2004-2008) para prevenir y combatir la violencia ejercida sobre la infancia, los jóvenes y las mujeres y proteger a las víctimas y grupos de riesgo (programa Daphne II), en la que se fijaron la posición y la estrategia de los representantes de la ciudadanía de la Unión al respecto.

9 Con relación a esto, la Sala 2ª del Tribunal Supremo destacó en numerosas ocasiones, como es el caso de la sentencia 1177/2009, de 24 de noviembre (TOL1.757.022), repetido posteriormente en la sentencia 420/2018, de 25 de septiembre (TOL6.812.262), que "*no toda acción de violencia física en el seno de la pareja del que resulte lesión leve para la mujer, debe considerarse necesaria y automáticamente como la violencia de género que castiga el nuevo art. 153 CP, modificado por la ya tantas veces citada Ley Orgánica de Medidas de Protección Integral contra la Violencia de Género, sino sólo y exclusivamente –y ello por imperativo legal establecido en el art. 1.1 de esa Ley– cuando el hecho sea «manifestación de la discriminación, de la situación de desigualdad y de las relaciones de poder del hombre sobre la mujer»* [...]" (*vid.* FJ 1).

10 R. Castillejo Manzanares. "Problemas que plantea la actual aplicación de la ley integral", en R. Castillejo Manzanares (Dir.) y M. A. Catalina Benavente, Violencia de género, justicia restaurativa y mediación, La Ley, Madrid, 2011, p. 66.

Nos encontramos, por tanto, ante una violencia de naturaleza estructural que se erige en la forma de discriminación hacia la mujer más preocupante en la actualidad, por la gravedad que supone en sí misma, así como por la terrible magnitud que ha alcanzado[11]. Es por ello que, por parte del Poder Judicial, la Fiscalía, las Administraciones Públicas y las Fuerzas y Cuerpos de Seguridad del Estado se están realizando todos los esfuerzos posibles. Sin embargo, no parece haberse acertado con la tecla para lograr su solución[12], pues de momento no se ha logrado disminuir su intensidad, lo que revela que todavía queda mucho trabajo por hacer.

3. LA DENUNCIA COMO MODO DE INICIAR EL PROCESO PENAL

La investigación de los delitos, *grosso modo*, puede iniciarse por una triple vía: denuncia, querella o de oficio por el propio juez instructor. Esto sucede con la investigación de los delitos públicos, porque en cuanto a los denominados delitos semipúblicos la situación difiere, toda vez que se requiere denuncia de la parte ofendida –la querella en este caso es potestativa–, pudiendo en determinados delitos iniciarse el procedimiento a instancia del Ministerio Fiscal, generalmente cuando los perjudicados son menores, incapaces, personas desvalidas o cuando el delito afecte a una pluralidad de personas. En el caso de los delitos privados –injuria y calumnia contra particulares– se exige la querella del ofendido para perseguir estos delitos, en tanto que no interviene el Ministerio Fiscal, tal y como dispone el artículo 215.1 CP.

A pesar de las diferentes formas que existen, según los casos, de incoar el proceso penal, lo cierto es que la iniciación de oficio (artículo 308 LECrim) es escasamente utilizada en la práctica, dado

---

11 M. Martín Sánchez (Dir.). Estudio integral de la violencia de género: Un análisis teórico-práctico desde el derecho y las ciencias sociales, Tirant lo Blanch, Valencia, 2018, pp. 79-113.

12 C. Alonso Salgado. "Violencia de género *versus* violencia doméstica. Aproximación a la problemática conceptual desde la experiencia portuguesa y española", en R. Castillejo Manzanares (Dir.) y C. Alonso Salgado (Coord.), Violencia de género, justicia restaurativa y mediación..., *op. cit.*, p. 247.

que lo habitual es hacerla a través de la denuncia, querella o atestado policial[13]. La querella es, junto con la denuncia, uno de los dos grandes modos de incoación del proceso penal. Sin embargo, a diferencia de ésta, la querella no sólo da traslado de la *notitia criminis*, sino que constituye una declaración de voluntad a través de la cual se ejercita la acción penal. Por tanto, la presentación de la querella es la manera de iniciar el proceso a instancia de parte[14]. En cuanto al atestado policial, la LECrim permite que la Policía Judicial pueda realizar lo que se denomina "*instrucción preliminar*", es decir, una investigación no jurisdiccional realizada por la policía cuando llega a su conocimiento la comisión de hechos que pueden revestir carácter de delito. Se trata de una investigación que no sustituye a la judicial, es incompatible con la misma, y que se realiza para dar al órgano judicial la información fáctica adecuada, ordenada y comprobada de la comisión de hechos aparentemente delictivos.

Por lo que respecta a la denuncia, a juicio de SERRANO MASSIP es, por naturaleza, "*un acto humano voluntario y espontáneo, en el que a una declaración de conocimiento se une una manifestación de voluntad porque el denunciante quiere que su actividad genere unos determinados efectos jurídicos, esto es, que se persiga el hecho denunciado*"[15]. Nos encontramos, en efecto, ante un acto de declaración de conocimiento a través del cual se traslada a la autoridad competente la existencia de unos hechos que pudieran ser constitutivos de infracción criminal, es decir, un sistema apto para trasladar la *notitia criminis* al órgano jurisdiccional, al Ministerio Público o a las Fuerzas y Cuerpos de Seguridad[16]. En cuanto a la forma, no se determina ninguna especial, en tanto es viable la denuncia escrita o de palabra, per-

---

13 B. Rizo Gómez, "La iniciación del proceso penal", en J. M. Asencio Mellado (Dir.), Derecho procesal penal, Tirant lo Blanch, Valencia, 2020, p. 134.

14 V. Moreno Catena y V. Cortés Domínguez. Derecho procesal penal, Tirant lo Blanch, Valencia, 2019, p. 196.

15 M. Serrano Massip. "La víctima de la violencia de género ante el deber de denunciar y declarar en el proceso penal", *Revista General de Derecho Procesal*, núm. 29, 2013.

16 La denuncia es definida en C. Alonso Salgado, A. Rodríguez Álvarez y A. Valiño Ces. "Capítulo 13. Derecho procesal penal", en M. Otero Crespo, A. Valiño Ces y N. Pérez Rivas, Manual de conceptos jurídicos básicos, Colex, A Coruña, 2021, pp. 197 y 198.

sonalmente o por medio de mandatario con poder especial, aunque sí debe contener el relato de los hechos presuntamente delictivos, por lo que la Ley exige que en ella se detallen de la manera más precisa los hechos objeto de la denuncia[17].

Así, en atención al órgano ante el que se formule la denuncia, sus efectos serán distintos. En primer lugar, puede presentarse ante el Juzgado de Instrucción o el de Violencia sobre la Mujer que corresponda de acuerdo con el criterio territorial que viene contemplado en los artículos 15 y 15 *bis* LECrim. Cualquiera de ellos tiene la obligación de admitir las denuncias que se formulen ante ellos, aunque sea incompetente por razón del territorio, en caso de que el delito no se haya cometido en el partido correspondiente. En este supuesto estará obligado a practicar las primeras diligencias que resulten imprescindibles, dando cuenta inmediatamente al juzgado competente, al que remitirá las actuaciones (artículos 12 y 307 LECrim).

En segundo lugar, ante el Ministerio Fiscal. A este respecto, el artículo 24 CE determina que a éste le corresponde promover la acción de la Justicia en defensa de la legalidad, de los intereses de los ciudadanos y del interés público. Asimismo, los artículos 259 y 262 LECrim incluyen al Ministerio Fiscal entre los obligados a recibir y cursar denuncias. Sin embargo, no se desarrollan las obligaciones concretas que derivan de esta función, por lo que deviene necesario acudir a su Estatuto Orgánico, aprobado por Ley 50/1981, de 30 de diciembre, y, en concreto, al artículo 5[18]. De este modo, recibida una denuncia por el Ministerio Público, éste podrá enviarla a

---

17 En el supuesto de que la denuncia se hiciese por escrito, deberá estar firmada por el denunciante y si no pudiere hacerlo, por otra persona a su ruego. La autoridad o funcionario que la recibiere firmará y sellará todas las hojas en presencia del que la presentare, quien podrá también firmarla por sí o por medio de otra persona a su ruego. *A contrario sensu*, en caso de que la denuncia sea verbal, se extenderá un acta por la autoridad o funcionario que la recibiese, en la que, en forma de declaración, se expresarán cuantas noticias tenga el denunciante relativas al hecho denunciado y a sus circunstancias, firmándola ambos y si el denunciante no pudiere firmar, lo hará otra persona a su ruego (artículos 265, 266 y 267 LECrim).

18 Este precepto dispone: "*Uno. El Fiscal podrá recibir denuncias, enviándolas a la autoridad judicial o decretando su archivo, cuando no encuentre fundamentos para ejercitar acción alguna, notificando en este último caso la decisión al denunciante* [...]".

la autoridad judicial o decretar su archivo, cuando no encuentre fundamentos para ejercitar acción alguna, lo que deberá notificar al denunciante y también resultará facultado para el esclarecimiento de los hechos denunciados, para llevar a cabo u ordenar aquellas diligencias para las que esté legitimado según la LECrim, las cuales no podrán suponer la adopción de medidas cautelares o limitativas de derechos. Ahora bien, podrá ordenar el Fiscal la detención preventiva. Todas las diligencias que éste practique, o que se lleven a cabo bajo su dirección, gozarán de presunción de autenticidad y, además, su práctica estará regida por los principios de contradicción, proporcionalidad y defensa. En fin, transcurrido el oportuno plazo, si la investigación hubiera evidenciado hechos de significación penal y sea cual fuese el estado de las diligencias, el Fiscal procederá a formular la oportuna denuncia o querella ante la autoridad judicial. Por su parte, si su resultado fuera negativo, acordará el archivo (artículo 773.2 LECrim).

Y, en tercer lugar, como el supuesto más frecuente, la denuncia también puede presentarse ante los funcionarios de la policía, esto es, ante cualquier dependencia o puesto de las Fuerzas y Cuerpos de Seguridad del Estado[19], máxime cuando en la LO 1/2004 –artículo 31.1– se prevé que el Gobierno establecerá "*unidades especializadas en la prevención de la violencia de género y en el control de la ejecución de las medidas judiciales adoptadas*". Así, las diligencias practicadas por la policía en la averiguación del delito configuran el atestado que, una vez concluido, será presentado ante la autoridad judicial, teniendo el valor de una denuncia, según prevé el artículo 297 LECrim[20]. Al hilo de esta idea, cabe destacar que es reiterada la juris-

---

19 *Vid.* artículos 284 y 295 LECrim.

20 La correcta elaboración del atestado policial es determinante para la práctica de una buena instrucción judicial, debiendo la policía consignar las diligencias practicadas en averiguación de los hechos delictivos y, en particular, todas las circunstancias que hubieren observado y pudiesen ser prueba o indicio del delito, tal y como se infiere de los artículos 292 y 772 LECrim. Si esto rige para cualquier tipo de delito, en los casos de violencia de género la elaboración del atestado resulta esencial, toda vez que la práctica viene demostrando cómo muchas mujeres víctimas de violencia de género, tras denunciar, acaban retractándose, retirando la denuncia o acogiéndose a su derecho a no declarar en contra de su pareja al amparo del artículo 416 LECrim, tanto en la fase de instrucción ante el Juzgado

prudencia del Tribunal Supremo y del Tribunal Constitucional que se pronuncia sobre la eficacia probatoria, en aspectos muy concretos, del atestado en el procedimiento penal[21]. En principio, tiene únicamente el valor de denuncia, adquiriendo eficacia como prueba las diligencias objetivas de carácter incontestable que pueda contener[22].

En cualquier caso, con independencia del órgano ante el que se formule, la presentación de la correspondiente denuncia posibilita el inicio de la investigación dirigida a determinar si los hechos denunciados son constitutivos de delito y a identificar y localizar al agresor. Y ello, porque una vez que se ha producido el delito, la denuncia es el primer paso para poner en marcha la maquinaria de tutela procesal que existe. Tal es así que, de conformidad con el artículo 269 LECrim, el juez o funcionario ante el que se ha presentado la denuncia está obligado a realizar cuanto sea preciso para

---

de Violencia sobre la Mujer, como el día del juicio oral ante el órgano encargado del enjuiciamiento (E. Martínez García, A. I. Yagüe Ribes y J. M. Gómez Villora. "Protocolo sobre la actuación de las Fuerzas y Cuerpos de Seguridad", en J. M. Gómez Villora (Coord.), Protocolos sobre violencia de género, 2ª edición, Tirant lo Blanch, Valencia, 2019, pp. 191-202).

21 En este sentido, cabe traer a colación las SSTC 157/1995, de 6 de noviembre (TOL82.894) o 188/2002, de 14 de octubre (TOL258.548), entre otras muchas. Idéntica doctrina se refleja en la STS 1113/2004, de 9 de octubre (TOL506.911).

22 En el ámbito de la circulación puede darse este valor a las fotografías, croquis, descripción de la vía, huellas de frenado o localización de desperfectos en los vehículos. También puede tener eficacia como prueba preconstituida la prueba de alcoholemia practicada al conductor de un vehículo. Ahora bien, para su eficacia probatoria, las mencionadas diligencias deberán ser ratificadas en el plenario y sometido su testimonio a contradicción. Como afirma la STS 1058/2006, de 2 de noviembre (TOL1.014.198): "*El atestado tiene virtualidad probatoria propia cuando contiene datos objetivos y verificables, pues hay partes del atestado, como pueden ser planos, croquis, huellas, fotografías que, sin estar dentro del perímetro de las pruebas preconstituidas o anticipadas, pueden ser utilizadas como elementos de juicio coadyuvantes, siempre que sean introducidos en el juicio oral como prueba documental a fin de posibilitar su efectiva contradicción por las partes [SSTC 132/92, 157/95] por cuanto ninguna de las enumeradas son practicables directamente en el juicio oral por ser imposible su reproducción en idénticas circunstancias.*
Por lo mismo, las pericias técnicas que se adjuntan al atestado no pierden por ello su propio carácter y constituyen pruebas preconstituidas que despliegan toda su validez probatoria si son incorporadas debidamente al proceso".

la comprobación del hecho delictivo, "*salvo que éste no revistiere carácter de delito, o que la denuncia fuere manifiestamente falsa*".

En definitiva, la denuncia representa un acto a través del cual la persona denunciante pone en conocimiento del órgano judicial, o de la autoridad competente, unos hechos que entiende que son constitutivos de delito, pero con ello ni pide nada ni está obligado a nada. Es por ello por lo que las denuncias interpuestas por violencia de género se consideran una de las fuentes de información más importantes para aproximarse al conocimiento de la incidencia de este tipo de violencia, no sólo porque dentro del contenido de la denuncia se deberán incluir todos los datos posibles relacionados con la situación de violencia sufrida, sino también porque con su presentación se indica el número de personas que acuden al sistema penal por esta causa.

4. LA DENUNCIA DE LA VÍCTIMA

En nuestro país no se ha producido un debate claro en torno a cuál es el sistema más ventajoso para la mujer víctima de violencia de género, si el sistema de delito público o el sistema que requiere denuncia, es decir, el de delito privado. A este respecto, y tal y como se mencionó *supra*, cabe señalar unas diferencias teóricas entre ambos sistemas. Ante un delito público no se requiere la voluntad de la víctima para iniciar el proceso, toda vez que puede hacerlo cualquier persona que tuviera conocimiento de los hechos delictivos, el Ministerio Fiscal o el juez de oficio. Por su parte, en los delitos privados se necesita la denuncia de la víctima para incoarlo, pudiendo retirarla en cualquier momento previo al juicio oral y, además, se reconoce la posibilidad de declarar extinguido el proceso mediante la figura del perdón. Asimismo, existen determinados delitos de los atribuidos a los Juzgados de Violencia sobre la Mujer que no son delitos públicos, sino que se incluyen dentro de los denominados delitos semipúblicos, que son aquellos en los que el interés privado de la víctima prima sobre el interés del Estado de imponer una pena.

En este sentido, y desde una perspectiva general, la incorporación de los delitos de violencia de género dentro de los delitos públicos es muy positiva, por cuanto posibilita que otras personas denuncien la comisión de unos hechos, máxime cuando la mujer que ha sufrido malos tratos continuados, en múltiples ocasiones, se encuentra demasiado agotada psicológicamente como para recuperarse de una situación que afecta a su integridad física y mental. Por consiguiente, en los casos de violencia de género, son varias las personas que pueden formular denuncia ante unos hechos constitutivos de delito, porque aun cuando la mujer no denuncie, es posible que los hechos criminales lleguen a conocimiento de la autoridad a través de testigos directos o indirectos[23].

Más allá de esta posibilidad, resulta evidente que la denuncia puede ser presentada por la propia víctima. Efectivamente, la denuncia de la ofendida constituye un presupuesto para la apertura del proceso penal. En este supuesto, la denuncia, en tanto que en los delitos perseguibles a instancia de parte no existe obligación de denunciar, constituye un derecho de la mujer perjudicada por el delito. A este respecto se pronuncia GIMENO SENDRA cuando señala que se trata de un "*derecho implícito en el derecho a la tutela del artículo 24 de la CE, del que puede o no hacer uso, sin perjuicio de su obligación de comparecer en calidad de testigo y de que el procedimiento se incoe incluso contra su voluntad*"[24].

---

23 De conformidad con el Tribunal Supremo, cabe distinguir dos clases de denuncia. Por un lado, la denuncia que se caracteriza por ser una simple declaración de conocimiento que, por ejemplo, efectúa la víctima ante la policía habiendo sido previamente requerida para ello. Y, por otro lado, la denuncia entendida como el vehículo a través del cual la víctima transmite de manera espontánea la *notitia criminis* (*vid.* SSTS, Sala de lo Penal, 1225/2004, de 27 de octubre (TOL538.297); 625/2007, de 12 de julio (TOL1.124.036); 101/2008, de 20 de febrero (TOL1.292.763); y 17/2010, de 26 de enero (TOL1.792.986)). Ahora bien, en materia de violencia de género, ésta no es la única distinción que se propone, toda vez que incluso se ha partido de la que existe entre "*denuncia tácita*" y "*denuncia formal*" (*cfr.* M. P. Martín Ríos. "Reflexiones acerca de la negativa a declarar en juicio de la mujer víctima de la violencia de género: análisis de la jurisprudencia española", *Revista General de Derecho Procesal*, 2008, núm. 15).

24 V. Gimeno Sendra. "De la denuncia", en V. Gimeno Sendra, C. Conde-Pumpido Tourón y J. Garberí Llobregat. Los procesos penales, tomo 3, Bosch, Barcelona, 2000.
De acuerdo con los datos estadísticos del Observatorio contra la Violencia Doméstica y de Género, en los tres primeros trimestres de 2023 -todavía no hay datos del último trimestre- de las 94.554 denuncias presentadas, el 2,03% fueron presentadas por la propia víctima. Por su parte, en el 2022, de las 182.073 denuncias presentadas, el 1,22% fueron presentadas por la propia víctima y

Efectivamente, la legitimación para denunciar en estos casos de violencia de género corresponde a la víctima, o a su representante legal, y al Ministerio Fiscal que deberá interponer querella, salvo que la víctima sea menor, incapaz o desvalida, en cuyo caso será suficiente la denuncia del Ministerio Fiscal[25]. En este sentido, se dispone en la STS 240/2002, de 15 de febrero (TOL4.926.445): "*Como titular del bien jurídico protegido es a la persona agraviada a quien compete, como inexcusable requisito de procedibilidad, formular la denuncia en los llamados delitos semipúblicos, como son los de agresión, acoso o abuso sexual. Se trata de una verdadera «legitimatio ad processum» que le legitima para la iniciación y sustanciación del procedimiento, a salvo las iniciativas que puede adoptar el Ministerio Fiscal, por atribución de su Estatuto*".

Pese a ello, únicamente una parte de las mujeres que son maltratadas por sus parejas o ex-parejas recurre a la policía y solamente algunas de ellas presentan denuncia[26]. A este respecto, cabe señalar que las decisiones de las mujeres de asistir a la policía tienen propósitos variados: en ocasiones, llaman para detener una violencia inmediata o lograr que el agresor abandone la vivienda; otras veces, para buscar ayuda, sin la intención de iniciar un proceso penal; y otras, con la idea de denunciar al agresor. En definitiva, sea como fuere, las mujeres acu-

---

el 70,34€ a través de atestados policiales. En el 2021, algo más de un 73% de las denuncias (162.848 totales) fueron presentadas por la propia víctima, bien directamente en el juzgado (1,40%) o a través de los correspondientes atestados policiales (71,68%). Por lo que se refiere al 2020, de las 150.785 totales, la cifra de denuncias presentadas directamente por la propia víctima asciende al 1.76% y las presentadas a través los atestados policiales al 68,68%. Y respecto al 2019, de las 168.057 totales, el número de denuncias presentadas directamente por la propia víctima alcanza el 2,19% y las presentadas a través los atestados policiales el 70,35%.

25 Artículo 191.1 CP.

26 En el "*Estudio sobre el tiempo que tardan las mujeres víctimas de violencia de género en verbalizar su situación*", realizado por la Delegación del Gobierno para la Violencia de Género en 2019, se recoge que la edad de la víctima constituye un factor clave a la hora de denunciar. Las mujeres con más de 65 años tardan una media de 26 años y tres meses en denunciar o hablar del tema, lo que supone una gran diferencia con las víctimas jóvenes. Las que se encuentran entre 18 y 25 años son las que menos tiempo esperan, una media de dos años y 10 meses. Lo cierto es que, a partir de la mayoría de edad, el tiempo que transcurre entre la primera agresión y la denuncia es mayor cuantos más años se cumplen.

den a la policía en busca de seguridad inmediata, en busca de algún tipo de ayuda para abordar la violencia y finalmente para denunciar, por lo que esta diversidad refleja que no todas las mujeres que acuden a la policía desean iniciar un proceso penal contra sus parejas[27].

Estas evidencias permiten tener en cuenta el proceso de toma de decisiones de las mujeres, toda vez que la hipótesis de partida es que existen ciertas reticencias que impiden, dificultan o limitan el recurso de las mujeres a la policía para buscar ayuda o para denunciar. Esta cuestión es importante porque el acceso a la policía es crucial en términos de seguridad, pero también porque permite derivar a las mujeres a otros servicios y recursos y, en ocasiones, una denuncia policial constituye un requisito de acceso a los mismos. De hecho, para acceder a los recursos sociales, jurídicos y económicos previstos en la LO 1/2004, la interposición de la denuncia es necesaria, máxime cuando para acreditar la condición de víctimas es preciso obtener una orden de protección o, en su defecto, un informe del Ministerio Fiscal en el que se contemple la existencia de indicios de violencia[28]. Concretamente, la orden de protección tiene un papel fundamental como instrumento legal diseñado para proteger a las víctimas de violencia de género frente a todo tipo de agresiones y para ello ésta contiene medidas de protección y seguridad de naturaleza penal y civil, además de mecanismos de asistencia y protección social a favor de la víctima[29].

---

27 E. Blay Gil. "«Voy o no voy»: el recurso a la policía en el caso de la violencia de género. Perspectivas de las víctimas", *Estudios Penales y Criminológicos*, vol. XXXIII, 2013, pp. 379 y 380.

28 Su artículo 23 señala: "*Las situaciones de violencia de género que dan lugar al reconocimiento de los derechos regulados en este capítulo se acreditarán mediante una sentencia condenatoria por un delito de violencia de género, una orden de protección o cualquier otra resolución judicial que acuerde una medida cautelar a favor de la víctima, o bien por el informe del Ministerio Fiscal que indique la existencia de indicios de que la demandante es víctima de violencia de género* [...]".

29 Para profundizar en el tema: A. Valiño Ces. "La orden de protección: estudio de las medidas para las víctimas de violencia doméstica y de género en el marco del artículo 544 ter de la Ley de Enjuiciamiento Criminal", *Revista Aranzadi de Derecho y Proceso Penal*, Núm. 56, 2019.
El número de órdenes de protección solicitadas en el primer trimestre de 2023 ha aumentado en un 6,26% respecto al mismo trimestre del año anterior; en el segundo trimestre solo aumentó un 0,21%; y, en cambio, en el tercer trimestre el incremento fue de un 12,45%. Por su parte, en 2022 las órdenes solicitadas por mujeres mayores de edad (tanto españolas como extranjeras) asciende a 39.194,

En cualquier caso, una vez que la mujer denuncia y, en consecuencia, se inicia el proceso, la particularidad que existe en los delitos referidos a la violencia de género consiste en el enfrentamiento de la declaración de la mujer contra la de otra persona y, por ello, ha de tenerse una especial reserva. Además, existen los estereotipos de que en estos casos muchas mujeres desesperadas denuncian por venganza, enemistad o por otros intereses oscuros. Se ha considerado que a las víctimas de violencia de género se les exige un mayor grado de veracidad en su relato y una mayor corroboración de los hechos[30]. Uno de los datos que podría reflejar esta mayor exigencia de veracidad a las víctimas de maltrato es el número de absoluciones que se dictan, comparándolo con el porcentaje de sentencias absolutorias dictadas en el resto de las tipologías delictivas. Así, la mayor tasa de absolución en casos de violencia de género se podría explicar argumentando que, a diferencia de la mayor parte de ilícitos penales, en este tipo de delitos la víctima ostenta un papel casi determinante en la forma de concluir el proceso. Ello es debido a que el contexto privado en el que tiene lugar el delito favorece a que el testimonio de la víctima sea, en ocasiones, la única prueba que sostiene la acusación y, por tanto, en aquellos supuestos en los que éstas deciden no declarar, es más probable que la resolución sea una sentencia absolutoria o un archivo de la causa.

En este sentido, la víctima de violencia de género pasa a convertirse en una fuente de prueba fundamental, cuando no única. Por lo que su testimonio es con frecuencia el que decantará la sentencia hacia un pronunciamiento condenatorio o, por el contrario, absolutorio. De ahí que, cuando previamente la víctima haya colaborado activamente

---

lo que representa un 98,2€ de las 39.909 totales. En 2021 el número de órdenes solicitadas por mujeres mayores de edad (tanto españolas como extrajeras) asciende a 36.679, lo que representa un 98.4% de las 37.270 totales. Por su parte en 2020 esta cifra asciende a 35.251, por lo que representa un 98,3% de las 35.860 totales. Porcentaje similar (98% en ambos casos) también se observa en 2019 (de las 40.720 totales) y en 2018 (de las 39.176 totales). De ello se colige el gran número de víctimas de violencia de género que superan la mayoría de edad y que han solicitado una protección integral a través de estas órdenes.

30 Para profundizar en el tema véase: M. C. Torres Díaz. "Estado y violencia de género. Perspectiva de género y credibilidad de las mujeres víctimas", *Investigación y género, logros y retos: III Congreso Universitario Nacional Investigación y Género*, Sevilla, 2011, pp. 1925-1939.

aportando su declaración incriminatoria o haya interpuesto la correspondiente denuncia, su decisión de acogerse a la dispensa de declarar contra el maltratador del artículo 416 LECrim suele privar de ordinario a la acusación de importantes elementos incriminatorios. Por lo que, si partimos de que las víctimas pueden acogerse a la dispensa de no declarar, es factible que un porcentaje de las absoluciones se deba justamente a ese motivo, es decir, a que la víctima decide no declarar en el proceso.

5. EL DEBER DE DENUNCIAR LA VIOLENCIA DE GÉNERO

Tal y como se puso de manifiesto, la denuncia puede provenir de la víctima. Pero más allá de esta eventualidad, también existe la posibilidad de las denuncias anónimas, es decir, aquellas en las que el denunciante no se identifica. En este caso, aun cuando el artículo 268 LECrim exige expresamente la identificación de la persona del denunciador, ello no obsta para que pueda convertirse en un acto de recepción de una *notitia criminis*, dando lugar a que la policía compruebe la realidad de los hechos delictivos.

Fuera de estos casos, si ante unos hechos constitutivos de delito la víctima no interpone la denuncia por los motivos que fuere, son varias las personas que pueden formularla.

5.1. Personas que presenciaren la perpetración de cualquier delito público

El artículo 259 LECrim señala: "*El que presenciare la perpetración de cualquier delito público está obligado a ponerlo inmediatamente en conocimiento del Juez de instrucción, de paz, comarcal o municipal, o funcionario fiscal más próximo al sitio en que se hallare* [...]". Se constata, en efecto, que la denuncia puede proceder de cualquier ciudadano que tenga conocimiento de la perpetración de un delito, debiendo quedar perfectamente identificada la persona denunciante[31].

---

[31] A este respecto, la STS, Sala de lo Penal, 1651/2001, de 25 de septiembre (TOL4.964.972), desarrolla el concepto de denunciante: "*Por denunciante,*

De este modo, la denuncia podrá efectuarla un tercero que presencia esa conducta delictiva o que la percibe directamente no sólo por el sentido de la vista, sino también del oído. En lógica coherencia, la presencia de estos testigos directos de la comisión de los hechos, de los que se pueda deducir la conducta punible, junto con su declaración en el juicio, será útil para destruir la presunción de inocencia del autor[32].

A este respecto, cabría preguntarse si, llegado el momento, se puede obligar al testigo a comparecer ante el juez para ratificar la declaración efectuada ante la policía. En referencia a esta cuestión, la LECrim regula una serie de sanciones para el testigo que no comparece al primer llamamiento judicial y para el testigo que se niega a declarar lo que supiese acerca de los hechos sobre los que es preguntado. En consecuencia, si el testigo de violencia de género no comparece al primer llamamiento judicial, provocando la suspensión del juicio oral, de conformidad con el artículo 463.1 CP, podría ser castigado con la pena de prisión de tres a seis meses o multa de seis a veinticuatro meses. Y en caso de que, siendo advertido, aquél persistiese en su resistencia, provocando o no la suspensión, podría tener una multa de seis a diez meses[33].

Asimismo, el artículo 264 de la misma norma indica que toda persona que conociese la perpetración de algún delito público "*deberá denunciarlo al Ministerio Fiscal, al Tribunal competente o al Juez de instrucción o municipal, o funcionario de policía, sin que se entienda obligado por esto a probar los hechos denunciados ni a formalizar querella*".

---

ha de entenderse quien cumpliendo la obligación, –que para los perjudicados por el delito es también derecho, especialmente si de delitos semipúblicos se trata–, que impone a todos los que presenciasen la comisión de un delito el artículo 259 de la Ley de Enjuiciamiento Criminal y en especial a los que por su profesión u oficio tuviesen noticia de la existencia de un delito público, lo que refuerza el artículo 262 de dicha ley, de participar a la autoridad judicial o policial más próxima la «noticia criminis» –Sentencia de 16 febrero 1993–".

32 G. Serrano Hoyo. "Sobre las posibles conductas procesales de la mujer víctima de delitos de violencia de género", *Anuario de la Facultad de Derecho*, vol. XXVIII, 2010, pp. 117-162.

33 Con relación a la no comparecencia al primer llamamiento, *vid.* artículo 420 LECrim. De acuerdo con este precepto, la exención del deber de comparecer solo se la reconoce la Ley a las personas contempladas en su artículo 412.

Ahora bien, el artículo 260 LECrim excluye a determinadas personas de la obligación de denunciar prevista en el 259. Nos referimos a los impúberes o los que no gozaren de pleno uso de razón, en cuyo caso serán los representantes quienes deberán denunciar[34]. Por un lado, el término impúber es ciertamente impreciso. Con frecuencia, se entiende por tal la persona menor de catorce años. Así se viene entendiendo por los tribunales con relación al artículo 433 LECrim, que dispone la obligación del impúber de declarar como testigo en el plenario, pero sin requerirle para que preste juramento. Esta opción se acepta en la STS, Sala de lo Penal, 272/2001, de 19 de febrero (TOL4.925.928): "*Es de resaltar que los artículos 259 y 260 de la Ley de Enjuiciamiento Criminal obligan a quien presenciare un hecho delictivo, a ponerlo en conocimiento de la Autoridad, salvo que fuera impúber pudiendo entenderse como tal a los menores de 14 años* [...]". Por otro lado, resulta también muy imprecisa la referencia a las personas que "*no gozaren de pleno uso de razón*". En lógica coherencia, cabría integrar este concepto con el contenido del artículo 25 CP, en tanto señala: "*A los efectos de este Código se entiende por discapacidad aquella situación en que se encuentra una persona con deficiencias físicas, mentales, intelectuales o sensoriales de carácter permanente que, al interactuar con diversas barreras, puedan limitar o impedir su participación plena y efectiva en la sociedad, en igualdad de condiciones con las demás.*

Asimismo, a los efectos de este Código, se entenderá por persona con discapacidad necesitada de especial protección a aquella persona con discapacidad que, tenga o no judicialmente modificada su capacidad de obrar, requiera de asistencia o apoyo para el ejercicio de su capacidad jurídica y para la toma de decisiones respecto de su persona, de sus derechos o intereses a causa de sus deficiencias intelectuales o mentales de carácter permanente".

---

34 Esta disposición se refiere a la capacidad para denunciar, porque, en cambio, estos sujetos sí pueden dar cuenta de lo que hayan visto como testigos (M. Cobo del Rosal, M. Quintanar Díez y C. Zabala López-Gómez. Derecho procesal penal español, CESEJ Ediciones, Madrid, 2006, p. 264).

5.2. *Determinados familiares del presunto autor del hecho denunciado*

Es posible que la denuncia sea presentada por los familiares que la presencien. Si bien el número de familiares que denuncian es relativamente bajo, lo cierto es que éste constituye la cifra que en los últimos años ha experimentado un mayor incremento. Este hecho fue valorado de modo positivo en tanto se observa como una reacción e implicación de las personas próximas a las víctimas a la hora de dar el paso de la denuncia con todo el apoyo que ello implica.

Ahora bien, esta obligación de denunciar para aquellos que conozcan de la comisión de un delito público no alcanza a todos los familiares. En efecto, el artículo 261 LECrim exime de la obligación de denunciar, por un lado, al "*cónyuge del delincuente no separado legalmente o de hecho o la persona que conviva con él en análoga relación de afectividad*". En este sentido, es relevante concretar que se entiende por una "*análoga relación de afectividad*"[35] a los efectos de que no todas las situaciones de pareja son consideradas como tal de conformidad con la LO 1/2004. A este respecto, la legislación no aclara en que debe consistir tal analogía. Aun así, podemos encontrar definiciones de lo que se entiende por relación a efectos de la citada Ley. Un ejemplo es la SAP de Toledo, 12/2015, de 3 de marzo (TOL4.801.487), la cual señala: "*Por análoga relación de afectividad debe entenderse aquellas situaciones que, transcendiendo los lazos de la amistad, del afecto y de la confianza, crean un vínculo de complicidad estable, duradero y con vocación de futuro, mucho más estrecho e íntimo, del que se generan obligaciones y derechos*". La definición parece más o menos clara, pero su aplicación práctica no lo es, por lo que resulta preciso barajar diversas circunstancias, tales como la estabilidad de la relación, su duración, cierta vocación de permanencia, vocación de futuro, etc.

Y, por otro lado, también se exime a "*los ascendientes y descendientes consanguíneos o afines del delincuente y sus colaterales con-*

---

35 A. Valiño Ces. "Debate en torno a la expresión "análoga relación de afectividad" en los delitos de violencia de género", en M. D. Cervilla Garzón, C. Jover Ramírez y A. M. Rodríguez Tirado (Dirs.), Jurisprudencia y doctrina: ¿un matrimonio de conveniencia?, Aranzadi, Madrid, 2020, pp. 403-422.

sanguíneos o uterinos y afines hasta el segundo grado inclusive". Tanto la posibilidad de no denunciar como de no testificar en el juicio determinados parientes del presunto responsable –artículo 416.1 LECrim–, constituyen un derecho reconocido a determinadas personas por su especial vínculo con el acusado, teniendo por objeto el intentar no perturbar la "*paz familiar*". Ahora bien, se trata de un derecho –exención de la obligación de denunciar– que supone al mismo tiempo una ventaja para el acusado. Con todo, cuando comparezca una persona para presentar una denuncia deberá ser informada de esa posibilidad, de manera que, si se hubiesen efectuado declaraciones sin esa prevención, se podrá posteriormente invocar su nulidad.

Con todo, una corriente jurisprudencial estima que quien renuncia a ese derecho e interpone denuncia contra un familiar, luego no puede negarse a declarar invocando la relación familiar que le une al acusado, puesto que esa "*paz familiar*" que se pretende proteger ya se ha visto alterada por la presentación de la denuncia. Esta posición se está extendiendo con relación a los delitos de violencia familiar. A este respecto, se pronuncia la STS de 12 de julio de 2007: "*La Sala estima que cuando la propia víctima formaliza una denuncia en forma espontánea y para obtener protección personal no es aplicable el artículo 416.1° LECr, que contiene una causa de justificación para aquellos que nieguen su testimonio respecto de hechos que se imputan a personas con las que está vinculados parentalmente, pero de cuyos hechos no son víctimas. Dicho de otra manera: el artículo 416.1° establece un derecho renunciable en beneficio de los testigos, pero no de los denunciantes espontáneos respecto de hechos que los han perjudicado y que acuden a la Policía en busca de protección*"[36].

5.3. Ciertas personas por razón de su cargo o profesión

Existe un deber específico de denunciar que pesa sobre determinadas personas por razón de su cargo o profesión. De este modo, la denuncia puede provenir, por un lado, de los servicios sociales y organismos de igualdad y, por el otro, de los médicos. En el primer caso

---

[36] *Vid.* FJ único de la STS, Sala de lo Penal, Sección 1ª, 625/2007, de 12 de julio (TOL1.124.036).

se debe a que en todos los planes o protocolos de actuación contra la violencia de género se resalta la importancia de la adecuada y especializada formación de los profesionales que deben asistir a las víctimas de esta violencia, quienes, en numerosas ocasiones, no son conscientes de ser tales víctimas. Y en cuanto a los médicos, porque es necesario que los profesionales de la salud no permanezcan ajenos al hecho de que uno de los principales problemas que se encuentran en los casos de violencia de género, ya no es solo la curación de las heridas, sino conocer cómo se va a actuar a partir de ese momento.

En concreto, las personas que por razón de sus cargos, profesiones u oficios tuvieran noticia de algún delito público deben denunciarlo inmediatamente. En el artículo 262 LECrim se mencionan expresamente a los médicos en relación con el ejercicio de sus actividades profesionales, así como las consecuencias que para estos profesionales tiene el incumplimiento de la referida obligación. Por su parte, el artículo 544 *ter* LECrim se refiere a las entidades u organismos asistenciales, públicos o privados, que por razón de sus competencias tuvieran conocimiento de hechos en los que concurran indicios racionales de ser constitutivos de delitos de violencia de género[37]. De esta forma, la denuncia de los profesionales que tratan a estas mujeres o el parte médico que pone en conocimiento de la autoridad su estado físico o psíquico[38], además de implicar un tipo de denuncia cualificada por razón del sujeto, constituirá un posible medio probatorio de carácter objetivo y testifical o, en su caso, pericial con eficacia para re-

---

37 Ante la existencia de indicios de una situación de maltrato, el profesional deberá emitir el parte de lesiones e informe médico y dar traslado al Juzgado de Guardia. En consecuencia, la entrada en el ámbito judicial del parte médico actúa como denuncia y se hace a través del Juzgado de Guardia, ya que la remisión por el facultativo de un parte de asistencia al Juzgado equivaldrá a la denuncia (E. Martínez García, A. I. Yagüe Ribes y J. M. Gómez Villora. "Protocolos sobre violencia de género"..., *op. cit.*).

38 El contenido de dicho parte de lesiones e informe médico se compone de los siguientes apartados: datos del personal facultativo responsable de la asistencia; datos de filiación de la víctima; lesiones presumiblemente producidas en la agresión y tipo; otros datos clínicos; datos relacionados con los hechos que motivan la asistencia; antecedentes; datos del supuesto agresor; plan de actuación; otros datos; y observaciones. Por tanto, el parte médico servirá como denuncia y como futura fuente de prueba respecto de las lesiones físicas y psíquicas descritas, y tanto respecto de la mujer víctima, como en su caso de los hijos.

solver cualquier duda acerca de la credibilidad de lo manifestado por la mujer víctima, aun cuando posteriormente se acoja al derecho a no declarar contra el agresor, al amparo de lo dispuesto en el ya referido artículo 416 LECrim[39].

Con ello y con todo, el artículo 263 LECrim regula dos excepciones a la obligación de declarar por razón de la actividad desarrollada. En primer lugar, los abogados y los procuradores con respecto a las instrucciones o explicaciones que recibieran de sus clientes[40]. Estos profesionales deberán guardar secreto de todos los hechos o noticias que conozcan por razón de cualquiera de las modalidades de su actuación, secreto éste que, naturalmente, se extiende también a su declaración judicial. En este caso, más que un derecho, se trata de la obligación de no desvelar los secretos comunicados por el cliente, cuya infracción puede tener trascendencia penal[41]. Y, en segundo lugar, los eclesiásticos o ministros de cultos disidentes –hoy debe integrarse este concepto con las religiones reconocidas–, en cuanto a las noticias que se les hubieren revelado en el ejercicio de las funciones de sus ministerios.

6. CONCLUSIONES

No se puede obviar que las mujeres, y en especial las mayores de 65 años, son uno de los colectivos más vulnerables de la sociedad. Por ello, la lucha contra la violencia de género debe constituir una prioridad para los poderes públicos y para toda la sociedad. Este tipo de violencia es un grave problema social, contra el que se debe actuar de forma categórica, global y coordinada, máxime cuando la realidad evidencia que los esfuerzos realizados hasta ahora no son suficientes para sacar a las víctimas de este infierno diario.

---

39 La aplicación de la dispensa del deber de declarar a las víctimas de violencia de género constituye, fuera de toda duda, una de las cuestiones procesales más polémicas en relación con este tipo de criminalidad (A. Rodríguez Álvarez. "El dilema de la acusación: de nuevo a vueltas con la dispensa del deber de declarar en supuestos de violencia de género", *Diario La Ley*, núm. 8727, 2016).

40 M. Cobo del Rosal. Fragmentos penales I. Ensayos, Tirant lo Blanch, Valencia, 2002, pp. 173-180.

41 *Vid*. artículos 199.2 y 466 CP.

En este sentido, la denuncia debe considerarse como fundamental para visibilizar este problema y para posibilitar el inicio del proceso penal que investigue y enjuicie los hechos cometidos, pues sin ella no es posible llevar a cabo ningún tipo de actuación para atajar este tipo de violencia. En realidad, somos conscientes de que la denuncia no hará que los malos tratos terminen de un día para otro, pero sí constituirá el primer paso para lograrlo.

Aun cuando somos testigos del aumento del número de denuncias, con independencia de quien la presente, todavía existen numerosos hechos que siguen sin denunciarse por las especiales particularidades que concurren en cada caso. Por tal motivo, el Estado sigue invocando a las mujeres para que denuncien a fin de posibilitar la puesta en marcha de todo el abanico de medidas de protección, pues si éstas no denuncian difícilmente se puede llegar a protegerlas. Asimismo, será esencial también visibilizar en campañas y actuaciones a las mujeres mayores de 65 años que sufren violencia de género, además de realizar estudios sobre su situación y preparar recursos adaptados a ellas.

Ahora bien, más allá de la interposición de la denuncia por parte de la víctima, es posible que otras personas lo hagan, por cuanto es esencial no ignorar ni silenciar los casos de violencia de género. En este sentido, deviene necesario sensibilizar e involucrar a la sociedad ante esta problemática, a fin de que cuando se tenga constancia de unos hechos, que se consideran constitutivos de delito, se pongan en conocimiento del órgano competente. De esta forma, se permitirá luchar contra este atentado contra la integridad, la dignidad y la libertad de las mujeres, además de cuantificar el verdadero alcance de esta clase de violencia, pues las denuncias interpuestas por violencia de género se consideran una de las fuentes de información más importantes para aproximarse al conocimiento de su incidencia.

7. BIBLIOGRAFÍA

Alonso Salgado, C. "Violencia de género *versus* violencia doméstica. Aproximación a la problemática conceptual desde la experiencia portuguesa y española", en R. Castillejo Manzanares (Dir.) y C. Alonso Salgado (Coord.), Violencia de género, justicia restaurativa y mediación, La Ley, Madrid, 2011.

Alonso Salgado, C., Rodríguez Álvarez, A. y Valiño Ces, A. "Capítulo 13. Derecho procesal penal", en Otero Crespo, M., Valiño Ces, A. y Pérez Rivas, N. Manual de conceptos jurídicos básicos, Colex, A Coruña, 2021.

Blay Gil, E. "«Voy o no voy»: el recurso a la policía en el caso de la violencia de género. Perspectivas de las víctimas", *Estudios Penales y Criminológicos*, vol. XXXIII, 2013.

Castillejo Manzanares, R. "Problemas que plantea la actual aplicación de la ley integral", en R. Castillejo Manzanares (Dir.) y M. A. Catalina Benavente, Violencia de género, justicia restaurativa y mediación, La Ley, Madrid, 2011.

Clare, A. Hombres. La masculinidad en crisis, Taurus, Madrid, 2012.

Cobo del Rosal, M. Fragmentos penales I. Ensayos, Tirant lo Blanch, Valencia, 2002, pp. 173-180.

Cobo del Rosal, M., Quintanar Díez, M. y Zabala López-Gómez, C. Derecho procesal penal español, CESEJ Ediciones, Madrid, 2006.

Gimeno Sendra, V. "De la denuncia", en V. Gimeno Sendra, C. Conde-Pumpido Tourón y J. Garberí Llobregat. Los procesos penales, tomo 3, Bosch, Barcelona, 2000.

Marí Farinós, E. "La lucha contra la violencia de género en el derecho comparado, con especial referencia a Europa", *Diario La Ley*, núm. 9128, Sección Tribuna, 29 de enero de 2018.

Martín Ríos, M. P. "Reflexiones acerca de la negativa a declarar en juicio de la mujer víctima de la violencia de género: análisis de la jurisprudencia española", *Revista General de Derecho Procesal*, 2008, núm. 15.

Martín Sánchez, M. (Dir.). Estudio integral de la violencia de género: Un análisis teórico-práctico desde el derecho y las ciencias sociales, Tirant lo Blanch, Valencia, 2018, pp. 79-113.

Martín Sánchez, M. "Derechos y Exclusiones en la Constitución de Cádiz de 1812", en VARIOS, La Constitución de 1812 y su difusión en Latinoamérica. Homenaje a la Constitución de Cádiz, Tirant lo Blanch, Valencia, 2012, pp. 177-190.

Martínez García, E., Yagüe Ribes, A. I. y Gómez Villora, J. M. "Protocolo sobre la actuación de las Fuerzas y Cuerpos de Seguridad", en J. M. Gómez Villora (Coord.), Protocolos sobre violencia de género, 2ª edición, Tirant lo Blanch, Valencia, 2019, pp. 191-202.

Moreno Catena, V. y Cortés Domínguez, V. Derecho procesal penal, Tirant lo Blanch, Valencia, 2019.

Rizo Gómez, B. "La iniciación del proceso penal", en J. M. Asencio Mellado (Dir.), Derecho procesal penal, Tirant lo Blanch, Valencia, 2020.

Rodríguez Álvarez, A. "El dilema de la acusación: de nuevo a vueltas con la dispensa del deber de declarar en supuestos de violencia de género", *Diario La Ley*, núm. 8727, 2016.

Rodríguez Álvarez, A. "La violencia de género en Italia", en Castillejo Manzanares, R. (Dir.) y Alonso Salgado, C. Violencia de género y Justicia, Servicio de Publicaciones e Intercambio Científico de la Universidad de Santiago de Compostela, Santiago de Compostela, 2013.

Serrano Hoyo, G. "Sobre las posibles conductas procesales de la mujer víctima de delitos de violencia de género", *Anuario de la Facultad de Derecho*, vol. XXVIII, 2010, pp. 117-162.

Serrano Massip, M. "La víctima de la violencia de género ante el deber de denunciar y declarar en el proceso penal", *Revista General de Derecho Procesal*, núm. 29, 2013.

Torres Díaz, M. C. "Estado y violencia de género. Perspectiva de género y credibilidad de las mujeres víctimas", *Investigación y género, logros y retos: III Congreso Universitario Nacional Investigación y Género*, Sevilla, 2011, pp. 1925-1939.

Valiño Ces, A. "Debate en torno a la expresión "análoga relación de afectividad" en los delitos de violencia de género", en M. D. Cervilla Garzón, C. Jover Ramírez y A. M. Rodríguez Tirado (Dirs.), Jurisprudencia y doctrina: ¿un matrimonio de conveniencia?, Aranzadi, Madrid, 2020, pp. 403-422.

Valiño Ces, A. "La orden de protección: estudio de las medidas para las víctimas de violencia doméstica y de género en el marco del artículo 544 ter de la Ley de Enjuiciamiento Criminal", *Revista Aranzadi de Derecho y Proceso Penal*, Núm. 56, 2019.

Abreviaturas

CE: Constitución Española, de 27 de diciembre de 1978 (TOL173.304).

CP: Ley Orgánica 10/1995, de 23 de noviembre, del Código Penal (TOL223.185).

FJ: Fundamento jurídico.

LECrim: Real Decreto de 14 de septiembre de 1882, por el que se aprueba la Ley de Enjuiciamiento Criminal (TOL214.466).

LO 1/2004: Ley Orgánica 1/2004, de 28 de diciembre, de medidas de protección integral contra la violencia de género (TOL518.787).

SAP: Sentencia de la Audiencia Provincial.

STC: Sentencia del Tribunal Constitucional.

STC: Sentencia del Tribunal Supremo.

Capítulo VII

Ancianidad y especial vulnerabilidad de la víctima en los delitos de agresiones sexuales. Algunas notas para una reinterpretación del subtipo agravado del art. 183.1.3ª del Código penal

FERNANDO VÁZQUEZ-PORTOMEÑE SEIJAS
Catedrático de Derecho penal
Universidad de Santiago de Compostela

1. INTRODUCCIÓN

Como botón de muestra del tratamiento dado por los juzgados y tribunales españoles a la edad avanzada, en tanto circunstancia expresamente mencionada por el Código penal como constitutiva de la situación de especial vulnerabilidad de la víctima en las agresiones sexuales, el presente trabajo examina una sentencia (reciente) de la Audiencia Provincial de Pontevedra. En él se defiende la opinión de que cualquier análisis sobre los factores determinantes de dicha situación no debería partir de las circunstancias que están en la base de la agravante genérica del abuso de superioridad, sino de aspectos como sus dificultades para superar el hecho traumático, las repercusiones del delito a medio o largo plazo sobre su salud física y mental y los obstáculos que muchas de encuentran para acceder a los recursos previstos para la prevención de estos delitos y la intervención con quienes los sufren.

2. HECHOS PROBADOS EN LA SAP PO 791/2021, DE 23 DE JUNIO

Con fecha de 23 de junio de 2021, la Audiencia Provincial de Pontevedra, Sección Segunda, dictó una sentencia en la que condenaba a Manuel, como autor, entre otros delitos, de uno de agresión sexual de los arts. 179, 180.1º y 180.3º CP, a la pena de catorce años de prisión, con inhabilitación especial para el derecho de sufragio pasivo durante el tiempo de la condena. Asimismo, y de conformidad con lo previsto en los arts. 192.1 y 57 CP se le impusieron la medida de libertad vigilada y la prohibición de aproximarse a la víctima, ambas por un tiempo de diez años.

Según la declaración de hechos probados, Manuel acudió, entre las 00:00 y las 03:00 horas de la noche del tres al cuatro de marzo de 2017, a la vivienda de Florinda en el municipio de Bueu y, tras fracturar los cristales y barrotes de aluminio de las puertas exterior e interior de la parte trasera, accedió al interior hasta llegar al dormitorio en el que se hallaba durmiendo la víctima, Florinda, de 75 años. Encendió la luz y se acercó a ella, que intentó quitarle el pasamontañas que llevaba, empujándola hacia atrás. La abofeteó, sacándole por la fuerza el pijama, la amordazó con cinta aislante y le ató los tobillos a los lados de la cama con cuerdas que él mismo había traído. Tras penetrarla vaginal y analmente, cogió una botella de vino que había en el domicilio y la vertió en una sábana con la que le limpió los genitales, con la idea de eliminar cualquier vestigio o resto biológico. Después de la agresión, revolvió en el bolso de Florinda y en los armarios y los cajones de un recibidor próximo al dormitorio, sustrayendo 1.250 euros. Finalmente, para impedir que pudiera pedir auxilio, tiró su teléfono móvil en el cubo de la basura de la cocina y abandonó el domicilio, no sin antes cortar las ataduras de las piernas.

A consecuencia de los hechos, la víctima sufrió hematomas en ambas rodillas, marcas de ataduras en ambos tobillos, restos de sangre coagulada en genitales externos, desgarro de primer grado en introito, equimosis superficiales en resto de introito y en vagina, dolor a la palpación profunda en hipogastrio, lesiones cutáneas tipo equimosis por atadura en ambos lados de comisura labial, en ambas muñecas y en ambos tobillos, hematomas en ambas muñecas, dolor a la palpación en musculatura paravertebral, contractura muscular, dolor en ingle izquierda, dolor a la movilización pasiva de cadera izquierda, desgarro muscular secundario a la agresión y dolor con todos los movimientos de cadera, rodilla y tobillo izquierdos desde raíz del muslo hasta el pie, además de quedar sumida en un estado grave de nerviosismo. Las lesiones precisaron tratamiento para el dolor y ansiolíticos, debiendo invertirse 60 días en su curación. A Florinda le quedaron secuelas psicofísicas consistentes en un trastorno neurótico.

3. EL FJ DECIMOSEGUNDO DE LA SAP PO 791/2021, DE 23 DE JUNIO

Aunque la SAP PO 791/2021 no realiza ninguna aportación que pueda considerarse novedosa o definitiva sobre la especial vulnerabilidad por razón de edad, sí propicia las reflexiones que expondré en las páginas que siguen. Antes de entrar en materia, me detendré, sin embargo, en las breves consideraciones que pueden leerse en ella con relación al tipo cualificado.

Su principal elemento es examinado muy escuetamente en el FJ decimosegundo. Tras indicar que Florinda tenía 75 años y se encontraba sola en su casa, el Tribunal subraya que se trata de una "persona especialmente vulnerable, por lo que el acusado pudo reducirla fácilmente". El criterio exhibido por la sentencia parece ser, pues, el de alinear la vulnerabilidad con la condición cronológica de la víctima, por una parte, y con el desvalimiento asociado a la misma y a las circunstancias de soledad en que vivía, por otra. En consecuencia, señala, su concurrencia impide la aplicación de la agravante genérica de abuso de superioridad, orientada a castigar la ejecución de un delito "buscando de propósito o aprovechándose consciente y deliberadamente de las circunstancias concurrentes para llevar a cabo la acción punible en una situación de ventaja respecto de la defensa que pueda oponer la víctima del ataque", sin que dicha ventaja suponga eliminar por completo las posibilidades de defensa del ofendido.

4. VULNERABILIDAD Y ANCIANIDAD: ALGUNAS CONSIDERACIONES PREVIAS

La afirmación de que los grupos de víctimas caracterizados como vulnerables (y que pertenecen a los sectores más débiles de la sociedad) precisan de estrategias de intervención (también penal) ajustadas a sus elementos diferenciales constituye, probablemente, una petición de principio. Un abundante cuerpo doctrinal se ha venido ocupando desde hace muchos años del fenómeno de la violencia sexual relacionada con la edad, pero de una manera prácticamente unidireccional, centrándose en la que tiene como víctimas a los y las menores y dejando en un segundo plano (en el mejor de los casos) la ejercida sobre los ancianos y las ancianas. Va de suyo, sin embargo, que los operadores jurídicos-penales también deben enfrentarse a supuestos de abusos y agresiones contra esos otros colectivos vulnerables, y, por consiguiente, a la obligación de dispensarles un tratamiento ajustado a su situación, dentro de los márgenes que dispone el Código penal y las leyes procesales.

Los cambios demográficos abocan a darles a las personas mayores un protagonismo en la pirámide poblacional del que carecían en otros momentos históricos. Las previsiones en ese terreno apuntan, de hecho, hacia un incremento muy acelerado del porcentaje de población española mayor de 65 años en el período que abarcan los años 2020 a 2050, en que se nuestro país se situará como el segundo más envejecido del mundo, con más de 16 millones de personas en esa franja de edad. Por otra parte, la mayor esperanza de vida de las mujeres determina que el fenómeno del envejecimiento adquiera un sesgo de género que se traduce, a su vez, y de forma inevitable, en un mayor riesgo de victimización frente al maltrato y la violencia en cualquier contexto (social, intrafamiliar, económico) y. en consecuencia, en la necesidad de incorporar medidas de prevención y persecución del delito, y de intervención con víctimas y delincuentes, con perspectiva de género.

A pesar de todo ello, como reconoce la propia OMS, "los malos tratos a las personas de edad continúan siendo una de las formas de violencia menos estudiadas en las encuestas nacionales de salud y una de las menos incluidas en los planes nacionales de prevención de la violencia". En el caso que aquí nos ocupa, el de la violencia sexual, además de las dificultades para conocer las cifras reales de incidencia del fenómeno (las víctimas son reacias a denunciar para evitar la censura social), es probable que en el trasfondo de esa invisibilidad se hallen datos y variables puramente sociológicos; y es que, a pesar de que los escasos estudios e informes existentes ponen de manifiesto lo significativo de la cifra oculta del fenómeno, el imaginario colectivo -que se alimenta de falsos mitos sobre todo lo que guarda relación con la sexualidad asociada a la ancianidad (OSUNA CARRILLO DE ALBORNOZ, 2001)- no termina de ubicar a las mujeres mayores en el radio de acción de la victimización sexual.

En consonancia, quizá, con cuanto acaba de indicarse, ni la Criminología, ni la Victimología, ni el propio Derecho penal han llegado a colocar nunca el estudio de la violencia sexual contra las personas mayores en el centro de sus intereses. Realizar un completo análisis de sus modelos explicativos y de las teorías que sirven para definir sus escenarios, causas y consecuencias (como forma específica de criminalidad) está fuera del alcance de este trabajo, que sólo pretende aproximarse a una de las muchas perspectivas con las que podría abordarse. En concreto, la aportación que aquí se hace se dirige a darle mayor concreción al concepto de vulnerabilidad por razón de edad (avanzada) frente a la delincuencia sexual. La elección del tema se justifica en la doble convicción de que los teóricos y prácticos del Derecho penal no pueden seguir cerrando los ojos ante un fenómeno criminológico de primer orden y de que el sistema penal también debe contribuir a generar estrategias más eficaces que consigan desarrollar las líneas de prevención, abordaje y tratamiento necesarias.

Otro argumento sustenta la necesidad de reflexionar sobre la relación de sentido en que se hallan los conceptos de vulnerabilidad y edad avanzada o ancianidad. Aunque los Estados del bienestar hayan incorporado sistemas de protección de los ancianos, fundamentalmente mediante las redes de servicios sociales, no puede desconocerse la existencia de actitudes y discursos que proyectan una imagen negativa de la ancianidad -y de lo que representa- por su incompabilidad con algunos de los valores que rigen las sociedades modernas occidentales (el éxito social y económico, el dinamismo) y que, a la postre, alimentan el edatismo, “un conjunto de creencias o valoraciones sociales que se configuran entorno a la vejez, considerándola como una etapa improductiva de la vida, desprovista de valor, y que entiende (a) las personas mayores como una carga para la familia y para la sociedad" (COLOMAR PUEYO, 2018). La vulnerabilidad de las personas mayores es, pues, un constructo ideológico, que puede servir, paradójicamente, para relegarlas socialmente y convertirlas en personas dependientes, sin autonomía personal, legitimando así su victimización institucional. El Documento sobre "La protección de personas mayores y con discapacidades", del Comité Ejecutivo del Programa del Alto Comisionado, presentado en la 39ª reunión del Comité Permanente de las Naciones Unidas, de 6 de junio de 2007, reconoce que la percepción de las personas mayores como "grupos vulnerables", y no como personas con necesidades específicas y derechos, puede llevar a "un análisis insuficiente" de la protección de los riesgos individuales y la no consideración de sus capacidades, advirtiendo expresamente sobre los riesgos de que esa categorización legal se traduzca en "la exclusión de oportunidades de empoderamiento, como actividades relacionadas con la educación y la auto-dependencia o el entrenamiento o aprendizaje en actividades vocacionales o relacionadas con los negocios". En lugar de aferrarse a la perspectiva de la "vulnerabilidad y la dependencia", el Documento apuesta, de hecho, por la puesta en marcha de programas y estrategias centradas en los cambios de actitud, orientadas a reforzar las capacidades de las personas mayores en un marco de no discriminación y que prioricen la inclusión.

5. LA ESPECIAL VULNERABILIDAD POR RAZÓN DE LA EDAD EN EL MARCO DEL SUBTIPO AGRAVADO DEL ART. 183.1.3ª CP

La OMS define el maltrato de las personas mayores como un acto único o repetido que causa daño o sufrimiento a una persona de edad, o la falta de medidas apropiadas para evitarlo, que se produce en una relación basada en la confianza y cuyas formas o manifestaciones abarcan, entre otros, el maltrato (físico, sexual, psicológico o emocional), la violencia por razones económicas o materiales, el abandono y los menoscabos graves de la dignidad. Rasgos comunes a esa variada fenomenología son, principalmente: a) el escaso porcentaje de hechos denunciados, explicable a su vez en función de diversas causas, como el temor hacia las consecuencias de la misma, el sistema personal de creencias y valores de la víctima, sus dificultades de comunicación o comprensión del hecho (relacionadas con el deterioro cognitivo que padecen) o la incapacidad para hacer uso de los recursos que el sistema pone a su disposición; b) la falta de homogeneidad del colectivo de las mujeres de edad avanzada que sufren el delito y el distinto perfil de todo tipo al que responden; y c) en el caso de las mujeres, un riesgo de victimización cualitativamente diferente, que trae causa de la interacción entre edad y sexo y que debe examinarse a través de análisis adaptados (como propone la llamada gerontocriminología) (OSUNA CARRILLO DE ALBORNOZ, 2001; CORBACHO ARMAS, 2013; COLOMAR PUEYO, 2018; AGUDELO CIFUENTES ET AL., 2020). Para medir su incidencia cuantitativa y cualitativa se acude a instrumentos muy dispares (informes judiciales, denuncias, informes de los centros de salud, estadísticas proporcionadas por los observatorios contra la violencia, repertorios jurisprudenciales, centros de apoyo a las víctimas y, también, estudios y de carácter académico) pero que devuelven una imagen parcial e insuficiente.

Tras su modificación por el apartado dieciocho de la disposición final sexta de la L.O. 8/2021, de 4 de junio, de protección integral a la infancia y la adolescencia frente a la violencia, el apartado 3º del art. 180.1 CP prevé la imposición de penas más graves, en los delitos de agresiones sexuales (arts. 178 y 179), "Cuando los hechos se cometan contra una persona que se halle en una situación de especial vulnerabilidad por razón de su edad, enfermedad, discapacidad o por cualquier otra circunstancia, salvo lo dispuesto en el artículo 183". El precepto, al que se remiten, a su vez, los artículos 181.5 y 182.2, relativos a los abusos sexuales, fue introducido por la LO 1/1995 y había sido ya reformado por la LO 5/2010, cuando se incorporó la discapacidad de la víctima al listado de circunstancias asociadas a la vulnerabilidad (en aplicación de lo dispuesto en el convenio de Nueva York de 2006 sobre personas con discapacidad, que serían "aquellas que tengan deficiencias físicas, mentales intelectuales o sensoriales a largo plazo que, al interactuar con diversas barreras, puedan impedir su participación plena y efectiva en la sociedad, en igualdad de condiciones con los demás") y se suprimió la alusión a los menores de 13 años, a los que se destina específicamente el art. 183.

La aplicación de este tipo cualificado, por parte de los jueces y tribunales, resulta, como poco, confusa, y con razón. Uno de los aspectos que propician dicha confusión es la dificultad para establecer su fundamento y alcance específicos. De entrada, sentado que la debilidad, fragilidad o dependencia de las mujeres de edad avanzada incrementa el desvalor en esa clase de delitos, podría pensarse que para dar cuenta de ellas -en el terreno de las penas- debería bastar con acudir a las causas de agravación empleadas para los supuestos de vulnerabilidad por causa de enfermedad o discapacidad a que también alude el propio art. 183.1.3ª. La decisión del legislador de construir una agravación autónoma, basada en la edad, pone de manifiesto, sin embargo, su voluntad de entrar a valorar también la situación de otras clases de víctimas mayores (perfectamente autónomas y con un grado de salud aceptable), apuntando a un concepto de vulnerabilidad desvinculado -hay que insistir en ello- de la enfermedad o la discapacidad. A esas dificultades debe sumarse el hecho de que en el Código penal existe otra agravante (la genérica de abuso de superioridad) cuyos contenidos y ámbito de aplicación parecen solaparse parcial o totalmente con los del tipo agravado que aquí estoy considerando, al menos si los rasgos que distinguen la situación de quienes, por su edad, son especialmente vulnerables frente a las agresiones sexuales se asocian -como hace la opinión mayoritaria- a su menor capacidad para resistirse a la agresión.

6. RATIO DE LA AGRAVACIÓN

El legislador sólo deja claro el límite cronológico por debajo del cual puede articularse ese juicio de vulnerabilidad (el indicado por el art. 183), omitiendo cualquier indicación sobre lo que debe considerarse como mayor edad a esos mismos efectos, esto es, como base para la realización de dicho juicio. Teniendo en cuenta la disparidad de criterio exhibida por las organizaciones y sociedades internacionales y nacionales sobre el límite cronológico mínimo de la ancianidad -mientras la OMS lo sitúa en 60 (2002), la Sociedad Española de Geriatría y Gerontología no considera ancianos a los menores de 65 (ROBLES ET AL, 2006)- no veo en este punto una vulneración grave del mandato de determinación del tipo y sí un criterio legal muy utilizable a la hora de articular un sistema de protección especial allí donde se precise, que mira a la ancianidad como una situación que no pueda acotarse de manera rígida desde un punto de vista cronológico.

A la luz de la descripción típica, lo esencial es que el dato cronológico (sea el que fuere) incida en la situación de vulnerabilidad de la víctima, concepto que adolece, como ya se ha avanzado, de una clara indefinición.

En la jurisprudencia pueden verse dos planteamientos distintos. El *modus operandi* de un primer grupo de resoluciones que hacen uso del subtipo cualificado del art. 183.1.3ª es el de agravar la pena en todos los casos en que el comportamiento se lleve a cabo contra una anciana, sin entrar a valorar su capacidad psíquica o física reales para defenderse del ataque. Optan, así, por definirla tomando como referencia únicamente la edad, ese dato meramente cronológico e inherente a la personalidad de la víctima. La SAP Valencia 78/2020, de 19 de febrero, se inscribe en esta línea interpretativa, calificando con arreglo al tipo cualificado de agresión sexual "la introducción, con ánimo de satisfacción sexual, de un objeto (un trozo de percha de madera) por vía anal y vaginal, aprovechando el acusado la vulnerabilidad de la víctima por su edad (y la diferencia de edad con el acusado)". También lo hace la SAP Baleares 75/2019, de 10 de julio, al presentar a la víctima como "una persona especialmente vulnerable por razón de su edad, al ser una anciana de ochenta y seis años, respecto de la cual, en buena lógica, hay que admitir que su capacidad de resistencia se encontraba muy debilitada precisamente por el mayor grado de dependencia y la mayor necesidad de protección que precisan".

Otras sentencias entienden, en cambio, que, aunque cualquier mujer de edad podría ser una víctima especialmente vulnerable a los delitos de agresiones y abusos sexuales, no es correcto presentar a la edad como una característica automáticamente definitoria de la vulnerabilidad, ya que lo decisivo será poner en relación el dato cronológico con su capacidad para oponer resistencia (víctima desvalida pero no indefensa). Es el caso de la SAP Castellón 187/2019, de 17 de mayo, referida a una anciana de 81 años víctima de un ataque homicida de un joven de 18, "de constitución fuerte", y que "opuso cierta resistencia (forcejeo, arañazos y mordiscos)" que le sirvió al tribunal para estimar probado que "esa condición de ancianidad de la víctima no conllevó una completa exclusión de las posibilidades de defensa de la misma sino, tan solo, una disminución notable de las mismas sin llegar a eliminarlas del todo". La propia SAP PO 791/2021, objeto de este comentario, alude al aprovechamiento de las dificultades que tiene la víctima para articular una reacción defensiva de la víctima, introduciendo un elemento que no aparece previsto en el tipo cualificado (el aprovechamiento) y que puede inducir a confusión. En este segundo grupo se incluyen también los supuestos en que la ancianidad, como posible elemento determinante de esa situación de vulnerabilidad, viene valorada de forman conjunta con las enfermedades o patologías que sufría la víctima. Para la SAP Las Palmas 73/2018, de 15 de febrero, el calificativo de "especialmente vulnerable" en un delito de abusos sexuales se sigue de la enfermedad de Alzheimer en estado avanzado -de más de diez años de evolución- padecida por la víctima, una mujer de 86 años "totalmente dependiente de terceras personas para las actividades básicas de la vida diaria, y con un claro deterioro de todas sus funciones psíquicas superiores".

La doctrina penal, por su parte, sostiene que la agravante tiene un carácter esencialmente victimológico y se fundamenta en el plus de injusto de las conductas dirigidas contra quien se ven lastrada por su situación de inferioridad frente al agresor, justamente por sus menores posibilidades de defenderse (ALCÁCER GUIRAO, 2004; GONZÁLEZ RUS, 1996; SIERRA LÓPEZ, 2006; HERNÁNDEZ PLASENCIA, 2010; QUERALT JIMÉNEZ, 2015; DÍAZ MORGADO, 2019; ORTS BERENGUER, 2019; GARCÍA RIVAS / TARANCÓN, GÓMEZ, 2021). La idea sería, por lo tanto, la de que su aplicación presupone una capacidad disminuida (un debilitamiento especial) de la mujer para hacer frente al hecho delictivo, derivada de factores o circunstancias que resultan completamente ajenos a la voluntad del sujeto activo (HERNÁNDEZ PLASENCIA, 2010). Esas indefensión y desprotección -a todas luces semejante, según este planteamiento, al desequilibrio de fuerzas que está en la base de la agravante genérica de abuso de superioridad-, revestiría, como explican GARCÍA RIVAS / TARANCÓN GÓMEZ, de "más reprochabilidad" al hecho, aumentando la antijuridicidad y justificando una respuesta penal más onerosa (2021). Junto a ello se identifica, en la *ratio* de la agravación, un mayor desvalor subjetivo de la conducta, ínsito en el dato de que el sujeto activo del delito sea consciente de la especial vulnerabilidad en que se halla del sujeto pasivo (ORTS BERENGUER, 2019).

En realidad, si la perspectiva con la que ha de interpretarse la agravante es, verdaderamente, la victimológica, no parece que el foco de atención deba situarse en el aspecto de la situación indefensión en que, por regla general, se hallarán las mujeres por razón de su (avanzada) edad, sino más bien en el del impacto que puede suponer la violencia sexual en sus vidas y en sus dificultades para sobreponerse a ella, por acrecentarse las posibilidades de victimización secundaria, terciaria o de nueva victimización (MOYA GUILLEM, 2020). De hecho, si algo se ha venido destacado en los estudios elaborados desde los ámbitos de la psicología aplicada y la medicina legal sobre las características diferenciales de la violencia dirigida específicamente contra las mujeres mayores es la necesidad de prestar atención a las barreras adicionales con que se encuentran para salir de la situación generada por la victimización y a la mayor gravedad de las consecuencias (GONZÁLEZ ÁLVAREZ ET AL., 2013; LAMANA PEÑA, 2021).

La literatura especializada alude, en este sentido, a la conveniencia de acudir al llamado modelo ecológico -que toma en consideración "la personalidad de la propia víctima, las relaciones con el entorno y las experiencias sociales previas"- para evaluar sus secuelas en terrenos distintos del puramente físico. Con relación a las consecuencias psicológicas asociadas a los malos tratos en general se mencionan, entre otras, la baja autoestima, la irritabilidad, la reducción de la capacidad de memoria y de la expresión, el aislamiento social y la alteración de la percepción y de la valoración de lo que sucede (CORBACHO ARMAS, 2013; PEREDA BELTRÁN, 2013; AGUDELO CIFUENTES ET AL., 2020). Se citan también la tendencia de las víctimas a sentirse responsables de su situación, los sentimientos de vergüenza y la inclinación a minimizar los efectos (AGUDELO CIFUENTES ET AL., 2020). En referencia a los abusos sexuales se señalan, además, específicamente, el desarrollo de conductas fóbicas y de evitación y la desintegración social de las relaciones afectivas y de ocio, entre otras (TABUEÑA LAFARGA, 2006).

Otros datos de interés y que suelen ponerse en valor son el de que el proceso de envejecimiento trae consigo una reducción de la capacidad de recuperación -hasta el punto de que las personas de edad pueden no llegar a recobrarse del todo, física o emocionalmente, de la experiencia sufrida- (TABUEÑA LAFARGA, 2006) y el de que la victimización de las personas de la tercera edad provocan que se transmita una imagen distorsionada de ellas (de decadencia, pasividad, deterioro a la persona mayor) que redunda en la mayor probabilidad de sufrir nuevos episodios de violencia (MOYA BERNAL / BARBERO GUTIÉRREZ, 2005).

Este otro entendimiento del concepto de vulnerabilidad asociado a la edad más apegado a las repercusiones del delito puede beneficiarse también de las aportaciones de CRENSHAW, que en 2002 acuñó el concepto de "interseccionalidad" -que desempeña un rol básico en la teoría política de género- para subrayar la existencia de distintos ejes de desigualdad, que, cual grandes avenidas urbanas, se extendían independientemente, pero entrecruzándose (en "intersecciones") en varios momentos. Su idea fue la de trasladar al debate público la situación de las personas cuyas circunstancias las ubicaban en esos puntos de intersección, y sobre las dinámicas de exclusión en que se veían inmersas cuando los responsables políticos y los movimientos activistas no les dispensaban suficiente atención. En el caso de la violencia sexual, la intersección entre las dos primeras genera, sin embargo, unas condiciones específicas de desempoderamiento que permiten trasladarla a un plano estructural y obligan, en consecuencia, a examinarla sobre él.

Una mirada interseccional -atenta a las consecuencias que los hechos delictivos producen en las distintas tipologías de víctimas- debe de servir de ayuda en la tarea de encontrarle un espacio lógico a la agravante, orientándola a las víctimas en las que las consecuencias de la violencia–la violencia sexual constituye ya, en si misma, un eje de subordinación- interaccionan con otros elementos de diferenciación preexistentes y que se ven abocadas, así, a sufrir una dimensión cualitativamente diferente de desempoderamiento. No nos hallamos, pues, ante una característica personal monolítica, sino ante un rasgo que debe definirse a través de un conjunto de variables endógenas y exógenas asociadas a la ancianidad que puede hacer a las mujeres más proclives a sufrir determinadas clases de victimización: la falta de fuerza física, la merma de capacidades cognitivas y emocionales, el estado mental en el que se encuentran, la menor capacidad para sobreponerse a los hechos traumáticos, los problemas socio-económicos, etc. (MOYA GUILLEM, 2020).

La integración de todas esas dimensiones cuenta, asimismo, con el respaldo de determinados instrumentos internacionales. Así, el precitado Documento sobre "La protección de personas mayores y con discapacidades", del Comité Ejecutivo del Programa del Alto Comisionado, no duda en poner en relación el concepto de vulnerabilidad de las personas mayores con la posibilidad de pérdida de contacto con la familia más estrecha y con sus cuidadores. Por su parte, las Reglas de Brasilia sobre acceso a la justicia de las personas en condición de vulnerabilidad, aprobadas por la XIV Cumbre Judicial Iberoamericana desarrollada durante los días 4 a 6 de marzo de 2008, consideran en condición de vulnerabilidad "aquella víctima del delito que tenga una relevante limitación para evitar o mitigar los daños y perjuicios derivados de la infracción penal o de su contacto con el sistema de justicia, o para afrontar los riesgos de sufrir una nueva victimización" -Regla 5ª (11) de la Sección 2ª-. La Convención de las Naciones Unidas sobre la eliminación de todas las formas de discriminación contra la mujer, de 16 de diciembre de 2010, abunda en esa misma idea, identificando como mujeres mayores "vulnerables" a las del medio rural, a las refugiadas, a las apátridas, a las desplazadas internas y a las trabajadoras migrantes.

A la vista de todo ello, y reconociendo las dificultades para concretar el contenido de la agravante, creo que su apreciación siempre debería sujetarse a una valoración *ad casum* de todos aquellos factores y circunstancias que permitan concluir la clase de quebranto que el comportamiento delictivo ha provocado en la víctima y su modo de vida: sus dificultades para recuperar el sentimiento de seguridad y, en general, recomponer su día a día; su propensión a sufrir un impacto físico o emocional más intenso tras el hecho traumático; los obstáculos a que deben a ver frente para defender sus derechos, solicitar ayuda y poder acceder a los recursos y dispositivos sociales e institucionales diseñados para prestarla; el quebranto de su red de relaciones sociales. Ese es el desvalor de resultado ínsito en el tipo del art. 183.1.3ª (MOYA GUILLEM, 2020).

7. VULNERABILIDAD POR RAZÓN DE LA EDAD, INTIMIDACIÓN Y VIOLENCIA

De la mano de esa interpretación puede afrontarse, también, la cuestión de la calificación de los supuestos en que la edad avanzada y su repercusión en la capacidad de defenderse frente al ataque son determinantes para valorar, a su vez, la existencia de la intimidación o la violencia constitutivas de las agresiones sexuales.

La Audiencia de Pontevedra, en esta sentencia, califica la violencia, además de como elemento típico de la agresión sexual, como constitutiva de un delito de lesiones descrito en el art. 147. 1° del Código Penal. La calificación como agresión sexual con violencia se justifica a partir de la afirmación de que, aunque "la fuerza que se exige ha de ser eficaz y de suficiente entidad objetiva, este dato debe matizarse en relación a las condiciones concretas de la víctima, bastando simplemente la acreditación del doblegamiento de la voluntad de la misma por la superior posición y dominio del actor, lo que supone valorar la vía física con criterios más relativos y circunstanciales, alejados de la nota de la irresistibilidad". Las perspectivas interpretativas que abre ese planteamiento permiten situar los hechos en el ámbito típico de las agresiones violentas, por las circunstancias ya mencionadas de que Florinda, una mujer de 75 años, se halla sola en su casa y "era una persona especialmente vulnerable, por lo que el acusado pudo reducirla fácilmente".

Para reconducir la actuación de Manuel a la figura de las lesiones, la Sala no va más allá de remitirse a cuanto "se desprende del parte Médico Forense que obra en la causa", analizado en su FJ decimoprimero. Ni condiciona la apreciación de las lesiones a que no sean inherentes a la realización violenta del acceso carnal, ni limita su subsunción en el tipo del art. 147. 1° exclusivamente a las que no son indispensables para el acceso carnal y son consecuencia necesaria de él (quizá los hematomas en las rodillas, las marcas de ataduras en ambos tobillos, las lesiones cutáneas tipo equimosis por atadura en ambos lados de comisura labial, en ambas muñecas y en ambos tobillos y, por último, las secuelas psicofísicas sufridas por Florinda a consecuencia de los hechos, consistentes en un trastorno neurótico valorado en 5 puntos). No va más allá de recoger la declaración de las forenses en el sentido de que "las lesiones que se objetivaron a Florinda, son compatibles con una penetración completa y con violencia".

La interpretación de la vulnerabilidad en clave de menor capacidad defensa -que aquí no se comparte- impide que pueda apreciarse el tipo cualificado una vez que dichos extremos ya fueron considerados a la hora de valorar la concurrencia de dichas intimidación o violencia, so pena de incurrir en una flagrante vulneración del principio *ne bis in idem* (STS 384/2018, de 25 de julio; STS 193/2020, de 20 de mayo). Para hacer uso de él, sorteando la regla de la inherencia descrita en el art. 67 del Código penal, a quienes se alinean con ese entendimiento de la agravante no les queda otro remedio que proponer complejas valoraciones del comportamiento delictivo, que permitan deslindar si la edad sirvió o no para incrementar de manera sensible, apreciable, la eficacia de los medios intimidatorios o violentos (ORTS BERENGUER, STS 1670/2002, de 18 de diciembre). La tesis que aquí se defiende construye la vulnerabilidad como una circunstancia basada en el impacto victimológico de la agresión por causa de la edad, esto es, a partir de circunstancias derivadas de los actos de violencia o intimidación empleados por el sujeto activo en la realización del delito pero separadas conceptual y temporalmente de ellos, no tenidas en cuenta, en absoluto, a la hora de tipificar los hechos.

8. COMPATIBILIDAD ENTRE LA VULNERABILIDAD POR RAZÓN DE LA EDAD Y EL ABUSO DE SUPERIORIDAD

De la afirmación de que la agravante no representa otra cosa que una manifestación o concreción del abuso de superioridad, al comportar como ella "una manifiesta desventaja e imposibilidad de hacer frente al agresor", se deriva la necesidad de examinar la compatibilidad o incompatibilidad entre ambas. Efectivamente, si la vulnerabilidad por razón de edad hace referencia a la facilidad con la que alguien puede ser atacado y lesionado, por sus mayores dificultades para oponerse a los designios criminales de su atacante (en ese mismo sentido, SAP Baleares 75/2019, de 10 de julio; SAP Valencia 78/2020, de 19 de febrero; SAP Castellón 187/2019, de 17 de mayo; STS 2362/2006, de 22 de marzo), su *ratio* guardaría una relación muy estrecha con la del abuso de superioridad, al verse favorecida la ejecución del hecho por la debilidad (la situación de inferioridad) de la víctima (SIERRA LÓPEZ, 2006; HERNÁNDEZ PLASENCIA, 2010; DÍAZ MORGADO, 2019; ORTS BERENGUER, 2019; REBOREDO OTERO, 2020; GARCÍA RIVAS / TARANCÓN GÓMEZ, 2021).

Sin embargo, el de vulnerabilidad es un concepto mucho más complejo y cuyo ámbito de aplicación no siempre coincide con el de la agravante segunda, como pone de manifiesto el Proyecto de Ley Orgánica de Garantía Integral de la Libertad Sexual, publicado en el BOE el 26 de julio de 2021, que distingue claramente el abuso de la situación de vulnerabilidad de la víctima, como uno de los medios comisivos de las agresiones sexuales (art. 7), de la agravante específica de realización del delito "contra una persona que se halle en una situación de especial vulnerabilidad por razón de su edad" (art. 9). En esa diferencia radica, justamente, una de las claves del problema que estoy examinando. La jurisprudencia y la doctrina mayoritarias apuestan por una interpretación de la agravante que va más allá de la literalidad de su descripción típica y que integra, entre sus elementos, el del aprovechamiento por parte del autor de situación ventajosa que le depara el desvalimiento de la víctima (vid, por ejemplo, SAP Las Palmas 73/2018, de 15 de febrero). Sin embargo, nada hay en la literalidad de la agravante que obligue a atender al elemento de la facilitación de la ejecución típica frente a las posibles reacciones defensivas. Un tratamiento coherente de la ancianidad como causa de vulnerabilidad frente a la delincuencia sexual pasa por reclamar para ella un campo de acción propio, no uno en el que ya exista abuso de superioridad. No deberían cargarse las tintas, por ello, sobre la mayor facilidad con que puede ser objeto del abuso o la agresión, por las repercusiones de la edad en la posibilidad de defenderse o repeler el ataque. El desvalor añadido de la conducta fundamentado en la disminución de los resortes físicos o psíquicos de resistencia al delito puede ser captado, sin forzamientos de ningún tipo, con ayuda de la agravante genérica del abuso de superioridad. Si algún sentido tiene la previsión de una agravante específica, diferenciada, y vinculada a la situación de especial "vulnerabilidad" de las personas mayores es el de dar cobertura al impacto victimológico de las agresiones y abusos sexuales en ellas, a las secuelas traumáticas (cualitativamente distintas) que les dejan y que fundamentan un mayor desvalor de resultado. Dejar de asociarla a la dinámica de aprovechamiento que caracteriza al abuso de superioridad permite organizar sus relaciones con esta y trazar para ella un radio de acción propio, que se pondrá de manifiesto en los casos en que, sin haberse recurrido a aquella para materializar la agresión sexual (abusos sexuales perpetrados por otro sujeto de edad avanzada y con patologías asociadas a ella) sí quepa apreciar el precitado impacto victimológico y la probabilidad de sufrir secuelas traumáticas.

Siendo así, no podrá afirmarse que la agravante suponga una mayor concreción de la de abuso de superioridad, como defiende la jurisprudencia (STS 131/2007, de 16 de febrero; STS 716/2018, de 16 de enero de 2019; SAP Castellón 187/2019, de 17 de mayo), ni que nos encontremos ante un nuevo caso de solapamiento entre agravantes a resolver trayendo en aplicación el expediente técnico de la consunción, al abarcar la primera, además del mismo desvalor de conducta de la segunda, uno específico de resultado no contemplado por ella. Conforme a la interpretación que aquí se sugiere siempre cabrá, por el contrario, hacer un uso conjunto, incluso cuando el elemento de la edad y las circunstancias intrínsecas a la misma hayan sido determinantes para la concurrencia del abuso de superioridad.

9. BIBLIOGRAFÍA

AGUDELO CIFUENTES, M. C. ET AL., "Maltrato al adulto mayor, un problema silencioso", *Revista de la Facultad Nacional de Salud Pública*, nº 38, 2020, pp. 1 y ss.

ALCÁCER GUIRAO, R., *Delitos contra la libertad sexual: agravantes específicas*, Barcelona, 2004.

COLOMAR PUEYO, G., *Abuso y maltrato al anciano. Análisis y revisión de sentencias judiciales en España*, Barcelona, 2018.

CORBACHO ARMAS, K., *El maltrato en el anciano*, Santander, 2013.

CRENSHAW, K., "Documento para o encontro de especialistas em aspectos da discriminação racial", *Revista de Estudos Feministas,* nº 10, 2002, pp. 171 y ss.

DÍAZ MORGADO, C., "Teoría general. Agresiones sexuales", en CORCOY BIDASOLO, M. (Dir.), *Manual de derecho penal. Parte especial, adaptado a las LLOO 1/2019 y 2/2019 de Reforma del Código Penal,* Tomo I, 2ª ed., Valencia, 2019, pp. 265 y ss.

GARCÍA RIVAS, N. / TARANCÓN GÓMEZ, P., "Agresión y abusos sexuales", en ÁLVAREZ GARCÍA, F. J. (Dir.), *Tratado de Derecho Penal Parte Especial (I). Delitos contra las personas*, 3ª edición aumentada y corregida conforme a la LO 1/2015 y las LO 1 y 2/2019, pp. 1117 y ss.

GONZÁLEZ ÁLVAREZ, J. L. ET AL., "Propuesta de protocolo para la conducción de la prueba preconstituida en víctimas especialmente vulnerables", *Papeles de psicólogo*, vol. 34, nº 3, 2013, pp. 227 y ss.

GONZÁLEZ RUS, J. J., "Los delitos contra la libertad sexual en el Código penal de 1995", en CPC, nº 59, 1996, pp. 321 y ss.

HERNÁNDEZ PLASENCIA, J. U., "Fisonomía jurídico-penal de las agresiones sexuales", *Anales de la Facultad de Derecho*, Nº 27, 2010, pp. 19 y ss.

LAMANA PEÑA, C., "Técnicas de intervención psico-social con mujeres víctimas de violencia de género", en FERNÁNDEZ ROMERO, ET AL., *Prevención y sensibilización de las violencias sexuales y de género desde un enfoque multidisciplinar*, Valencia, 2021, pp. 87 y ss.

MOYA BERNAL, A. / BARBERO GUTIÉRREZ, J., *Malos tratos a mayores: Guía de actuación*, Madrid, 2005.

MOYA GUILLEM, C., "La especial vulnerabilidad como circunstancia agravante. Resultados de una investigación sobre la jurisprudencia penal española", *Revista de Derecho Penal y Criminología*, n.º 24, 2020, pp. 13 y ss.

ORGANIZACIÓN MUNDIAL DE LA SALUD, *Active Ageing. A Policy Framework*, Nueva York, 2002.

ORTS BERENGUER, E., "Delitos contra la libertad e indemnidad sexuales (I): agresiones sexuales", en GONZÁLEZ CUSSAC, J. L., Derecho penal. Parte Especial, 6ª ed., Valencia, 2019, pp. 209 y ss.

OSUNA CARRILLO DE ALBORNOZ, E., "Los delitos contra la libertad sexual en el anciano", *Ciencia Forense*, nº 3, 2001, pp. 59 y ss.

PEREDA BELTRÁN, N., *Victimización en la edad adulta y en la senectud*, Barcelona, 2013.

QUERALT JIMÉNEZ, J. J., *Derecho penal español. Parte Especial*, Valencia, 2015.

REBOREDO OTERO, A., *Distinción entre el delito de agresión sexual y el delito de abuso sexual en la legislación española*, A Coruña, 2020.

ROBLES ET AL., "Definición y objetivos de la especialidad de Geriatría. Tipología de ancianos y población diana", en SOCIEDAD ESPAÑOLA DE GERIATRÍA Y GERONTOLOGÍA (Ed.), *Tratado de Geriatría para residentes*, Madrid, 2006, pp. 25 y ss.

SIERRA LÓPEZ, M. V., "La cualificación del número 1 del artículo 180 del Código Penal: agresiones sexuales, en donde la violencia o la intimidación ejercidas revisten un carácter particularmente degradante o vejatorio", *Revista penal*, nº 17, 2006, pp. 193 y ss.

TABUEÑA LAFARGA, C. M., "Los malos tratos y vejez: un enfoque psicosocial", *Intervención psicosocial*, nº 15, 2006, pp. 275 y ss.

Capítulo VIII
Acoso en mujeres mayores[1]

MARÍA DEL MAR MOYA FUENTES
Profesora Contratada Doctora
Universidad de Alicante

BEATRIZ ALARCÓN DELICADO
Personal colaborador externo en el
grupo de investigación INVESTCRIM
Universidad de Alicante

Sumario: 1. Introducción. 2. El acoso en las mujeres mayores: prevalencia y fenomenología. 3. La incriminación del acoso en el Código Penal español. 4. Valoración final. 5. Bibliografía.

1. INTRODUCCIÓN

Como es sabido, la violencia de género afecta a las mujeres -en todas las franjas de edad- por el mero hecho de serlo. Sin embargo, en el imaginario social se ha asentado la creencia o mito de que la víctima es una mujer joven y con hijos a su cargo, olvidándose de que un importante porcentaje de féminas de edad avanzada también la padece[2]. En este sentido, piénsese, por ejemplo, que el 24,4% de las víctimas

---

[1] El presente trabajo se inscribe en el seno del PID2019-107974RB-100 "Derecho penal y distribución de la riqueza en la sociedad tecnológica".

[2] En este sentido, tampoco ha de caerse en la errónea creencia de que esta mujer madura es necesariamente una anciana dependiente o de salud frágil, pues también puede ser víctima de violencia de género una fémina de edad avanzada perfectamente autónoma y con un grado de salud aceptable (en estos términos: GRACIA IBÁÑEZ, J. "La violencia de género contra las mujeres mayores. Un acercamiento socio-jurídico", en *Derechos y libertades,* n. 27, época II, 2012, p. 303).

mortales en nuestro país en 2020 por violencia sexista superaba los 61 años; siendo este el porcentaje de fallecidas más elevado en este segmento de la población desde que se iniciara su cómputo en 2003, el cual nunca ha sido inferior al 6%, según los datos del Ministerio de Igualdad[3]. Aunque, el fenómeno se torna aún más desconocido cuando la violencia no llega al extremo de causar la muerte, dado el ocultamiento por parte de las propias mujeres de su situación[4].

Esta visión simplista o monolítica de la violencia de género ha coadyuvado a la invisibilidad de este colectivo, que es el menos estudiado en este campo de la violencia sexista[5], pese a la mayor vulnerabilidad de estas mujeres, lo que no es comprensible ni justificable en un contexto de progresivo envejecimiento de la población conforme al que cada vez una proporción mayor de mujeres que experimentan la violencia de género tienen una edad avanzada[6]. En efecto, en ellas

---

3 Cfr., Estadística de víctimas mortales por Violencia de Género (2020). Delegación del Gobierno contra la Violencia de Género. Disponible en https://violenciagenero.igualdad.gob.es/violenciaEnCifras/victimasMortales/fichaMujeres/home.htm, último acceso 15.6.2021.

4 Así, DELGADO ÁLVAREZ, C. /GUTIÉRREZ GARCÍA, A. "Percepción de la violencia de género en personas mayores", en *International Journal of Development and Educational Psychology*, n. 2 (1), 2014, p. 330.

5 En efecto, las investigaciones sobre las víctimas mayores de violencia se han desarrollado primordialmente desde la gerontología y la geriatría, centrándose particularmente en el maltrato que reciben por parte de las personas que las cuidan [por todos, CELDRÁN, M. "La violencia hacia la mujer mayor: revisión bibliográfica", *en Papeles del Psicólogo*, vol. 34(1), 2013, p. 57]. No obstante, esta perspectiva analítica ha sido criticada, porque en no pocas ocasiones confunde la violencia ejercida por el cuidador -hombre- a consecuencia del estrés o saturación derivados de la dependencia de la mujer en esta etapa de la vida con la motivada por razones de género; lo que no hace más que generar una "ceguera de género", que oscurece y oculta el componente estructural y los condicionantes específicos de este fenómeno delictivo en la vejez e impide su adecuado tratamiento [así, DAMONTI, P./ AMIGOT LEACHE, P. "Violencia de género en la pareja en mujeres mayores. Una aproximación cualitativa a sus características y a su impacto en la salud", en *Research on Ageing and Social Policy*, n. 9(1), pp. 556-559, y GRACIA IBÁÑEZ, J. "Una mirada interseccional...", ob. cit., pp. 556-559].

6 En este sentido, SÁNCHEZ MORO, C./ PÉREZ CORREA, J. "Programa Daphne Stop V.I.E.W. contra la Violencia hacia las Mujeres", en *Sociedad y Utopía. Revista de Ciencias Sociales*, n. 41, 2013, p. 365, señalan que España tiene el porcentaje de población mayor de 65 años más alto de toda Europa, el cual ha

concurren ciertas características propias -o diferenciales- que acrecientan su victimización en comparación con las más jóvenes. Estos rasgos en las mujeres mayores -entendiendo por estas aquellas de 65 o más años[7]- se resumen según la literatura predominantemente en[8]: 1) la edad asociada con los problemas de salud, dado que estos últimos las pueden hacer más dependientes de cuidados que, en muchas ocasiones, únicamente puede proporcionar el propio maltratador; 2) la interiorización de la violencia debido a que han sido socializadas en modelos y roles de género conservadores, centrados en la familia y en la idea de la buena esposa, ama de casa y madre, lo que dificulta su identificación como víctimas de malos tratos; 3) la dependencia económica del victimario, dado que una gran cantidad de mujeres maduras no han desempeñado un trabajo remunerado dada su exclusiva dedicación a las labores domésticas; 4) la larga duración del maltrato,

---

pasado del 10,58% en 1975, al 17,36% en 2010, previéndose que en 2050 el porcentaje sea del 35,7%, lo que equivale a que una de cada tres personas tendrá en esa fecha más de 65 años. Este "sobreenvejecimiento" de la población, como consecuencia del incremento de la esperanza de vida, será sobre todo femenino, al ser en términos demográficos mayor el número de mujeres que de hombres en nuestro país.

7 Parámetro que se hace coincidir con la edad legal de jubilación en la mayor parte de las sociedades occidentales (cfr., Instituto Aragonés de la Mujer. *La Violencia…*, ob. cit., p. 17, y GRACIA IBÁÑEZ, J. "Una mirada interseccional sobre la violencia de género contra las mujeres mayores", en *Oñati Socio-legal Series*, n. 2, 2015, p. 551, que pone de manifiesto que en otros contextos este límite de edad varía, empleándose como referencia los 50 o 60 años).

8 Entre otros autores, por ejemplo, CELDRÁN, M. "La violencia hacia…", ob. cit., p. 59; DAMONTI, P./ AMIGOT LEACHE, P. "Violencia de género …", ob. cit., pp. 83-85; DAMONTI, P./ ITURBIDE RODRÍGO R./ AMIGOT LEACHE, P. *Violencia contra las mujeres mayores. Interacción del sexismo y edadismo. 2018*, Instituto Navarro para la Igualdad, Pamplona, 2020, pp. 14-22; DELGADO ÁLVAREZ, C. /GUTIÉRREZ GARCÍA, A. "Percepción de la violencia…", ob. cit., p. 330; GRACIA IBÁÑEZ, J. Una mirada interseccional…", ob. cit., pp. 552-553; GARCÍA LÓPEZ, B./ GONZÁLEZ FERNÁNDEZ, C. T./ FERNÁNDEZ MEDINA, I. M./ GONZÁLEZ BOLÍVAR, R. "Violencia de género en mujeres mayores", en *Calidad de vida, cuidadores e intervención para la mujer de la salud en el envejecimiento*, Vol. III, 2015, pp. 544-545; MENESES FALCÓN, C./ CHARRO BAENA, B./ RÚA VIEITES, A./ UROZ OLIVARES, J. *La violencia de género en la pareja o el maltratador de mujeres mayores de 60 años*, Universidad de Comillas, Madrid, 2018, pp. 11-16, e Instituto Aragonés de la Mujer. *La Violencia de Género contra las Mujeres Mayores en la población aragonesa*, 2018, pp. 64-66.

que se extiende a lo largo de todo el matrimonio[9], y 5) las barreras y obstáculos a los que se enfrentan a la hora de denunciar, tanto de tipo interno (deseo de proteger a la familia, sentimiento de culpa y resignación) como externo (poco apoyo familiar, presión social ante el qué dirán, desconfianza hacia el sistema judicial o escasos recursos para acceder a éste).

La principal tipología de violencia padecida por estas víctimas a manos de sus parejas o exparejas es la psicológica, tal y como confirma, por ejemplo, el estudio de la Delegación del Gobierno en esta materia, sobre mujeres mayores de 65 años[10], al constatar que el 75% de las mismas han sufrido episodios de violencia psíquica[11]. Éstos han consistido fundamentalmente en un trato con indiferencia, celos y conductas de control, así como de aislamiento de la familia y amigos de la mujer desde que se inicia la relación de pareja. Como consecuencia de estos abusos psicológicos reiterados y prolongados en el tiempo -el 40% de las entrevistadas manifiesta haber sufrido esta violencia durante más de 40 años y el 27% entre 20 y 30 años- se aprecia que, la mujer padece problemas de ansiedad, depresión y somatización, los cuales van acompañados en no pocos casos de la ingesta de ansiolíticos y antidepresivos, así como de miedo -emoción presente en la práctica totalidad de la muestra (98%)- ante las amenazas del agresor

9 A este respecto, se señala que la violencia de género en la tercera edad suele darse primordialmente en el marco de una relación matrimonial de larga duración, aunque también se aprecian otros escenarios basados en el inicio del maltrato en esta etapa del ciclo vital como consecuencia: a) del inicio de enfermedades por un miembro de la pareja -p. ej., demencia-, cambios de los roles familiares o sociales -jubilación, marcha de casa de los hijos- o bien, cambios físicos que dan lugar a dificultades a nivel sexual en uno de los miembros de la pareja, y b) del comienzo de una relación de pareja abusiva en la vejez (por todos, CELDRÁN, M. "La violencia hacia...", ob. cit. p. 58).

10 Este estudio titulado: "Mujeres mayores de 65 años víctimas de violencia de género" ha sido elaborado por Cruz Roja Española y la Universidad Carlos III de Madrid, y en él se han realizado 245 encuestas a víctimas de violencia de género de edad avanzada; todas ellas usuarias del servicio telefónico de atención y protección a este tipo de víctimas: ATENPRO.

11 En esta misma línea, se manifiestan otros estudios específicos en esta tipología de víctimas como, por ejemplo: MENESES FALCÓN, C./ CHARRO BAENA, B./ RÚA VIEITES, A./ UROZ OLIVARES, J. *La violencia de género...*, ob. cit., p. 45; SÁNCHEZ MORO, C./ PÉREZ CORREA, J. "Programa Daphne...", ob. cit., p. 367, e Instituto Aragonés de la Mujer. *La Violencia...*, ob. cit., pp. 46-49.

para que no termine con la relación o denuncie, lo que las lleva a mantener el maltrato en silencio.

En relación precisamente a esta tipología de violencia psicológica, el Convenio del Consejo de Europa, de 11 de mayo de 2014, *sobre prevención y lucha contra la violencia contra las mujeres y la violencia doméstica* -base normativa del Pacto de Estado contra la Violencia de Género, de septiembre de 2017[12]-, dispone la adopción de medidas legislativas o de otro tipo necesarias por los países para tipificar como delito el hecho intencionado de adoptar, en varias ocasiones, un comportamiento amenazador contra otra persona que lleve a esta a temer por su seguridad, tales como seguimientos, vigilancias o llamadas reiteradas. Es decir, propone la incriminación del acoso como una forma más de violencia de género, pues no es infrecuente que este tipo de conductas sean realizadas por el hombre, para controlar o dominar a la mujer durante la relación sentimental o bien, para intentar retomarla, por venganza o celos tras su finalización[13], siendo en muchas ocasiones estas justificadas por la propia mujer. Esto se debe en gran parte a la vigencia en nuestra sociedad -sobre todo entre las adolescentes y jóvenes adultas, pero también entre las mujeres de 65 o más años[14], tal y como venimos diciendo- del discurso del "amor romántico", que propugna la idea tradicional de los celos y la pertenencia como prueba de amor, y que las lleva a normalizar este tipo

---

12 Ampliamente sobre su contenido, en general, y sobre sus recomendaciones en relación al acoso, en particular, por todos: VILLACAMPA ESTIARTE, C. "Pacto de estado en materia de violencia de género: ¿más de lo mismo?", en *Revista electrónica de ciencia penal y criminología*, n. 20, 2018, pp. 1-38.

13 Son numerosos los estudios empíricos -tanto estadounidenses como europeos- y normativa internacional, que evidencian la relación entre este tipo de violencia y las conductas de acoso analizados detalladamente por: SALAT PAISAL, M. "Sanciones aplicables a manifestaciones contemporáneas de violencia de género de escasa gravedad: el caso de *stalking*", en *Indret*, n. 1/2018, pp. 5-6, y VILLACAMPA ESTIARTE, C./ PUJOLS PÉREZ, A. "*Stalking*: efectos en las víctimas, estrategias de afrontamiento y propuestas legislativas derivadas", en *Indret*, n. 2/2017, p. 28.

14 Se hacen eco de ello, por ejemplo, DAMONTI, P./ AMIGOT LEACHE, P. "Violencia de género ...", ob. cit., p. 85, o GRACIA IBÁÑEZ, J. "Una panorámica sobre la violencia familiar y de género contra las mujeres mayores", en *AEQUALITAS*, n. 38, 2016, pp. 47.

de actitudes en las relaciones de pareja, indicadoras, en cambio, de un claro control psíquico[15].

A este respecto, en nuestro país existe una incipiente producción científica destinada a estudiar la prevalencia, la dinámica de victimización y los efectos derivados de comportamientos de acoso, así como las estrategias de las víctimas para afrontarlos entre los adolescentes y las jóvenes adultas, al ser, como hemos apuntado, este segmento de la población especialmente permeable a estos estereotipos machistas[16].

---

15 Así lo confirma, por ejemplo, el trabajo llevado a cabo por DELGADO ÁLVAREZ, C./ GUTIÉRREZ GARCÍA, A. "Percepción de la violencia...", ob. cit., pp. 332-ss., sobre la normalización de la violencia psicológica y sexual en la población mayor, en el que se constata que la percepción de la violencia de género en las relaciones de pareja es baja en la mayoría de las dimensiones (sobre todo en lo que respecta a aquellos comportamientos que la cultura considera expresiones de amor romántico: celos, control, acoso, manipulación emocional), y moderada en los aspectos más visibles de la misma, tales como las amenazas y la presión sexual. Esta aceptación del maltrato menos extremo en las víctimas mayores de 65 años es especialmente preocupante, dado que la violencia puede haber sido interiorizada por ellas debido a la educación basada en roles sexistas que han recibido o simplemente, porque se han habituado a la misma.

16 Entre ellos destacan, por ser pioneros y referentes en la materia, los realizados, de una parte, por Bodelón, Igareda y Casas (Violencia sexual acoso y medio al delito. Informe Español, Proyecto Europeo 2009-2012, Barcelona, 2012, recuperado de: http://www.gendercrime.eu/pdf/gendercrime_country_report_spain_spanish.pdf, última consulta 18.6.2021) -con una muestra tan sólo de 32 jóvenes-, que concluye que el acoso constituye la segunda modalidad de acoso sufrida por las estudiantes (precedido del sexual), a manos sobre todo de su pareja o ex pareja, el cual comunican mayoritariamente a un familiar o amigo, pues desconocen los canales de denuncia de que dispone el centro universitario. Y de otra parte, los desarrollados por Villacampa Estiarte y Pujols Pérez quienes constatan en base a una muestra de 1.162 estudiantes universitarios, la elevada incidencia del *stalking* en la población juvenil (40%), cuya víctima se caracteriza por ser un veinteañero -tanto hombre como mujer-, objeto mayoritariamente de conductas de acoso digital, más conocido como *cyberstalking* -envío de correos electrónicos, mensajes de texto o instantáneos de carácter ofensivo o amenazador- por un hombre, perteneciente normalmente a su círculo -más o menos- íntimo, durante aproximadamente un año y con una frecuencia de 2 a 5 veces por semana. Frente a estos comportamientos acosadores, la víctima suele solicitar ayuda a personas de su entorno, aunque apenas denuncia los hechos y reconoce -en más de la mitad de los casos- padecer miedo, así como otros problemas de carácter psicológico (ej., dificultades para concentrarse, pérdida de confianza, ansiedad, insomnio, depresión o ataques de pánico) (VILLACAMPA ESTIARTE, C./ PUJOLS PÉREZ, A. "Prevalencia...", ob. cit., pp. 1-27, y VILLACAMPA ES-

Sin embargo, los estudios sobre esta forma de violencia de género en las mujeres mayores de 65 años son prácticamente inexistentes[17]. En

---

TIARTE, C./ PUJOLS PÉREZ, C. "*Stalking*: efectos...", ob. cit., pp. 1-33). Otras investigaciones más recientes en la materia son, por ejemplo, VILLACAMPA ESTIARTE, C./ PUJOLS PÉREZ, A. "El tratamiento jurídico del *stalking* desde el prisma de las víctimas y los profesionales implicados: resultados de un análisis cualitativo", en *Estudios penales y criminológicos*, n. 39, 2019, pp. 1-57, que aborda -a partir de entrevistas a víctimas de acoso y profesionales-, cuáles son las necesidades de tutela de las primeras, así como la valoración por los entrevistados de la respuesta normativa al acoso, del tratamiento institucional ofrecido y la receptividad a la incorporación de alternativas al proceso penal; PUJOLS PÉREZ, A. *El delito de stalking: análisis jurídico y fenomenológico*, Ministerio de Igualdad, Madrid, 2019, pp. 187-ss.; que mide la prevalencia de victimización por conductas de acoso en la población universitaria de las Comunidades Autónomas de Catalunya y Comunidad Valenciana, examinando asimismo las características de la víctima, el perfil del victimario y la dinámica de este tipo de conductas, el modo en que la víctima reacciona y los recursos por ella empleados para poner fin al acoso, así como cuál es su parecer respecto al papel que debe desempeñar el sistema de justicia penal y la posibilidad de acudir a la justicia restaurativa; la misma, "Consecuencias y mecanismos de afrontamiento en víctimas de acoso predatorio: una mirada cuantitativa", en VVAA. *La Criminología que viene: Resultados del I Encuentro de Jóvenes Investigadores en Criminología, Red Española de Jóvenes Investigadores en Criminología*, 2019, pp. 99-112 (recurso en línea), que aborda sobre una muestra de estudiantes universitarios los efectos -psicológicos y emocionales- que el paso por un proceso de acoso tiene en las víctimas, así como cuáles son las estrategias utilizadas por estas para afrontarlo.

17 En el plano internacional y europeo tampoco existen estudios particularizados sobre victimización por acoso en este rango de edad, pese a existir diversas investigaciones sobre la incidencia de este fenómeno en población general tales como: la *National Violence Against Women Survey* (1995-1998), el *Intimate Partner Stalking and Femicide Study* (1999), la *National Sexual Victimization of College Women Survey* (2000) o, la *Supplementary Victimization Survey* (2006) en EEUU; la *Bristish Crime Survey* (1998) en Inglaterra y Gales o, la *Scottish Crime and Justice Survey* en Escocia (2009), de las que da sobrada cuenta, PUJOLS PÉREZ, A. *El delito de stalking...*, ob. cit., pp. 23-ss., y en base a las que concluye en líneas generales que: el acosador es un hombre de edad similar a la de la víctima, que actúa solo y que suele ser una persona conocida por esta; mientras que la víctima es una mujer joven y sin pareja -bien divorciada, separada o soltera-, que estudia o se encuentra en situación de desempleo, que es objeto de llamadas, mensajes o seguimientos reiterados, que la afectan sobre todo a nivel emocional. Asimismo, esta autora contrasta los principales resultados de estos trabajos con los derivados de otros sobre acoso en universitarios, resaltando en este sentido la mayor prevalencia del hostigamiento entre los jóvenes, cuyas víctimas son

este sentido, únicamente se cuenta con los datos ofrecidos por la *Violence against women: an EU-wide survey*, elaborada por la *European Union Agency for Fundamental Rights* (FRA, 2014)[18], que registra por primera vez la incidencia del acoso en la población femenina de nuestro país, y en la que se hace alguna sucinta referencia a las víctimas de este fenómeno de edad avanzada[19].

En concreto, esta encuesta se basa en entrevistas personales a 42.000 mujeres, con edades entre los 18 y los 74 años, de los 28 Estados miembros de la Unión Europea, a las que se interpela acerca de la violencia física, sexual y psicológica padecida en la infancia y en la edad adulta y, en particular, de su posible victimización por comportamientos de acoso -incluidos los cometidos a través de Internet[20]-,

---

principalmente de sexo femenino -aunque las diferencias entre sexos no son tan evidentes como entre los adultos-, así como su mayor inclinación a buscar ayuda informal entre amigos o pares, y su menor denuncia de los hechos que el resto de la población.

18 Disponible en: http://fra.europa.eu/sites/default/files/fra-2014-vaw-survey-main-results-apr14_en.pdf, último acceso 15.6.2021.

19 Con anterioridad, se habían realizado en nuestro país algunas encuestas a nivel autonómico y local sobre violencia de género en las que se interpelaba a la población en general sobre concretas conductas de acoso. Este es el caso de la Enquesta de violència masclista a Catalunya de 2010, en la que se pregunta a una muestra de 2.409 mujeres de entre 18 a 70 años, residentes en esta comunidad y separadas o divorciadas, cuántas veces han sufrido acoso a lo largo de 2009, entendiendo por tal: seguimientos, llamadas y escritos por parte de sus exparejas. Los resultados registran que estas mujeres han padecido dichas conductas una media de 3,7 ocasiones. Asimismo, la mencionada encuesta las interroga acerca de una de las principales manifestaciones de acoso, esto es, las persecuciones en vía pública afirmando aquellas haberlo experimentado una media de 3,2 ocasiones durante el año 2009. Este porcentaje resulta más elevado (4,6) en la Enquesta de violència masclista de Barcelona del año 2010, en la que se cuestiona a 4.029 mujeres, con la misma franja de edad que las anteriores y residentes en esta ciudad, también acerca de las anteriores persecuciones, lo que evidencia que la incidencia de este comportamiento en la ciudad condal es mayor que en la población catalana en su conjunto. Por su parte, la encuesta sobre violencia contra la mujer de la Comunidad de Madrid de 2004, pregunta a una muestra de 2.992 mujeres de entre 18 y 70 años residentes en esta comunidad si se habían sentido acosadas/agobiadas a través del móvil o correo electrónico, registrándose una incidencia de dichas conductas en un 2,8% de las entrevistadas (cfr., PUJOLS PÉREZ, A. *El delito de stalking...*, ob. cit., pp. 42-43).

20 En concreto, la encuesta categoriza como víctima de acoso a aquella mujer que ha experimentado una situación en la que una misma persona había ejercicio

así como sobre la frecuencia de estos hechos, las consecuencias que de ellos se derivan y si los denunciaron y solicitaron ayuda a los servicios de asistencia a este tipo víctimas.

En relación a la prevalencia del acoso, la encuesta señala que un 18% de las mujeres europeas lo ha sufrido desde los 15 años y un 5% durante los 12 meses previos a la entrevista, situándose la incidencia de este fenómeno en nuestro país por debajo de la media, al registrarse un 11% de prevalencia vital y un 3% anual.

A este respecto, señala el estudio europeo que las mujeres jóvenes tienen más probabilidad de sufrir acoso que las mayores, tal y como se desprende del hecho de que, en el año anterior a la realización de la entrevista, el 7% de las que tienen entre 18 y 29 años fueron acosadas, frente al 2% de víctimas mayores de 60 o más años. A esto se añade, que entre las primeras el 20% (esto es, 1 de cada 5) ha sido acosada desde los 15 años, frente al 16% de las segundas. La encuesta justifica esta menor tasa de victimización entre las mujeres maduras en el hecho de que han podido olvidar los actos de hostigamiento padecidos tiempo atrás[21], pues téngase presente que algunos de estos sucesos tuvieron lugar en su juventud (en no pocos casos, hace más de 30 años).

Asimismo, esta menor prevalencia del acoso en las mujeres mayores también se corrobora, de una parte, en todas sus formas, esto es, tanto en las desarrolladas en el mundo físico como en el virtual[22], señalando específicamente la encuesta en relación a estas últimas que

---

contra ella y de forma repetitiva, alguna de las conductas que se enumeran a continuación: enviarle correos electrónicos, mensajes de texto (SMS) o mensajes instantáneos ofensivos o amenazadores; enviarle cartas o postales ofensivas o amenazadoras, realizarle llamadas telefónicas ofensivas, amenazadoras o silenciosas; publicar comentarios ofensivos sobre ella en Internet; merodear o esperarle fuera de su casa, lugar de trabajo o escuela sin una razón legitima; seguirle deliberadamente e interferir con o dañar su propiedad deliberadamente (vid., FRA-*Violence against women: an EU-wide survey*, p. 82).

21 FRA-*Violence against women: an EU-wide survey*, p. 87.

22 La encuesta incluye como modalidades de acoso cibernético: a) enviar correos electrónicos, mensajes de texto (SMS) o mensajes instantáneos que sean ofensivos o amenazantes; b) publicar comentarios ofensivos sobre la víctima en Internet, y c) compartir fotos o videos íntimos de aquella en Internet o por teléfono móvil (cfr., FRA-*Violence against women: an EU-wide survey*, p. 87).

lo han experimentado el 4% de las féminas con edades comprendidas entre 18 y 29 años frente al 0,3% de las de 60 años o más. En este punto, se afirma, además, que la principal tipología de acoso recibida por la muestra en su conjunto es la reiteración de llamadas telefónicas o mensajes ofensivos o amenazadores de una misma persona (14%), seguidos de seguimientos o vigilancias alrededor de su casa o lugar de trabajo (8%) y de daños a sus bienes materiales (3%). Estos comportamientos han sido realizados en orden decreciente por parte de la pareja anterior (9%); de un desconocido (8%), de un conocido -a saber: compañero de trabajo o escuela, amigos o conocidos- (7%) o de la pareja actual (1%); el cual es predominantemente un hombre (63%) -pues tan sólo en el 7% de los casos el acoso es cometido por una mujer y en un 8% por personas de ambos sexos-.

De otra parte, la relación entre la edad y la menor incidencia del acoso se confirma también en base a la situación laboral de las entrevistadas, al registrar las mujeres jubiladas las tasas más bajas de victimización por este fenómeno, tanto a lo largo de la vida como en el último año.

En cambio, no se aprecian otras diferencias significativas entre las víctimas de acoso de mayor o menor edad en relación con otras variables como las sociodemográficas, las relativas a la fenomenología del acoso o bien, a sus efectos o denuncia. En relación a estas últimas llama la atención que: 1) las principales consecuencias psicológicas que padecen las acosadas son la ansiedad (30%), el sentirse vulnerable (24%) y las dificultades para dormir (19%); 2) entre las acciones para contrarrestar el hostigamiento se encuentran el cambio de dirección de correo electrónico o número de teléfono (23%), o de domicilio (14%); 3) las víctimas manifiestan una mayor propensión a la asistencia informal (el 77% solicitó ayuda a amigos o familiares, y un 4% a organizaciones de apoyo a las víctimas), en detrimento de la formal, no siendo denunciado ante las autoridades tres cuartas partes de los casos de acoso acaecidos. Las principales razones alegadas por las encuestadas para no hacerlo se resumen en que podían resolver el incidente por ellas o con la ayuda de familiares y amigos (45%); no consideraron los actos lo suficientemente graves para ser denunciados (35%) o, simplemente, manifiestan su falta de confianza en que la policía pueda hacer algo para revertir la situación y, en definitiva, para ayudarla.

Es, por ello, que el presente trabajo pretende, de una parte, conocer la magnitud y características del acoso en las mujeres de más de 65 años a través del estudio de los datos oficiales en España, pues sólo a partir de su entendimiento se podrán articular políticas criminales efectivas para su tratamiento, reducción y prevención, y, de otra, examinar si la incriminación del acoso en nuestro ordenamiento penal resulta adecuada y proporcionada a la realidad criminológica de este fenómeno.

2. EL ACOSO EN LAS MUJERES MAYORES: PREVALENCIA Y FENOMENOLOGÍA

Para el estudio de la prevalencia y características del acoso en las mujeres mayores de 65 años en la sociedad española se utiliza en esta investigación la Macroencuesta de Violencia contra la Mujer de 2019, elaborada por la Delegación del Gobierno en esta materia[23], que constituye la única fuente oficial que permite obtener una idea aproximada de la realidad criminológica de este fenómeno delictivo en nuestro país[24]. Aunque, habrá que relativizar las conclusiones que

---

23 Véase toda la información sobre la Macroencuesta de Violencia contra la Mujer 2019 en: //violenciagenero.igualdad.gob.es/violenciaEnCifras/home.htm, última consulta 7.6.2021.

24 Junto a estos datos, también han de tenerse en cuenta los judiciales derivados de la Memoria de la Fiscalía General del Estado que, en su última edición (2020), pone de manifiesto la especial incidencia de las conductas de acoso en el ámbito de actuación del Área de Violencia sobre la Mujer -integradas normalmente por actos físicos y virtuales-, tal y como se desprende de la incoación de 1.317 causas, 700 acusaciones de la Fiscalía y 625 sentencias condenatorias en 2019 -cerca del doble de la anualidad anterior: 352, lo que supone un incremento del 77,5 %-. En cambio, las estadísticas policiales elaboradas anualmente por el Ministerio del Interior en base a la criminalidad registrada por los Cuerpos de Seguridad del Estado no ofrecen información individualizada y detallada sobre los delitos contra la libertad de obrar, dado que estos se incluyen en la macro categoría "resto de infracciones penales", lo que impide conocer concretamente su incidencia anual. A este respecto, únicamente, el Balance sobre Cibercriminalidad de 2019 registra la prevalencia en el mundo virtual de los delitos de amenazas y coacciones -entre las que se incluirían las conductas de acoso cibernético- que se cifran en 12.782, lo que equivale al 5.9% de los delitos informáticos en nuestro país en dicho año. En concreto, el balance arroja un total de 1.800 víctimas por coacciones en su mayoría de sexo femenino (1.017 mujeres frente a 781 hombres),

se extraigan de las misma, dado que adolece de 2 importantes sesgos: a) la autopercepción en este tipo de entrevistas, muy influenciada en el caso de las mujeres mayores por los patrones sexistas en que han sido educadas, y 2) la no segregación de algunas cuestiones por la variable edad, lo que no permite obtener una visión particularizada del fenómeno según la población que aquí nos interesa.

Ciertamente existen otras ediciones anteriores de esta macroencuesta -que se realiza cada 4 años (1999, 2002, 2006, 2011 y 2015)-, optándose por analizar la de 2019, porque es la primera que -con el objetivo de examinar todas las dimensiones de la violencia conforme a lo prescrito por el Convenio de Estambul- incorpora un módulo de preguntas para medir el acoso[25], en general, y entre las mujeres de 65 años o más, en particular[26].

Para ello, se interpela a las encuestadas -9.568 mujeres residentes en España de 16 o más años, de las que 2.357 tienen más de 65 años- acerca de: 1) la prevalencia, ubicación temporal (a lo largo de la vida, antes de los 15 años de edad, en los últimos 4 años, en los últimos 12 meses) y frecuencia y duración (de forma aislada, en períodos concretos -navidades, vacaciones-, diariamente o bien, una o varias veces a la semana, al mes o al año) del acoso; 2) el tipo de comportamiento hostigador padecido (p. ej., llamadas telefónicas obscenas, amenazantes, molestas o silenciosas; seguimientos o vigilancias; daños en su patrimonio o propuestas inapropiadas en redes sociales); 3) el perfil del acosador según sexo y relación con la víctima (pareja actual, ex pareja, familiar, amigo, compañero de clase, profesor, alguien del tra-

---

cuyo agresor es predominantemente un varón de entre 26 y 40 años, siendo el rango de edad de más de 65 años el menos victimizado por estos delitos contra la libertad de obrar. No obstante, estos datos tan genéricos no permiten identificar las características criminológicas del ilícito que nos ocupa en el ámbito digital.

25 Se entiende en esta macroencuesta por tal: aquellas situaciones en la que la misma persona ha sido ofensiva o amenazadora de forma repetida contra otra persona, hasta el punto de causarle miedo (Macroencuesta de Violencia contra la Mujer 2019, p. 191).

26 El cuestionario ha sido elaborado por la Delegación del Gobierno contra la Violencia de Género, tomando como base de la Macroencuesta 2015 para el que a su vez se tomó como referencia las Directrices de estadísticas de Violencia contra la Mujer de Naciones Unidas. La edición de 2019 también ha tenido en cuenta para su elaboración el cuestionario de la Encuesta piloto europea de violencia de género.

bajo, conocido/alguien que conoce sólo de vista, desconocido; 4) las consecuencias del acoso sobre la mujer y, en particular, el consumo por estas de medicamentos, bebidas alcohólicas o estupefacientes para afrontar la situación de hostigamiento y, por último, 5) la denuncia de la agresión y la búsqueda de ayuda formal e informal.

Adentrándonos en el análisis de sus resultados, señala la Macroencuesta de 2019 que 1.451 (15,2%) de las entrevistadas han sido víctimas de acoso en algún momento de sus vidas, frente a 8.081 (84,5%) que manifiestan no haberlo padecido. En concreto, entre las primeras se registra que las mujeres de 16 y 17 años (26,4%) y de 18 a 24 años (26,2%) son las que afirman en mayor porcentaje haber sufrido acoso; seguidas de las de 25 a 34 años (18,4%); de 45 a 54 (15,6%); de 55 a 64 (11,1%) y, finalmente, las de más de 65 años (8,7%). Luego se constata que a medida que aumenta la edad se reduce la incidencia del acoso en las mujeres, pues tan sólo refieren haber sido víctimas de este comportamiento 204 de edad avanzada (ver Figura 1).

Figura 1. Acoso a lo largo de la vida según grupo de edad

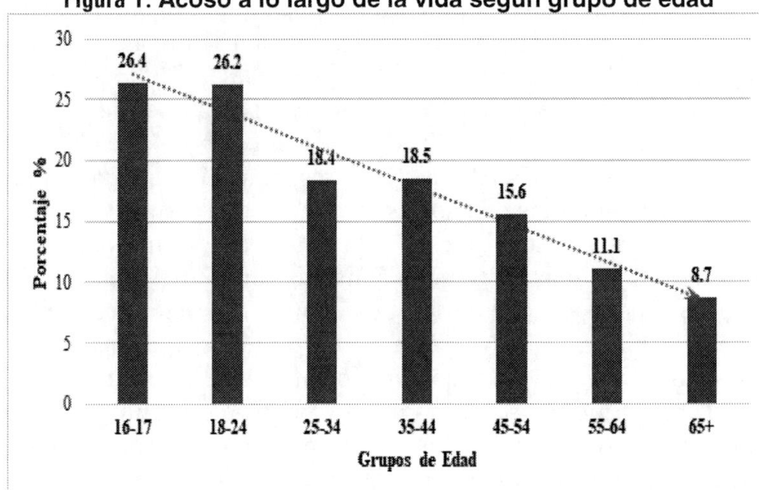

Fuente: Macroencuesta de Violencia contra la Mujer (2019)

Este hecho, ya se advertía en la encuesta europea sobre violencia contra las mujeres, anteriormente analizada, así como en otras investigaciones internacionales sobre el fenómeno de acoso en la población en general[27]. Esto puede obedecer, tal y como indica la propia macroencuesta a que: 1) efectivamente hayan padecido menos episodios de acoso, 2) les cueste más identificarlos en comparación con las más jóvenes o bien, 3) simplemente no los recuerden por el paso del tiempo[28].

Esta menor incidencia del acoso en las mujeres mayores también se confirma en relación con su padecimiento antes de cumplir los 15 años que se cifra en este segmento de edad en 1,2%, frente al 4,6% del resto de mujeres de entre 16 a 64 años. Asimismo, las primeras refieren haberlo padecido también en menor medida en los últimos 4 años -2,2%- y en los últimos 12 meses -1%-, mientras que las segundas lo han hecho en un 8% y un 3,7%, respectivamente. Las razones que explican esta menor tasa de victimización parecen ser las mismas que las acabadas de apuntar en relación con el cómputo global del acoso a lo largo de la vida.

Por otra parte, no se aprecian diferencias significativas en cuanto a la duración del acoso en base a la edad de la mujer entrevistada, afirmando la muestra en su cómputo global que aquél tuvo una extensión temporal inferior a 2 semanas (20,1%); de 2 a 4 semanas (12,4%), de 4 semanas hasta 3 meses (15,5%); de 3 a 6 meses (11,2%); de 6 meses a un año (13,9%), y más de un año (24,7%). En este sentido, llama la atención el hecho de que los acosos se produzcan en pocas semanas o bien, se extiendan más allá de 12 meses, como índice más elevado. Aunque, si se suman las categorías intermedias "de 2 a 4 semanas" y "más de un mes y hasta 3 meses", de una parte, y "más de 3 meses hasta 6 meses" y "más de 6 meses y hasta 1 año", de otra, se infiere, en cambio, que el grueso de los hostigamientos tiene lugar entre 2 semanas y 3 meses (27,9%), seguidos de aquellos que suceden entre 3 meses y un año (25,1%). Luego puede afirmarse que la duración de este patrón conductual se sitúa en unos pocos meses, no más allá de un año, en la mayor parte de los casos, en clara concordancia con los apuntado por otros estudios tanto internacionales como europeos en población general[29] (ver Figura 2).

---

27 Cfr., PUJOLS PÉREZ, A. *El delito de stalking...*, ob. cit., pp. 57-60.

28 Argumentos también esgrimidos por la FRA-*Violence against women: an EU-wide survey*, p. 87.

29 Véase, una pormenorizada descripción de estos estudios en PUJOLS PÉREZ, A. *El delito de stalking...*, ob. cit., pp. 74-77.

Figura 2. Duración del acoso a lo largo de la vida del total de mujeres

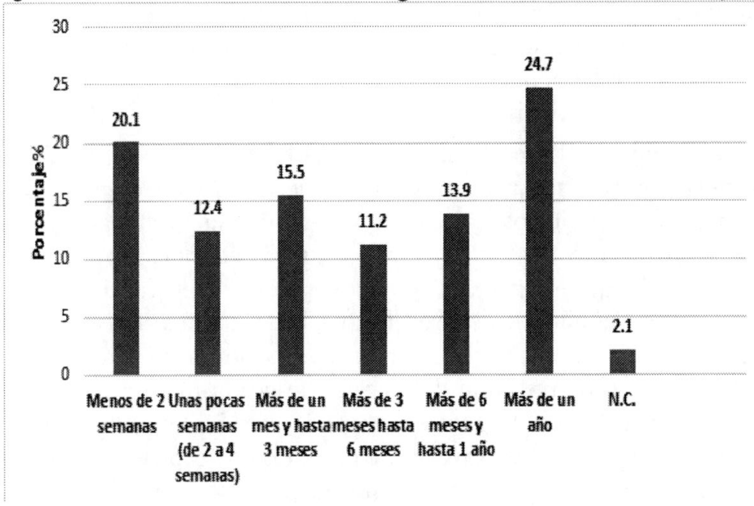

Fuente: Macroencuesta de Violencia contra la Mujer (2019)

En relación precisamente con esto último, la encuesta europea de 2014[30] -anteriormente mencionada- registra una temporalidad del acoso similar a la de nuestro país, al señalar que una parte importante de las víctimas mencionan padecer hostigamiento durante menos de un mes o bien, más de un año (en ambos casos: 29%), aunque en su mayoría lo hacen entre un mes y un año (36%). Esta refiere, además, una importante incidencia del acoso por encima de los dos años (21%); dato temporal sobre el que la encuesta española guarda silencio.

En cuanto a la frecuencia del acoso, las víctimas mayores de 65 años señalan que aquél tenía lugar una o más veces a la semana (32,4%) o bien, todos o casi todos los días (21,6%). En otras palabras, algo más del 50% de estas víctimas han sufrido acoso con una repetición semanal o diaria; frecuencia que también se aprecia en las de 16 a 64 años, aunque con una ligera variación en los porcentajes (33,4% y 26,7%, respectivamente). Seguidamente, las mujeres de más edad señalan haber padecido actos de hostigamiento de una manera

[30] FRA-*Violence against women: an EU-wide survey*, p. 93.

más dilatada y fragmentada en el tiempo, esto es: una o más veces al mes (15,5%); menos de una vez al año, rara vez o de forma aislada (17,7%); en periodos particulares, como navidades, vacaciones, curso escolar (7,1%) y, por último, una o más veces al año (2,6%).

En este sentido, llama la atención que las víctimas objeto de estudio refieran mayores porcentajes que las de 16 a 64 años en los acosos puntuales o en periodos concretos y menores en los acaecidos una o más veces al año. En cambio, registran porcentajes prácticamente idénticos en lo que respecta a los acosos llevados a cabo una o más veces al mes. De ello se desprende que la frecuencia en ambos segmentos de edad se caracteriza por una preponderante reiteración del acoso diario o semanal, que desciende a medida que aumenta la extensión temporal del hostigamiento (ver Figura 3). Esta frecuencia del fenómeno también se constata en otros estudios empíricos en adultos, en los que, al igual que ocurre en este caso, se echa en falta el análisis sobre si la posible relación entre el sexo de la víctima o su vinculación previa con el agresor puede influir en la reiteración del hostigamiento, así como si existen específicas formas de acoso que sean más habituales o frecuentes[31].

---

31 En estos términos, PUJOLS PÉREZ, A. *El delito de stalking*..., ob. cit., pp. 77-78.

Figura 3. Frecuencias del acoso en mujeres mayores de 65 años

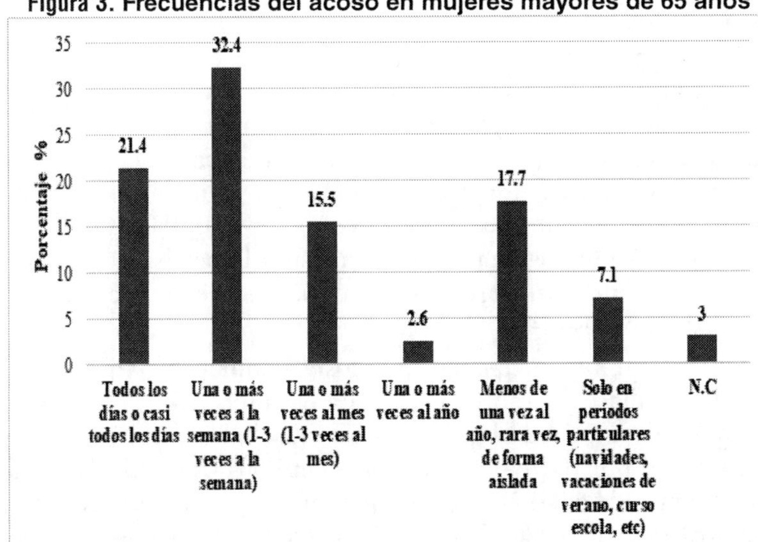

Fuente: Macroencuesta de Violencia contra la Mujer (2019)

En cuanto al perfil de la víctima de acoso, la encuesta no ofrece datos desagregados en base a la variable de la edad en relación a sus características sociodemográficas, por lo que partiendo de las características generales de las mujeres víctimas de este comportamiento puede afirmarse que son: a) predominantemente extranjeras (19,3%); b) viven en municipios de más de 100.000 habitantes (15,9%), y c) tienen estudios universitarios (17,7%), formación profesional de Grado Superior (18,7%) o bien, la segunda etapa de estudios secundarios (18,0%). Esta ausencia de datos particularizados al objeto de nuestra muestra no permite delimitar el perfil característico de las mujeres mayores que sufren acoso, el cual tampoco ha sido analizado en otros estudios, lo que impide, en definitiva, poder ofrecer medidas de intervención eficaces y adecuadas a este tipo de víctimas.

Por lo que respecta al perfil del agresor, la muestra manifiesta en términos absolutos haber sufrido mayoritariamente acoso por parte de un hombre (80,1%), frente a una minoría que afirma que éste ha sido llevado a cabo exclusivamente por una mujer (5%) o bien, por personas de ambos sexos (7,8). De ello se deduce que, tanto para las mujeres mayores de 65 años como para las de menor edad, el acosador es predominantemente un varón, en clara concordancia con lo que han afirmado las investigaciones empíricas sobre acoso en adultos[32] y, en particular, la ya aludida anteriormente encuesta europea de 2014 sobre esta materia[33]. Ahora bien, en el caso de las primeras éste es principalmente un desconocido (37,4%), mientras que en las segundas lo es un amigo u hombre conocido (40,7%). O, dicho de otro modo, las mujeres mayores manifiestan haber padecido en menor medida -aunque el porcentaje es elevado- acoso de amigos o de conocidos hombres (34,3%).

Asimismo, también refieren un acoso menor por parte de la pareja o de familiares hombre las de 16 a 64 años (15,2% vs. 26,4%). En cambio, las mayores de 65 años afirman haber sufrido en mayor medida acoso por parte de la pareja o familiar mujer (5,9%), que el otro segmento de edad (1,7%), lo que quizás pueda deberse a que el acoso provenga de sus cuidadoras. A esto se añade que no se aprecian diferencias porcentuales significativas entre ambos grupos de edad en lo que se refieren al hostigamiento ocasionado por alguien del trabajo -tanto hombre (en torno al 10%) como mujer (aproximadamente 1%)- o bien, por una mujer desconocida (7,9% vs. 9,1%). En relación con esto último, un 3,1% del total de las encuestadas refiere que la agresora principalmente es una compañera de clase, lo que no parece que sea aplicable al segmento poblacional objeto de este estudio (ver Figura 4).

---

32 Así, lo refiere ibídem, pp. 45- 47, tras analizar los diferentes estudios sobre el acoso sufrido en la población en general, tanto a nivel internacional como nacional, quien pone de manifiesto, además, la vinculación entre el sexo del agresor y el de la víctima. Así señala en este sentido que: si bien existe acuerdo en afirmar que las mujeres son acosadas mayoritariamente por hombres, en el caso inverso existe disparidad entre los estudios, pareciendo sostener la mayoría un porcentaje similar de acosadores hombres y mujeres en los supuestos en que la víctima es un hombre.

33 FRA-*Violence against women: an EU-wide survey*, p. 86.

Figura 4. Relación con el agresor en mujeres mayores de 65 años

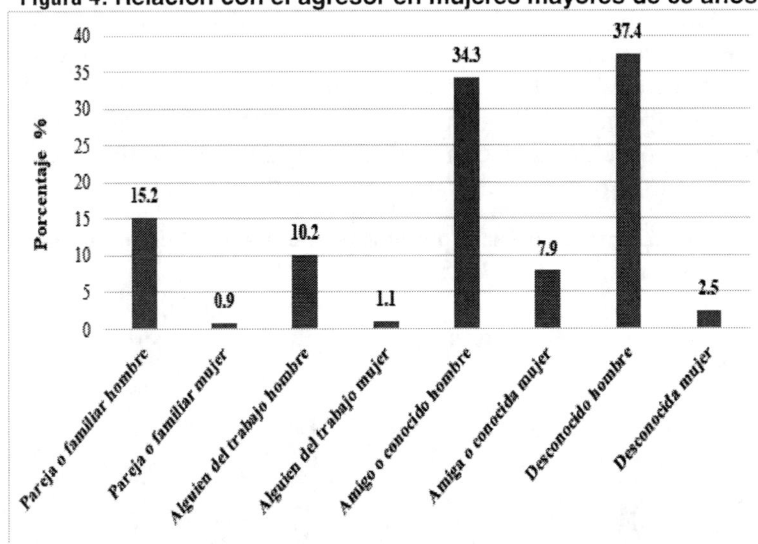

Fuente: Macroencuesta de Violencia contra la Mujer (2019)

En cuanto a las formas de acoso padecido por las entrevistadas -cuya información tampoco aquí se ofrece desagregada por la variable edad- son en orden decreciente: 1) haber recibido mensajes no deseados, llamadas telefónicas, emails, cartas o regalos (52,5%); 2) haber recibido llamadas telefónicas obscenas, amenazantes, molestas o silenciosas (47,2%); 3) haber sido seguida o espiada (40,6%); 4) la ha esperado o ha estado merodeando fuera de su casa, colegio o trabajo (37,1%); 5) ha hecho comentarios ofensivos o embarazosos, le ha hecho propuestas inapropiadas en internet o en redes sociales (24,9%); 6) ha dado intencionadamente cosas suyas (coche, moto, buzón,) o las propiedades de personas que le importan o ha dañado a sus animales (13,3%), y 7) por último, ha publicado fotos, vídeos o información muy personal sobre usted en lugares como su vecindario, trabajo, escuela, internet, o redes sociales como *Facebook* o *Instagram*, o ha enviado esta información a otras personas a través de teléfonos móviles o aplicaciones como *WhatsApp* (4,3%). De estos datos se infiere que las principales formas de hostigamiento se aglutinan en la realización de llamadas y mensajes reiterados, actos de vigilancia o persecución y comentarios vejatorios en las redes sociales (ver Figura

5), en clara concordancia con lo señalado por los estudios en materia de acoso en la población general -y entre ellos encuesta europea realizada por la FRA en 2014, como indicamos más arriba[34]-, que refieren como principales manifestaciones de hostigamiento las tendentes a iniciar una comunicación con la víctima, seguida de la realización de conductas de aproximación física con aquella[35].

Figura 5. Formas de acoso sufridas sobre el total de mujeres

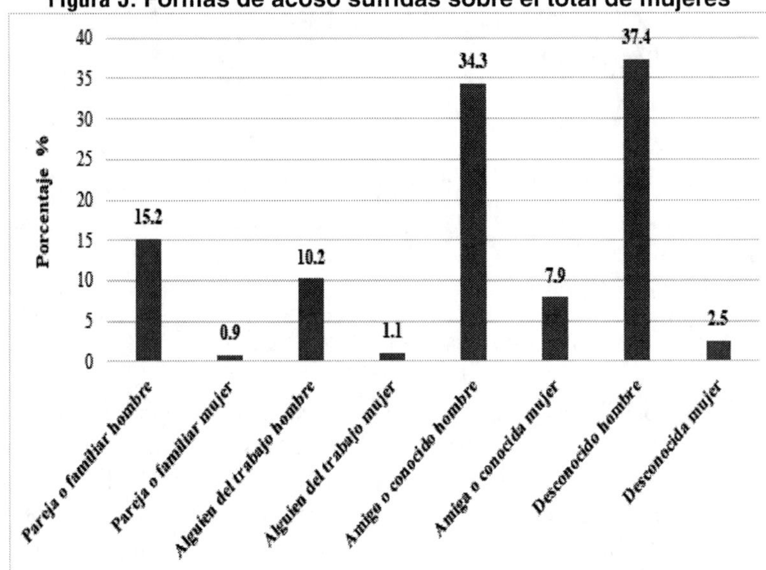

Fuente: Macroencuesta de Violencia contra la Mujer (2019)

En otro orden de ideas, otro aspecto de interés es la forma con que las víctimas afrontan la violencia sufrida, ya que a consecuencia de esta se produce el consumo de sustancias (alcohol, drogas o medicamentos) con el fin de mitigar la situación que han tenido que afrontar. Ciertamente, los datos evidencian que el porcentaje de ingesta de estas sustancias es muy reducido en términos absolutos (tan sólo 152 de las entrevistadas), predominando en la muestra la toma de medicamentos (7,7%), frente a la de alcohol (1,8%) y drogas (1%). En

34 Ibídem, pp. 84-85.

35 PUJOLS PÉREZ, A. *El delito de stalking...*, ob. cit., pp. 66-74.

este sentido, es necesario únicamente poner de relieve que se aprecia un ligero menor consumo de estas sustancias como consecuencia del acoso reiterado a lo largo de la vida en las mayores de 65 años que se sitúa en el 7,9%, mientras que las de 16 a 64 años (119 mujeres) se cifra en 9,5%. En concreto, este menor consumo por parte de las mayores también se confirma al comparar la toma de alcohol, drogas o medicamentos como consecuencia de la violencia general (física, sexual, emocional o miedo) sufrida a lo largo de la vida, presentando en el caso de parejas pasadas un 18,7%, frente al 27,6% que obtiene el resto de mujeres.

Por lo que se refiere a la denuncia, los datos en términos absolutos evidencian que el 12,1% de las víctimas de acoso alguna vez en la vida dieron conocimiento de los hechos ante la Policía, Guardia Civil o en el juzgado, haciéndolo en mayor medida las mujeres mayores de 65 años (14,7%) que las de 16 a 64 años (11,7%), véase Figura 5. A pesar de ser las primeras las que presentan un mayor índice de denuncia de los hechos de acoso, es preocupante que cerca del 90% de las mismas no lo haga, en línea con lo manifestado por otros estudios en la materia -como, por ejemplo, la encuesta europea de 2014 que cifra que en torno al 75% de los casos de acoso, aun siendo lo más graves, no eran objeto de persecución- y que evidencian la importante cifra negra que existe sobre este fenómeno[36]. Esta falta de denuncia del acoso y, en general, de la violencia de género puede explicarse, tal y como se apuntaba al inicio de esta investigación, a ciertas barreras, de carácter interno (protección de la familia, autoculpa, dependencia económica, privacidad) y externo (falta de apoyo, presión religiosa, desconfianza en el sistema y carencia de recursos) y, sobre todo, a su socialización en un modelo patriarcal que les impide atreverse a comentar lo ocurrido, dado el fuerte sentimiento de vergüenza que sienten.

Por último, el 4,5% del total de las encuestadas acudió a un servicio médico o de atención psicológica y contó su experiencia a un amigo (43,7%); a un familiar (32,7%) o a su pareja o expareja (19,4%), guardando silencio en un 22,8% de los casos; porcentaje este último que indica que aún son muchas las víctimas que continúan solas e inmersas en el tipo de violencia que nos ocupa. Ahora bien, analizan-

---

36 FRA-*Violence against women: an EU-wide survey*, pp. 91-92.

do en detalle los datos, se aprecia que las mujeres de edad avanzada piden en menor porcentaje ayuda formal (4,8%) que las de 16 a 64 años (5,8%), así como que hablan menos de lo sucedido con personas de su entorno (58,4%) que las segundas (71,1%), véase Figura 6.

Figura 6. Comparativa de denuncia y ayuda solicitada por acoso entre mujeres mayores de 65 años y de 16-64 años

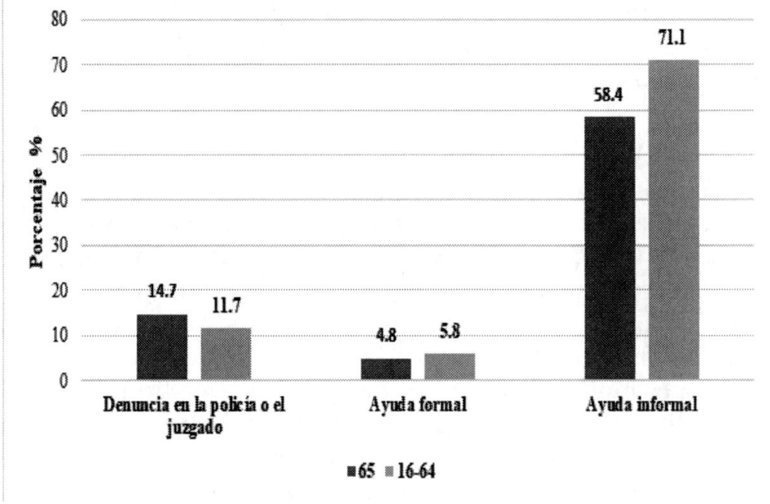

Fuente: Macroencuesta de Violencia contra la Mujer (2019)

Así las cosas, puede afirmarse que a pesar de reducirse con el incremento de la edad la incidencia del acoso, las mujeres mayores de edad avanzada también son víctimas de este tipo de violencia de género. Los episodios de hostigamiento suelen durar entre 2 semanas y 3 meses principalmente con una frecuencia de uno o más veces a la semana. Si bien no puede trazarse un perfil característico de las mujeres de más de 65 años víctimas de acoso, sí puede hacerse del agresor que es primordialmente un hombre desconocido, cuyo *modus operandi* consiste -en general- en establecer una comunicación o acercamiento físico con la víctima. A esto se añade que un reducido 7,9% de mujeres mayores recurren al consumo de medicamentos o fármacos como mecanismo de afrontamiento del acoso. Asimismo, es muy bajo el porcentaje de las mismas que denuncia los hechos ante las autoridades policiales o judiciales y que solicita ayuda formal o informal (ver Figura 7).

Figura 7. Características definitorias del acoso en la mujer mayor de 65 años

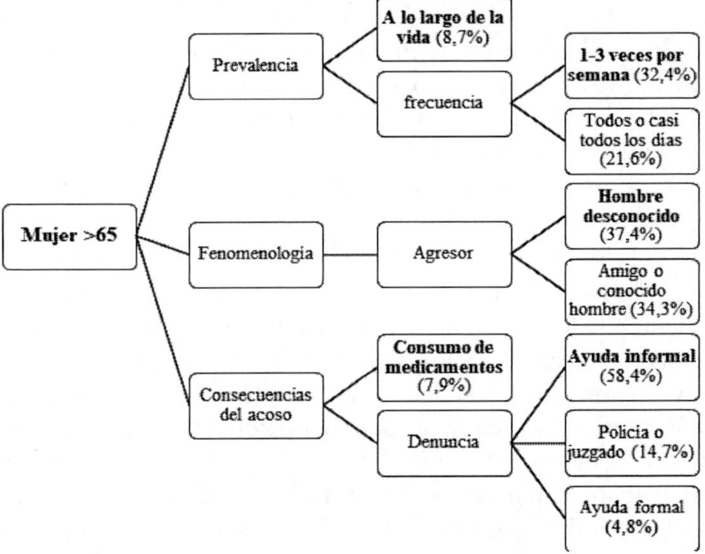

Fuente: Elaboración propia

En lo que sigue se procede a analizar la regulación normativa del delito acoso a fin de determinar su adecuación a la realidad de este fenómeno delictivo.

3. LA INCRIMINACIÓN DEL ACOSO EN EL CÓDIGO PENAL ESPAÑOL

La Ley Orgánica 1/2015, de 30 de marzo, incorpora dentro de los delitos contra la libertad de obrar -más concretamente entre las coacciones- la figura delictiva de acoso, más conocida por su terminología inglesa como *stalking*. La incriminación de este nuevo delito tipificado en el art. 172 ter CP obedece: a) a la necesidad de hacer frente a aquellas conductas reiteradas de hostigamiento o acecho con las que se menoscaba gravemente la libertad y el sentimiento de seguridad de la víctima e íntimamente ligadas a la violencia de género; b) a la inoperatividad de los tipos tradicionales de coacciones, amenazas, trato degradante o maltrato habitual en el ámbito familiar que, si bien eran aptos para ofrecer una respuesta jurídica a concretas y determinadas formas de acoso, que por sí mismas tenían relevancia penal, no así para afrontar el fenómeno en su globalidad, y 3) se da cumplimiento al mandato de criminalización de esta práctica formulada por el art. 34 del Convenio de Estambul, como se ha mencionado más arriba, incorporándose así España al listado de Estados que poseen un delito específico para luchar contra el fenómeno en cuestión[37].

Si bien la regulación del delito de acoso ha de ser valorada positivamente, porque viene a dar respuesta al vacío de punibilidad anteriormente evidenciado, no así en cambio la forma escogida para su incriminación[38], su ubicación sistemática, la escasa gravedad de algunos comportamientos y, sobre todo, el hecho de que su incorporación al texto punitivo, a diferencia de muchos de los anteriores países, no viniese precedida de estudios empíricos[39], ni de demandas criminológicas que sustentasen esta decisión político criminal, lo que no solo habría facilitado mejorar la redacción del actual precepto, sino también determinar los elementos definidores de este delito, tales como las conductas que integran el comportamiento acosador, el número de veces y el lapso de tiempo en que deben desarrollarse[40].

---

37 En detalle sobre las razones que motivan la incorporación de este ilícito en el Ordenamiento penal español: VILLACAMPA ESTIARTE, C. *Stalking y derecho penal. Relevancia jurídico-penal de una nueva forma de acoso*, Madrid, 2009, pp. 205-ss., y VILLACAMPA ESTIARTE, C./ PUJOLS PÉREZ, A. "El delito de «*stalking*»...", ob. cit., pp. 179-180.

38 Son casi unánimes las críticas vertidas por los comentaristas sobre la fórmula asistemática, fragmentaria y atomizada en la que el legislador ha tipificado el delito de acoso en función del ámbito relacional en que se produce este fenómeno, pues lo deseable habría sido adoptar una regulación sistematizada que recogiese las distintas modalidades de acoso, en una o en varias ubicaciones del texto penal [por todos: Villacampa Estiarte, C. "Art. 172 ter CP", en G. Quintero Olivares (Dir.) *Comentarios al Código penal español, Tomo I (arts. 1 a 233)*, 7ª ed., Aranzadi, Pamplona, 2016, pp. 1179].

39 Así, lo pone de manifiesto críticamente: ibídem, p. 1177.

40 En este sentido, por ejemplo: BAUCELLS LLADÓS, J. "La irreflexiva criminalización del hostigamiento en el Proyecto de Código Penal", en *Revista General de Derecho Penal*, n. 21, 2014, pp. 4-ss.

En cuanto al bien jurídico protegido en este ilícito es la libertad de obrar del sujeto, tal y como se desprende de su ubicación entre las coacciones[41], la cual resulta lesionada en tanto en cuanto la víctima del hostigamiento debe alterar su forma o plan de vida como consecuencia de la atmósfera de presión a la que se ve sometida por el acosador.

En otro orden de ideas, el acoso se define como un delito común, que puede ser cometido por cualquier persona. La dinámica comisiva del delito exige la realización de una pluralidad de conductas en la que podrán intervenir una o varias personas, en cuyo caso regirán las reglas generales en materia de autoría y participación[42]. Asimismo, el sujeto pasivo es indiferenciado, tal y como se desprende del sustantivo empleado por el precepto en cuestión: "persona". No se han atendido, por tanto, a las recomendaciones internacionales de abordar este delito desde una perspectiva de género[43], al poder ser tales sujetos, tanto hombre como mujer. Esta neutralidad del ilícito en términos de género ha sido valorada positivamente entre la doctrina, que considera inoportuno convertir el delito objeto de estudio en una manifestación más del derecho sexuado; máxime cuando se da respuesta a la demostrada relación empírica entre las conductas de acoso y las de violencia familiar y de género con el tipo cualificado previsto en el apartado segundo del art. 173 ter CP.

---

41 Nótese que la polémica doctrinal en este punto radica no tanto en cuál es, sino en cuál debería haber sido el bien jurídico tutelado. En efecto, si bien se admite mayoritariamente que con este delito se protege la libertad -aunque hay discrepancias en si afecta a la fase de formación o de ejecución-, son muchos los que de *lege ferenda* proponen que junto a esta se entienda protegida también la seguridad del individuo, entendida como el derecho al sosiego y tranquilidad personal [de esta opinión, GALDEANO SANTAMARÍA, A. "Acoso- *Stalking*: art. 173 ter", en F. J. Álvarez García (Dir.)/ J. Dopico Gómez-Aller (Coord.) *Estudio crítico sobre el anteproyecto de reforma penal de 2012*, Valencia, 2013, pág. 571] o bien, se configure este delito como una modalidad más de acoso que tutela la integridad moral, lesionada por la creación de un clima hostil u ofensivo para el sujeto [así, por ejemplo, TAPIA BALLESTEROS, P. *El nuevo delito de acoso o "stalking"*, Madrid, 2016, pp. 141-143].

42 Cfr., una variada ejemplificación de supuestos en los que se admite, especialmente, la coautoría, la autoría mediata y la inducción: TAPIA BALLESTEROS, P. *El nuevo delito...*, ob. cit., pp. 182-186.

43 Así lo recomienda el art. 6 del Convenio de Estambul, al señalar que las partes firmantes se comprometerán a incluir en la aplicación de las disposiciones de este texto la perspectiva de género.

Por otra parte, la conducta típica consiste en *acosar*. La doctrina critica unánimemente el sin sentido que es construir el desvalor de la acción en torno a este verbo típico, pues se emplea, precisamente, el término que se pretende definir, lo que genera un "bucle léxico"[44], que no aporta información adicional sobre la acción típica[45], sobre todo si se tiene en cuenta que no existe un concepto jurídico-penal de acoso preciso y consolidado sobre el que poder diseñar la intervención penal. En este escenario, atendiendo al sentido gramatical del término, el Diccionario de la RAE define "acosar" como "perseguir, sin darle tregua ni reposo, a un animal o a una persona" (primera acepción) o "perseguir, apremiar, importunar a alguien con molestias o requerimientos (tercera acepción). De su significación literal se puede inferir, por tanto, que se denomina acoso a la persecución u hostigamiento de una persona y que la reiteración es un elemento esencial del mismo[46]. De ahí que se entienda por acosar en este precepto someter a otro a una situación de persecución personal de forma insistente y reiterada, mediante alguna de las conductas que enumera en el precepto en los numerales 1° a 4° de su apartado primero (*numerus clausus*), sin estar legítimamente autorizado y alterando gravemente el desarrollo de su vida cotidiana.

Concretamente, la primera de estas modalidades comisivas del delito de acoso[47] consiste en vigilar, perseguir o buscar la cercanía de la

---

44 En estos términos, VILLACAMPA ESTIARTE, C. "Art. 172 ter CP", ob. cit., p. 1180, y BAUCELLS LLADÓS, J. "La irreflexiva...", ob. cit., p. 6.

45 En línea con lo preceptuado por el Código penal alemán, VILLACAMPA ESTIARTE, C./ PUJOLS PÉREZ, A. "El delito de «*stalking*»...", ob. cit., p. 185, proponen de *lege ferenda* el empleo del verbo "perseguir", que hace referencia al hostigamiento reiterado a otra persona y con el que superarían los controvertidos problemas de significación de "acosar".

46 GUTIÉRREZ CASTEÑEDA, A. "Acoso-*Stalking*: art. 173 ter", en F. J. Álvarez García (Dir.)/ J. Dopico Gómez-Aller (Coord.) *Estudio crítico sobre el anteproyecto de reforma penal de 2012*, Valencia, 2013, p. 585.

47 Sigue aquí el legislador español la fórmula adoptada en otros ordenamientos jurídicos como el alemán (delito de *Nachstellung*: §238 StGB) o el austríaco (delito *Beharrliche Verfolgung*: §107a) de incorporar un catálogo de comportamientos cuya reiteración se considera acoso. Ahora bien, a diferencia del primero, no ha previsto una cláusula de cierre que permita dar cabida por vía interpretativa a cualquier otra modalidad de comportamiento distinto a los expresamente regulados, pero capaz de producir el mismo efecto. No obstante, esta cláusula sí se encontraba presente en el Anteproyecto de 2012 y en el Proyecto de Ley Orgáni-

víctima. Se incluyen aquí comportamientos dirigidos tanto a buscar la proximidad física con la víctima como de observación a distancia de la misma, sin necesidad de que exista contacto con ella. Este sería el caso, por ejemplo, de las conductas de acecho, seguimiento a la víctima en sus desplazamientos para saber dónde y con quién va, vigilancia o control de sus movimientos -incluido los realizados con medios tecnológicos como dispositivos GPS o cámaras de video vigilancia-, el merodear por el exterior de su domicilio o de su trabajo o el procurar encuentros indeseados. La víctima ha de ser consciente de la vigilancia, la persecución o la cercanía física de su acosador en ese momento o con posterioridad, pues sólo de ese modo se podrá restringir la libertad de obrar y alterar el desarrollo de la vida de aquella y, por tanto, de dotar de un verdadero contenido de injusto a la conducta[48].

La segunda de las modalidades comisivas del delito de acoso consiste en contactar o intentar contactar con la víctima a través de cualquier medio de comunicación o de terceras personas. Esta previsión parece dar respuesta a los actos más prevalentes en la práctica -sobre todo en el marco de la violencia de género- consistentes en llamadas constantes a horas intempestivas, al envío masivo de mensajes telefónicos, electrónicos o a través de redes sociales, mensajes en el contestador, cartas o notas en el lugar de trabajo, coche u otros lugares frecuentados por la víctima, así como pintadas próximas a la vivienda. En este sentido, no es necesario que el autor consiga ponerse en contacto efectivamente con aquella, pero sí que la víctima llegue a tomar conocimiento del intento de contacto que es, precisamente, lo que supondrá una interferencia en su vida (p. ej., ver las reiteradas

---

ca de reforma del Código penal de 2013, pero finalmente fue eliminada en aras a dotar de mayor taxatividad y seguridad jurídica al precepto (así, Informe del Consejo Fiscal y del Consejo de Estado). Lo que, en opinión de los expertos, va en detrimento de la flexibilidad del tipo y a buen seguro dará lugar a interpretaciones forzadas de las modalidades recogidas y futuras modificaciones para dar cobertura a las formas de acoso omitidas o a las que puedan surgir en un futuro [así: PALMA HERRERA, J. M. "La reforma de los delitos contra la libertad operada por la LO 1/2015, de 30 de marzo", en L. Morillas Cueva (Dir.) *Estudios sobre el Código penal reformado (Leyes orgánicas 1/2015 y 2/2015)*, Madrid, 2015, pp. 407-408].

48 VILLACAMPA ESTIARTE, C./ PUJOLS PÉREZ, A. "El delito de «*stalking*»...", ob. cit., p. 190.

llamadas perdidas en el teléfono móvil o mensajes de texto). Además, es indiferente el medio de comunicación que se utilice, ya sea tradicional como las cartas o moderno como las redes sociales. Se critica en este punto la equiparación punitiva entre los actos de consumación y tentativa, al sancionar con igual pena el contacto como su intento, lo que vulnera las más elementales exigencias del principio de proporcionalidad[49]. Razón por la que se entiende que los meros intentos de contactar con la víctima deberán darse junto a otra u otras modalidades del precepto para alcanzar la gravedad necesaria para integrar el tipo penal.

En relación a la tercera modalidad de comisión se refiere a la adquisición de productos o mercancías o la contratación de servicios mediante el uso indebido de sus datos personales o a hacer que terceras personas se pongan en contacto con la víctima. Encajan en este supuesto conductas como adquirir productos o contratar o cancelar servicios –generalmente a través de internet– a nombre de la víctima, aportando sus datos (nombre, apellidos, dirección…,) para que se le realice la entrega a domicilio (ej., comida a altas horas de la madruga, ramos de flores u otros regalos) o, suscribirle a determinadas publicaciones o portales web de naturaleza sexual en los que ofertan sus servicios, a fin de que los posibles interesados la contacten. En estos casos, el acoso podría entrar en concurso con otros delitos contra el patrimonio si resultara afectado el de la víctima al utilizarse datos como su cuenta corriente o el número de su tarjeta de crédito o débito (estafa del art. 248.2.c)[50]. Asimismo, se podrán plantear problemas concursales con los delitos de falsedad documental, contra la intimidad o el honor, especialmente en estos dos últimos casos cuando se realicen conductas como las de enlazar la dirección de correo electrónico o, el número de teléfono de una persona a una página de contactos sexuales.

En cuanto a la última de las modalidades comisivas exige atentar contra la libertad o el patrimonio de la víctima o de otra persona próxima a ella. Esta parece estar pensada para dar respuesta a situa-

---

49 En este sentido se pronuncia, MATALLÍN EVANGELIO, A. "Delito de acoso…", ob. cit., p. 583.

50 Ibídem, p. 585.

ciones de vandalismo (pintadas en la casa o en el coche de la víctima, de sus familiares o sobre sus animales domésticos), o situaciones en las que no se le deja salir de casa o del coche o bien, se le sustraen pertenencias a aquella o a sus allegados a fin de hacerse con información. Ahora bien, esta modalidad puede plantear problemas de colisión con los correspondientes tipos genéricos contra la libertad o el patrimonio. Además, ha sido criticada por regular únicamente la puesta en peligro de estos bienes jurídicos, y no de otros de mayor relevancia como la vida o la salud de víctima[51].

Por otra parte, cabe señalar que el tipo requiere que la conducta se lleve a cabo de forma insistente y reiterada[52], es decir, no basta con que se realice de manera ocasional o aislada[53], sino que se ha de identificar un patrón de conducta para adquirir relevancia penal, sin necesidad de que se esté ante un plan preconcebido[54]. O, en otras palabras, se ha de estar ante una suma de varias acciones que, por su reiteración, tengan capacidad para lesionar el bien jurídico protegido. No puede, por lo tanto, fijarse, como sostiene la doctrina mayoritaria, a *priori* un número de conductas concretas o mínimas, sino que se debe valorar la idoneidad de las mismas para ocasionar una intromisión indeseada en la vida de la víctima que le origine una presión psicoló-

---

51 Cfr., Informe al Anteproyecto de Reforma del Código penal de 2012 del Consejo General del Poder Judicial y, por todos en la doctrina: VILLACAMPA ESTIARTE, C./ PUJOLS PÉREZ, A. "El delito de «*stalking*»...", ob. cit., p. 192.

52 Varias son las voces que han criticado esta exigencia de que las conductas del acoso se deban realizar de manera insistente y reiterada al considerar que resulta redundante con el verbo típico acosar, además de que el vocablo "reiterado" puede llevar a admitir que solo con dos ocasiones en que la conducta se repita se colma el requisito típico, lo que debería evitarse (así, entre otros, VILLACAMPA ESTIARTE, C. "Art. 172 ter CP", ob. cit., p. 1180; VILLACAMPA ESTIARTE, C./ PUJOLS PÉREZ, A. "El delito de «*stalking*»...", ob. cit., pp. 185-186; TAPIA BALLESTEROS, P. *El nuevo delito*..., ob. cit., p. 148; proponiendo las dos primeras autoras que de *lege ferenda* se modifique el redactado del precepto a fin de clarificar que la persistencia se predica del acoso en sí mismo y no individualmente de cada una de sus posibles manifestaciones).

53 TAPIA BALLESTEROS, P. *El nuevo delito*..., ob. cit., p. 146.

54 En este sentido, se pronuncia la STS, 2ª, 342/2017, 8-5, al afirmar que: "ciertamente el tipo penal no concreta el número de actos intrusivos que pueden dar lugar al tipo penal, pero podemos afirmar que este *continuum* de acciones debe proyectarse en un doble aspecto: a) repetitivo en el momento en que se inicia; b) reiterativo en el tiempo, al repetirse en diversas secuencias en tiempos distintos".

gica que debe desembocar en la adopción de cambios sustanciales en la forma de regir su vida[55]. Se entiende en este sentido, coincidiendo con un importante sector doctrinal[56], que la reiteración o insistencia no se ha de circunscribir necesariamente a una sola de las modalidades de conductas previstas en el precepto (p. ej., llamadas constantes), sino que se admite su combinación (v. gr., constantes llamadas junto con continuas persecuciones). Un entendimiento en sentido contrario llevaría a la absurda absolución de quien realiza diversas modalidades delictivas para obtener el resultado y a la sanción de quien, con el mismo fin, emplea sólo una de ellas[57].

Respecto a la consumación, se trata de un delito de resultado, que se perfecciona no cuando el autor realice las conductas descritas de manera reiterada e insistente, sino cuando a consecuencia del grave hostigamiento al que se someta a la víctima, esta vea alterado su normal proceder de manera sustancial y grave. Este resultado exige, por tanto, una perturbación de hábitos, costumbres, rutinas o forma de vida de la víctima tales como el cambio de residencia, domicilio, trabajo, número de teléfono o cuenta de correo electrónico; la modificación de rutas o lugares de ocio o, simplemente, dejar de salir de casa para no relacionarse socialmente. En consecuencia, deviene esencial adoptar, dada la amplitud de esta expresión resultativa, interpretaciones restrictivas que eviten excesos punitivos, que conduzcan a sancionar meras conductas molestas -ej., vecino que llama insistentemente a la puerta de otro para que baje el volumen de la música- que

---

55 Así, por todos, VILLACAMPA ESTIARTE, C./ PUJOLS PÉREZ, A. "El delito de «*stalking*»...", ob. cit., pp. 185-186.

56 Entre otros: GALDEANO SANTAMARÍA, A. "Acoso- *Stalking*...", ob. cit., p. 575; PALMA HERRERA, J. M. "La reforma...", ob. cit., p. 406; VILLACAMPA ESTIARTE, C./ PUJOLS PÉREZ, A. "El delito de «*stalking*»...", ob. cit., p. 187. En contra, otros autores han cuantificado que la reiteración debe suponer el desarrollo de más de dos actos concretos (MATALLÍN EVANGELIO, A. "Delito de acoso...", ob. cit., p. 582; MUÑOZ CONDE, F. *Derecho Penal. Parte Especial*, 22ª ed., Valencia, 2019, p. 159; y TAPIA BALLESTEROS, P. *El nuevo delito...*, ob. cit., p. 146).

57 Critica apuntada por VILLACAMPA ESTIARTE, C./ PUJOLS PÉREZ, A. "El delito de «*stalking*»...", ob. cit., p. 187, quienes proponen como solución para salvar este problema interpretativo modificar la redacción del precepto, clarificando que la "persistencia se predica del acoso en sí mismo y no individualmente de cada una de sus posibles manifestaciones".

deben recibir respuesta por otras vías, sociales o jurídicas, pero no del Derecho penal[58]. Ello, en definitiva, porque lo que se quiere sancionar es un patrón de comportamiento compuesto por conductas que, consideradas singularmente, pueden no coartar la libertad de obrar, pero valoradas en su conjunto y dada su reiteración e insistencia sí que pueden tener un efecto limitador de aquella, merecedor de reproche penal[59]. En este sentido, se considera que la idoneidad de la acción para alterar gravemente el desarrollo de la vida cotidiana de la víctima se debe evaluar a partir de parámetros objetivos -y no subjetivos-, sin perjuicio de que tal cosa se acompañe de un análisis circunstancial que atienda a las peculiaridades que rodeen a la víctima[60]. O, dicho de otro modo, en aras de la seguridad jurídica cabrá atender a un estándar general para la determinación de esta alteración y, no al hecho de si la víctima ha sucumbido o no a la acción acosadora, esto es, en definitiva, a su umbral de resistencia[61].

Ahora bien, el Anteproyecto de Ley Orgánica de garantía integral de la libertad sexual, de 3 de marzo de 2020, prevé modificar este resultado material, conforme al que ya no se exigiría la alteración grave, sino de "cualquier modo" el desarrollo de la vida cotidiana de la víctima. Si bien es loable la voluntad del prelegislador de no supeditar la aplicación del acoso a la mayor o menor perturbación de la víctima, se considera inadecuada esta propuesta en tanto en cuanto permitirá la sanción de actos carentes de ofensividad y contrarios al principio de mínima intervención. Ello se debe a que bastará para entender consumado el delito con ocasionar meramente intranquilidad, temor o un sentimiento negativo en el ánimo de la víctima; lo que está muy lejos de limitar la

---

58 En estos términos, MATALLÍN EVANGELIO, A. "Delito de acoso…", ob. cit., pp. 579-580.

59 Cfr., VILLACAMPA ESTIARTE, C. "Art. 172 ter CP", ob. cit., p. 391.

60 Vid., CUERDA ARNAU, M. L. "Lección IX ", en J. L. González Cussac. *Derecho Penal, Parte Especial*, 5ª ed., Valencia, 2016, p. 175.

61 Así, TAPIA BALLESTEROS, P. *El nuevo delito…*, ob. cit., pp. 157-158. Piénsese aquí como bien ejemplifica GALDEANO SANTAMARÍA, A. "Acoso-*Stalking…*", ob. cit., p. 577, en la víctima que reciba reiteradas llamadas de teléfono o mensajes a su correo electrónico que, alteran gravemente su sentimiento de libertad, pero que no necesariamente procede a modificar de número telefónico o de cuenta de correo, pues su cambio pueda acarrearle graves problemas en su ámbito laboral, cosa que no puede permitirse.

libertad de decisión o actuación de aquella y, por tanto, de lesionar el bien jurídico protegido en el art. 172 ter CP. Quizás habría sido más idóneo, tal y como proponen algunas voces en la doctrina, abogar por una redacción más determinada de este resultado material que exprese claramente el desvalor de resultado del ilícito[62], pero exigiendo en todo caso -como se acaba de señalar en el párrafo anterior- la adecuación objetiva de la conducta para coartar la libertad de la víctima. Es decir, que no sea necesario para constatar la consumación del acoso que la conducta haya alterado efectivamente su estilo de vida, pero sí que aquella sea suficiente y adecuada para hacerlo[63].

Por otra parte, como delito de resultado admite las formas imperfectas de ejecución[64], iniciándose la tentativa desde que se exteriorizan los actos de ejecución hasta que se produce la alteración grave del desarrollo de la vida cotidiana del sujeto pasivo. Aunque, desde una perspectiva político-criminal y de conformidad con el principio de intervención mínima parece conveniente rechazar la punición de

---

62 Así, VILLACAMA ESTIARTE, C. "Art. 172 ter CP", ob. cit., p. 1185, y VILLACAMPA ESTIARTE, C./ PUJOLS PÉREZ, A. "El delito de «*stalking*»...", ob. cit., pp. 193-194, al señalar que podría conseguirse exigiendo que la conducta supusiese una alteración de la capacidad de decidir o de actuar conforme a lo ya decidido por parte de la víctima, junto al empleo de un estándar preferentemente objetivo para determinar la concurrencia de dicha exigencia.

63 A esta propuesta interpretativa parece estar adhiriéndose una línea jurisprudencial (véase al respecto, por ejemplo, la SAP Álava, 2ª, 164/2019, 2-7). Así también parece postularse la Fiscalía General del Estado, que tras poner de manifiesto en su Memoria de 2020 las dificultades que encuentran los tribunales para acreditar la concurrencia de esta exigencia -lo que en no pocos casos da lugar a que el comportamiento quede impune o se condene por un delito de coacciones leves continuada-, considera que la solución a este problema quizás "se encuentre, como ocurre en otros ordenamientos jurídicos, en poner más el acento en el bien jurídico de la seguridad, exigiendo en la conducta una aptitud para causar temor, que en atender exclusivamente al resultado".

64 Vid., VILLACAMPA ESTIARTE, C./ PUJOLS PÉREZ, A. "El delito de «*stalking*»...", ob. cit., p. 195. De otra opinión, TAPIA BALLESTEROS, P. *El nuevo delito...*, ob. cit., pp. 176-180, para quien en la práctica no es viable la tentativa acabada de este delito, dado que la exigencia de realización insistente y reiterada de las conductas del apartado 1º del art. 172 ter CP impide determinar cuándo se han llevado a cabo todos los elementos exigidos por el tipo y cuándo el sujeto podría seguir repitiendo su actuar, amén de que si éste decidiese voluntariamente no continuar con las conductas de acoso en un momento en el que todavía no se ha producido el resultado típico, se estaría ante su desistimiento.

aquellos actos que no sean idóneos para poner en peligro la libertad de obrar de la víctima, dado que no implican una verdadera afectación del bien jurídico[65].

En otro orden de ideas, el acoso reiterado e insistente no ha de estar legitimado; referencia compartida con el delito de coacciones del art. 172 CP que remite a la interpretación jurisprudencial de este requisito. La mención, superflua e inapropiada de esta causa de justificación[66] -pues no es posible realizar "legítimamente" un acoso de esta gravedad- supone eximir de responsabilidad penal a aquellas conductas que se realicen en ejercicio legítimo de un derecho, oficio o cargo o cumplimiento de un deber que ya se recoge con carácter genérico en el art. 20.7 CP [67]. Se está pensando aquí, por ejemplo, en la conducta de los padres con relación a sus hijos o la de los encargados de una investigación criminal (supuestos de vigilancia y control de un sujeto por parte de agentes del orden) o las dirigidas al cobro de una deuda o al ejercicio del derecho a la información. Ahora bien, para un sector doctrinal, la ineludible configuración del acoso como una actividad ilegítima unida al resto de exigencias típicas del delito en cuestión, impiden sostener su aplicación "justificada"[68].

En cuanto al tipo subjetivo, se está ante un delito eminentemente doloso, que no exige finalidad o móvil alguno -pudiendo responder, en consecuencia, a fines muy diversos sexuales, vengativos, patrimoniales, etc.-, aunque hay quien considera que resulta necesaria la con-

---

65 VILLACAMPA ESTIARTE, C./ PUJOLS PÉREZ, A. "El delito de «*stalking*»...", ob. cit., p. 195.

66 Opinión compartida mayoritariamente por la doctrina: por todos, MATALLÍN EVANGELIO, A. "Delito de acoso...", ob. cit., p. 587. En contra, PALMA HERRERA, J. M. "La reforma...", ob. cit., pp. 406-407.

67 Así, por ejemplo: VILLACAMPA ESTIARTE, C./ PUJOLS PÉREZ, A. "El delito de «*stalking*»...", ob. cit., p. 188.

68 Así, MATALLÍN EVANGELIO, A. "Delito de acoso...", ob. cit., pp. 586-587, para quien no estaría ni tan siquiera legitimado la conducta acosadora de los garantes de la seguridad -miembros de Fuerzas y Cuerpos de Seguridad del Estado- o personal -padres o tutores-. En esta misma línea, GALDEANO SANTAMARÍA, A. "Acoso-*Stalking*...", ob. cit., pp. 573-574, y VILLACAMPA ESTIARTE, C./ PUJOLS PÉREZ, A. "El delito de «*stalking*»...", ob. cit., p. 188, quienes, además sustentan, la ilicitud de estos actos en la ausencia de una previsión legal -la primera autora- o una autorización de tipo administrativo o judicial –las segundas– que habilite la actividad acosadora y, por tanto, que esta se materialice.

currencia de un ánimo de acosar –*animus exagitandi*– o ánimo de acechar -*animus insidiendi*- que dé unidad y coherencia a la conducta reiterada y con el que se evitaría la punición de conductas meramente molestas y los supuestos de dolo eventual[69]. Basta, por tanto, con que el sujeto activo tenga el conocimiento y la voluntad de realizar de forma reiterada las conductas de asedio descritas y que estas se materialicen en el resultado previsto por la norma incriminatoria, a saber: alterar gravemente el desarrollo de la vida cotidiana de la víctima. Huelga decir, que no se tipifica su versión imprudente conforme al art. 12 CP.

Por otra parte, el delito de acoso regula un doble nivel agravatorio. De una parte, se prevé una mayor penalidad cuando la víctima sea una persona especialmente vulnerable por razón de su edad, enfermedad o situación (art. 172.1 ter *in fine*) y, de otra, cuando el ofendido fuere alguna de las personas a que se refiere el apartado 2° del art. 173 CP, esto es, sobre quien sea o haya sido su cónyuge o sobre persona que esté o haya estado ligada por una análoga relación de afectividad aun sin convivencia[70], o sobre los descendientes, ascendientes o hermanos por naturaleza, adopción o afinidad, propios o del cónyuge o conviviente, o sobre los menores o personas con discapacidad necesitadas de especial protección con los que convivan o que se hallen sujetos a la potestad, tutela, curatela, acogimiento o guarda de hecho del cónyuge o conviviente, o sobre persona amparada en cualquier otra relación por la que se encuentre integrada en el núcleo de su convivencia familiar, así como sobre las personas que por su especial vulnerabilidad se encuentran sometidas a custodia o guarda en centros públicos o privados- (art. 172 ter.2 CP)[71]. La agravación de la pena

---

69 De este parecer, TAPIA BALLESTEROS, P. *El nuevo delito*..., ob. cit., p. 166.

70 En todo caso, como es sabido, de no existir relación alguna de parentesco ni sentimental entre acosador y víctima y, por consiguiente, no ser aplicable este subtipo agravado, pero si se demuestra que la conducta de acoso viene motivada por razones de género, deberá operar la agravante genérica del art. 22.4 CP, sobre todo, tras la última jurisprudencia del Tribunal Supremo, que permite su aplicación fuera del ámbito de la pareja o ex pareja.

71 Crítica con estas agravaciones, MATALLÍN EVANGELIO, A. "Delito de acoso...", ob. cit., pp. 588-589, al considerar que la primera es una circunstancia reconducible a la agravación genérica del abuso de superioridad y, que la segunda, se solapa con las figuras de violencia doméstica la hace innecesaria.

para el primer caso supondrá el cambio del marco penal de la prisión que pasa en su límite mínimo de 3 a 6 meses. En el segundo se prevén alternativamente las penas de prisión de 1 a 2 años o bien, los trabajos en beneficio de la comunidad de 60 a 120 días[72].

El apartado 3º del art. 172 ter CP establece una regla concursal en la que señala que el delito de acoso se impondrá sin perjuicio de las que pudieran corresponder a los ilícitos en que se hubieran concretado los casos de acoso. Se critica doctrinalmente la posible vulneración del principio *non bis in ídem* en aquellos supuestos en que se realicen también alguna de las conductas previstas en los tipos de coacciones o amenazas sobre la víctima -obviamente no cuando recaiga sobre terceros- y se impongan las penas de los dos preceptos, a pesar de que se lesiona un mismo bien jurídico[73].

Asimismo, son discutidos por la posible quiebra del anterior principio, aquellos casos en los que se procede a aplicar un concurso real entre los delitos que se hubieran cometido al acosar (ej., lesiones a la víctima, a su propiedad, vulneración de su intimidad) y el *stalking*. Si bien podría apreciarse una doble valorización, para unos, la levedad de la pena del acecho lleva a afirmar que no quedan absorbidas las conductas que atentan contra el patrimonio (hurto, daño, estafas) o, que sean subsumidas en los delitos de descubrimiento y revelación

---

72 Pese a afirmar lo acertado de la agravación en relación con el maltrato familiar, VILLACAMPA ESTIARTE, C./ PUJOLS PÉREZ, A. "El delito de «*stalking*»...", ob. cit., pp. 196-197, se muestran muy críticas con la penalidad asignada a estos tipos cualificados, al entender diluido el fundamento de aplicar una mayor protección a los supuestos de acoso en el marco de la violencia familiar, en la medida en que es posible la aplicación alternativa de trabajos en beneficio en la comunidad o prisión. Alternatividad que no se contempla para los casos en que la víctima es una persona especialmente vulnerable en los que, si bien el límite mínimo de la pena es menor, siempre tendrá naturaleza privativa de libertad. Asimismo, consideran que el legislador debería haber incorporado, conforme a las directrices normativas internacionales, tipos agravados en los que el acoso se desarrolle en presencia de menores, empleando armas o instrumentos peligrosos o bien, tras el quebrantamiento de una pena, medida cautelar o medida de seguridad de la misma naturaleza. Crítica también con esta agravación, pero en sentido opuesto, MATALLÍN EVANGELIO, A. "Delito de acoso...", ob. cit., pp. 588-589, al considerar que su solapamiento con las figuras de violencia doméstica la hace innecesaria.

73 Cfr., MATALLÍN EVANGELIO, A. "Delito de acoso...", ob. cit., p. 589.

de secretos, predispuestas en su caso en relación medial con el acoso. Para otros, en cambio, se estaría aquí ante un concurso de normas en el que cualquier actuación que tuviera autonomía para constituir otro ilícito debería ser absorbida dentro de la progresión delictiva del acoso -al estar abarcada por su dolo- o bien, por la figura delictiva a la que se imponga mayor pena[74].

En cuanto a los aspectos procesales, el delito de acoso personal se configura como un delito semipúblico, en la medida en que precisa denuncia de la persona agraviada o de su representante legal para el tipo básico (art. 172 bis 4), que no será necesaria cuando se esté ante una de las personas a que se refiere el art. 173.2 CP -esto es, una víctima de violencia de género y/o doméstica- cuya persecución se iniciará de oficio. A este respecto, se critica, de una parte, por los especialistas la exigencia de denuncia en estos ilícitos, pues a diferencia de otros ordenamientos como el alemán -en el que la víctima dispone tanto de medidas penales como civiles- en el nuestro la penal es la única respuesta jurídica frente a estas conductas[75]. De otra parte, también se cuestiona la incoherencia de requerir denuncia para proceder por este delito a las personas especialmente vulnerables por razón de su edad, enfermedad o situación [76].

---

74 Así, GALDEANO SANTAMARÍA, A. "Acoso-*Stalking*...", ob. cit., p. 574. También esta línea, MATALLÍN EVANGELIO, A. "Delito de acoso...", ob. cit., pp. 588-589, que evidencia particularmente esta problemática, de un parte, entre el delito de acoso y el de violencia doméstica del art. 173.2 CP, abogando por la aplicación exclusiva de este último, al consumir la lesión a la libertad derivada de los actos habituales de violencia física o psíquica, que constituyen a su vez los comportamientos del acoso típico. De otra parte, con los delitos de *grooming* o *sexting* (art. 183 ter CP) y con de acoso sexual (art. 184 CP), al entender que se procede indebidamente a la sanción del acto individual de acoso (p. ej., el contacto telefónico con el menor solicitándole el envío de imágenes pornográficas o, el seguimiento de un alumno a otro solicitándole favores sexuales) conforme a los anteriores delitos junto con el acoso. Ello se debe a que, si bien estos preceptos sancionan bienes jurídicos distintos, lo cierto es que el mismo comportamiento de acoso se está valorando dos veces: una para determinar el resultado de alteración de la vida cotidiana que exige el acoso y, otra, para apreciar el delito en que se concreta dicho comportamiento.

75 VILLACAMPA ESTIARTE, C./ PUJOLS PÉREZ, A. "El delito de «*stalking*»...", ob. cit., pp. 199-200.

76 TAPIA BALLESTEROS, P. *El nuevo delito*..., ob. cit., p. 206.

Por lo que se refiere a las medidas cautelares, la víctima que se sienta acosada puede interesar la adopción de medidas de protección frente a la conducta del acosador por la vía del art. 544 bis o ter LECrim o bien, del art. 13 LECrim. Medidas que, a la finalización del proceso penal, pueden derivar conforme al art. 57 CP en la aplicación de las prohibiciones de alejamiento e incomunicación previstas en el art. 48 CP.

4. VALORACIÓN FINAL

De conformidad con lo analizado en las páginas precedentes puede concluirse que el acoso, como forma de violencia de género -de carácter psicológico-, es una realidad en la vida de muchas mujeres de edad avanzada en nuestro país, que dada su escasa identificación como víctimas del mismo y su ínfima denuncia permiten afirmar que aún se desconoce la verdadera magnitud del problema. Hecho que invita a reflexionar sobre la conveniencia y necesidad de adoptar una estrategia de tipo preventivo -más que punitivo- con la que combatir y reducir la incidencia del hostigamiento en estas mujeres.

A este respecto, se considera esencial adoptar medidas desde los siguientes tres grandes ámbitos de intervención:

a) Educativo: promoviendo campañas de prevención y sensibilización que se dirijan, de una parte, directamente a las mayores a fin de ayudarlas a superar los estereotipos de género en que han sido educadas y en base a los que normalizan conductas de violencia emocional como el acoso, el control o los celos, así como a concienciarlas de la importancia de adoptar medidas de protección contra las mismas y de denunciar los hechos. De otra parte, también han de articularse campañas educativas destinadas a la sociedad y en las que estas mujeres aparezcan como protagonistas de la violencia a fin de generar una conciencia comunitaria de género que recale, sobre todo, en su entorno familiar (principalmente: hijos adultos) que, si bien en no pocos casos es el motivo por el que las mujeres guardan silencio y soportan el maltrato a fin de que no se rompa la familia, lo cierto es que puede ser un apoyo esencial a la hora de poner fin a la relación violenta, denunciar las agresiones y comenzar el proceso de recuperación. Asimismo, será especialmente relevante en este punto la formación en perspectiva de género de los servicios sanitarios -y, en especial, de los profesionales de atención primaria, en quienes en no pocos casos las víctimas depositan su confianza y revelan su padecimiento antes, incluso, que a una fuerza del orden- para que sepan diferenciar conductas violentas por razones sexistas de aquellas derivadas de un maltrato familiar o de dolencias achacables a la vejez.

b) Científico: deviene esencial el desarrollo de más estudios -tanto cuantitativos como cualitativos- sobre este fenómeno, en general, y sobre las mujeres mayores, en particular, a fin de comprender la complejidad del problema y poder ofrecer así la respuesta más adecuada a este tipo de víctimas, discriminadas no solo por su género, sino también por su edad. En este sentido, se pueden establecer como posibles líneas de investigación futuras el estudio de aspectos relacionados con las características de las víctimas y agresores (edad, sexo, estado civil, educación, situación laboral, nivel económico, vinculación previa entre los agentes, reincidencia), los factores de riesgo que propician los comportamientos de hostigamiento, sus modalidades (mundo físico o virtual, individual o grupalmente, duración, frecuencia, motivación), los efectos que de ellos derivan y, sobre todo, el modo de afrontarlos de este tipo de víctimas y las razones que les llevan a no denunciar y solicitar ayuda formal a fin de articular mejores medidas y protocolos de asistencia y atención institucional a las víctimas.

c) Normativo: sería conveniente, por un lado, en línea con lo realizado en otros países de nuestro entorno jurídico la adopción de medidas de protección jurídica de naturaleza civil o administrativa como recurso previo al sistema de justicia penal. Por otro lado, llevar a cabo una revisión del art. 172 ter CP que, si bien, viene a dar respuesta a comportamientos de acoso tanto en el medio físico como en el virtual, lo hace con importantes incoherencias y defectos técnicos, como la inadecuada referencia a la autorización del acoso, la caracterización y concreción del resultado típico del delito, y su controvertida penalidad, que han de revisarse para adecuarlo a la realidad criminológica; definir su contexto relacional con los otros ilícitos de acoso;

delimitar con mayor claridad el resultado del delito objeto de estudio, cuyo desvalor habría de aunarse a la adecuación objetiva de la conducta para coartar la libertad de la víctima, así como corregir sus desajustes penológicos, principalmente, en lo que se refiere a los tipos cualificados.

5. REFERENCIAS BIBLIOGRÁFICAS

BAUCELLS LLADÓS, J. "La irreflexiva criminalización del hostigamiento en el Proyecto de Código Penal", en *Revista General de Derecho Penal*, n. 21, 2014, pp. 1-17.

BODELÓN, E./IGAREDA, N./Casas, G. *Violencia sexual acoso y medio al delito. Informe Español*. Proyecto Europeo 2009-2012, Barcelona, 2012.

CELDRÁN, M. "La violencia hacia la mujer mayor: revisión bibliográfica", en *Papeles del Psicólogo*, vol. 34(1), 2013, pp. 57-64.

CUERDA ARNAU, M. L. "Lección IX ", en AAVV. *Derecho Penal, Parte Especial*, 5ª ed., Valencia, 2016, pp. 130-ss.

DAMONTI, P./ AMIGOT LEACHE, P. "Violencia de género en la pareja en mujeres mayores. Una aproximación cualitativa a sus características y a su impacto en la salud", en *Research on Ageing and Social Policy*, n. 9 (1), 2021, pp. 79-103.

DAMONTI, P./ ITURBIDE RODRÍGO R./ AMIGOT LEACHE, P. *Violencia contra las mujeres mayores. Interacción del sexismo y edadismo. 2018*. Instituto Navarro para la Igualdad, Pamplona, 2020.

DELEGACIÓN DEL GOBIERNO PARA LA VIOLENCIA DE GÉNERO. *Estudio sobre las mujeres mayores de 65 años víctimas de la violencia de género*, Madrid, 2019.

DELGADO ÁLVAREZ, C./ GUTIÉREZ GARCÍA, A. "Percepción de la violencia de género en personas mayores", en *International Journal of Developmental and Educational Psychology*, n. 1 (2), 2013, pp. 329-338.

EUROPEAN UNION AGENCY FOR FUNDAMENTAL RIGHTS. *Violence against women: An EU-wide survey—Main results*. Luxembourg, 2014.

GALDEANO SANTAMARÍA, A. "Acoso-*Stalking*: art. 173 ter", en F. J. Álvarez García (Dir.) *Estudio crítico sobre el anteproyecto de reforma penal de 2012*, Valencia, 2013, pp. 567 a 580.

GARCÍA LÓPEZ, B./ GONZÁLEZ FERNÁNDEZ, C. T./ FERNÁNDEZ MEDINA, I. M./ GONZÁLEZ BOLÍVAR, R. "Violencia de género en mujeres mayores", en AA.VV. *Calidad de vida, cuidadores e intervención para la mujer de la salud en el envejecimiento*, vol. III, Madrid, 2015, pp. 543-546.

GRACIA IBÁÑEZ, J. "La violencia de género contra las mujeres mayores. Un acercamiento socio-jurídico", en *Derechos y libertades*, n. 27, época II, 2012, pp. 299-326.

GRACIA IBÁÑEZ, J. "Una mirada interseccional sobre la violencia de género contra las mujeres mayores", en *Oñati Socio-legal Series*, vol. 5, n. 2, 2015, pp. 547-569.

GRACIA IBÁÑEZ, J. "Una panorámica sobre la violencia familiar y de género contra las mujeres mayores", en *AEQUALITAS*, n. 38, 2016, pp. 43-50.

GUTIÉRREZ CASTAÑEDA, A. "Acoso-*Stalking*: art. 173 ter", en F. J. Álvarez García (Dir.) *Estudio crítico sobre el anteproyecto de reforma penal de 2012*, Valencia, 2013, pp. 581-588.

INSTITUTO ARAGONÉS DE LA MUJER. *La Violencia de Género contra las Mujeres Mayores en la población aragonesa*, 2018.

MATALLÍN EVANGELIO, A. "Delito de acoso (art. 172 ter)", en J. L. González Cussac (Dir.) *Comentarios a la reforma del Código penal de 2015*, Valencia, 2015, pp. 575-591.

MENESES FALCÓN, C./ CHARRO BAENA, B. "¿Se debe cambiar la intervención para las mujeres mayores de 65 años víctimas de violencia de su pareja?", en *Atención* Primaria, n. 51(7), 2019 pp. 458-466. https://doi.org/10.1016/j.aprim.2019.01.008 0212-6567/

MENESES FALCÓN, C./ CHARRO BAENA, B./ RÚA VIEITES, A./ UROZ OLIVARES, J. *La violencia de género en la pareja o el maltratador de mujeres mayores de 60 años*, Universidad de Comillas, Madrid, 2018.

MEYER, S. R./ LASATER, M. E./ GARCÍA-MORENO, C. "Violence against older women: A protocol for a systematic review of qualitative literature", en *BMJ Open*, n. 9 (5), 2019, pp. 1–6. doi.org/10.1136/bmjopen-2018-028809

MUÑOZ CONDE, F. *Derecho Penal. Parte Especial*, 22ª ed., Valencia, 2019.

PALMA HERRERA, J. M. "La reforma de los delitos contra la libertad operada por la LO 1/2015, de 30 de marzo", en L. Morillas Cueva (Dir.) *Estudios sobre el Código penal reformado (Leyes orgánicas 1/2015 y 2/2015)*, Madrid, 2015, pp. 375-411.

PUJOLS PÉREZ, A. "Consecuencias y mecanismos de afrontamiento en víctimas de acoso predatorio: una mirada cuantitativa", en VVAA. *La Criminología que viene: Resultados del I Encuentro de Jóvenes Investigadores en Criminología, Red Española de Jóvenes Investigadores en Criminología*, 2019, pp. 99-112.

PUJOLS PÉREZ, A. *El delito de stalking: análisis jurídico y fenomenológico*, Ministerio de Igualdad, Madrid, 2019.

SÁNCHEZ MORO, C./ PÉREZ CORREA, J. "Programa Daphne Stop V.I.E.W. contra la Violencia hacia las Mujeres", en *Sociedad y Utopía. Revista de Ciencias Sociales*, n. 41, 2013, pp. 361-381.

TAPIA BALLESTEROS, P. *El nuevo delito de acoso o "stalking"*, Madrid, 2016.

VILLACAMPA ESTIARTE, C. "Art. 172 ter CP", en G. Quintero Olivares (Dir.) *Comentarios al Código penal español, Tomo I (arts. 1 a 233)*, 7ª ed., Aranzadi, Pamplona, 2016, pp. 1176-1191.

VILLACAMPA ESTIARTE, C. "Pacto de estado en materia de violencia de género: ¿más de lo mismo?", en *Revista electrónica de ciencia penal y criminología*, n. 20, 2018, pp. 1-38.

VILLACAMPA ESTIARTE, C./ Pujols Pérez, A. "El delito de «*stalking*» en el Código penal español", en C. Villacampa Estiarte (Coord.) *Stalking: análisis jurídico, fenomenológico y victimológico*, Aranzadi, Pamplona, 2018, pp.179-204.

VILLACAMPA ESTIARTE, C./ PUJOLS PÉREZ, A. "El tratamiento jurídico del *stalking* desde el prisma de las víctimas y los profesionales implicados: resultados de un análisis cualitativo", en *Estudios penales y criminológicos*, n. 39, 2019, pp. 1-57.

VILLACAMPA ESTIARTE, C./PUJOLS PÉREZ, A. "Prevalencia y dinámica de la victimización por *stalking* en población universitaria", en *Revista Española de Investigación Criminológica*, n. 15, pp. 1-27.

Capítulo IX

Mujeres mayores, violencia sexual y género: Una aproximación al problema

MARÍA MARTA GONZÁLEZ TASCÓN
Profesora Titular de Derecho Penal
Universidad de Oviedo

Sumario. 1. Introducción. 2. Delimitaciones conceptuales. 3. Aproximación al fenómeno de la violencia sexual en mujeres mayores: 1. Consideraciones generales. 2. Prevalencia e incidencia de la violencia sexual en mujeres mayores en España. 4. El Anteproyecto de Ley Orgánica de Garantía Integral de la Libertad Sexual. 5. Bibliografía.

1. INTRODUCCIÓN

La violencia contra la mujer por el hecho de ser mujer, acostumbrada a pasar desapercibida e incluso a ser ignorada, se convirtió en un asunto de interés prioritario y preocupación pública muy especialmente en los noventa. Una década en la que su reconocimiento mundial como una auténtica violación de los derechos humanos serviría para la intensificación de la interpelación a los estados en orden al despliegue de acciones destinadas a su erradicación y a dispensar a las mujeres víctimas de esta violencia la asistencia y protección necesarias[1].

---

1 El Comité para la Eliminación de la Discriminación contra la Mujer (CEDAW), que había solicitado por primera vez a los Estados información sobre el tratamiento interno del problema de la violencia contra la mujer en su Recomendación general nº. 12 sobre la violencia contra la mujer de 1989, asoció esta forma de violencia, en su Recomendación general nº. 19 sobre la violencia contra la mujer de 1992, al derecho a la vida, al derecho a no ser sometido a torturas o a tratos o penas crueles, inhumanos o degradantes, al derecho a la protección en condiciones de igualdad con arreglo a normas humanitarias en tiempo de conflicto armado internacional o interno, al derecho a la libertad y a la seguridad de

En este camino nos encontramos con la importantísima Declaración sobre la eliminación de la violencia contra la mujer, aprobada por la Asamblea General de Naciones Unidas en Nueva York el 20 de diciembre de 1993. A través de la misma, además de reforzarse la observancia de los instrumentos normativos internacionales sobre los derechos humanos, entre ellos la trascendental Convención sobre la eliminación de todas las formas de discriminación contra la mujer (CEDM), hecha en Nueva York el 18 de diciembre de 1979[2], se da forma a la primera definición internacional de la violencia contra la mujer; allanándose así el terreno para la implementación a nivel interno de la estrategia de lucha internacional contra esta violencia.

A tenor de este instrumento de *soft law*, la violencia contra la mujer englobaría: "todo acto de violencia basado en la pertenencia al sexo femenino que tenga o pueda tener como resultado un daño o sufrimiento físico, sexual o psicológico para la mujer, así como las amenazas de tales actos, la coacción o la privación arbitraria de la libertad, tanto si se producen en la vida pública como en la vida privada", (art. 1), independientemente del lugar donde se realice, sea en la familia, sea en la comunidad en general, y de quien la ejerza, incluyéndose expresamente la violencia perpetrada o tolerada por el Estado (art. 2). Se acordaba, en consecuencia, una definición amplia de la violencia contra la mujer, en cuya eliminación habrían cobrado aplicación las tesis del feminismo radical como se podría apreciar a raíz de la IV Conferencia mundial sobre la mujer, celebrada en Beijing, en septiembre de 1995, que culmina con la aprobación de la Declaración y la Plataforma de Acción de Beijing, auténtico motor y encuadre de

las personas, al derecho a la protección igual de la ley, al derecho a la igualdad en la familia, al derecho al nivel más alto posible de salud física y mental y al derecho a condiciones de empleo justas y favorables. Nótese que en 2017 esta recomendación fue complementada y actualizada por la Recomendación general nº. 35 sobre la violencia por razón de género contra la mujer; expresión que consideran más precisa.

2 Como en su momento aclaró el CEDAW, en su Recomendación general nº. 19, la discriminación de la mujer objeto de la condena por parte de los Estados en el artículo 2 de la CEDM incluye la violencia por razón de sexo, consideración que se otorga a la violencia dirigida contra la mujer porque es mujer o que la afecta en forma desproporcionada. Esta violencia incluye, de acuerdo con este comité, los actos que infligen daño o sufrimiento de índole física, mental o sexual, las amenazas de esos actos, la coacción y otras formas de privación de la libertad.

las políticas que se van a desarrollar a nivel mundial en este ámbito. Será también en el documento Plataforma de Acción de Beijing donde el término "género", que rápidamente evoca la percepción de esta violencia como un problema social más que uno de naturaleza individual, pasará a integrarse en su definición[3]. Tendrán, sin embargo, que transcurrir casi dos décadas para que la referencia al género como factor explicativo de esta violencia aparezca en una norma jurídica supranacional vinculante para España. Concretamente esto sucederá con el Convenio del Consejo de Europa sobre prevención y lucha contra la violencia contra la mujer y la violencia doméstica, hecho en Estambul el 11 de mayo de 2011, en el que el vocablo género llega incluso a definirse[4], evidenciándose con ello la persistente confusión entre sexo y género tanto a nivel social como entre los operadores jurídicos y otros profesionales. En esta convención, que impone frente a la violencia contra la mujer la articulación de una solución de naturaleza victimocéntrica, también se ampliará el reconocimiento normativo de las manifestaciones que puede presentar esta violencia con alusión expresa a la violencia económica (art. 3.a).

En nuestro país, la Ley orgánica 1/2004, de 28 de diciembre, de medidas de protección integral contra la violencia de género (LOPIVG), destinada a afrontar el problema, adoptó, sin embargo, un concepto más restringido de la violencia contra la mujer; focalizando su atención en la violencia que, como manifestación de la discriminación, la situación de desigualdad y las relaciones de poder de los hombres sobre las mujeres, ejerce el hombre sobre la mujer en el contexto de la

---

3 Plataforma de Beijing: "todo acto de violencia basado en el género que tiene como resultado posible o real un daño físico, sexual o psicológico, incluidas las amenazas, la coerción o la privación arbitraria de la libertad, ya sea que ocurra en la vida pública o en la privada ...", § 113.

4 "Por «género» se entenderán los papeles, comportamientos, actividades y atribuciones socialmente construidos que una sociedad concreta considera propios de mujeres o de hombres", art. 3.c.
El Comité de Ministros del Consejo de Europa ya había integrado el término género en la definición que de la violencia contra la mujer hizo en su Recomendación 5 (2002), de 30 de abril, sobre la protección de la mujer contra la violencia: "cualquier acto violento por razón del género que resulta, o podría resultar, en daño físico, sexual o psicológico o en el sufrimiento de la mujer, incluyendo las amenazas de realizar tales actos, coacción o la privación arbitraria de libertad, produciéndose éstos en la vida pública o privada...".

pareja sentimental presente o pasada (art.1.1). En la década siguiente, la ratificación por España del Convenio de Estambul impedirá que se siga aplazando la decisión de abordar desde el mismo prisma la violencia de género que se produce fuera de la pareja.

De entre todas las formas de violencia contra la mujer, exponente más grave de la discriminación entre hombres y mujeres, estas líneas están referidas exclusivamente a la violencia de naturaleza sexual sufrida por el colectivo de las mujeres mayores. Se enlazan así dos aspectos de la violencia contra la mujer cuyo tratamiento conjunto sigue sin prodigarse en atenciones.

La preocupación por la violencia sexual que sufre la mujer adulta, que entre las autoridades públicas habría ido en aumento en Europa según se destacó en el cuarto informe de seguimiento de la implementación de la Recomendación 5 (2002), de 30 de abril, del Comité de Ministros del Consejo de Europa, sobre la protección de la mujer contra la violencia[5], se hizo viral entre la población mundial a raíz del despliegue en 2017 a través de las redes sociales del movimiento "me too" (hashtag #MeToo). El archiconocido caso de "la manada" (julio de 2016) habría producido además en nuestro país una fuerte reacción del movimiento feminista[6], que, situando en él el detonante del cuestionamiento del vigente tratamiento de la violencia sexual sufrida por la mujer adulta, ha conseguido la apertura de un proceso de reforma legislativa destinado a la aprobación de una ley de protección integral de la libertad sexual. En ambos casos, sin embargo, no se ha visualizado públicamente la victimización sexual de las mujeres mayores.

Este grupo de mujeres, aunque habría sido identificado hace décadas entre la población de mujeres que requería de una atención específica en base a una mayor vulnerabilidad frente a la violencia de

---

[5] C. Hagemann-White, *Analytical study of the results of the Fourth Round of Monitoring the Implementation of Recommendation Rec(2002)5 on the Protection of Women against Violence in Council of Europe member states*, Ed. Consejo de Europa, Estrasburgo, s.f., pp. 9 y 10.

[6] Vid. P. Faraldo Cabada/ M. Acale Sánchez, (dirs.), *La Manada. Un antes y un después en la regulación de los delitos sexuales en España*, Ed. Tirant Lo Blanch, Valencia, 2018.

género[7], no habría recibido, sin embargo, tal consideración por parte de las políticas públicas. El CEDAW así lo denunciaría en 2010 en su recordatorio, vía Recomendación general nº. 27 sobre las mujeres de edad y la protección de los derechos humanos, a los Estados partes de que deberían "adoptar políticas y medidas, incluidas medidas especiales de carácter temporal, que tomasen en consideración el género y la edad, de conformidad con el artículo 4, párrafo 1, de la Convención y con las Recomendaciones generales nº. 23 (1997) y nº. 25 (2004) del Comité, para velar por que las mujeres de edad pudieran participar plena y efectivamente en la vida política, social, económica, cultural y civil, así como en cualquier otro ámbito de la sociedad". Al mismo tiempo les reiteraba la necesidad de disponer de datos estadísticos desglosado por género y edad para una mejor evaluación de la situación de las mujeres de edad[8].

La falta de interés por la violencia contra este grupo de mujeres habría igualmente caracterizado la investigación académica. Un hecho especialmente paradójico en el campo de los estudios sobre la violencia de género si tenemos presente que en la teoría política de género habría cobrado especial protagonismo el concepto de la interseccionalidad acuñado en 1989 por Crenshaw para resaltar cómo la concurrencia simultánea de dos o más factores de desigualdad determina una situación de vulnerabilidad única[9] [10].

---

7 En ese sentido, el preámbulo de la Declaración de 1993, donde se utiliza la palabra ancianas, o el documento Plataforma de Acción de Beijing, que alude a las mujeres de edad avanzada o ancianas.
La Declaración de Nueva York recogía otros grupos de mujeres que se consideraban igualmente más vulnerables: las pertenecientes a minorías, las indígenas, las refugiadas, las migrantes, las que habitan en comunidades rurales o remotas, las indigentes, las recluidas en instituciones o detenidas, las niñas, las que tienen discapacidades y las que se encuentran en situaciones de conflicto armado.

8 En relación con el problema de la violencia de género, la Recomendación destacaría por referirse expresamente a la violencia que sufre este colectivo en los conflictos armados, indicando que en el abordaje de la violencia sexual debe prestarse la debida consideración a la situación de esas mujeres.

9 K. Crenshaw, "Mapping the margins: interseccionality, identity politics and violence against women of color", en *Stanford Law Review*, 1991, vol. 43, p. 1241, not. 7.

10 Así VARIOS, "Intimate partner violence in the golden age: systematic review of risk and protective factors", en *Frontiers in Psichology*, 2018, vol. 4, p. 6. La carencia de esta línea de investigación académica sigue siendo denunciada incluso

La consideración de la perspectiva de género en las acciones destinadas a la población de mayor edad, y en particular en el análisis del maltrato o abuso de las personas mayores, promovida por la Declaración política y el Plan de Acción Internacional de Madrid sobre el Envejecimiento de 2002 (art. 8)[11], no habría contribuido tampoco a reflejar la problemática específica de este colectivo[12].

En este orden de cosas, nos encontramos con que, aunque la interseccionalidad se ha formulado como un principio rector de las actuaciones públicas frente a la violencia contra la mujer, la atención a la especificidad que la intersección de las desigualdades de género y de mayor edad pudiera producir en la violencia sufrida por las mujeres mayores no ha sido una prioridad en las políticas de prevención y tratamiento de la misma, muy en la sintonía éstas de aproximarse al problema como si de un fenómeno homogéneo se tratara[13]. Una línea de trabajo que termina dificultando la asistencia y protección de las víctimas mayores a pesar de que se haya reconocido que en esta fase de la vida el apoyo social, formal o informal, es uno de los factores de protección por excelencia. Esta pasividad habría podido favorecer incluso que la violencia de género que sufren estas mujeres en el ámbito de la pareja heterosexual se hubiese podido enmascarar en el maltrato

---

en Norteamérica, donde la investigación feminista está más avanzada. En este sentido, R. Lowenstein Lazar, "*Me Too? The invisible older victims of sexual violence*", en *Michigan Journal of Gender & Law,* 2020, vol. 26, nº. 2, pp. 220-223.

11 Este plan se adopta por las Naciones Unidas en la II Asamblea Mundial del Envejecimiento y se refiere a las personas mayores como personas de edad. En el mismo se alienta a que se investiguen las causas, naturaleza, magnitud, gravedad y consecuencias de todas las formas de violencia contra las mujeres y los hombres de edad.

12 Así se advierte por el Department of Economic and Social Afffairs & Division for Social Policy and Develpment, *Neglect, abuse and violence against older women,* Ed. OMS, 2013, p. 47, en relación con la gerontología social y la protección de los adultos vulnerables.

13 La acción contra la violencia de género, que, como dijimos, ha estado centrada en eliminar la violencia que sufre la mujer por parte de la pareja o expareja hombre, ha creado también sus propios estereotipos y, aunque se reconozca que esta violencia afecta a cualquier mujer, la imagen de la víctima de esa violencia, según recuerda J. Gracia Ibañez, "Una mirada interseccional sobre la violencia de género contra las mujeres mayores", en *Oñati Socio- legal Series,* 2015, vol. 5, nº. 2, p. 550, sigue siendo la de una mujer joven, con hijos menores, escasos recursos económicos y limitada libertad.

de las personas mayores por el cuidador familiar, que habría venido recibiendo cierta comprensión social al encontrarse teóricamente una explicación al mismo en el estrés sufrido por aquel[14], o por asociarse a las consecuencias de alguna enfermedad ligada al envejecimiento[15].

Un escenario como éste aconseja insistir en la necesidad de promover la investigación sobre la violencia de género en este colectivo[16], sobre cuyos resultados construir las políticas públicas y formar a los profesionales del ámbito de la violencia de género, de la salud y de la protección a mayores en orden a dispensar el tratamiento adecuado al tipo de violencia.

Por lo que se refiere a nuestro país, el grupo de las mujeres mayores edad no recibió especial consideración en la LOPIVG, sin perjuicio de que el reconocimiento de los derechos a las víctimas se hiciese a todas las mujeres víctimas de violencia de género, con independencia de cualquier circunstancia personal o social (art. 17.1)[17]. Habría que esperar a la Estrategia nacional para la erradicación de la violencia contra la mujer (2013-2016) para que los poderes públicos dirigiesen

---

14 Una síntesis de las teorías explicativas del maltrato a mayores en M. Sancho, *Estudio de prevalencia de malos tratos a personas mayores en la Comunidad Autónoma del País Vasco*, Ed. Servicio Central de Publicaciones del País Vasco, San Sebastián, 2011, pp. 16-22.

15 Se hace eco de ello la Delegación del Gobierno para la Violencia de Género, *Estudio sobre las mujeres mayores de 65 años víctimas de violencia de género*, Madrid, s.f., p. 14. Vid. detenidamente J. Gracia Ibañez, "La violencia de género contra las mujeres mayores. Un acercamiento socio-jurídico", en *Revista Derechos y Libertades*, 2012, nº. 27, pp. 304-319.

16 Así S. R. Meyer/ M. E. Lasater/ C. García-Moreno, "Violence against older women: A systematic review of qualitative literature", en *PLoS ONE*, 2020, vol. 15, nº. 9, p. 2.

17 Nótese, por ejemplo, que en el caso español la LOPIVG, aunque trata de que se preste atención a las mujeres en situación de mayor riesgo frente a la violencia de género y a quienes tienen mayores dificultades para acceder a los servicios en ella previstos, no menciona expresamente a las mujeres mayores de edad en relación a la actividad que ha de desarrollar el Observatorio Estatal de Violencia contra la Mujer (art. 30) ni en los planes de colaboración (art. 32). Con motivo de estos últimos, se pone como ejemplo de esas mujeres a las pertenecientes a minorías, las inmigrantes, las que se encuentran en situación de exclusión social o las mujeres con discapacidad, art. 32.4. Sólo hay una medida concreta pensada para las mujeres mayores: su consideración de colectivo prioritario en el acceso a residencias públicas para mayores (art. 28).

su mirada hacia su realidad; destacándose entonces la importancia de apoyarlas en la ruptura de su silencio y de proporcionarles un apoyo eficaz[18]. Se hacía así eco la estrategia de los resultados de la macroencuesta nacional de violencia sobre la mujer de 2011 y de los informes del CGPJ en los que se llamaba la atención sobre la menor denuncia de la violencia por el colectivo de mujeres de 65 años en adelante. Un dato que se confirma en posteriores estudios estadísticos como se resalta, por ejemplo, en el I Informe de ejecución de la estrategia nacional para la erradicación de la violencia contra la mujer 2013-2016, donde se vendría a mencionar la importancia de atender la victimización de la mujer por razón de género tomando en consideración la combinación género, mayor edad y dependencia económica.

El Pacto de Estado contra la Violencia de Género alcanzado en nuestro país en 2017, reconociendo el vacío existente, ha realizado una importante llamada de atención hacia este colectivo al proyectar su foco sobre el mismo al hilo de su tercer eje de intervención en la materia relativo al perfeccionamiento de la asistencia, ayuda y protección ofrecida a las mujeres víctimas de la violencia de género y a sus hijos e hijas. Aunque el Pacto se habría limitado a destacar que ha de prestarse a las mujeres mayores especial atención en la revisión de los planes de atención a las víctimas garantizando un tratamiento personalizado, en la potenciación y adecuación de los recursos existentes y en la facilitación del acceso a los mismos[19], lo cierto es que ha servido también para favorecer en nuestro país la reflexión sobre si la interseccionalidad entre las variables género y edad, la mayor edad, de la víctima es determinante o no en el ámbito de la violencia de género de alguna especificidad cualitativa a resultas de la cual cupiese concluir que las mujeres mayores sufren esta violencia de un modo diferente y singular o único que ha de ser considerado en las políticas públicas di-

---

18 Ministerio de Sanidad, Servicios Sociales e Igualdad, *Estrategia nacional para la erradicación de la violencia contra la mujer (2013-2016)*, Ed. Ministerio de Sanidad, Servicios Sociales e Igualdad, Madrid, 2013, pp. 94 y 95, en la que se marcan una serie de objetivos específicos para cuya consecución se perfila el desarrollo de concretas medidas de comunicación, socioasistenciales y sanitarias, si bien en su enunciado éstas resultan muy genéricas (p. 132).

19 Más en concreto se menciona por referencia exclusiva a este grupo su visualización en campañas y actuaciones (Medida 35) y el diseño de protocolos específicos o incorporación de medidas especializadas en los ya existentes (Medida 192).

rigidas a su prevención y tratamiento. Valga como ejemplo esta obra colectiva, en la que se insertan estas líneas enfocadas a aproximar al lector a la problemática de la violencia sexual sufrida por el colectivo de mujeres mayores. A lo largo de las mismas, se irán apuntando las lecciones que se habrían extraído hasta el momento de los frutos de la aún poco prolífera investigación cualitativa y cuantitativa sobre la violencia sexual en el colectivo de mujeres mayores de edad. Nos adentraremos en ellas tras una previa delimitación conceptual de las expresiones "mujeres mayores" y "violencia sexual".

2. DELIMITACIONES CONCEPTUALES

La inexistencia de un consenso sobre la realidad que se designa con la expresión violencia sexual y sobre la determinación de las mujeres integrantes del colectivo de mayores, al que se suele aludir también con otras expresiones (colectivo de personas mayores, de personas de edad avanzada, de personas de edad, de la tercera edad o de ancianas), hace muy recomendable que dediquemos unas palabras a delimitar el objeto de estas líneas.

En la concreción del significado de la expresión violencia sexual ha tenido gran eco a nivel general la acepción que atribuyó a la misma la OMS en su Informe mundial sobre la violencia y la salud, publicado en 2002. De conformidad con ésta, la violencia sexual comprende "todo acto sexual, la tentativa de consumar un acto sexual, los comentarios o insinuaciones sexuales no deseados, o las acciones para comercializar o utilizar de cualquier otro modo la sexualidad de otra persona mediante coacción, independientemente de la relación de ésta con la víctima, en cualquier ámbito, incluidos el hogar y el lugar de trabajo"; debiéndose aclarar que la coacción, según la OMS, "puede abarcar una amplia gama de grados de uso de la fuerza. Además de la fuerza física, puede entrañar la intimidación psíquica, la extorsión u otras amenazas, como la de daño físico, la de despedir a la víctima del trabajo o de impedirle obtener el trabajo que busca. También puede ocurrir cuando la persona agredida no está en condiciones de dar su consentimiento, por ejemplo, porque está ebria, bajo los efectos de un estupefaciente o dormida o es mentalmente incapaz de comprender la situación"[20]. En esta línea Naciones Unidas, con el objetivo de favorecer la comparabilidad de los datos estadísticos sobre violencia de género, conceptuó la violencia sexual contra la mujer como "toda forma de comportamiento sexual dañino o no querido que se impone a una persona. Incluye actos de contacto sexual abusivo, participación forzada en actos sexuales, actos sexuales intentados o consumados con una mujer sin su consentimiento, el acoso sexual, el maltrato verbal, las amenazas, la exposición, el manoseo no querido, el incesto, etc."[21]. Más limitado es el significado que se asociaría a la expresión en el Convenio de Estambul, si bien hay que tener presente que no responde su uso al interés de definir la violencia sexual sino sencillamente a enmarcar la obligación de tipificar como delito las acciones consistentes en "la penetración vaginal, anal u oral no consentida, con carácter sexual, del cuerpo de otra persona con cualquier parte del cuerpo o con un objeto; los demás actos de carácter sexual no consentidos sobre otra persona; el hecho de obligar a otra persona a prestarse a actos de carácter sexual no consentidos con un tercero" (art. 36)[22]. Al acoso sexual se refiere el citado convenio en su artículo 40, dejando la cuestión de su tipificación penal a la decisión de los Estados si tenemos presente que la respuesta al mismo puede ser la sanción penal o sanciones de otro tipo[23].

---

[20] E. G. Krug *et al.*, (eds.), *World report on violence and health*, Ed. OMS, Ginebra, 2002, p. 149. No obstante esa definición, la OMS incluye también dentro de la violencia sexual la mutilación genital femenina, las inspecciones forzosas de virginidad, la negación del acceso a los denominados derechos reproductivos y el matrimonio o unión forzosa. Un concepto amplio de la violencia sexual se recoge también en el Anteproyecto de Ley Orgánica Integral de la Libertad Sexual presentado al CGPJ, cuyo artículo 3 señala que "en todo caso se consideran violencias sexuales los delitos previstos en el Título VIII del libro II del CP, la mutilación genital femenina, el matrimonio forzado, el acecho con connotación sexual y la trata con fines de explotación sexual".

[21] Departamento de Asuntos Económicos y Sociales de la Secretaría de las Naciones Unidas & División de Estadística, *Directrices para la producción de estadísticas sobre la violencia contra la mujer: Encuestas estadísticas*, Ed. ONU, 2011, p. 16. En las mismas se recoge una lista mínima de actos sexuales.

[22] Como se acaba de apuntar, el Anteproyecto de Ley Orgánica de Garantía Integral de la Libertad Sexual pretende introducir el concepto de violencias sexuales (vid. art. 3).

[23] Aquí se considera acoso sexual "toda forma de comportamiento no deseado, verbal, no verbal o físico, de carácter sexual, que tenga por objeto o resultado

En cualquier caso, todas las formas delictivas que se engloban en el título VIII del Código penal español dedicado a los delitos contra la libertad e indemnidad sexual tendrían cabida en la expresión violencia sexual (así el abuso y la agresión sexual, el abuso y la agresión sexual a menores de 16 años, el acoso sexual, el exhibicionismo y la provocación sexual, los delitos relativos a la prostitución y a la explotación sexual y corrupción de menores), así como aquellas otras que, encontrándose sistemáticamente ubicadas en otros títulos del código, tienen como referencia a la postre la realización de actos sexuales no consentidos como sucede en la solicitud sexual por parte de autoridad o funcionario público o en la trata de seres humanos con fines de explotación sexual[24].

Algunos de los delitos mencionados responden únicamente a la tutela en la esfera sexual de las personas menores de edad y de las denominadas en nuestro Código penal personas con discapacidad necesitadas de especial protección, consideración que merecen aquellas personas que por presentar una deficiencia mental o intelectual permanente requieren de asistencia o apoyo para el ejercicio de su capacidad jurídica y para la toma de decisiones respecto de su persona, de sus derechos o intereses (art. 25 CP). Consecuentemente habría que indicar que una parte de la violencia sexual penalmente relevante que se detectaría en el colectivo de mujeres mayores es consecuencia de concurrir en ellas el factor de la discapacidad. Así sucedería en concreto en los delitos de exhibicionismo y provocación sexual, en los delitos relativos a la prostitución del artículo 188, en los delitos relativos a la pornografía y a la explotación en espectáculos exhibicionistas y pornográficos y de corrupción. Se trata, como se apuntará, de una parte comparativamente pequeña.

La delimitación del grupo de personas perteneciente al denominado colectivo de las personas mayores, por su parte, está condicionada

---

violar la dignidad de una persona, en particular cuando dicho comportamiento cree un ambiente intimidatorio, hostil, degradante, humillante u ofensivo".

24 Nótese que en parte estas formas de violencia sexual también están presente en la construcción de algunos delitos contra la comunidad internacional como sucede en el delito de genocidio (art. 607.1.2º), en el delito de lesa humanidad (art. 607 bis 2. 2º y 9º) y en el delito contra las personas en caso de conflicto armado (art. 611. 9º).

por las características de la sociedad en la que se habita en un determinado momento. Nos encontramos ante un concepto caracterizado por su relatividad, en cuya construcción se proyectarían además los intereses y objetivos propios de la perspectiva desde la que nos acercamos al mismo; de ahí la dificultad de consensuar una definición común. Es muy frecuente, no obstante, tomar como referencia para definir este grupo la que se denominaría edad social de la persona, esto es, la edad de utilidad sociolaboral[25]. Esto hace que se opte por apuntar como momento de inicio de la mayor edad la edad general de jubilación de la persona por razón de la edad prevista en los estados que han alcanzado cierto grado de bienestar social[26]. Este planteamiento habría tenido eco en el Informe de la Ponencia de estudio para la elaboración de estrategias contra la violencia de género del Senado, aprobado por la Comisión de Igualdad en su sesión de 28 de julio de 2017, que parece concretar el significado de la expresión mujeres mayores por referencia a las mujeres que ya han cumplido los 65 años como se aprecia en sus medidas 135 (ofrecimiento de atención especializada a mujeres mayores de 65 años a través de un plan de intervención especializada e interministerial para mujeres mayores de 65 años adaptado a sus circunstancias) y 136 (realización de estudios sobre la situación de las mujeres mayores de 65 años que sufren violencia de género y preparar recursos adaptados a ellas)[27]. Un criterio que ya estaba presente en el ámbito de la protección de las personas mayores a la luz de la Declaración de Almería de 1996 de la I Conferencia Nacional de Consenso sobre el Anciano Maltratado. Sin embargo, la OMS suele utilizar como límite mínimo de la mayor

---

25 J. Gracia Ibañez, "La violencia de género contra las mujeres mayores. Un acercamiento socio-jurídico", cit., p. 304. Así sucedería, según E. G. Krug et al., (eds.), *World report on violence and health*, cit., p. 125, en los países del oeste, donde la edad de jubilación se situaría en 60 o 65 años; mientras que en el resto lo importante es el papel que se le asigna a la persona a lo largo de la vida, de forma que uno es mayor cuando ya no puede cumplir con las funciones laborales y familiares.

26 Precisamente la CEDM tuvo presente expresamente las particularidades de la vejez cuando, en su artículo 11.e, afirma el derecho de la mujer a la seguridad social, en igualdad de condiciones que el hombre, con alusión expresa en particular a la jubilación.

27 Estas medidas están precedidas de la medida 134 que nos habla de la visualización en campañas y actuaciones del colectivo de mujeres mayores.

edad los 60 años[28], la misma edad que tiene presente el CEDAW[29] o la mencionada Declaración política y el Plan de acción internacional de Madrid sobre el envejecimiento. Asimismo no es extraño que en los estudios epidemiológicos se formen grupos de mayores de edades muy distintas[30].

El colectivo de personas que se engloban a partir de la fijación de la edad mínima de la mayor edad es en realidad muy diverso como consecuencia del nivel de bienestar y del incremento de la esperanza de vida, tal y como reconoce la OMS, quien apunta como un desafío importante en la actualidad "la enorme diversidad de los estados de salud y estados funcionales que presentan las personas mayores", precisando que "esta diversidad refleja los cambios fisiológicos sutiles que se producen con el tiempo, pero que solo se asocian vagamente con la edad cronológica"[31]. Forman parte del mismo personas plenamente capaces, saludables y activas y otras que presentan enfermedades y discapacidades asociadas al envejecimiento. De ahí que parece recomendable huir de cualquier identificación automática de la mayor edad con la vulnerabilidad para evitar los prejuicios. Un camino por el que parece haber optado el Convenio de Estambul, que al ordenar a los Estados que en todas las medidas adoptadas para prevenir la violencia de género se tengan en cuenta y se traten las necesidades específicas de las personas que sean vulnerables debido a circunstancias particulares (art. 12.3), no prejuzga la vulnerabilidad de la persona por pertenencia a un colectivo determinado.

---

28 VARIOS, *Informe mundial sobre el envejecimiento y la salud,* Ed. ONS, Ginebra, 2015, *passim.*

29 Así en su Recomendación general nº. 27 se refiere a las mujeres de edad como aquellas que ya han cumplido los 60 años.

30 Por ejemplo, en la revisión de la literatura sobre factores de riesgo y protección de la violencia en la pareja íntima en personas mayores, VARIOS, "Intimate Partner Violence in the Golden Age: Systematic Review of Risk and Protective Factors", cit., p. 3, se optó por la edad mínima de 55 años al considerar que ésta estaba muy extendida y permitía ampliar el grupo de referencia. En el estudio de C. Meneses, (coord.), *La violencia de género en la pareja o el maltratador de mujeres mayores de 60 años*, Ed. Universidad de Comillas y Fundación Luz Casanova, 2018, la muestra poblacional finalmente se formó por personas de edad a partir de 60 años, porque se detectó en el estudio preliminar que las mujeres de 60 a 65 años presentaban una situación similar.

31 VARIOS, *Informe mundial sobre el envejecimiento y la salud,* cit., p. 7.

3. APROXIMACIÓN AL FENÓMENO DE LA VIOLENCIA SEXUAL EN MUJERES MAYORES

3.1. Consideraciones generales

La investigación epidemiológica específica sobre la violencia sexual en mujeres mayores con perspectiva de género apenas ha comenzado a desarrollarse. Esto hace que los intentos por conocer la realidad cualitativa y cuantitativa de este fenómeno sobre la base de la evidencia empírica se estén sirviendo mayormente de investigaciones más amplias realizadas en el campo de la violencia sexual, donde el foco de atención se habría puesto mayormente en la victimización sexual de las personas menores de edad y en relación con concretas manifestaciones de la misma (destacadamente aquellas que comportan la realización de actos sexuales con el ofensor); del maltrato o abuso de personas mayores[32], ámbito en el que se observa una marcada tendencia a abordar conjuntamente la violencia sexual con otras formas de abuso[33] y no se suele prestar atención específica a la variable sexo

---

32 Obsérvese que la definición más aceptada del maltrato hacia personas mayores es fruto de la Red Internacional para la Prevención del Maltrato hacia las Personas Mayores (INPEA) y fue acogida por la Declaración de Toronto para la prevención global del maltrato de las personas mayores (2002). De acuerdo con la misma, el maltrato se define como "la acción única o repetida, o la falta de la respuesta apropiada, que ocurre dentro de cualquier relación donde exista una expectativa de confianza y la cual produzca daño o angustia a una persona anciana"; añadiéndose que puede ser de varios tipos: físico, psicológico/emocional, sexual, financiero o simplemente reflejar un acto de negligencia intencional o por omisión.

33 En nuestro país, sigue esta línea el estudio sobre la prevalencia a nivel nacional del maltrato a personas mayores en la familia de I. Iborra Marmolejo, (coord.), *Maltrato de personas mayores en la familia en España*, Ed. Fundación de la Comunitat Valenciana para el Estudio de la Violencia (Centro Reina Sofía), Valencia, 2008. Se señala aquí que el abuso sexual, definido como cualquier contacto físico no deseado en el que una persona es utilizada como medio para obtener estimulación o gratificación sexual, es la forma de maltrato que menos se da en la muestra total de personas mayores (0,1%), si bien su prevalencia se equipara a la del abuso físico en el caso de las personas dependientes (0,3%). Las víctimas del abuso sexual son siempre las mujeres. También el de M. Sancho, (dir.), *Estudio de prevalencia de malos tratos a personas mayores en la Comunidad Autónoma del País Vasco*, cit., donde el maltrato físico y sexual no se analizan

y a la cuestión del género[34]; y de la violencia de género. En este último marco se suele trabajar con muestras de poblaciones de mujeres que abarcar un rango muy amplio de edad, se acostumbra también a ahondar conjuntamente en distintas manifestaciones de la violencia y además se incide en mayor medida en conocer la violencia que se ejerce dentro de las relaciones de pareja sentimental.

En este orden de cosas, el aprendizaje que podemos hacer a partir de la investigación llevada a cabo sobre el problema concreto de la victimización sexual en mujeres mayores es francamente limitado. Pero la razón de que así sea no se encuentra sólo en la escasez en estos estudios de preguntas destinadas a relacionar las variables violencia sexual, mujeres y mayor edad y todas ellas con otros factores de interés, sino también en el hecho de que en ellos la violencia sexual se analiza desde perspectivas muy diferentes. Esto provoca que las investigaciones utilicen, en función de sus necesidades y objetivos, definiciones propias sobre la victimización sexual de las personas mayores[35], que terminan dificultando en gran medida la comparación de sus resultados en perjuicio de una adecuada comprensión de este problema social y, por consiguiente, de su prevención y tratamiento, como han destacado los trabajos de revisión de esa literatura realizados con el objetivo de conocer la realidad de la victimización sexual de las mujeres de mayor edad[36]. La medición de la violencia sexual se

---

de forma separada y se tratan de conocer a través de la pregunta siguiente: en el último año ¿alguien cercano a Ud. (familiar, persona que le cuida...), le ha amenazado o atemorizado, dañándoles físicamente o tocándole de alguna forma que a Ud. no le guste? Del estudio se desprende que la sospecha de maltrato en general percibida por la persona mayor representa el 0,9% de los casos, siendo el porcentaje en la mujer mucho mayor (72,6% frente al 27,4%). El porcentaje del maltrato es también superior entre el grupo de mayores de menor edad (75%).

34 Así, por ejemplo, el estudio de metaanálisis del maltrato de mayores de VARIOS, "Elder abuse prevalence in community settings: a systematic review and meta-analysis", en *Lancet Glob Health*, 2017, vol. 5, p. 152, que estimaba que la prevalencia del maltrato de personas de 60 años en adelante a nivel global en el último año se situaría en el 15,7%; produciéndose el abuso sexual en el 0,9%.

35 Vid. Department of Economic and Social Afffairs & Division for Social Policy and Develpment, *Neglect, abuse and violence against older women*, cit., pp. 3-10.

36 Así H. Bows, "Sexual violence against older people: a review of the empirical literature", en *Trauma, Violence, Abuse*, 2018, vol. 19, nº. 5, pp. 1-60, quien

enfrenta además a un ulterior obstáculo fruto de la mayor reticencia de las personas a hablar de ella por distintos motivos entre los que se encuentran la vergüenza, el sentimiento de culpa, el miedo a recibir represalias, incluso del entorno social, a no ser creído o a ser castigado penalmente. Algunas de estas razones tienen especial incidencia en el colectivo de mujeres mayores.

Así las cosas, no podemos ofrecer a continuación más que unas pinceladas sobre la victimización sexual de las mujeres de referencia; algunas de ellas realizadas, no obstante, a partir de una visión más amplia de la violencia contra las mujeres mayores[37].

Es un lugar común en la literatura señalar que la violencia de género puede acontecer en cualquier contexto, bajo múltiples circunstancias y ser ejercida por cualquier persona, vinculada o no a la víctima; si bien los estudios estadísticos que se han realizado, principalmente en los países occidentales de alto nivel económico, confluyen en afirmar que la violencia que sufre la mujer es ejercida mayormente por un hombre de su entorno más inmediato, siendo éste muy a menudo su pareja o expareja[38]. En el caso de las mujeres mayores se da la particularidad de que la victimización por razones de género suele estar presente de forma continua a lo largo de toda su vida[39]. El volumen de la violencia que irrumpe en la vida de las mujeres una vez que éstas se

---

revisa los estudios que en las últimas cuatro décadas se han realizado en los tres campos mencionados sobre la violencia sexual en personas de mayor edad.

37 En España la Delegación de Gobierno para la Violencia de Género ha publicado el *Estudio sobre las mujeres mayores de 65 años víctimas de violencia de género*, cit., en el que se analiza una muestra poblacional formada por mujeres atendidas por el Servicio ATEMPRO (Servicio Telefónico de Atención y Protección a Víctimas de la Violencia de Género) y en el Proyecto de Buen Trato a las Personas Mayores de Cruz Roja, dirigido a sensibilizar y prevenir el maltrato de las personas mayores.

38 C. Hagemann-White, *Combating violence against women: stocktaking study on the measures and actions taken in Conseil of Europe Members States*, Ed. Consejo de Europa, Estrasburgo, 2006, p. 7. Así las cosas, han proliferado sobre todo los estudios que analizan la violencia dentro de la pareja íntima; vid. Krug, E. G., et al., (eds.), *World report on violence and health*, cit., pp. 96-121.

39 Vid. la revisión de S. R. Meyer/ M. E. Lasater/ C. García-Moreno, "Violence against older women: A systematic review of qualitative literature", cit., pp. 1-43. Entre otras cosas, se destaca que la violencia física desciende, permaneciendo estable e incluso incrementándose otras formas de abuso.

adentran en la franja etaria de la mayor edad es, en consecuencia, más bajo como también es menor el conocimiento que existe al respecto. Algunos estudios explican la causa de la aparición de la violencia tardía por referencia al establecimiento de nuevas relaciones o a la aparición de la demencia en la pareja[40].

La vasta mayoría de las víctimas de la violencia sexual integrantes del colectivo de personas mayores son mujeres; debiéndose resaltar que si bien parece que son las mujeres blancas las que según los datos estarían en mayor riesgo de victimización, lo cierto es que este hallazgo se considera que está mediatizado por el hecho de una amplísima representación de la mujer blanca en las muestras poblacionales analizadas y la mayor reticencia en algunas culturas a revelar la victimización sexual[41]. Tampoco existe una certeza sobre el subgrupo de mayor edad que presenta un mayor riesgo de victimización, pero sí es compartida por los distintos estudios la identificación como factores de riesgo de la victimización de la mujer un bajo nivel económico, educativo y de salud (física y psíquica).

En relación con las particularidades de este colectivo en el afrontamiento de esta violencia, es común subrayar el hecho de que en la fase avanzada de la vida, las capacidades físicas y emocionales de la mujer para hacer frente a la situación de violencia se atenúan y la falta de esperanza sobre su futuro y el arrepentimiento sobre las decisiones pasadas pasan a convertirse en aspectos centrales de la forma en la que experimentan la violencia, muy especialmente la que se produce en el ámbito de la pareja. Las posibilidades reales de salir de esa situación también disminuyen debido a la dependencia económica y las dificultades para obtener un medio con el que ganarse la vida que le permita desarrollar una vida independiente. A ello se une que este colectivo de mujeres presenta problemas de salud mayores que los de las mujeres más jóvenes y además sus relaciones sociales son más limitadas.

Las normas y patrones sociales de conducta marcados por el género, imperantes en el momento en que se produjo su socialización,

---

40 Estudios citados por S. R. Meyer/ M. E. Lasater/ C. García-Moreno, "Violence against older women: A systematic review of qualitative literature", cit., p. 33.

41 H. Bows, "Sexual violence against older people: a review of the empirical literature", cit., p. 12.

también son determinantes de la manera en que ellas se enfrentan y experimentan la violencia en la pareja, abocándolas a la permanencia en la relación[42], al cuidado de la pareja maltratadora, al sentimiento de vergüenza y al aislamiento social. Tal es así que incluso algunas no llegan ni siquiera a reconocerse como víctimas de esta violencia al haber sido educadas para normalizar la afectación que la violencia de género tiene en sus derechos. Baste apuntar, por lo que se refiere a nuestro país, que la socialización de las mujeres mayores del presente estuvo marcada por un fuerte sistema patriarcal que les asignaba un papel secundario en la sociedad y las excluía del espacio público. Esencialmente su destino era el desarrollo de la función de cuidadoras abnegadas de la familia, lo que hacía que se descuidase su educación y su formación laboral; factores ambos que contribuyen a que la persona sea autónoma. De hecho, eran educadas principalmente para el matrimonio, quedando en caso de contraerlo subordinadas a la voluntad del marido a través del deber de obediencia y de la necesidad de su autorización para la realización de actos personales y patrimoniales. Estas disposiciones civiles estuvieron vigentes hasta la entrada en vigor de la Ley 14/1975, de 2 de mayo, sobre reforma de determinados artículos del Código Civil y del Código de Comercio sobre la situación jurídica de la mujer casada y los derechos y deberes de los cónyuges; momento en que estas mujeres ya habían concluido posiblemente su proceso de formación de la personalidad. Unos años más tarde se aprobaría la Ley 30/1981, de 7 de julio, por la que se modifica la regulación del matrimonio en el CC y se determina el procedimiento a seguir en las causas de nulidad, separación y divorcio. El soplo de libertad que impregnaba la nueva ley tardaría unos años más en sentirse en relación con el ejercicio de la sexualidad; pudiéndose señalar que el cambio del paradigma de la configuración de los delitos sexuales -de delitos contra la honestidad a delitos contra la libertad sexual- no se produce hasta la reforma del Código Penal por LO

---

42 Nótese que la Delegación del Gobierno para la Violencia de Género, *Macroencuesta de violencia contra la mujer 2019,* Ed. Ministerio de Igualdad, Madrid, 2020, p. 256, señala que las mujeres del colectivo de mayor edad han roto con una pareja pasada como consecuencia de la violencia en mucha menor medida que las otras (49,9% frente al 81,4%) y que el motivo que explica el fin de la pareja en las mujeres de esa edad es en mayor medida el fallecimiento de la pareja (13,3%).

3/1989[43]. Aún más tiempo tendría que transcurrir para que se fueran diluyendo los controles sociales que a través de la creación de estereotipos en perjuicio de la mujer de facto condicionan su autodeterminación en la esfera sexual y perpetúan la creencia en un inexistente deber conyugal de la esposa relativo a la realización de actos sexuales con el marido. Esta creencia se sigue escuchando en la actualidad como vemos a través del caso que dio lugar a la condena por violación del marido confirmada en la STS nº. 254/2019, de 21 de mayo (FJ. 3º). Sentencia que una vez más ha tenido que recordar el contenido del voto particular de la Sala del Tribunal Supremo de 5 de octubre de 1995, que más adelante se convertiría en la doctrina de este tribunal: "no existen supuestos "derechos" a la prestación sexual, debiendo primar, ante todo, el respeto a la dignidad y a la libertad de la persona". Se reitera así que "el vínculo matrimonial o la relación de pareja no otorga ningún derecho sobre la sexualidad del otro miembro", que no existe "el débito conyugal en el matrimonio o en la relación de pareja", a tenor de los artículos 32 de la Constitución Española y 66 a 68 del Código Civil y que, en consecuencia "el matrimonio no supone, al menos hoy teóricamente, sumisión de un cónyuge al otro, ni mucho menos enajenación de voluntades ni correlativa adquisición de un derecho ejecutivo cuando se plantee un eventual incumplimiento de las obligaciones matrimoniales, si así puede entenderse la afectividad entre los casados o ligados por relación de análoga significación".

El proceso de socialización de estas mujeres mayores ayuda a comprender la razón de que denuncien o sencillamente hablen de la violencia vivida dentro de la pareja en menor medida que las mujeres de

---

43 Obsérvese que la apertura del proceso constituyente que culminó con la aprobación de nuestra Constitución, el 17 de diciembre de 1978, había provocado la aprobación de la Ley 22/1978, de 26 de mayo, de despenalización del adulterio y del amancebamiento; de la Ley 45/1978, de 7 de octubre, sobre medios anticonceptivos; y de la Ley 46/1978, de 7 de octubre, por la que se modifican los delitos de estupro y rapto, en virtud de la cual, entre otras cosas, el cónyuge de la víctima dejaba de estar legitimado para denunciar. También fue importante en relación con los delitos sexuales la reforma urgente y parcial del Código penal por LO 8/1983, de 25 de junio, que incidió en el alcance del perdón del ofendido. En el caso de la violación dejó de producir efectos, exigiéndose en el resto de delitos sexuales para que fuese eficaz que se produjese antes de que se dictase sentencia. La reforma de 1989 negará por completo efecto alguno al perdón del ofendido.

menor edad[44]. A este silencio ha coadyuvado igualmente el edadismo que, en su proceso de estereotipado sistemático en perjuicio de las personas mayores por el hecho de ser mayores, ha construido una imagen social de la persona mayor de edad como un sujeto desinteresado por la sexualidad[45]. La imagen de la persona de mayor edad como sujeto carente de valor como objeto del deseo sexual, por su parte, no sólo podría haber influido en una menor atención hacia el problema al transmitir la creencia errónea de que la mayor edad es un factor de protección frente a la violencia sexual, sino que además habría facilitado explicaciones alternativas de las pruebas físicas y psíquicas dejadas por la violencia sexual sufrida por los mayores dependientes[46]. Su errónea percepción social como sujeto no sexual podría contribuir, sin embargo, a que su testimonio no fuese cuestionado en consideración de los estereotipos de la denominada "cultura de la violación". La importancia de los estereotipos como mecanismo que agudizan la victimización fue tenida en cuenta específicamente en relación con esas mujeres por parte del CEDAW en la ya citada Recomendación general nº. 27, donde dispuso la obligación de eliminar los estereotipos negativos y de modificar los patrones de conducta sociales y culturales perjudiciales y dañinos para estas mujeres en aras de reducir los abusos físicos, sexuales, psicológicos, verbales y económicos.

---

44 La Delegación del Gobierno para la Violencia de Género, *Macroencuesta de violencia contra la mujer 2019*, cit., pp. 254-256, señala que la denuncia de la violencia de género dentro de la pareja en el colectivo de referencia en el año 2019 fue del 17,6% (22,5% en el grupo de comparación –mujeres de 16 a 64 años-). La denuncia sobre la violencia en la pareja actual es muy inferior (4,4%) a la denuncia de la violencia en parejas pasadas (24,2%). La búsqueda de ayuda formal se produjo en el 22,8% en el grupo de mujeres de 65 en adelante y en un 34,4% en el grupo de comparación. También es menor en el primer grupo la búsqueda de ayuda informal (54,5% frente al 81,3%).

45 Según VARIOS, *Informe mundial sobre el envejecimiento y la salud*, cit., pp. 58 y 59, los datos existentes sobre la actividad sexual en la vejez indican que es frecuente que las personas se mantengan sexualmente activas hasta edades avanzadas. Vid. VARIOS, "Sexualidad en las personas mayores", en *Atención Primaria*, 2006. vol. 37, nº. 9, pp. 504-509.

46 Vid. A. W. Burgess, *Elderly victims of sexual abuse and their offenders*, Informe final presentado al Departamento de Justicia de los Estados Unidos en 2006, p. 13.

3.2. *Prevalencia e incidencia de la violencia sexual en mujeres mayores en España*

El principal instrumento estadístico de medición de la violencia contra la mujer en España es la denominada "macroencuesta de violencia contra la mujer", que comenzó a realizarse en el año 1999, con una periodicidad aproximada de 4 años; siendo responsable de la misma a partir de 2011 la Delegación de Gobierno contra la Violencia Género. Desde entonces y hasta el presente se han publicado los resultados de un total de 6 macroencuestas (1999, 2002, 2006, 2011, 2015 y 2019)[47]. La correspondiente al año 2019 es la que analiza de forma autónoma y con mayor detalle la violencia que sufre el colectivo de las mujeres de 65 años en adelante (a)[48].

El Ministerio del Interior, en los informes específicos sobre los delitos contra la libertad e indemnidad sexual que comienza a hacer públicos a raíz de la reacción social que suscitó el mentado caso de "la manada", incide también en la violencia sexual presuntamente sufrida por el colectivo de mujeres mayores, si bien, a nuestro juicio, no habría tenido debidamente en cuenta la mencionada medida 136 del Informe de la Ponencia de estudio para la elaboración de estrategias contra la violencia de género del Senado desde el momento en que prescinde de relacionar la variable mayor edad con parte de las variables consideradas en el informe (b).

Serán ambas fuentes, la Delegación de Gobierno contra la Violencia de Género y el Ministerio de Interior, las que tomemos en consi-

---

47 Los resultados de estos estudios no resultan plenamente comparables debido a que la metodología de la investigación se modificó de forma importante en 2011 para, a partir de entonces, tener presente las mencionadas directrices de las Naciones Unidas para la producción de estadísticas en este ámbito. Todos ellos se encuentran localizables en la página web de la Delegación de Gobierno contra la Violencia Género.

48 Delegación del Gobierno para la Violencia de Género, *Macroencuesta de violencia contra la mujer 2019*, cit., pp. 247- 266. Obsérvese que la muestra poblacional analizada abarca a un total de 9.568 mujeres residentes en España de 16 o más años, de las que un 24,6% (2.357) tenían en el momento de ser preguntadas 65 o más años.

deración para conocer la prevalencia y la incidencia de la violencia sexual en el colectivo de mujeres mayores en nuestro país[49].

a) En aras de una adecuada comprensión de las conclusiones alcanzadas por los responsables de la última macroencuesta de violencia contra la mujer es preciso destacar previamente que la violencia sexual, en primer lugar, se mide a través de los siguientes ítems: 1. La ha obligado a mantener relaciones sexuales amenazándola, sujetándola o haciéndola daño de alguna manera; 2. La ha hecho mantener relaciones sexuales cuando era incapaz de rechazarlas debido a que Ud. estaba bajo la influencia del alcohol o las drogas; 3. Ha mantenido relaciones sexuales sin desearlo porque tenía miedo de lo que le podría hacer si se negaba; 4. La ha obligado a mantener relaciones sexuales cuando Ud. no quería[50]; 5. Ha intentado obligarla a tener relaciones sexuales contra su voluntad sin conseguirlo; 6. Le ha tocado a Ud. sus partes íntimas –genitales o pecho- o le ha realizado algún otro tipo de tocamiento de tipo sexual cuando Ud. no quería; 7. La ha hecho alguna vez tocarle sus partes íntimas –genitales o pecho- o la ha obligado a realizarle algún otro tipo de tocamiento de tipo sexual cuando Ud. no quería; 8. La ha obligado a realizar alguna otra práctica de tipo sexual que no se haya mencionado ya. Además, habría que observar que una forma de violencia sexual se analiza de forma independiente; se trata del acoso sexual, cuya definición en este estudio desborda, no obstante, la conducta típica del delito de acoso sexual[51]. En segundo lugar, habría que reparar en el hecho de que la macroencuesta nos facilita información sobre la violencia sexual sufrida por estas mujeres tanto dentro de la pareja (pasada o presente) como fuera de la pareja. En tercer lugar, habría que considerar que la información recopilada está referida a tres espacios temporales: la victimización a lo largo de la vida, en los cuatro años anteriores a la entrevista y en los doce meses previos a ésta. En consecuencia, nos

49 Las estadísticas judiciales sobre condenados que publica el INE ofrecen desde 2017 información más detallada sobre las condenas por delitos sexuales, sin embargo, siguen sin facilitar datos sobre la edad de las víctimas.

50 Estas primeras cuatro preguntas aluden a la violencia sexual que en el estudio se denomina violación; debiéndose observar que no coincide el concepto de violación del estudio con el concepto jurídico-penal. Vid. artículo 179 CP.

51 Vid. artículo 184 CP.

informa de la violencia sexual que el grupo de mujeres declara haber sufrido en esta fase de la vida más avanzada y también a lo largo de la misma. En cuarto lugar, convendría hacer notar que en el estudio se realizan algunas comparaciones entre la violencia sexual sufrida por este colectivo y la violencia sexual ejercida sobre el resto de mujeres entrevistadas (mujeres de 16 a 64 años). Y, en quinto lugar, cabría resaltar que, aunque la encuesta nos ofrece también información sobre otras cuestiones de gran interés como son las consecuencias físicas, psíquicas y laborales de la violencia en pareja o la denuncia y búsqueda de ayuda formal o informal, sólo las vincula específicamente con la violencia sexual cuando ésta se produce fuera de la pareja. Lo mismo sucede en relación con la información sobre los agresores sexuales.

A la luz de los resultados de la macroencuesta de 2019, la violencia sexual dentro de la pareja, pasada o presente, ejercida sobre la mujer que en el momento de la encuesta ya ha cumplido los 65 años tiene una prevalencia del 6,1% sobre las mujeres de 65 años o más con pareja actual o pasada si tomamos como referencia temporal toda la vida de la mujer; una tasa de prevalencia inferior a la que se observa para el resto de las mujeres emparejadas en algún momento (mujeres de 16 a 64 años), situada en el 10,2%. La tasa de prevalencia en ese colectivo de mujeres mayores a lo largo de la vida, al igual que sucede en el grupo de comparación, es mayor si la violencia sexual ha tenido lugar por parte de parejas pasadas, alcanzándose entonces un 8,1% -14,8% para el resto de las mujeres-. En cambio, en la línea del resto de formas de violencia analizadas, la prevalencia a lo largo de la vida de la violencia sexual por parte de la pareja actual en el grupo de mujeres de 65 años en adelante es mayor que en el otro grupo, situándose en un 3,4% frente al 1,6%.

La prevalencia de la violencia sexual en la pareja en este grupo de mujeres mayores se reduce a medida que tomamos como referencia períodos de tiempo más cercanos. En los cuatro años previos a la entrevista, la tasa del 6,1% anteriormente aludida desciende al 0,9% (3,7% en el grupo de comparación); habiéndose producido esta violencia en parejas pasadas en un 0,4% (4,2% en el grupo de comparación) y en parejas presentes en el 1,4% (1,3% en el grupo comparativo)[52]. Las diferencias que se observan entre la violencia en parejas pasadas y la violencia con la pareja actual se explican en el análisis que realizan los autores de la macroencuesta en el hecho de que las relaciones de pareja pasadas habrían finalizado hace bastantes años en muchos casos (separación/ fallecimiento).

Si tomamos como referencia los doce meses previos a la entrevista, volvemos a observar un descenso en la violencia sexual sufrida por la mujer de 65 años en adelante en la pareja; situándose en este caso la tasa de prevalencia en el 0,5%. La tasa de prevalencia en este período es también más alta en la pareja actual (0,9%) que en la pareja pasada (0,2%), mientras que es coincidente para las mujeres del grupo comparativo (1,2%)[53].

La tasa de prevalencia de la violencia sexual en este colectivo en cualquier pareja a lo largo de la vida coincide con la tasa de prevalencia de violencia física. Ésta es menor en el caso de la violencia en la pareja actual (2,5% frente al 3,4%) y ligeramente mayor para la violencia en parejas pasadas (8,8% frente al 8,1%). En cambio, la prevalencia de la violencia sexual es siempre mayor que la prevalencia de la violencia física en los cuatro años y en los doce meses previos a la entrevista; siendo además más grande la diferencia entre ambas clases de violencia en el caso de la violencia que se produce dentro de la pareja actual (1,4% frente al 0,8% en los 4 años previos; 0,9% frente al 0,4% en los doce meses previos).

El estudio no encuentra diferencias significativas en la frecuencia de los episodios de violencia sexual en la pareja actual entre el grupo de mujeres mayores y el resto de las mujeres, pero en el caso de la ejercida por la pareja pasada si se observaría una tendencia hacia una mayor frecuencia de la violencia en las mujeres mayores.

Como decíamos, en la macroencuesta también se analiza la violencia sexual fuera de la pareja; indicándose al respecto una tasa de prevalencia a lo largo de la vida entre las mujeres de 65 años en adelante del 2,8% (frente al 7,7% en el resto de mujeres), siendo ésta

52 En este último caso la diferencia de la prevalencia entre el grupo de mujeres mayores y el resto de mujeres no es estadísticamente significativa.

53 Las diferencias entre ambos grupos para la violencia sexual en la pareja actual no son estadísticamente significativas.

muy inferior cuando se toma como referencia los últimos 4 años y los últimos doce meses, donde en ambos casos se fija en el 0,1% (1,8% y 0,6% respectivamente en el grupo de comparación). Un 2% las mujeres de edad víctimas de violencia sexual fuera de la pareja sufrió esta violencia antes de la edad de 15 años.

También se ha desglosado la tasa de prevalencia en el caso de la denominada violación a efectos del estudio fuera de la pareja, que engloba los supuestos de violencia sexual identificados como más graves. Se evidencia en este punto que el 0,5% de las mujeres de 65 años en adelante han sido violadas fuera de la pareja frente al 2,8% del resto de las mujeres.

La frecuencia de los episodios de violencia sexual no refleja diferencias significativas entre las mujeres mayores y el resto; pudiéndose advertir que prácticamente en la mitad de los casos la violencia sexual no es episódica.

Si centramos la atención en el agresor sexual, la encuesta pone de manifiesto que mayormente se trata de una persona conocida, en mayor medida un amigo o conocido hombre; al igual que sucede en el grupo de comparación.

Como apuntábamos anteriormente, en el caso de la violencia sexual fuera de la pareja sufrida por las mujeres de 65 años en adelante se recogen algunas observaciones en relación con las consecuencias físicas, psíquicas y laborales, que ponen de manifiesto que no existen diferencias estadísticas significativas en la tasa de lesiones casusas por la violencia sexual entre los dos grupos etarios de comparación. Las consecuencias psicológicas que han sufrido las mujeres mayores a raíz de esa violencia son menores que las causadas al otro grupo de edad[54]. La incapacitación de las mujeres para ir al lugar de trabajo o de estudio fue la misma en ambos grupos, pero el contraste entre ambos grupos es significativo por las diferencias en la categoría "en ese momento no trabajaba/ no estudiaba", mayor en el caso de las mujeres mayores (18,4% frente al 5,8%).

La encuesta corrobora una vez más que sólo una pequeña parte de la violencia sexual es denunciada. No existiendo diferencias

---

[54] No hay diferencias significativas entre unas y otras en el consumo de sustancias para afrontar la violencia sufrida.

estadísticas significativas entre el grupo de mujeres mayores y el resto de las mujeres. Tampoco existen estas diferencias en relación con la búsqueda de asistencia en los servicios de ayuda formal; acción que no suelen emprender las mujeres, ofreciéndose el dato de que 90,9% de las mujeres de 65 y más años no han buscado esta ayuda; porcentaje algo más alto que el 88,3% que representa a quienes buscan la ayuda en el otro grupo.

Las mujeres en mayor medida cuentan lo que les ha sucedido a personas de su entorno, haciéndolo en menor medida el grupo de las mujeres mayores (52,2%) que el grupo formado por el resto de las mujeres (75,2%). Las principales diferencias entre ambos grupos se aprecian en el menor porcentaje de mujeres mayores que han hablado de ello con amigas (13,2% frente al 43,1%) o con amigos (2,7% frente al 17%).

En general, resulta que el 58,3% de las mujeres mayores han verbalizado la violencia ante terceros frente al 77,7% del otro grupo.

La encuesta también nos ofrece algunos datos sobre las conductas no deseadas con una connotación sexual que a las personas entrevistadas les han hecho sentirse ofendidas, humilladas o intimidadas; es lo que se llama en la macroencuesta acoso sexual. Las mujeres de 65 o más años manifiestan en menor medida que el resto de las mujeres haber sufrido esta forma de acoso. Se habría detectado en concreto una tasa de prevalencia de acoso sexual a lo largo de la vida del 22,7%, en los últimos cuatro años del 1,7% y en los últimos doce meses del 0,7%; dándose además la particularidad de que el acoso se produjo antes de los 15 años de edad en el 9,2% de los casos. En el grupo de comparación las tasas de prevalencia respectivamente serían del 46,2%, 23,5%, 13,2% y 21,6%. Además, las mujeres mayores acosadas sexualmente a lo largo de la vida afirman en mayor porcentaje que sufrieron el acoso en más de una ocasión (68,2%, frente al 30,5% que representa a las mujeres que lo experimentaron en una sola ocasión)[55]. El acosador es predominantemente un hombre, prin-

[55] Lo mismo sucede en el grupo de comparación si bien el porcentaje es mayor (76,3%).

cipalmente desconocido para la mujer (71,6%)[56]. También se vuelve a constatar que las mujeres mayores son más reticentes a hablar de lo sucedido con alguien de su entorno (46,6% frente al 59,7% del grupo de comparación).

b) Las instancias de control formal nos informan sobre todo de la incidencia de la violencia sexual, esto es, del número de casos detectados en el ejercicio de sus funciones, por lo general, en un año natural, sin perjuicio de que en ocasiones se tomen en consideración otras variables como, por ejemplo, la edad, el sexo, la nacionalidad o se puedan presentar por estas instancias informes más detallados. Así sucede en los informes anuales que desde 2017 publica el Ministerio del Interior con los datos obrantes en el Servicio Estadístico de Criminalidad relativos a los hechos conocidos por las Fuerzas y Cuerpos de Seguridad del Estado. Estos informes, titulados "Informe sobre delitos contra la libertad e indemnidad sexual", se centran en la violencia sexual detectada en un determinado año, tomando como eje el título VIII del Libro II del Código penal. Quedarían, en consecuencia, excluidos otros delitos sexuales como la solicitud sexual por parte de un funcionario o autoridad o la trata de seres humanos con fines de explotación sexual[57].

A la luz de los datos que se recogen en el último de los informes publicados, centrado en el año 2019[58], cabría observar que en el período de referencia 2013 a 2019 las victimizaciones de las personas (sin discriminación por sexo) de 65 años y más son de lejos las que presentan un porcentaje más bajo de victimización sexual, representando entre un 0,8% y 1,1% del total de las víctimas. La victimización sexual de este grupo etario en el conjunto de victimizaciones a lo largo de esos años presenta una tendencia creciente hasta 2017 (1,1%), seguida de un ligero descenso en 2018 (0,8%) y de nuevo un aumento en 2019

---

56 El vínculo entre acosador y víctima y el sexo se reproduce prácticamente en el grupo de comparación.

57 El hecho de que la erradicación de la trata de seres humanos se haya convertido en uno de los objetivos de la política criminal internacional y nacional hace que el Ministerio del Interior también presente un balance específico sobre este fenómeno. Sin embargo, no se atiende a concretos grupos de edad, limitándose a la distinción entre personas menores de edad y personas adultas.

58 Nótese que en alguna ocasión los datos que constan en el informe de 2017 no coinciden con los que para los mismos años se recogen en posteriores informes.

(1%). No obstante, en términos absolutos se aprecia que el número de víctimas de mayor edad ha experimentado un importante aumento en 2019, elevándose a 151 (2013: 82; 2014: 83; 2015: 104; 2016: 105; 2017: 129; 2018: 119)[59]. El informe de referencia, que en conjunto detecta en ese período a 773 víctimas, se detiene además en la evolución de la ciberdelincuencia sexual; cruzando los datos anteriores con el uso de las TIC. En este punto la evolución de esta delincuencia con víctimas de 65 años en adelante sufre más altibajos en el período de 2013 a 2019, decreciendo de forma constante desde 2016. El número de casos es en todo caso bajo, oscilando entre 3 y 14 casos[60].

La variable sexo y la edad sólo se combinan por referencia al año del informe; poniéndose de manifiesto a través de los datos de 2019 que de las 151 víctimas registradas en ese año 124 son mujeres (82%) y 26 son hombres (17%)[61]. Un porcentaje mayor que el que éstas tienen en el grupo etario referido a los menores de edad (80%)[62] y menor que el que presentan en el resto de los grupos etarios (de 18 a 30: 92%; de 31 a 40: 89%; de 41 a 64: 87%).

El delito que se da con más frecuencia en el caso de estas mujeres es el abuso sexual (83 casos, de los cuales 3 eran con penetración), seguido de la agresión sexual (34, en 9 casos con penetración). El resto de las infracciones sexuales registradas en relación con este grupo ese año fueron el delito de acoso sexual (4 casos), la prostitución (3 casos) y el exhibicionismo (1 caso). Si tenemos presente que los delitos de exhibicionismo sólo protegen a los menores y a las personas con discapacidad necesitadas de especial protección, podemos concluir que al menos una mujer víctima de la violencia sexual tenía esa discapacidad.

---

59 En el periodo de referencia la evolución global de los hechos conocidos manifiesta una línea ascendente; pudiéndose mencionar que en 2015 se ampliaron las figuras delictivas.

60 2003: 9; 2014: 8; 2015: 14; 2016: 9; 2017: 7; 2018: 3 y 2019: 4.

61 El porcentaje de mujeres era mayor en 2018 (86%) y en 2017 (84%).

62 Nótese que, si se divide el grupo de menores en dos, esa afirmación sería cierta sólo para el grupo de 0 a 13 (75%), dado que en el grupo de 14 a 17, la mujer representa el 84%.

Por lo que se refiere a la nacionalidad de la víctima, es el grupo de edad en el que se da el menor porcentaje de victimizaciones de personas extranjeras (en 2019 un 9,3%).

No se desglosan los datos resultantes de combinar el sexo de la víctima con su edad y la relación con el ofensor. De cualquier forma, a la luz de la información que se facilita no se trataría de casos relacionados con la violencia de género o con la violencia familiar.

Este informe ofrece datos sobre el responsable penal de la victimización sexual, pero en ningún caso se ponen en conexión con el colectivo de mujeres de 65 o más edad.

En definitiva, existen muchas lagunas que podrían colmarse si se cruzasen los datos tomando como eje a este colectivo de mujeres.

4. EL ANTEPROYECTO DE LEY ORGÁNICA DE GARANTÍA INTEGRAL DE LA LIBERTAD SEXUAL

El Anteproyecto de Ley Orgánica de Garantía Integral de la Libertad Sexual sobre el que se ha pronunciado el 25 de febrero de 2021 el CGPJ asume la interseccionalidad como concepto básico sobre el que describir las obligaciones del Estado frente a las discriminaciones y su impacto, según se expresa en su Exposición de motivos. Consiguientemente se recoge entre el elenco de los principios rectores de la futura ley el principio de atención a la discriminación interseccional y múltiple (art. 2.5), a cuyo tenor en su aplicación "la respuesta institucional tendrá en especial consideración a las víctimas de violencias sexuales con otros factores superpuestos de discriminación, tales como el origen racial o étnico, la nacionalidad, la discapacidad, la orientación sexual, la identidad de género, la salud, la clase social, la migración, la situación administrativa de residencia u otras circunstancias que implican posiciones más desventajosas de determinados sectores para el ejercicio efectivo de sus derechos"[63]. Entre los factores discriminatorios expresamente

---

[63] En contraste la Ley orgánica 8/2021, de 4 de junio, de protección integral a la infancia y la adolescencia frente a la violencia, ha modificado el artículo 22.4 del CP, relativo a la circunstancia agravante de discriminación, para introducir la edad entre los factores discriminatorios. En su preámbulo se puede leer que esta

mencionados no se encuentra el relativo a·la mayor edad, que, dado el carácter ejemplificador de los motivos aludidos, podría quedar amparado, no obstante, en la expresión "otras circunstancias que implican posiciones más desventajosas de determinados sectores para el ejercicio efectivo de sus derechos" desde el momento en que los estudios sobre el colectivo de mujeres de 65 años y más edad, aunque aún sean escasos, revelan que la violencia de género que sufren estas personas reviste particularidades que hay que tomar en consideración en el abordaje del problema. Sí se contempla expresamente el colectivo de mujeres mayores, que no se define en el anteproyecto de ley, en el marco del principio de accesibilidad universal a los recursos, con el que se busca que todas las acciones y medidas recogidas en la ley sean comprensibles y practicables para todas las víctimas (art. 2.6)[64].

Nos gustaría destacar también que la futura ley favorece la investigación de base empírica sobre la violencia sexual, incluida la relativa a una posible discriminación interseccional o múltiple, si bien no incide de manera particular en la necesidad de conocer qué sucede en el colectivo de mujeres mayores (arts. 4, 5 y 6).

La edad, sin precisar si se está pensado en la minoría de edad o en la mayor edad o en ambas, se habrá de tomar en consideración, entre otras cosas, para hacer accesible las campañas institucionales de prevención e información sobre la violencia sexual (art. 9). Las campañas que se contemplan ahí son generales, por consiguiente, aunque se entendiera incluida en esa referencia la mayor edad, se continuaría ignorando que el proceso de socialización de estas mujeres mayores habría condicionado su forma de entender las relaciones de pareja hasta el punto de tolerar e incluso no reconocer la violencia de género. Quedaría, por tanto, a nivel administrativo la decisión sobre la

---

causa de discriminación se incorpora, "en una vertiente dual, pues no solo aplica a los niños, niñas y adolescentes, sino a otro colectivo sensible que requiere amparo, como son las personas de edad avanzada".

64 Obsérvese que a diferencia de la LOPIVG la mayor edad por sí sola no confiere automáticamente a la víctima prioridad en el disfrute de ningún derecho -cfr. el artículo 41 del Anteproyecto (acceso a la vivienda) y el artículo 28 de la LOPIVG-.

realización de campañas específicas que visualicen la violencia sexual en este colectivo.

A la luz del anteproyecto se transmite además la sensación de que la intervención con las mujeres de este colectivo se ancla sobre todo en el ámbito sanitario o sociosanitario (arts. 8 y 19) y en el marco de las instituciones residenciales (art. 15)[65]. Ahora bien, como dijimos, el formar parte del colectivo de mujeres mayores no significa necesariamente que estas personas presenten problemas de salud o socioeconómicos que las lleven a mantener un contacto con los profesionales del sistema de salud o de protección social. A resultas, podría ser que una parte de este colectivo de mujeres siguiese sin recibir una atención especializada.

5. BIBLIOGRAFÍA

Bows, H., "Sexual violence against older people: a review of the empirical literature", en *Trauma, Violence, Abuse,* 2018, vol. 19, nº. 5.

Burgess, A. W., *Elderly victims of sexual abuse and their offenders,* Informe final presentado al Departamento de Justicia de los Estados Unidos en 2006.

Crenshaw, K., "Mapping the margins: interseccionality, identity politics and violence against women of color", en *Stanford Law Review*, 1991, vol. 43. Disponible en https://sph.umd.edu/sites/default/files/files/Kimberle_Crenshaw_Mapping_the_Margins.pdf (consulta 5-01-2021).

Delegación del Gobierno para la Violencia de Género, *Macroencuesta de violencia contra la mujer 2019,* Ed. Ministerio de Igualdad, Madrid, 2020.

- *Percepción social de la violencia sexual,* Ed. Ministerio de Sanidad, Consumo y Bienestar Social. Centro de Publicaciones, Madrid, 2018.
- *Estudio sobre las mujeres mayores de 65 años víctimas de violencia de género*, Madrid, s.f.

Departamento de Asuntos Económicos y Sociales de la Secretaría de las Naciones Unidas & División de Estadística, *Directrices para la producción*

65 En el caso de las residencias, que se trata conjuntamente con los lugares de privación de libertad, expresamente se establece el deber de arbitrar procedimientos específicos para su prevención y para dar cauce a las denuncias o reclamaciones que pudieran formular las víctimas. No se tiene presente que es posible que la víctima por sí misma no pueda denunciar.

de estadísticas sobre la violencia contra la mujer: Encuestas estadísticas, Ed. ONU, 2011.

Department of Economic and Social Afffairs & Division for Social Policy and Develpment, *Neglect, abuse and violence against older women,* Ed. ONU, 2013.

Faraldo Cabada, P. /Acale Sánchez, M., (dirs.), *La Manada. Un antes y un después en la regulación de los delitos sexuales en España,* Ed. Tirant Lo Blanch, Valencia, 2018.

Gracia Ibañez, J., "Una mirada interseccional sobre la violencia de género contra las mujeres mayores", en *Oñati Socio- legal Series*, 2015, vol. 5, nº. 2.

- "La violencia de género contra las mujeres mayores. Un acercamiento socio-jurídico", en *Revista Derechos y Libertades*, 2012, nº. 27.

Hagemann-White, C., *Analytical study of the results of the Fourth Round of Monitoring the Implementation of Recommendation Rec(2002)5 on the Protection of Women against Violence in Council of Europe member states*, Ed. Consejo de Europa, Estrasburgo, s.f.

- *Combating violence against women: stocktaking study on the measures and actions taken in Conseil of Europe Members States*, Ed. Consejo de Europa, Estrasburgo, 2006.

Iborra Marmolejo, I., (coord.), *Maltrato de personas mayores en la familia en España,* Ed. Fundación de la Comunitat Valenciana para el Estudio de la Violencia (Centro Reina Sofía), Valencia, 2008. Disponible en https://www.researchgate.net/publication/307441179_Maltrato_de_personas_mayores_en_la_familia_en_Espana (consulta 3-01-2021).

Krug, E. G., *et al.*, (eds.), *World report on violence and health*, Ed. OMS, Ginebra, 2002.

Lowenstein Lazar, R., "Me too? The invisible older victims of sexual violence", en *Michigan Journal of Gender & Law,* 2020, vol. 26, nº. 2.

Malgesini, G./ Romero, R./ Grane, A., "Las mujeres víctimas de género, atendidas en el servicio ATENPRO", en *Boletín sobre Vulnerabilidad Social*, 2017, nº. 14.

Meneses, C., (coord.), *La violencia de género en la pareja o el maltratador de mujeres mayores de 60 años*, Ed. Universidad de Comillas y Fundación Luz Casanova, 2018.

Meyer, S. R./ Lasater, M. E./ García-Moreno, C., "Violence against older women: A systematic review of qualitative literature", en *PLoS ONE*, 2020, vol. 15, nº. 9 (e0239560. https://doi.org/10.1371/ journal.pone.0239560).

Ministerio del Interior, *Informe sobre delitos contra la libertad e indemnidad sexual en España,* relativo a 2017, 2018 y 2019, Ed. Ministerio del Interior.

Ministerio de Sanidad, Servicios Sociales e Igualdad, *Estrategia nacional para la erradicación de la violencia contra la mujer (2013-2016),* Ed. Ministerio de Sanidad, Servicios Sociales e Igualdad, Madrid, 2013.

Sancho, I., (dir.), *Estudio de prevalencia de malos tratos a personas mayores en la Comunidad Autónoma del País Vasco,* Ed. Servicio Central de Publicaciones del País Vasco, San Sebastián, 2011.

VARIOS, "Intimate partner violence in the golden age: systematic review of risk and protective factors", en *Frontiers in Psichology*, 2018, vol. 4.

VARIOS, *Informe mundial sobre el envejecimiento y la salud,* Ed. ONS, Ginebra, 2015.

VARIOS, "Sexualidad en las personas mayores", en *Atención Primaria,* 2006. vol. 37, nº. 9.

Capítulo X

La tipificación del art. 152 del Código Penal portugués

GUMERSINDO GUINARTE CABADA
Profesor Titular de Derecho Penal
Universidad de Santiago de Compostela

MARÍA CASTRO CORREDOIRA
Profesora Interina de Derecho Penal
Universidad de Santiago de Compostela

1. EVOLUCIÓN LEGISLATIVA

Al igual que en el caso español, en Portugal, la preocupación social por la violencia contra la mujer y la violencia familiar se remonta a finales de los años 70, cuando se comenzó a tener conciencia de que la violencia familiar, casi siempre silenciada, es una de las grandes lacras de nuestra sociedad,[1] dada su magnitud y gravedad (tanto a nivel individual, como a nivel social)[2].

---

[1] La Convención sobre la eliminación de todas las formas de discriminación contra la mujer (CEDAW) de la ONU fue ratificada por el Parlamento portugués en el año 1980, a través del artículo 8 de la Constitución de la República de Portugal.

[2] Ac. del Tribunal de Relação de Lisboa, de 31 de mayo de 2016, proceso nº 249/14.9PAPTS.L1-5; Ac. del Tribunal de Relação de Lisboa, de 17 de abril de 2013, proceso nº 790/09.5GDALM.L1-3; Ac. del Tribunal de Relação de Porto, de 6 de febrero de 2013, proceso nº 2167/10.0PAVNG.P1; Ac. del Tribunal de Relação de Évora, de 30 de junio de 2015, proceso nº 1340/14.7TAPTM.E1;

Esto fue, precisamente, lo que motivó que en los años 80, el legislador portugués asumiese, por primera vez, la tipificación penal de un delito con el que se conferiría dignidad penal a las situaciones más perturbadoras de malos tratos a cónyuges (o personas que conviviesen de forma análoga)[3] y a niños[4]. Con ello, esta violencia, hasta ese momento relegada a un plano familiar e íntimo, adquirió una dimensión social y pública, que propició una progresiva intervención institucional en la materia. La vigencia de esta tipificación justifica que se hable de una "neo-criminalización"[5] de la violencia doméstica, no en el sentido de que se trate de un fenómeno novedoso, sino como resultado de la reciente concienciación social de la gravedad de la violencia en la pareja como problema social[6].

Ac. del Tribunal de Relação de Guimarães, de 4 de marzo de 2013, proceso nº 746/11.8PBGMR.G1.

3 Ac. del Tribunal de Relação de Évora, de 30 de junio de 2015, proceso nº 1340/14.7TAPTM.E1, *cit.*; Ac. del Tribunal de Relação de Guimarães, de 4 de marzo de 2013, proceso nº 746/11.8PBGMR.G1, *cit.*

4 TAIPA DE CARVALHO, A., en FIGUEIREDO DIAS, J. (coord.), *Comentário Conimbricense do Código Penal, Parte Especial, artigos 131º a 201º, Tomo I*, Coímbra Editora, 1ª ed., 1999, p. 330, donde apunta que "la familia, la escuela y la fábrica ya no podían constituir feudos sagrados, donde el derecho penal se tenía que abstener de intervenir". Buena prueba de ello fue el tono con que enfrentaba la "neocriminalización" de estos comportamientos el autor del Anteproyecto de 1996. En palabras de Eduardo Correia "estos artículos (arts. 166º y º167º del Anteproyecto, que globalmente corresponden al número 1 del actual art. 152) responden a la necesidad de punir con dignidad penal los casos más chocantes de malos tratos a niños y de sobrecarga de menores y subordinados. En ambos artículos se hace referencia a un elemento de la personalidad: la malicia o egoísmo". Los términos ""malicia ou egoísmo" son dos expresiones que revelan los recelos en intervenir penalmente en los dominios que, tradicionalmente, parecían prolongar un poder casi absoluto del marido, del padre, del educador, y del empleador".

5 Ac. del Tribunal de Relação de Porto, de 6 de febrero de 2013, proceso nº 2167/10.0PAVNG.P1, *cit.*; Ac. del Tribunal de Relação de Porto, de 6 de febrero de 2013, proceso nº 2167/10.0PAVNG.P1, *cit.*

6 Sobre la adquisición de dimensión púbica de la violencia doméstica, PIZARRO BELEZA, T., *Maus tratos conjugais: o art. 153, nº 3 do Código Penal*, AAFDL, Lisboa, 1989.

El delito de malos tratos fue introducido[7] en el Código penal portugués en el artículo 153[8], bajo la rúbrica "Malos tratos o sobrecarga de menores y de subordinados o entre cónyuges"[9]. Al igual que en el caso español, la inicial y muy deficiente redacción del precepto dificultaba su aplicación, generando un importante conflicto dogmático y jurisprudencial. Esta redacción primitiva del precepto[10], en su versión original del Código Penal de 1982, aprobada por el Decreto Ley 400/82, de 23 de septiembre, establecía, en su artículo 153:

"El padre, madre o tutor de menor de 16 años, o todo aquel que lo tenga a su cuidado o a su guarda, o quien tenga la responsabilidad de su dirección o educación, será castigado con pena de prisión de 6 meses a 3 años y multa de hasta 100 días cuando, debido a malicia o egoísmo:

a) Le infligiese malos tratos físicos, lo tratase cruelmente o no le prestase los cuidados o la asistencia a la salud que los deberes derivados de sus funciones le imponen;
b) Lo emplease en actividades peligrosas, prohibidas o deshumanas, o lo sobrecargase, física o intelectualmente, con trabajos excesivos o inadecuados de modo que ofendiese su salud, su desarrollo intelectual, o lo expusiese a grave peligro.

2. De la misma forma será castigado quien tenga, como subordinado, por relación de trabajo, a una mujer embarazada, a una persona débil de salud o menor, si se verificasen los presupuestos del nº 1.

---

7 Con anterioridad, el Estado no había contribuido a favorecer la situación de la mujer sino, antes al contrario, a agravar su estatus jurídico, por cuanto toleraba la violencia conyugal con el objetivo de hacer prevalecer el interés del Estado y de la familia. Vid. en este sentido, PIZARRO BELEZA, T., *Mulheres, Direito, Crime ou a Perplexidade de Cassandra,* Lisboa, 1990, pp. 181-182.

8 La primitiva configuración del delito tuvo como fuente los artículos 92º y 93º del STGB austríaco.

9 La rúbrica ya es reveladora de la intención del legislador: penar situaciones donde exista dominio, subordinación, sumisión, control.

10 El ilícito analizado ha ido sufriendo diversas alteraciones a lo largo de los años, tanto en lo relativo a sus elementos, como en lo atinente a su propia naturaleza procedimental (ya ha gozado de carácter público, semipúblico e híbrido), la descripción de su acción típica y en lo que refiere a sus sujetos pasivos.

3. De la misma manera será castigado quien infligiese a su cónyuge el tratamiento descrito en el apartado a) del número 1° de este precepto".

Esta temprana tipificación penal de la violencia doméstica restringía la *ratio* del tipo a la integridad física. Ello es acorde a la concepción inicial del delito como una forma agravada de los delitos contra la integridad física (delitos de ofensas corporales simples)[11].

El tenor original del precepto, a pesar de la controversia suscitada en el marco del Anteproyecto, mantuvo la referencia expresa a la "malicia y el egoísmo". Con ello, existían dudas acerca de si las conductas reconducibles a los malos tratos conyugales exigían o no la concurrencia de alguno de estos elementos intencionales. A este respecto, la jurisprudencia optó por desarrollar una línea de enjuiciamiento de los malos tratos ciertamente restrictiva, no bastando la concurrencia de dolo como elemento subjetivo del tipo, exigiendo, además, que este se cometiese mediando esa referida "malicia" o egoísmo[12].

Asimismo, la primaria redacción preveía únicamente la violencia reiterada, idea, por otra parte, reforzada por el Tribunal Supremo, que en su Ac. de 8 de enero (proceso n° 934/96), sentó las bases para exigir el elemento de la habitualidad, no bastando, por ello, una conducta aislada, desprovista de dicha exigencia, para apreciar el delito de malos tratos del art. 153.

Posteriormente, en el año 1995, a través del Decreto Ley n° 48/95[13], se llevó a cabo una importante modificación del Código Penal en el precepto que nos ocupa. El legislador portugués, consciente de que hay manifestaciones de violencia que se producen en el dominio fa-

---

11 Como muy bien apunta la sentencia del Tribunal de Relação de Porto, de 6 de febrero de 2013, proceso nº 2167/10.0PAVNG.P1, *cit.*, en la actualidad, esta tendencia interpretativa es, a todas luces, inaceptable, por reduccionista y limitativa.

12 A este respecto, en opinión de un sector jurisprudencial, esta exigencia, lejos de limitarse al ámbito de los malos tratos, se extendió a los casos de violencia de un cónyuge sobre otro. Así lo señala la sentencia del Tribunal de Relação de Porto, de 6 de febrero de 2013, proceso nº 2167/10.0PAVNG.P1, *cit.* En contra de la aplicación de esta jurisprudencia de exigencia de "malicia o egoísmo", PIZARRO BELEZA, T., *Maus tratos conjugais, cit.* pp. 181-182.

13 Sobre la tramitación de esta reforma, vid. *Código Penal- Actas e Projecto da Comissão de Revisão,* Ministerio da Justiça, Lisboa, 1993, pp. 230 y ss.

miliar y conyugal en forma de violencia psíquica (*v. gr.* humillaciones, insultos, amenazas, provocaciones), que en ocasiones, son mucho más graves que algunas ofensas corporales, previó expresamente los malos tratos psíquicos[14]. Con esta reforma, por tanto, pasaron a integrarse, en la *ratio* del precepto, los malos tratos de naturaleza psíquica, entendiendo por tales las conductas que revelan un desprecio manifiesto por la condición humana de la pareja[15].

Otra de las más importantes modificaciones operadas por esta reforma refiere a la eliminación, del tenor del precepto, de la aludida exigencia de "malicia o egoísmo"[16]. También se confirió naturaleza semipública al delito[17], y se agravaron algunas sanciones penales.

Poco después, en el año 1998, a través de la Ley 65/1998, de 2 de septiembre, el legislador, manteniendo la exigencia de denuncia para iniciar el procedimiento, atribuyó al Ministerio Público la posibilidad de "dar inicio al procedimiento si el interés de la víctima lo impusiera y no hubiese oposición del ofendido antes de ser deducida acusación" (persecución *ex officio*).

Consciente de que los cambios introducidos hasta el momento no soslayaban todos los defectos de la regulación, el legislador volvió a operar modificaciones en el año 2000, y lo hizo a través de la Ley 7/2000, de 27 de mayo, con la que también se incorporó, al elenco punitivo, la pena accesoria de prohibición de contacto con la víctima[18]. Asimismo, retornó a la concepción del año 1982, pasando a

---

14 Hasta esta reforma, el tipo objetivo del delito de violencia doméstica únicamente lo integraban los malos tratos físicos, ampliándose ahora su magnitud, quedando integrados los malos tratos psíquicos, en sus más diversas manifestaciones.

15 Ac. del Tribunal de Relação de Porto, de 29 de febrero de 2012, proceso nº 368/09.3PQPRT.P1.

16 Dejando estos elementos de ser constitutivos del delito, las acciones que, perpetradas por alguno de los cónyuges, afecten de forma grave a la intimidad del otro, aunque no revelen estas características de la personalidad del agresor, integran el tipo. Vid. Ac. del Tribunal de Relação de Lisboa, de 6 de abril de 2006, proceso nº 06P1167.

17 Sobre esta importante modificación del año 1995, vid. Ac. del Tribunal Supremo de 13 de noviembre de 1997.

18 Con esta norma, también se articularon algunas normas procesales concernientes a la posibilidad de aplicar la suspensión provisional del proceso.

asumir naturaleza pública el delito de malos tratos. Con ello, como señala Marlene Matos[19], se dio un paso importante en tres sentidos: la "desprivatización" de la violencia conyugal, la criminalización social de la conducta de maltrato, y la disminución de la presión ejercida sobre la víctima.

Más tarde, la Ley 59/2007, de 4 de septiembre, introdujo más alteraciones en el precepto, siendo la más relevante la distinción del delito de violencia doméstica (art. 152 CP) respecto del de malos tratos (art. 152-a) y la vulneración de las reglas de seguridad (art. 152-b). Los configuró el legislador como tres delitos independientes (dotados de contenido y autonomía), lo que fue aplaudido por la doctrina, por cuanto al tratarse de tipos que respondían a la protección de bienes jurídicos diversos, se venía reclamando, desde hacía tiempo, la independización de cada uno de ellos[20].

También se optó por la eliminación de la exigencia de reiteración (como habitualidad) para apreciar el tipo objetivo del delito de violencia doméstica[21]. Se asumió, por tanto, la posibilidad de que, al margen de las ideas de reiteración e intensidad de la violencia, fuesen penadas por vía de este delito aquellas conductas agresivas practicadas una única vez, siempre y cuando revistiesen suficiente gravedad[22].

Con la dispensa del elemento de reiteración, el legislador no pretendió tratar, como violencia doméstica, cualquier ofensa producida en el contexto de una relación íntima (con independencia de la forma concreta en que se manifiesten ((agresiones físicas, amenazas, coacciones o injurias...)). Antes al contrario, únicamente pretendió clarificar una línea de actuación que ya se estaba siguiendo en la jurisprudencia con anterioridad, cual era la de considerar violencia doméstica un

---

19 MATOS, M., "Retratos da violência na conjugalidade", *Revista Portuguesa de Ciência Criminal*, año 11, vol. 1°, janeiro-março, 2001, pp. 110 y ss.

20 PIZARRO BELEZA, T., "Violencia Doméstica", *Revista do Centro de Estudos Judiciários*, 1° semestre, 2008, n° 8 (especial): Jornadas sobre a Revisão do Código Penal, p. 288.

21 Esto supone una novedad importante respecto del régimen anterior. TAIPA DE CAVALHO, A., *Comentário Conimbricense do Código Penal..., cit.*, p. 334.

22 Con ello, como acertadamente señala el Ac. del Tribunal de Relação de Évora, de 11 de julio de 2013, proceso n° 126/12.8GAMAC.E1, "se ha alargado su "factispecie", para que en ella quepan conductas aisladas, siempre que sean suficientemente graves".

acto aislado, sin necesidad de reiteración, siempre y cuando este revistiera una gravedad, intensidad tal que motivase su inclusión en el marco de protección reforzada.

Con las reformas operadas en 1995 y en 2007, se amplió el catálogo de conductas integrantes de los malos tratos psíquicos (incluyendo las ofensas sexuales) merecedoras de reproche penal. A mayor abundamiento, dicha reforma estableció, para la violencia doméstica (art. 152), un cuadro típico diferenciado[23], con naturaleza pública, confiriéndole autonomía frente al delito de malos tratos (art. 152-a[24]). También se produjo una ampliación del ámbito subjetivo del delito, que pasó a incluir situaciones de violencia doméstica donde se viesen envueltos ex cónyuges y personas que mantuviesen o hubiesen mantenido una relación análoga a la matrimonial, sin importar el sexo.

Esta evolución legislativa, expresión de la exigencia impuesta por la progresiva escalada de violencia doméstica, agravada en nuestra sociedad actual, ha tenido su más reciente modificación en el año 2013, mediante la Ley 19/2013, de 21 de febrero[25], que recoge el tenor actual del precepto, cuya ubicación sistemática se encuentra en el Título I, dedicado a los "Delitos contra las personas" y, dentro de este, en el Capítulo III, rubricado "Delitos contra la integridad física":

"Quien, de modo reiterado o no, infligiese malos tratos físicos o psíquicos, incluyendo castigos corporales, privaciones de libertad y ofensas sexuales:

a) Al cónyuge o ex cónyuge.

b) A la persona del otro o del mismo sexo con quien mantenga o haya mantenido una relación de noviazgo o una relación análoga a la matrimonial, aun sin convivencia;

c) Al progenitor de un descendiente común en primer grado;

---

23 A este respecto, la jurisprudencia ha criticado la falta de autonomía en las redacciones previas del precepto. Vid por todos el Ac. del Tribunal de Relação de Évora, de 8 de enero de 2013, proceso nº 113/10.0TAVVC.E1.

24 *Cfr.* tenor actual del art. 152-A (malos tratos) del Código Penal portugués.

25 Promulgada en el marco del IV Plan Nacional contra a Violência Doméstica 2011-2013, aprobado mediante Resolución del Consejo de Ministros nº 100/2010, en el Diario de la República, 1ª serie, nº 243, de 17 de diciembre de 2010.

d) A una persona particularmente indefensa, principalmente por razón de edad, deficiencia, enfermedad, embarazo o dependencia económica, que con él conviva; será castigado con pena de prisión de uno a cinco años, si no resultare posible aplicarle otra pena más grave por aplicación de otra disposición legal.

2. En el caso previsto en el número anterior, si el sujeto practicare ese hecho contra un menor, en presencia de un menor, en el domicilio común o en el domicilio de la víctima, será castigado con pena de prisión de dos a cinco años.

3. Si de los hechos previstos en el número 1 resultare:

a) Ofensa grave a la integridad física, el sujeto será castigado con pena de prisión de dos a ocho años.

b) La muerte, el sujeto será castigado con pena de prisión de tres a diez años.

4. En los casos previstos en los números anteriores, pueden ser aplicadas, al agresor, las penas accesorias de prohibición de contacto con la víctima y de prohibición de uso y porte de armas, por un periodo de seis meses a cinco años, así como la obligación de frecuentar programas específicos de prevención de la violencia doméstica.

5. La pena accesoria de prohibición de contacto con la víctima debe incluir el alejamiento de la residencia o del lugar de trabajo de esta, y su cumplimiento debe ser fiscalizado por medios de control telemático a distancia.

6. Quien fuere condenado por el delito previsto en este artículo puede, atendiendo a la concreta gravedad del hecho y a su conexión con la función ejercida por el sujeto, ser inhibido del ejercicio de la patria potestad, de la tutela o de la curatela por un periodo de uno a diez años."

La más importante modificación introducida por la Ley 19/2913, de 21 de febrero, vino formulada por la ampliación del tipo, como consecuencia del acometimiento de una nueva ampliación del ámbito subjetivo del delito, que pasó a incorporar a la violencia doméstica las situaciones de malos tratos perpetradas entre personas que mantuviesen una "relação de namoro", actual o pasada. Con este alargamiento del tipo, se disipó cualquier duda acerca de la necesidad de probar un grado de intimidad relacional propio de la vida en común (con o sin convivencia), elemento este que, aparentemente, exigía la redacción anterior del precepto. Esta modificación brindó la posibilidad de acogerse a este cuadro normativo reforzado, cuantitativamente, a un mayor número de supuestos, y cualitativamente, a una amplia amalgama de situaciones y supuestos de lo más diversos.

Sea como fuere, en la actualidad, la redacción vigente del Código Penal portugués acoge la tipificación del delito de violencia doméstica en su art. 152. Dicho precepto contempla los supuestos en que un sujeto inflige malos tratos físicos o psíquicos (incluyendo castigos corporales, privaciones de libertad y delitos sexuales) contra su cónyuge o ex cónyuge, o contra la persona con quien mantiene o ha mantenido una relación sentimental análoga a la conyugal, con o sin convivencia. En todos estos casos, cabrá imponerle a los condenados, como penas accesorias, las prohibiciones de contactar con la víctima y de uso y posesión de armas, por un periodo de 6 meses a 5 años.

La configuración normativa enunciada en este apartado pone de manifiesto la clara intención del legislador portugués de articular un sistema de protección reforzada para la víctima ante situaciones de violencia perpetradas en el ámbito doméstico y familiar. No obstante, no se observa una protección específica para el colectivo de mujeres mayores de 65 años. Por lo tanto, en estos casos, se aplicará el tipo objeto de análisis en este capítulo.

Con la tipificación y sucesivas reformas normativas orientadas al perfeccionamiento del tipo, el legislador portugués ha tratado de dar respuesta a la progresiva sensibilización[26] de la ciudadanía acerca de la gravedad de este fenómeno, poniendo remedio a la pasividad de las autoridades y, a su vez, procurando prevenir la comisión de estas conductas, así como penar las más diversas manifestaciones de violencia[27].

---

26 Sobre esa intencionalidad de fomentar la sensibilización ciudadana, vid. Ac. del Tribunal de Relação de Évora, de 11 de julio de 2013, proceso nº 126/12.8GAMAC.E1, *cit.*

27 TAIPA DE CARVALHO, A., *Comentário Conimbricense do Código Penal...*, *cit.*; Ac. del Tribunal de Relação de Lisboa, de 31 de mayo de 2016, proceso nº 249/14.9PAPTS.L1-5, *cit.*; Ac. del Tribunal de Relação de Lisboa, de 17 de abril

2. ELEMENTOS DEL TIPO

2.1. *Características generales*

El delito de violencia doméstica integra el concepto de criminalidad violenta del artículo 1, al. j) del Código Procesal Penal portugués. Se trata de un delito especial[28], pues exige que exista (o haya existido), entre el sujeto activo y el sujeto pasivo, alguna de las relaciones enunciadas en el precepto. De este modo, es posible concretar el sujeto activo, atendiendo a la relación con la víctima, a la luz de lo previsto en el tipo. Del mismo modo, también es posible identificar a la víctima[29],

---

de 2013, proceso nº 790/09.5GDALM.L1-3, *cit.*; Ac. del Tribunal de Relação de Porto, de 6 de febrero de 2013, proceso nº 2167/10.0PAVNG.P1, *cit.*

28 Ac. del Tribunal de Relação de Évora, de 30 de junio de 2015, proceso nº 1340/14.7TAPTM.E1, *cit.*; Ac. del Tribunal de Relação de Évora, de 19 de diciembre de 2013, proceso nº 497/12.6PALGS.E1; Ac. del Tribunal de Relação de Évora, de 8 de enero de 2013, proceso nº 113/10.0TAVVC.E1, *cit.*; Ac. del Tribunal de Relação de Coímbra, de 27 de febrero de 2013, proceso nº 83/12.0GCGRD.C1; Ac. del Tribunal de Relação de Lisboa, de 31 de mayo de 2016, proceso nº 249/14.9PAPTS.L1-5, *cit.* En lo que atañe al tipo de relación exigida, el Ac. del Tribunal de Relação de Lisboa, de 31 de mayo de 2016, proceso nº 249/14.9PAPTS.L1-5, *cit.* da un paso más, al afirmar que, como delito especial, exige que el agente se encuentre en una "relación de subordinación existencial". Por otro lado, como bien apunta el Ac. del Tribunal de Relação de Porto, de 6 de febrero de 2013, proceso nº 2167/10.0PAVNG.P1, *cit.* se discute si se trata de un delito propio o impropio, en atención a si las conductas, en sí mismas consideradas, constituyen un delito o no. Sobre la definición del delito especial y su distinción como propio o impropio, PIZARRO BELEZA, T., *Direito Penal, 2º vol.*, AAFDL, Lisboa, 1996, pp. 117-119; TAIPA DE CARVALHO, A., *Direito Penal, Parte Geral*, Coímbra Editora, Coímbra, 2008, pp. 282-283. En la mayor parte de los casos, se configura como un delito especial impropio, pues la relación que une a la víctima con el agresor únicamente agrava la ilicitud de la conducta, de la culpa y de la pena, pero el delito existiría igualmente aunque no mediase esa relación entre las partes. PINTO DE ALBUQUERQUE, P., *Comentario do Código Penal à luz da Constituição da República e da Convenção Europeia dos Direitos do Homem*, Universidade Católica Editora, 2ª ed., Lisboa, 2010, p. 464. En la jurisprudencia, como supuesto de delito específico impropio vid. Ac. del Tribunal de Relação de Évora, de 8 de enero de 2013, proceso nº 113/10.0TAVVC.E1; y como ejemplo de delito específico propio vid. Ac. del Tribunal de Relação de Guimarães, de 4 de marzo de 2013, proceso nº 746/11.8PBGMR.G1, *cit.*

29 Se emplea el término "víctima" de modo genérico, como sujeto pasivo del delito, sin entrar en consideraciones criminológicas al efecto, que aconsejan diferenciar

por razón de la relación existente con el sujeto activo. Se observa una conexión especial entre el agresor y la víctima, una relación entre los sujetos que, en palabras de Lamas Leite, "es siempre de proximidad, si no física, al menos existencial, o sea, de compartir (actual o anteriormente) afectos, y de confianza, en un comportamiento no solo de respeto y de abstención de lesión de la esfera jurídica de la víctima, sino también de actitud proactiva, por cuanto en varias hipótesis del artículo 152 se observan deberes legales de garante[30]". Esta especial relación es la que implica un deber legal de garante, y ello agrava la ilicitud de la conducta, revelando el grado de culpa (responsabilidad criminal), y justificando, a la par, el castigo penal[31].

Buena parte de la doctrina penal portuguesa asume que la tipificación penal de la violencia familiar permite su configuración como un delito de resultado o como un delito de mera actividad, siendo posible también su calificación como delito de lesión o de peligro [32]. No obstante, esta cuestión no es pacífica, porque al valorar la conducta desde la óptica de la lesión, perturbación o menoscabo al bien jurídico protegido, parece difícil conjugar como delito de lesión un tipo cuya pretensión normativa de protección se sitúa, según la postura actual mayoritaria, en la dignidad de la persona[33].

---

tres figuras: sujeto pasivo, víctima y perjudicado que, si bien pueden converger en el mismo sujeto, decididamente no tiene por qué. Vid. al efecto GARCÍA-PABLOS DE MOLINA, A., *Tratado de criminología*, Tirant lo Blanch, Valencia, 2014, pp. 126 y ss.

30 LAMAS LEITE, A., "A violência relacional íntima: reflexões cruzadas entre o Direito Penal e a Criminologia", *Revista Julgar*, setembro-dezembro 2010, nº12 (especial), Crimes no seio da Família e sobre Menores, p. 51.

31 También a este respecto FIGUEIREDO DIAS, J., *Direito Penal-Parte Geral, vol. I*, p. 287; Ac. de Relação de Lisboa, de 31 de mayo de 2016, proceso nº 249/14.9PAPTS.L1-5, *cit.*; Ac. del Tribunal de Relação de Évora, de 30 de junio de 2015, proceso nº 1340/14.7TAPTM.E1, *cit.*; Ac. del Tribunal de Relação de Évora, de 8 de enero de 2013, proceso nº 113/10.0TAVVC.E1.

32 A propósito TAIPA DE CARVALHO, A., en FIGUEIREDO DIAS, J. (coord.), *Comentário Conimbricense do Código Penal, Parte Especial, artigos 131º a 201º, Tomo I*, Coímbra Editora, 2ª ed., 2012, p. 520.
Sobre su posible configuración como delito de mera actividad TAIPA DE CARVALHO, A., en FIGUEIREDO DIAS, J. (coord.), *Comentário Conimbricense do Código Penal…, cit.*,1999, p. 334.

33 Sobre esta crítica a quienes consideran que se puede tratar de un delito de lesión, CASIMIRO NUNES, C.; y RAQUEL MOTA, M., "O crime de violência domés-

En este sentido, mayoritariamente, doctrina y jurisprudencia, lo aprecian como un delito de peligro abstracto[34], excluyendo la posibilidad de considerarlo un delito de lesión[35], por entender que tal consideración podría derivar en la inutilidad del tipo para la defensa de la integridad y la dignidad de la persona que se encuentra en una relación conyugal o asimilada.

Por último, se trata de un delito[36] que puede consistir tanto en actos físicos como psíquicos, y en las más diversas acciones y/o omisiones[37]. Como tal, únicamente se exige que se trate de acciones u omisiones que, por su gravedad (o en conjunción con otros hechos) afecten a la salud física o psíquica de la víctima[38].

---

tica: a al. b) do artigo 152º do Código Penal", *Revista do Ministério Público*, nº 122, abr-jun 2010, pp. 146-147; Ac. del Tribunal de Relação de Évora, de 8 de enero de 2013, proceso nº 113/10.0TAVVC.E1.

34 Vid. por todos Ac. del Tribunal de Relação de Évora, de 8 de enero de 2013, proceso nº 113/10.0TAVVC.E1; Ac. del Tribunal de Relação de Porto, de 9 de noviembre de 2016, proceso nº 173/14.5GBAND.P1; Ac. del Tribunal de Relação de Porto, de 8 de marzo de 2017, proceso nº 121/15.5JAPRT.P1; y BRANDÃO, N., "A tutela penal especial reforçada da violência doméstica", *Revista Julgar*, nº 12 (Especial), 2010, (pp. 9 a 24), pp. 17 y 18.

35 Excluyendo la posibilidad de que se trate de un delito de lesión, TAIPA DE CARVALHO, A., en FIGUEIREDO DIAS, J. (coord.), *Comentário Conimbricense do Código Penal, Parte Especial, artigos 131º a 201º, Tomo I*, Coimbra Editora, 1ª ed., 1999, p. 334; LAMAS LEITE, A., *cit.*, p. 43. Por el contrario, el Ac. del Tribunal de Relação de Évora, de 8 de enero de 2013, proceso nº 113/10.0TAVVC.E1.

36 En lo referido a la configuración de la conducta típica bajo el prisma de la consumación, DIAS, F., *Direito Penal. Parte Geral.* 2ª ed., p. 306.
Como delito de ejecución no vinculada lo describe Ac. del Tribunal de Relação de Coímbra, de 27 de febrero de 2013, proceso nº 83/12.0GCGRD.C1.

37 CONDE FERNANDES, P., "Violência Doméstica –novo quadro penal e processual penal", *Revista do CEJ*, 1º semestre 2008, nº 8 (especial), p. 306; Ac. del Tribunal de Relação de Coímbra, de 27 de febrero de 2013, proceso nº 83/12.0GCGRD.C1; Ac. del Tribunal de Relação de Guimarães, de 4 de marzo de 2013, proceso nº 746/11.8PBGMR.G1, *cit.*

38 Sobre la conceptualización de los malos tratos como el ejercicio de violencia física, psíquica, económica, estructural y espiritual que afecta a la salud de la víctima y a la dignidad de la persona, BRAGANÇA DE MATOS, R. J., "Dos maus tratos a cônjuge à violência doméstica: um passo à frente na tutela da vítima?", *Revista do Ministério Público*, nº 107, jul-set. 2006, p. 104.

2.2. *Bien jurídico protegido*

Sistemáticamente, el art. 152 CP se encuentra en el Título I del Código Penal, dedicado a los "delitos contra las personas" y, dentro de este, en el Capítulo III, rubricado "delitos contra la integridad física". De esto se deduce que la *ratio* del tipo no se sitúa en la protección de la comunidad familiar, antes al contrario, pivota en torno a la protección de la persona (a nivel individual) y de la dignidad humana, procurando la penalización de la violencia doméstica como manifestación de posturas y conductas de dominio, fuerza y agresión en el seno de la familia, sea cual sea la forma que esta asuma (*v. gr.* matrimonio, unión de facto, vida en común)[39]. De ello se infiere, a priori, que el bien jurídico protegido por esta configuración jurídico-penal ha de ser, necesariamente, individual. Esta ubicación es, indudablemente, consecuencia de la primitiva tipificación penal de la violencia doméstica, con la que se consideraba como una forma agravada del delito de ofensas corporales simples y, con ello, la *ratio* del tipo se restringía a la integridad física[40]. Superada esta concepción, sería oportuno reconsiderar su ubicación sistemática.

La configuración penal de la violencia doméstica procura la protección de la dignidad, entendida como dignidad humana, que se encuentra consagrada a nivel constitucional, en los artículos 1, 24.1 y 25 de la Constitución de la República portuguesa de 1976, junto al derecho a la vida y a la integridad física[41].

---

39 Así lo apuntan el Ac. del Tribunal de Relação de Porto, de 9 de noviembre de 2016, proceso nº 173/14.5GBAND.P1, Ac. del Tribunal de Relação de Évora, de 30 de junio de 2015, proceso nº 1340/14.7TAPTM.E1, *cit.*; Ac. del Tribunal de Relação de Guimarães, de 4 de marzo de 2013, proceso nº 746/11.8PBGMR.G1, *cit.*; Ac. del Tribunal de Relação de Guimarães, de 10 de julio de 2014, nº 591/11.0PBGMR-G1; y Ac. del Tribunal de Relação de Lisboa, de 31 de mayo de 2016, proceso nº 249/14.9PAPTS.L1-5, *cit.*

40 Como muy bien apunta la sentencia del Tribunal de Relação de Porto, de 6 de febrero de 2013, proceso nº 2167/10.0PAVNG.P1, *cit.*, en la actualidad, esta tendencia interpretativa es, a todas luces, inaceptable, por reduccionista y limitativa.

41 A nivel internacional, tiene acogida, como valor inquebrantable de los derechos humanos, en la Declaración Universal de los Derechos Humanos, en sus arts. 1 y 5; la Convención Europea de Derechos Humanos, en su art. 3; el Pacto Internacional de Derechos Civiles y Políticos en sus artículos 7 y 10.1; y la Carta de los Derechos Fundamentales de la Unión Europea en sus arts. 1, 3.1 y 4.

Existe un amplio consenso doctrinal y jurisprudencial en la delimitación genérica del bien jurídico protegido por el delito, en el sentido de considerar que esta previsión normativa tiene por finalidad la protección de la dignidad de la persona humana[42]. Dentro de ese marco genérico de protección de la dignidad humana[43] se observan diversas consideraciones en cuanto a su configuración, en función de la dimensión o dimensiones a las que se confiere una mayor importancia. Así, existe una tendencia hacia la apreciación de dos esferas que conformarían la plenitud de la dignidad humana: una física y una mental[44]. Existen diversas opiniones. Un sector entiende que el bien jurídico protegido es la salud en tres vertientes: física, psíquica y

---

42 Ac. del Tribunal de Relação de Porto, de 15 de enero de 2014, proceso nº 364/12.3GDSTS.P1; Ac. del Tribunal de Relação de Porto, de 9 de noviembre de 2016, proceso nº 173/14.5GBAND.P1; 368/09.3PQPRT.P1; Ac. del Tribunal de Relação de Coímbra, de 27 de febrero de 2013, proceso nº 83/12.0GCGRD.C1; 113/10.0TAVVC.E1; Ac. del Tribunal de Relação de Porto, de 15 de enero de 2014, proceso nº 364/12.3GDSTS.P1; y Ac. del Tribunal de Relação de Porto, de 9 de noviembre de 2016, proceso nº 173/14.5GBAND.P1.

43 En contra de expresar que el bien jurídico protegido por la norma es la dignidad humana, por considerarse una afirmación excesivamente abstracta, señala la sentencia Ac. del Tribunal de Relação de Évora, de 8 de enero de 2013, proceso nº 113/10.0TAVVC.E1: "no pudiendo afirmarse que el bien jurídico protegido tutelado por la norma es la dignidad de la persona, dada la generalidad de la afirmación, ni que es la relación conyugal o equiparada, dada su instrumentalidad (y "medio" de ejercicio de la violencia), aquel bien jurídico solo puede ser un conjunto de intereses más concretos que se articuló como bien jurídico complejo, incluyendo la salud física, psíquica y emocional, la libertad de determinación personal y sexual de la víctima de actos violentos y su dignidad cuando inserta en una relación o por causa de ella".

44 Así lo señalan entre otros, el Ac. del Tribunal de Relação de Porto, de 15 de enero de 2014, proceso nº 364/12.3GDSTS.P1: "la dignidad en cuanto persona humana, en su bienestar físico y en su equilibrio psico-emocional"; por su parte, el Ac. del Tribunal de Relação de Porto, de 9 de noviembre de 2016, proceso nº 173/14.5GBAND.P1, apunta que la norma tutela "en general, la dignidad de la persona humana (en toda su plenitud: física y mental), en una relación próxima del ambiente familiar o análogo, donde existen sentimientos de afectividad, de convivencia, confianza, conocimiento mutuo, y ocurran actos de intimidad y de compartir la vida en común, en una relación viva de cooperación mutua", destacando, además, que es precisamente esto lo que permite y justifica la relación de especialidad con otras normas punitivas que protegen el mismo bien genérico (la dignidad humana)".

mental. Así, la mayor parte de la doctrina[45] y la jurisprudencia definen el bien jurídico como la necesidad de protección de la dignidad de la persona humana, en particular la salud, entendida en sus vertientes psíquica, física y mental, concretado en muy diversas manifestaciones contra la dignidad personal; en un contexto de convivencia marital o análoga, incluso después de cesar esa convivencia[46]. Como tal, puede verse afectado por múltiples y muy diversos comportamientos que impidan el normal y saludable desarrollo de la persona humana y que pongan en causa su dignidad[47]. Hay quien incide en que, esta postura orientada a la protección de las diversas esferas o dimensiones de la salud, persigue, como fin último, el desarrollo armonioso de la personalidad del sujeto[48].

Por otra parte, hay quien identifica el bien jurídico protegido con algunas manifestaciones diversas, como Paulo Pinto Albuquerque[49],

---

45 Vid. Por todos TAIPA DE CARVALHO, A., en *Comentário Coninbricense do Código Penal, cit.*, p. 331.

46 Esta doctrina mayoritaria tiene gran acogida en la jurisprudencia, en sentencias como la del Tribunal de Relação de Porto, de 9 de noviembre de 2016, proceso nº 173/14.5GBAND.P1; Ac. del Tribunal de Relação de Porto, de 6 de febrero de 2013, proceso nº 2167/10.0PAVNG.P1, *cit.* Ac. del Tribunal de Relação de Coímbra, de 27 de febrero de 2013, proceso nº 83/12.0GCGRD.C1; Ac. de Relação de Lisboa, de 6 de abril de 2006, proceso nº 06P1167; Ac. del Tribunal de Relação de Lisboa, 4 de octubre de 2016, nº 311/15.0JAPDL.L1-5; Ac. del Tribunal de Relação de Porto, de 7 de julio de 2016, proceso nº 18/15.9GAPRD. P1; Ac. del Tribunal de Relação de Porto, de 8 de marzo de 2017, proceso nº 121/15.5JAPRT.P1; Ac. del Tribunal de Relação de Évora, de 11 de julio de 2013, proceso nº 126/12.8GAMAC.E1; Ac. del Tribunal de Relação de Évora, de 19 de diciembre de 2013, proceso nº 497/12.6PALGS.E1 *cit.;* Ac. del Tribunal de Relação de Lisboa, 4 de octubre de 2016, nº 311/15.0JAPDL.L1-5; y Ac. de Relação de Lisboa, de 31 de mayo de 2016, proceso nº 249/14.9PAPTS.L1-5, *cit.*

47 CONDE FERNANDES, P., "Violência doméstica...", *cit.*, p. 305.

48 LAMAS LEITE, A., "A violência relacional íntima...", *cit.*, p. 49; BRANDÃO, N., "A tutela penal especial reforçada da violência doméstica", *Revista Julgar*, nº 12 (Especial), 2010. En jurisprudencia, vid. Ac. del Tribunal de Relação de Évora, de 30 de junio de 2015, proceso nº 1340/14.7TAPTM.E1, *cit.*

49 PINTO DE ALBUQUERQUE, P., "Comentário do Código Penal", Universidade Católica, 2008, anotação ao artigo 152, p. 404; de la misma opinión, Ac. del Tribunal de Relação de Évora, de 8 de enero de 2013, proceso nº 113/10.0TAVVC. E1; Ac. del Tribunal de Relação de Porto, de 29 de febrero de 2012, proceso nº 368/09.3PQPRT.P1. Crítica con esta postura la sentencia del Tribunal de Relação de Porto, de 9 de noviembre de 2016, proceso nº 173/14.5GBAND.P1,

quien entiende que nos encontramos ante una suerte de bien jurídico plural, integrado por la integridad física y psíquica, la libertad personal, la libertad y la autodeterminación sexual e incluso el honor[50].

Los argumentos críticos son variados. Entre otros, apunta la sentencia del TR de Évora en el proceso nº 113/10.0TAVVC.E1B que la visión de Taipa de Carvalho de 1999 es obsoleta y reduccionista, por referirse a una versión del precepto previa al alargamiento del tipo. El tribunal entiende que si bien es cierto que antiguamente el bien jurídico protegido se ceñía a la salud (en sus vertientes física y psíquica en alguna de las esferas/núcleos de convivencia de lo preceptuado en el 152.1 en la versión anterior de la norma), con la nueva redacción del precepto, además de esos intereses, hay que considerar que se incluye, necesariamente, la protección de la libertad personal y de la autodeterminación sexual, todo ello, claro está, en alguno de los contextos relacionales referidos en la norma. Es este tenor literal, referido a "malos tratos físicos o psíquicos, incluyendo los castigos corporales, las privaciones de libertad y las ofensas sexuales" lo que justifica esta nueva corriente en relación al bien jurídico protegido.

Por último, el TR de Lisboa, en la sentencia del proceso nº 1702/2008-3, apunta la posibilidad de discutir si el bien jurídico es la salud física, psíquica y mental, o bien la paz familiar[51]. Al aludir a la paz familiar se abre, aquí, otra vía interpretativa, próxima a la configuración española del delito de maltrato habitual tipificado en el art. 173.2 de nuestro Código Penal.

---

y el Ac. del Tribunal de Relação de Évora, de 14 de febrero 2012, proceso nº 78/09-7GBLLE.E2.

50 Esta tesis, en realidad, sería una suerte de reinterpretación de la anterior, pues dotaría a la dignidad humana de contenidos más amplios, pero se mantendría la consideración genérica de dicha dignidad como el bien jurídico protegido por el tipo.

51 Sobre la paz familiar como bien jurídico protegido, vid. CORCOY BIDASOLO, M., "Tendências de la Política Criminal en Matéria de Violência Doméstica y de Género", en MIR PUIG, S., y CORCOY BIDASOLO, M., *Política Criminal e Reforma Penal*, B de F, Montevideo, 2007, pp. 274 y ss.

2.3. *Conducta típica: formas de violencia*

La conducta típica del delito de violencia doméstica se materializa en los hechos constitutivos de malos tratos. La imagen global del hecho calificable de malos tratos entraña la observancia de algunos requisitos objetivos y subjetivos[52]. Objetivamente, requiere una agresión u ofensa que revele un mínimo de violencia sobre la víctima. Para que la conducta integre el delito de violencia doméstica, ha de ser –en sentido amplio- violenta[53]. El tipo del art. 152 incluye conductas violentas que integren malos tratos físicos, psicológicos, verbales o sexuales, que no sean punibles con pena más grave por vía de otra disposición legal.

Subjetivamente, exige una motivación para agredir, ofender o menospreciar, así como un reflejo negativo y sensible en (la dignidad de) la víctima[54], mediante el menoscabo de su salud física, psíquica o

---

52 Ac. del Tribunal de Relação de Évora, de 8 de enero de 2013, proceso nº 113/10.0TAVVC.E1.

53 Sobre la necesidad de que haya un comportamiento violento, Ac. del Tribunal de Relação de Évora, de 8 de enero de 2013, proceso nº 113/10.0TAVVC.E1; Ac. del Tribunal de Relação de Lisboa, de 24 de abril de 2015, nº de proceso 469/13.3PBAMD.L1-9; Ac. del Tribunal de Relação de Évora, de 14 de febrero de 2012, nº proceso 478/09-7GBLLE.E2; Ac. del Tribunal de Relação de Guimarães, de 10 de julio de 2014, nº 591/11.0PBGMR-G1; Ac. del Tribunal de Relação de Lisboa, 4 de octubre de 2016, nº 311/15.0JAPDL.L1-5. BRANDÃO, N., "A tutela penal reforçada...", *cit.*, p. 22. En otra formulación, LAMAS LEITE, A., "A violência relacional intima...", *cit.*, p. 45.

54 Ac. del Tribunal de Relação de Évora, de 8 de enero de 2013, proceso nº 113/10.0TAVVC.E1. Por su parte, el Ac. del Tribunal de Relação de Lisboa, 4 de octubre de 2016, nº 311/15.0JAPDL.L1-5 incide en que los malos tratos previstos en el 152 CP han de concretarse en actos que, por su carácter violento, han de resultar idóneos para tener un reflejo negativo en la salud de la víctima, ya sea en su vertiente física o psíquica, y con independencia de que se trate de actos aislados o en conjugación con otros. Piénsese también en el caso traído a colación en el Ac. del Tribunal de Relação de Lisboa, de 24 de abril de 2015, nº de proceso 469/13.3PBAMD.L1-9, que menciona que, en relación a los malos tratos psíquicos, proferir reiteradamente expresiones injuriosas y la adopción de un comportamiento psicológicamente agresivo y repetido a lo largo de los años supone que el cónyuge (en este caso), padece los efectos negativos de esas conductas a las que se ve sometido, mostrando una mayor fragilidad. También Ac. del Tribunal de Relação de Évora, de 8 de enero de 2013, proceso nº 113/10.0TAVVC.E1; Ac. del Tribunal de Relação de Lisboa, de 17 de abril de 2013, proceso nº 790/09.5GDALM.L1-3, *cit*; Ac. del Tribunal de Relação de Évora, de 8 de enero de 2013, proceso nº

emocional, o en su libertad de autodeterminación personal o sexual. Se trata, por tanto, de una violencia perpetrada en un plano de proximidad, que contraviene el clima de confianza, solidaridad y respeto que caracteriza, *iuris tantum*, las relaciones afectivas de pareja[55].

2.3.1. Física y psíquica

Como reza el tenor del art. 152.1, el delito de violencia doméstica pune los malos tratos físicos y psíquicos, incluyendo las privaciones de libertad, las ofensas sexuales y los castigos corporales[56]. Esta imagen global impone una visión amplia, dotando al tipo de un contenido genérico, incluyendo diferentes conductas, entre ellas, las enunciadas en las líneas del precepto, a título puramente ejemplificativo, no agotando, por tanto, el concepto legal de malos tratos. A la hora de valorar la concreción de los supuestos que tienen cabida en esta tipificación, es imposible pensar en agotar todos los supuestos en el enunciado de un artículo, precisamente, porque en la realidad social actual, las manifestaciones de violencia son innumerables, y hasta, en ocasiones, inimaginables, surgiendo constantemente nuevas modalidades.

El concepto de malos tratos físicos engloba cualquier conducta que se concrete en una forma de violencia física, traduciéndose, principalmente, en una ofensa corporal (menoscabo, maltrato de obra)[57],

---

113/10.0TAVVC.E1; y Ac. del Tribunal de Relação de Lisboa, de 31 de mayo de 2016, proceso nº 249/14.9PAPTS.L1-5, *cit.*

55 TAIPA DE CARVALHO, A., en *Comentario Conimbricense…*, *cit.*, p. 334; Ac. del Tribunal de Relação de Guimarães, de 10 de julio de 2014, nº 591/11.0PBGMR-G1; y Ac. del Tribunal de Relação de Lisboa, de 31 de mayo de 2016, proceso nº 249/14.9PAPTS.L1-5, *cit.*

56 Así lo apunta también el Ac. del Tribunal de Relação de Lisboa, 4 de octubre de 2016, nº 311/15.0JAPDL.L1-5. En atención a la inclusión de la mención expresa a "castigos corporales, privaciones de libertad y ofensas sexuales", dicha alusión es expresión de la necesidad de que los malos tratos tengan una "dañosidad" social, al menos equivalente, a las modalidades de comportamiento enunciadas. Sobre esta cuestión, Ac. del Tribunal de Relação de Guimarães, de 17 de mayo de 2010, proceso n.º 1379/07.9PBGMR.G.

57 Sobre ofensa corporal y/o a la integridad física, Ac. del Tribunal de Relação de Porto, de 8 de marzo de 2017, proceso nº 121/15.5JAPRT.P1; y Ac. del Tribunal de Relação de Guimarães, de 10 de julio de 2014, nº 591/11.0PBGMR-G1; TAIPA DE CARVALHO, A., en *Comentario Conimbricense…*, *cit.*, p. 332-333.

a la integridad física, es decir, que se trate de un menoscabo corporal o en el salud física de la persona ofendida. Entendemos por menoscabo físico "todo mal trato a través del cual el sujeto es perjudicado en su bienestar físico de una forma no insignificante"[58].

La *ratio* actual del precepto objeto de análisis va más allá de los malos tratos físicos, abarcando también los malos tratos psíquicos. Como ya se indicó con anterioridad, la redacción original del artículo no preveía la punición de los malos tratos psíquicos, contemplando únicamente las formas de maltrato físico. Sin embargo, posteriormente, se incorporó la tipificación de conductas de maltrato de cariz psicológico. Siguiendo el criterio adoptado por Taipa de Carvalho[59], con carácter general, podemos considerar como malos tratos las humillaciones, las provocaciones, las molestias y las amenazas. No obstante, también se tienen en cuenta otras conductas muy frecuentes, que ofenden la integridad moral o el sentimiento de dignidad, el honor, etc. Comportamientos que, además de comprender conductas controladoras, se materializan en abusos verbales y emocionales[60], que pueden perturbar la normal convivencia y las condiciones de desarrollo personal de los miembros de la unidad familiar[61].

En cualquier caso, es necesario, como bien apunta el Ac. del TR de Guimarães, de 10 de julio de 2014 (proceso nº 591/11.0PBGMR-G1), que las conductas revistan una especial gravedad, un tratamiento cruel, insensible o incluso una venganza innecesaria,[62] que justifique su inte-

---

58 Concepto del que se hace eco el Ac. del Tribunal de Relação de Évora, de 19 de diciembre de 2013, proceso nº 497/12.6PALGS.E1.

59 TAIPA DE CARVALHO, A., en Comentário Conimbricense, *cit.*, pp. 332-333.

60 MEDINA, J. J., *Violencia contra la mujer en la pareja: investigación comparada y situación en España*, Tirant lo Blanch, Valencia, 2002, pp. 60 y ss.; LARRAURI PIJOAN, E., *Criminología crítica y violencia de género*, Trotta, Madrid, 2007, *cit.*, pp. 17 y ss.; Ac. del Tribunal de Relação de Lisboa, de 27 de febrero de 2008, proceso nº 1702/2008-3; y Ac. del Tribunal de Relação de Évora, de 8 de enero de 2013, proceso nº 113/10.0TAVVC.E1.

61 Esta idea ha sido expresada por la Fiscalía General del Estado de España. Vid. al respecto CORCOY BIDASOLO, M., "Tendencias de Política Criminal en Materia de Violencia Doméstica y de Género", en MIR PUIG, S., y CORCOY BIDASOLO, M. (dirs.) *Política Criminal y Reforma Penal*, B de F, Montevideo, 2007, pp. 274 y ss.

62 Señalan este tratamiento cruel el Ac. del Tribunal de Relação de Guimarães, de 4 de marzo de 2013, proceso nº 746/11.8PBGMR.G1, *cit.*; el Ac. del Tribunal

gración en el tipo autónomo de violencia doméstica, y no en los ilícitos que puedan integrar las conductas individualmente consideradas.

2.3.2. Ocasional y habitual

La redacción primitiva del precepto no contemplaba la posibilidad de integrar en el tipo malos tratos no reiterados, materializados en conductas puntuales. No obstante, ya por aquel entonces se suscitaron ciertas dudas interpretativas, a las que la jurisprudencia trató de dar respuesta, articulando mecanismos para reconducir al ilícito de violencia doméstica supuestos que revistiesen especial gravedad[63].

Las reformas operadas por la Ley 59/2007, de 4 de septiembre[64], y la Ley 19/2013, de 21 de febrero, eliminaron el requisito de la reiteración de la conducta violenta[65], de manera que pueda ser considerado como violencia doméstica un único comportamiento violento, excep-

---

de Relação de Guimarães, de 10 de julio de 2014, nº 591/11.0PBGMR-G1; y el Ac. del Tribunal de Relação de Évora, de 8 de enero de 2013, proceso nº 113/10.0TAVVC.E1.

63 Por ejemplo, de manifestaciones de gravedad, aquellos supuestos en que se compromete la posibilidad de vida en común; o aquellos en que la gravedad de la conducta sea reveladora de crueldad, insensibilidad o incluso venganza; o bien, la gravedad revele crueldad o insensibilidad. Como ejemplo de esta jurisprudencia anterior a la reforma, se señala la sentencia Ac. del Tribunal de Relação de Lisboa, de 6 de abril de 2006, proceso nº 06P1167, donde se apuntó que un comportamiento único (en este caso, de amenazas) puede tener carga suficientemente probatoria de humillación, provocación, amenazas o molestias al cónyuge, que integre malos tratos.
Como ejemplos de la doctrina anterior a la reforma, véanse CAVALEIRO FERREIRA, Direito Penal Português, vol. I, p. 269; FIGUEIREDO DIAS, J., *Direito Penal, Parte geral, tomo I*, 2ª ed., Coímbra Editora, p. 314.

64 De acuerdo con lo establecido en la Exposición de Motivos de la Propuesta de Ley nº 98/X, que fue el origen de la Ley 59/2007: "en la descripción típica de la violencia doméstica y de los malos tratos se recurre, alternativamente, a las ideas de reiteración e intensidad (...)". Vid. sobre ello Diario de la Asamblea de la República, II Serie-A, nº 10, de 18 de octubre de 2006.

65 Hasta ese momento, para que se verificase la comisión del delito, se tornaba necesaria la reiteración de conductas, aunque alguna jurisprudencia consideraba subsumible en el tipo una única conducta agresora que, por su gravedad, mereciese especial tutela y punición. Así lo señalan los Ac. del Tribunal de Relação de Guimarães, de 4 de marzo de 2013, proceso nº 746/11.8PBGMR.G1, *cit.*; Ac. del Tribunal de Relação de Évora, de 19 de diciembre de 2013, proceso nº

cional, que revista una gravedad especial[66], marcando así la salud física o psíquica de la víctima. Con esta reforma se puso fin a la discusión doctrinal y jurisprudencial en torno a la necesidad de reiteración de la conducta delictiva[67].

En atención a la configuración actual del precepto, la reiteración y la intensidad son, en relación al tipo, exigencias alternativas, no cumulativas[68]. Es por ello que una única manifestación violenta que revista poca entidad o gravedad no será calificada como violencia

---

497/12.6PALGS.E1; y Ac. del Tribunal de Relação de Lisboa, de 31 de mayo de 2016, proceso nº 249/14.9PAPTS.L1-5, *cit.*

Sobre la exigencia de una acción repetida (aunque sin necesidad de habitualidad), no siendo suficiente un acto aislado, esporádico, suficiente previamente a la reforma de 2007, SÁ GOMES, C., *O Crime de Maus Tratos físicos e psíquicos infligidos ao cônjuge ou ao convivente em condições análogas às dos conjugues*, AAFDL, Lisboa, 2002, p. 73. Se hizo eco de esta postura la sentencia del Tribunal de Relação de Coímbra de 29 de enero de 2003: "no son los simples actos reiterados los que caracterizan el delito de malos tratos conyugales. Lo que importa es que los hechos, aislados o reiterados, apreciados a la luz de la intimidad del hogar y de la repercusión que puedan tener en la posibilidad de la vida en común, coloquen a la persona ofendida en una situación que se deba considerar de víctima, más o menos permanente, de un trato incompatible con su dignidad y libertad, dentro del ambiente conyugal.

66 Ac. del Tribunal de Relação de Porto, de 7 de julio de 2016, proceso nº 18/15.9GAPRD.P1; Ac. del Tribunal de Relação de Lisboa, de 6 de abril de 2006, proceso nº 06P1167; Ac. del Tribunal de Relação de Porto, de 14 de junio de 2017, proceso nº 16/16.5GAAGD.P1. Sobre esta especial gravedad, o trato deshumano, Ac. del Tribunal de Relação de Lisboa, 4 de octubre de 2016, nº 311/15.0JAPDL.L1-5.

67 PIZARRO BELEZA, T., "Violência Doméstica", *Revista do CEJ*, nº 9, p. 289; FERREIRA, M. E., *Da Intervenção do Estado na Questão da Violência Conjugal em Portugal, Almedina,* 2005, pp. 106-107; CONDE FERNANDES, P., "Violência doméstica- Novo quadro penal e processo penal", *Revista do CEJ*, nº 8 (especial), pp. 306 y ss. Se hacen eco de ello, en la jurisprudencia, Ac. del Tribunal de Relação de Évora, de 14 de febrero 2012, proceso nº 78/09-7GBLLE.E2; Ac. del Tribunal de Relação de Évora, de 8 de enero de 2013, proceso nº 113/10.0TAVVC.E1.

68 Ac. del Tribunal de Relação de Lisboa, de 31 de mayo de 2016, proceso nº 249/14.9PAPTS.L1-5, *cit.* De la misma opinión, FERREIRA, M. E., *Da Intervenção do Estado na Questão da Violência Conjugal, cit.*, pp. 106-107: "de acuerdo con la nueva redacción dada por la Ley al delito referido, puede ser cometido aunque no haya reiteración de conductas (...) pero solo en situaciones excepcionales el comportamiento violento único, por la gravedad intrínseca al mismo, puede integrar el tipo de ilícito".

doméstica, sin perjuicio de que pueda ser condenada por otra modalidad delictiva[69]. Para encajar una conducta reiterada de malos tratos en el tipo, es necesaria la repetición del comportamiento del sujeto, en determinado periodo de tiempo, para que el delito se verifique[70]. La habitualidad no viene definida por una duración tasada, sino por la prolongación de los malos tratos durante un periodo suficiente como para ser considerado "idóneo" para perturbar a la víctima[71].

No obstante, sí caen dentro del ámbito de aplicación del tipo los casos en que se aprecia "micro violencia continuada" que, en palabras de Nuno Brandão, se define por la "opresión... ejercida y asegurada normalmente a través de repetidos actos de violencia psíquica que, a pesar de su baja intensidad cuando se aprecian de manera aislada, son idóneos/adecuados para causar graves trastornos en la personalidad de la víctima cuando se transforman en un patrón de comportamiento en el ámbito de la relación[72]". Se trata de casos en que se producen varias conductas reiteradas en el tiempo, diferenciadas en el grado y en el tipo de conducta pero que, por sí solas, no asumen una especial gravedad. Su intensidad y gravedad vienen precisamente marcadas por producirse durante un determinado periodo de tiempo, y en el ámbito conyugal, traduciéndose en conductas de agresión, humillación, amenaza, injuria o práctica de actos que ponen en causa la salud

---

69 Así lo señala TAIPA DE CARVALHO, A., *Comentário Conimbricense ao Código Penal*, en FIGUEIREDO DIAS, J. (coord.), *Comentário Conimbricense do Código Penal, Parte Especial, artigos 131° a 201°, Tomo I*, Coímbra Editora, 2ª ed., Parte Especial, Tomo I, 2012, p. 519: "una acción aislada de poca gravedad, aunque en sí misma llegue a configurarse como una infracción criminal, no debe ser cualificada como delito de violencia doméstica".

70 Ac. del Tribunal de Relação de Évora, de 19 de diciembre de 2013, proceso nº 497/12.6PALGS.E1.

71 Ac. del Tribunal de Relação de Lisboa, de 31 de mayo de 2016, proceso nº 249/14.9PAPTS.L1-5, *cit.*

72 BRANDÃO, B., "A tutela penal especial...", *cit.*, p. 21. Sobre esta "micro" violencia se pronuncian algunas resoluciones, como el Ac. del Tribunal de Relação de Évora, de 8 de enero de 2013, proceso nº 113/10.0TAVVC.E1, donde se habla de "microviolencia continuada", como un conjunto de acciones realizadas durante un periodo de tiempo relativamente largo (entre comienzos de 2009 y finales de septiembre de 2010), donde se perpetraron actos de violencia física mínima y de violencia psíquica y emocional relevante que, no revelando una violencia exponencial, sí envuelven una gravedad significativa.

de la víctima y que, consideradas individualmente, no revisten una gravedad significativa.

2.4. Relación actual o pretérita

Por último, los actos de violencia doméstica pueden producirse durante la relación o con posterioridad a la terminación de esta, en cuyo caso, es habitual que ese trato esté íntimamente ligado a la finalización de la relación, llegando a ser consecuencia de ello, o bien continuación de la violencia perpetrada durante su vigencia[73].

En la actualidad, la regulación penal tiene en cuenta tanto las relaciones pretéritas como las actuales. La protección de las relaciones ya cesadas se explica acudiendo a razones de política criminal, ya que el legislador procuró proteger la degradación de la integridad personal de la víctima frente al abuso de poder perpetrado con posterioridad a la finalización de la relación afectiva. Esta previsión del legislador portugués también se encuentra íntimamente ligada a los casos de stalking[74], en los que el agresor, con el fin de perturbar a la víctima, perpetra amenazas e injurias mediante telecomunicaciones (*v. gr.* llamadas telefónicas, mensajes por redes sociales o emails).

Estas acciones se pueden prolongar más allá de la finalización de la relación, o comenzar a producirse con posterioridad al cese, por lo que es necesario comprobar que albergan relación con ella y su finalización.

---

73 Ac. del Tribunal de Relação de Porto, de 7 de julio de 2016, proceso nº 18/15.9GAPRD.P1.

74 Ac. del Tribunal de Relação de Porto, de 7 de julio de 2016, proceso nº 18/15.9GAPRD.P1; y Ac. del Tribunal de Relação de Porto, de 9 de noviembre de 2016, proceso nº 173/14.5GBAND.P1, *cit.*

2.5. Elemento subjetivo del tipo

Es cuestión pacífica que el delito de violencia doméstica es de naturaleza dolosa[75], pudiendo el dolo revestir cualquier forma[76], y consistiendo en la intención del agente de practicar actos configurables como malos tratos físicos o psicológicos[77]. Dispone el artículo 14 del Código Penal portugués que:

> "1. Actúa con dolo quien, realizando un hecho que integra un tipo delictivo, actúa con intención de realizarlo.
>
> 2. También actúa con dolo quien representa la realización de un hecho que integra un tipo delictivo como consecuencia necesaria de su conducta.
>
> 3. Cuando la realización de un hecho que integra un tipo delictivo se representa como consecuencia posible de la conducta, hay dolo si el agente actúa conformándose con aquella realización."

En cuanto a la estructura del dolo, es cuestión pacífica que se encuentra compuesto por un elemento cognitivo o intelectual y por un elemento volitivo[78].

El elemento cognitivo[79] alude al conocimiento, por parte del sujeto, de que la conducta practicada constituye una modalidad de con-

---

75 No obstante, como bien señala la sentencia Ac. del Tribunal de Relação de Guimarães, de 4 de marzo de 2013, proceso nº 746/11.8PBGMR.G1, *cit.*, "estamos en presencia de un delito cuyo perfeccionamiento exige dolo, pero, contrariamente al nº 1 del artículo en su versión original, ahora solo se exige el dolo genérico, en cualquiera de las modalidades previstas en el art. 14 del Código Penal (directo, necesario o eventual).

76 PIZARRO BELEZA, *Direito Penal…*, *cit.* pp. 205-208.

77 Ac. del Tribunal de Relação de Évora, de 19 de diciembre de 2013, proceso nº 497/12.6PALGS.E1 *cit.*

78 En doctrina, vid. por todos PIZARRO BELEZA, TERESA, *Direito Penal*, II Volume, Lisboa, edição da AAFDL, 1980 (2º volumen), p. 180, en cuyas palabras "básicamente…, dolo corresponde al conocimiento y a la voluntad de práctica de un cierto acto que está tipificado en la ley como delito".
En la jurisprudencia, vid. por todas Ac. del Tribunal de Relação de Lisboa, de 31 de mayo de 2016, proceso nº 249/14.9PAPTS.L1-5, *cit.*

79 En este sentido, la jurisprudencia presta especial atención a este elemento, empleando formulaciones como "la conciencia de la ilicitud se encuentra implícita en el propio hecho desde el momento en que es de conocimiento general que este

ducta típica penada por vía del delito de violencia doméstica (o, al menos, la admisión de tal resultado como consecuencia necesaria o posible de su conducta). Como muy bien apunta la sentencia del TR de Évora, de 11 de julio de 2013 (proceso nº 126/12.8GAMAC.E1):

"El delito de violencia doméstica, al igual que otros como el homicidio, el hurto y las ofensas a la integridad física, del ordenamiento jurídico portugués, es de los más impactantes para cualquier ciudadano, no pudiendo admitirse que alguien pueda no tener conciencia de que una conducta así es ilícita y susceptible de ser sancionada penalmente", añadiendo que "el fenómeno de la violencia doméstica, la reprobación social que le está asociada y el carácter prohibido de las conductas que lo caracterizan, son algo que acompaña, en su día a día, a cualquier ciudadano informado, por cuanto copan titulares de periódicos e integran una parte sustancial de los informativos televisivos".

Por su parte, el elemento volitivo se encuentra integrado por la voluntad del sujeto de realizar el hecho. Claramente ejemplificativo al efecto se muestra el Ac. del TR de Porto, de 8 de marzo de 2017 (proceso nº 121/15.5JAPRT.P1), en que el tribunal expresó que el acusado actuó siempre de forma libre, voluntaria y consciente, con el propósito logrado de "–menoscabar a la ofendida en su integridad física y salud;–de atentar contra su honor y su dignidad personal;–de intimidarla y hacerle creer que tenía que acatar todas sus voluntades y desmanes;–de controlar todos sus movimientos;–de anular su autoestima;–de despreciarla;–de humillarla, vejarla y maltratarla, física y psicológicamente. (...)".

La práctica judicial ha acuñado algunas expresiones como manifestación de la concurrencia de estos dos elementos exigidos. Algunas de estas expresiones son "el acusado actuó de forma libre, deliberada y consciente"[80]; "conocía el carácter punible de su conducta",

está prohibido y es punible" (Ac. del Tribunal de Relação de Lisboa, de 31 de mayo de 2016, proceso nº 249/14.9PAPTS.L1-5, *cit.*).

80 Ac. del Tribunal de Relação de Évora, de 11 de julio de 2013, proceso nº 126/12.8GAMAC.E1, *cit.*; Ac. del Tribunal de Relação de Porto, de 6 de febrero de 2013, proceso nº 2167/10.0PAVNG.P1, *cit.*; Ac. del Tribunal de Relação de Porto, de 9 de noviembre de 2016, proceso nº 173/14.5GBAND.P1, *cit.*; 113.10.0TAVVC; Ac. del Tribunal de Relação de Guimarães, de 1 de julio de 2013, proceso nº 197/12.7GDGMR.G1, *cit.*; Ac. del Tribunal de Relação

"sabiendo que su conducta estaba punida por ley"[81]; "conociendo el carácter prohibido de la conducta; u expresiones semejantes"[82].

Por lo expuesto y al encontrarnos ante un delito doloso, es necesario acreditar que el acusado actuó de forma libre (alejado de las causas de exclusión de la culpa), deliberada (elemento volitivo) y consciente, sabiendo que su conducta estaba prohibida por ley (elemento intelectual del dolo, traducido en el conocimiento de los elementos objetivos del tipo).

No podemos dejar de mencionar el hecho de que, con este tipo de expresiones, la jurisprudencia únicamente procuraba lograr una cierta uniformización de la jerga judicial, con el fin de facilitar la labor de los profesionales del derecho. No obstante, con el paso de los años, parece que estas formulaciones han sufrido una suerte de transfor-

---

de Lisboa, de 17 de abril de 2013, proceso nº 790/09.5GDALM.L1-3, *cit.*; Ac. del Tribunal de Relação de Guimarães, de 4 de marzo de 2013, proceso nº 746/11.8PBGMR.G1, *cit.*; Ac. del Tribunal de Relação de Porto, de 8 de marzo de 2017, proceso nº 121/15.5JAPRT.P1, *cit.*; 1991/07-1; 368/09.3PQPRT.P1; Ac. del Tribunal de Relação de Guimarães, de 1 de julio de 2013; Ac. del Tribunal de Relação de Évora, de 30 de junio de 2015, proceso nº 1340/14.7TAPTM.E1, *cit.*; y Ac. del Tribunal de Relação de Guimarães, de 4 de marzo de 2013, proceso nº 746/11.8PBGMR.G1, *cit.*

81 Ac. del Tribunal de Relação de Porto, de 6 de febrero de 2013, proceso nº 2167/10.0PAVNG.P1, *cit.*; Ac. del Tribunal de Relação de Porto, de 9 de noviembre de 2016, proceso nº 173/14.5GBAND.P1; Ac. del Tribunal de Relação de Évora, de 14 de febrero de 2012, nº proceso 478/09-7GBLLE.E2; Ac. 130/10; 113.10.0TAVVC; Ac. del Tribunal de Relação de Guimarães, de 1 de julio de 2013, proceso nº 197/12.7GDGMR.G1; Ac. del Tribunal de Relação de Lisboa, de 17 de abril de 2013, proceso nº 790/09.5GDALM.L1-3, *cit.*; Ac. del Tribunal de Relação de Guimarães, de 4 de marzo de 2013, proceso nº 746/11.8PBGMR.G1, *cit.*; 1991/07-1; Ac. del Tribunal de Relação de Évora, de 14 de febrero de 2012, nº proceso 478/09-7GBLLE.E2, 368/09.3PQPRT.P1; Ac. del Tribunal de Relação de Porto, de 9 de noviembre de 2016, proceso nº 173/14.5GBAND.P1; Ac. del Tribunal de Relação de Guimarães, de 1 de julio de 2013, proceso nº 197/12.7GDGMR.G1; Ac. del Tribunal de Relação de Lisboa, 4 de octubre de 2016, nº 311/15.0JAPDL.L1-5; Ac. del Tribunal de Relação de Évora, de 30 de junio de 2015, proceso nº 1340/14.7TAPTM.E1, *cit.*; Ac. del Tribunal de Relação de Guimarães, de 4 de marzo de 2013, proceso nº 746/11.8PBGMR.G1, *cit.*

82 Ac. del Tribunal de Relação de Évora, de 11 de julio de 2013, proceso nº 126/12.8GAMAC.E1, *cit.*

mación[83], cuya omisión plantea ciertos problemas de praxis judicial. Más en concreto, la descripción factual del dolo tiene que constar en las piezas procesales (ya sea en la acusación[84], en el RAI[85] o en la "pronuncia"), so pena de no apreciarse el dolo del delito por el que se pretende enjuiciar[86].

Piénsese en el caso del Ac. del TR de Évora, de 11 de julio de 2013 (proceso nº 126/12.8GAMAC.E1). En él, apunta el tribunal enjuiciador del recurso, que en el RAI (requerimiento de apertura de la instrucción) no consta, en extremo alguno, alusión expresa al elemento cognitivo del dolo[87].

En este caso, aunque en el requerimiento de apertura de instrucción no se hace alusión a este elemento, dice el tribunal que no se puede obviar la concurrencia del mismo solo porque no se haya indicado o aludido expresamente. En este sentido, el tribunal puso de manifiesto que, en lo que concierne al elemento cognitivo, cualquier ciudadano medio sabe que agredir física y verbalmente a la persona que juró amar y respetar y a quien le vincula un contrato matrimonial, es algo profundamente censurable, ofensivo de las reglas que presiden la vida en sociedad y, por eso, no permitido por ley. De ahí que, al no haberse alegado ni demostrado nada en sentido contrario, haya de concluirse en conformidad con las reglas de la experiencia común, esto es, que el sujeto sabía que estaba prohibido ofender física o psíquicamente a la mujer, a quien le ligaba un contrato matrimonial, cuya existencia seguramente tampoco ignoraba. En lo que concierne al elemento volitivo del dolo, existen en el RAI hechos suficientes en orden a configurar la voluntad del individuo de practicar los hechos que le son imputados: expresiones como "manifestó intención de agredirla físicamente", "con propósitos de humillación", "determinado en con-

---

83 Así lo señala la sentencia Ac. del Tribunal de Relação de Évora, de 11 de julio de 2013, proceso nº 126/12.8GAMAC.E1.

84 *Cfr.* art. 283.3 CPP.

85 *Cfr.* art. 287.2 CPP.

86 Ac. del Tribunal de Relação de Évora en el proceso 511/13.8TACVL.C1.

87 Según la convicción del tribunal, no aparece, expresamente, referencia alguna que permita afirmar que "el sujeto supiese que estaba prohibido pegar a la mujer o insultarla".

tinuar agrediendo a la denunciante", son reveladoras de una voluntad libre y esclarecida, de un querer, incluso de una intención.

Solución diferente se alcanzó en el caso planteado en el proceso nº 511/13, en que el tribunal consideró que el hecho de que en el requerimiento de apertura constase que "la enjuiciada amenazó de muerte al ofendido y lo injurió" deja patente la falta de descripción del dolo. Señala el tribunal en el sumario que, en ese contexto narrativo, teniendo en cuenta las expresiones proferidas, se aleja la posibilidad de, en fase procesal posterior, el juzgador suplir la alegación de los hechos integradores del tipo subjetivo con recurso a las normas de los artículos 358.º y 359.º do CPP. Afirma este tribunal que la acusación omite que la mujer haya actuado de forma deliberada. En este sentido, insiste en la idea de que incluso hablar de actuar "de forma deliberada y consciente" es una fórmula sin entidad suficiente, pues sin ir acompañada de una referencia al dolo específico del delito imputado, encaja en todos los tipos, pero no colma ninguno. A mayor abundamiento, atendiendo a las reglas propias de la hermenéutica jurídica, y recurriendo al concepto de "alteración sustancial de los hechos" descrito en el art. 1.f del CPP[88], la falta de alusión expresa al dolo del tipo nos lleva al terreno del dolo implícito, no siendo éste admisible, como tampoco lo es la presunción de culpa[89]. En resumidas cuentas, el elemento subjetivo no puede ser resultado de una extrapolación y efecto lógico del conjunto de hechos objetivos que se imputan. Considera este tribunal, por tanto, que es necesario expresar de manera clara y sin fisuras, la presencia de ese exigido elemento de intencionalidad.

3. CONCLUSIONES

La tipificación de la violencia doméstica por la que ha optado el legislador portugués no difiere, en gran medida, de la prevista en el Código Penal español. De facto, tampoco en el ordenamiento jurídico portugués se contempla una protección específica para las mujeres mayores de 65 años. No obstante, existen notables diferencias entre

---

88 Como "aquella que tuviere por efecto la imputación al acusado de un delito diferente o la agravación de los límites máximos de las sanciones aplicables".

89 Tal y como lo expresa la Constitución de la República en su art. 32º/1, 2 y 5.

ambos ordenamientos jurídicos. La principal es que, el legislador portugués, a diferencia del español, no ha configurado un régimen específico de protección a la mujer que padece violencia en el ámbito familiar y en el de la pareja. Al contrario, apuesta por que sean los propios órganos judiciales los que, en su arbitrio, modulen las penas en abstracto previstas en los tipos penales en función de la gravedad de cada supuesto, evitando trazar distinciones por razón de sexo o móvil (*v. gr.* sometimiento, control…). Desde luego, esta opción presenta ciertas bondades. El hecho de que, con las diversas modificaciones que se han ido operando, se ha ido produciendo una ampliación del tipo en abstracto, de manera que cada vez es más amplio y ello contribuye a que, progresivamente, tengan encaje típico mayor número de situaciones.

Otra diferencia importante, ligada a la anterior, es el hecho de que el legislador portugués prevea en el mismo tipo los malos tratos habituales y ocasionales. Piénsese que, en España, por el contrario, se ha adoptado un régimen plural que combina los tipos de maltrato habitual en el art. 173.2 CP, maltrato ocasional en el art. 153 y posibles lesiones ex. art. 147 y ss. Como decíamos, otra diferencia notable es que no se trace distinción alguna por razón de sexo, de tal modo que no se plantean los problemas que se observan en los tribunales españoles a la hora de dirimir si una agresión perpetrada en una pareja entre personas del mismo sexo tiene la condición de violencia de género o no. En el caso portugués, dado que la legislación penal ya no prevé esa regulación específica por cuestiones de género, esas situaciones se solventan de una forma más sencilla, valorando simplemente si la relación es conyugal o si tiene encaje por vía de las relaciones asimiladas. Esta última cuestión, sin embargo, sí comparte cierta problemática con la praxis judicial española, donde también resulta controvertido determinar cuál o cuáles son los criterios judiciales más adecuados para valorar si una relación de afectividad tiene naturaleza análoga a la conyugal o no.

Sea como fuere, lo que sí es evidente es que ambos países comparten unas líneas de política criminal que procuran sancionar la violencia que se perpetra en la intimidad de la familia, aunque con diferencias en función de los vínculos que unan a los sujetos.

Como inconveniente, sin embargo, sí habría que destacar el hecho de que la regulación portuguesa no haya articulado mecanismos específicos de protección a la mujer. Portugal no cuenta con ningún instrumento homólogo o asimilable a nuestro Pacto de Estado contra la violencia de género.

A pesar de que existe pleno reconocimiento de que la violencia sufrida por la mujer es una lacra social transversal global, todavía existe una patente necesidad de arbitrar medidas o previsiones específicas que rijan en esta materia. Como se ha puesto de manifiesto, la regulación penal portuguesa goza de bondades inherentes a la amplitud del tipo de violencia doméstica. Sin embargo, también se echa en falta la articulación de medidas específicas de protección.

4. BIBLIOGRAFÍA

BRANDÃO, N., "A tutela penal especial reforçada da violência doméstica", *Revista Julgar,* nº 12 (Especial), 2010.

BRAGANÇA DE MATOS, R. J., "Dos maus tratos a cônjuge à violência doméstica: um passo à frente na tutela da vítima?", *Revista do Ministério Público,* nº 107, jul-set. 2006.

CALEJO MACHADO PIRES, D. F., *O sentido e o alcance da inserção das relações de namoro e equiparadas no crime de violência doméstica- reflexões críticas acerca do alargamento do tipo*, Tese de Mestrado para la obtención del grado de Mestre em Direito Criminal, defendida en la Universidad Católica Portuguesa, nov. de 2014. Disponible en: http://repositorio.ucp.pt/bitstream/10400.14/17267/1/Tese- Dora%20Calejo%20 Pires.pdf.

CASIMIRO NUNES, C.; y RAQUEL MOTA, M., "O crime de violência doméstica: a al. b) do artigo 152º do Código Penal", *Revista do Ministério Público*, nº 122, abr-jun 2010.

CAVALEIRO FERREIRA, *Direito Penal Português*, vol. I, 2013.

CONDE FERNANDES, P., "Violência Doméstica –novo quadro penal e processual penal", *Revista do CEJ,* 1º semestre 2008, nº 8 (especial).

CORCOY BIDASOLO, M., "Tendencias de la Política Criminal en Materia de Violencia Doméstica y de Género", en MIR PUIG, S., y CORCOY BIDASOLO, M., *Política Criminal e Reforma Penal*, B de F, Montevideo, 2007.

FERREIRA, M. E., *Da Intervenção do Estado na Questão da Violência Conjugal em Portugal, Almedina,* 2005.

FIGUEIREDO DIAS, J., *Direito Penal-Parte Geral, vol. I*, 2ª ed., Coímbra Editora.

GARCÍA-PABLOS DE MOLINA, A., *Tratado de criminología*, Tirant lo Blanch, Valencia, 2014.

LAMAS LEITE, A., "A violência relacional íntima: reflexões cruzadas entre o Direito Penal e a Criminologia", *Revista Julgar,* setembro-dezembro 2010, nº12 (especial), Crimes no seio da Família e sobre Menores.

LARRAURI PIJOAN, E., *Criminología crítica y violencia de género*, Trotta, Madrid, 2007.

LÍBANO MONTEIRO, C., *Perigosidade de Inimputáveis e "In dubio Pro Reo"*, Stvdia Ivridica 24, Coímbra Editora.

MATOS, M., "Retratos da violência na conjugalidade", *Revista Portuguesa de Ciência Criminal,* año 11, vol. 1º, janeiro-março, 2001.

MEDINA, J. J., *Violencia contra la mujer en la pareja: investigación comparada y situación en España,* Tirant lo Blanch, Valencia, 2002.

PEREIRA COELHO y GUILHERME DE OLIVEIRA, Comentário , Revista de Legislação e Jurisprudência, año 1999.

PINTO DE ALBUQUERQUE, P., "Comentário do Código Penal", Universidade Católica, 2008, *anotação ao artigo 152.*

PINTO DE ALBUQUERQUE, P., *Comentario do Código Penal à luz da Constituição da República e da Convenção Europeia dos Direitos do Homem,* Universidade Católica Editora, 2ª ed., Lisboa, 2010.

PIZARRO BELEZA, TERESA, *Direito Penal,* II Volumes, Lisboa, edição da AAFDL, 1980 (2º volumen).

PIZARRO BELEZA, T., *Maus tratos conjugais: o art. 153, nº3 do Código Penal,* AAFDL, Lisboa, 1989.

PIZARRO BELEZA, T., *Mulheres, Direito, Crime ou a Perplexidade de Cassandra,* Lisboa, 1990.

PIZARRO BELEZA, T., *Direito Penal, 2º vol.*, AAFDL, Lisboa, 1996.

PIZARRO BELEZA, T., "Violencia Doméstica", *Revista do Centro de Estudos Judiciários,* 1º semestre, 2008, nº 8 (especial): Jornadas sobre a Revisão do Código Penal.

PIZARRO BELEZA, T., "Violência Doméstica", *Revista do CEJ,* nº 9.

SÁ GOMES, C., *O Crime de Maus Tratos físicos e psíquicos infligidos ao cônjuge ou ao convivente em condições análogas às dos conjugues*, AAFDL, Lisboa, 2002.

TAIPA DE CARVALHO, A., en FIGUEIREDO DIAS, J. (coord.), *Comentário Conimbricense do Código Penal, Parte Especial, artigos 131º a 201º, Tomo I,* Coímbra Editora, 1ª ed., 1999.

TAIPA DE CARVALHO, A., en FIGUEIREDO DIAS, J. (coord.), *Comentário Conimbricense do Código Penal, Parte Especial, artigos 131º a 201º, Tomo I,* Coímbra Editora, 2ª ed., 2012

TAIPA DE CARVALHO, A., *Direito Penal, Parte Geral*, Coímbra Editora, Coímbra, 2008.

VVAA., *Código Penal- Actas e Projecto da Comissão de Revisão,* Ministerio da Justiça, Lisboa, 1993.

5. JURISPRUDENCIA

- Ac. del Tribunal de Relação de Lisboa, de 31 de mayo de 2016, proceso nº 249/14.9PAPTS.L1-5.
- Ac. del Tribunal de Relação de Lisboa, de 17 de abril de 2013, Processo nº 790/09.5GDALM.L1-3.
- Ac. del Tribunal de Relação do Porto, de 6 de febrero de 2013, proceso nº 2167/10.0PAVNG.P1.
- Ac. del Tribunal de Relação de Évora, de 30 de junio de 2015, proceso nº 1340/14.7TAPTM.E1.
- Ac. del Tribunal de Relação de Guimarães, de 4 de marzo de 2013, proceso nº 746/11.8PBGMR.G1.
- Ac. del Tribunal de Relação do Porto, de 29 de febrero de 2012, proceso nº 368/09.3PQPRT.P1.
- Ac. del Tribunal de Relação de Lisboa, de 6 de abril de 2006, proceso nº 06P1167.
- Ac. del Tribunal Supremo de Justiça de 13 de noviembre de 1997.
- Ac. del Tribunal de Relação de Évora, de 11 de julio de 2013, proceso nº 126/12.8GAMAC.E1.
- Ac. del Tribunal de Relação de Évora, de 8 de enero de 2013, proceso nº 113/10.0TAVVC.E1.
- Ac. del Tribunal de Relação de Évora, de 19 de diciembre de 2013, proceso nº 497/12.6PALGS.E1.
- Ac. del Tribunal de Relação de Coimbra, de 27 de febrero de 2013, proceso nº 83/12.0GCGRD.C1.
- Ac. del Tribunal de Relação de Porto, de 9 de noviembre de 2016, proceso nº 173/14.5GBAND.P1.
- Ac. del Tribunal de Relação do Porto, de 8 de marzo de 2017, proceso nº 121/15.5JAPRT.P1.
- Ac. del Tribunal de Relação de Lisboa, 4 de octubre de 2016, nº 311/15.0JAPDL.L1-5.
- Ac. del Tribunal de Relação de Porto, de 7 de julio de 2016, proceso nº 18/15.9GAPRD.P1.
- Ac. del Tribunal de Relação de Évora, de 11 de julio de 2013, proceso nº 126/12.8GAMAC.E1.
- Ac. del Tribunal de Relação de Évora, de 19 de diciembre de 2013, proceso nº 497/12.6PALGS.E1.

Capítulo XI

Los feminicidios de género en las mujeres mayores de 61 años: alevosía doméstica y perspectiva de género

NATALIA PÉREZ RIVAS
Ayudante Doctora de Derecho Penal
Universidad de Santiago de Compostela

1. LA PREVALENCIA DE LA VIOLENCIA DE GÉNERO SEGÚN EL FACTOR EDAD

La violencia de género es un problema acuciante de nuestra sociedad. Así, la prevalencia mundial de actos de violencia física y/o sexual hacia la mujer por parte de su pareja es del 30%[1]. Por continentes, la incidencia media de actos de violencia física contra la mujer por parte de su pareja es más acusada en Oceanía (37,6%), situándose en el extremo opuesto Europa (19,7%)[2]. En cuanto a España, los resultados

---

1 World Health Organization: *Global and regional estimates of violence against women: Prevalence and health effects of intimate partner violence and non-partner sexual violence*, WHO Press, Geneva, 2013.

2 United Nations: *The world's women 2015: Trends and statistics*, New York, 2015. La prevalencia media fue de 32,7% en África, de 28,2% en América y de un 22,5% en Asia.

derivados de la última "Macroencuesta de violencia contra la mujer" revelan que el 26,78% de las mujeres encuestadas habían sufrido algún acto de violencia psicológica de control, el 22,47% violencia psicológica emocional y el 13,62% violencia física o sexual[3].

El imaginario colectivo identifica a las víctimas prototípica de la violencia de género, principalmente, con mujeres situadas en la franja de edad de los 30 a los 44 años y con hijos a su cargo[4]. Es cierto que los datos estadísticos muestran que este es, precisamente, el grupo de edad en donde se concentra el mayor número de víctimas de violencia de género con relación a las que se han adoptado medidas cautelares u órdenes de protección. Así, de las 29.215 mujeres que en el año 2020 fueron inscritas en el Registro Central para la Protección de las Víctimas de la Violencia Doméstica y de Género, el 48,3% se situaban en la franja de edad señalada (Gráfico 1). Su media de edad fue de 37,1 años. La tasa de víctimas fue de 1,4 por cada 1.000 mujeres de 14 y más años, alcanzándose los valores más elevados en los tramos de edad de 30 a 34 años (3,4) y de 25 a 29 años (3,1) (Gráfico 2). Las mujeres comprendidas en estos grupos de edad, junto con las adolescentes, son la población diana a la que se dirigen las campañas de prevención y sensibilización sobre la violencia de género, así como los programadas destinados a la igualdad[5].

---

3 Delegación del Gobierno contra la Violencia de Genero: *Macroencuesta de violencia contra la mujer*, Ministerio de Igualdad, Madrid, 2020.

4 GRACIA IBAÑEZ, Jorge: "La violencia de género contra las mujeres mayores. Un acercamiento socio-jurídico", *Derechos y libertades: Revista de Filosofía del Derecho y Derechos Humanos*, núm. 27, 2012.

5 DAMONTI, Paola / ITURBIDE RODRIGO, Ruth: "Violencia de género en la pareja en mujeres mayores. Obstáculos específicos a la búsqueda de ayuda y a la separación", *Investigaciones feministas*, vol. 12, nº 1, 2021.

Gráfico 1. Distribución porcentual de víctimas de violencia de género por edad. Año 2020

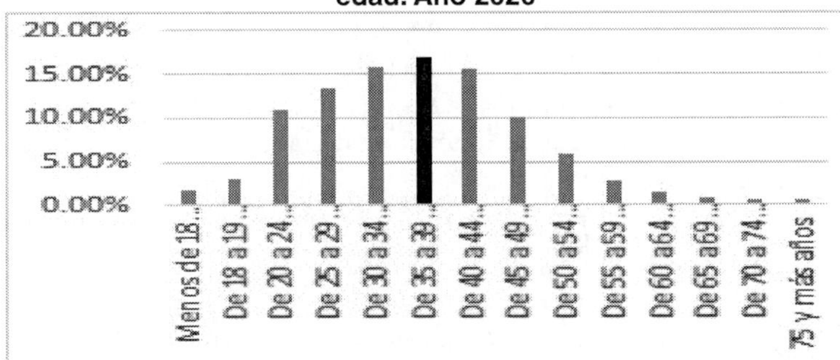

Fuente: Elaboración propia a partir de los datos del INE

Gráfico 2. Tasa de víctimas de violencia de género por edad. Año 2020

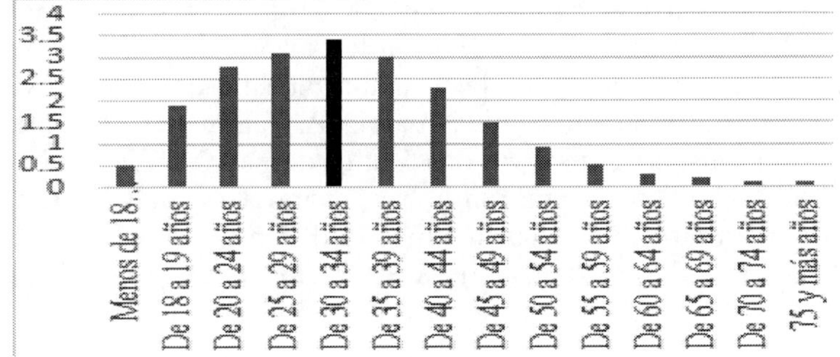

Fuente: Elaboración propia a partir de los datos del INE

No obstante, ello conlleva una excesiva simplificación del fenómeno de la violencia de género que obvia el hecho de que "no existe un modelo de víctima, no existe un tipo unívoco de superviviente, no existen patrones a los que ajustarse, porque la diversidad de ellos es enorme y lo único que tienen en común estas mujeres es justamente ser víctimas"[6]. No debemos olvidar que "la vulnerabilidad de la mu-

6 HERNANDO GÓMEZ, Mentxu / LAESPADA, Teresa: "Víctimas de violencia de género mayores de sesenta y cinco años: análisis interseccional de vulnerabilidades y nuevas formas de maltrato", *Zerbitzuan: Gizarte zerbitzuetarako aldizkaria*, núm. 75, 2021.

jer no es consustancial a su posición jurídica dentro de la familia ni tampoco a sus condiciones personales...sino a la propia estructura social fundada todavía sobre las bases del dominio patriarcal"[7]. Ello explica por qué la violencia de género afecta de forma transversal a todas las mujeres con independencia de su clase social, etnia, religión, nacionalidad o edad[8].

Respecto a este último factor, la especial vulnerabilidad que presentan las mujeres mayores de 65 años víctimas de violencia de género ha llevado a que en el Pacto de Estado se incluya, como una de las medidas a implementar, la realización de estudios que incidan sobre su situación (medida nº 136 del informe de la Ponencia del Senado)[9]. De conformidad con los datos de la macroencuesta de violencia contra la mujer del año 2019, el 8,5% de las mujeres de 65 o más años encuestadas afirmaron haber sido víctimas de actos violencia física y/o sexual por parte de alguna pareja a lo largo de su vida, en tanto que el 22,9% afirmó haber sufrido violencia psicológica[10]. Esa violencia no hace referencia a un hecho puntual, sino que constituye la forma normal de relacionarse de la pareja. Así, en una encuesta realizada entre las usuarias mayores de 65 años del servicio ATENPRO[11], el 40% de las mujeres afirmaron haber sufrido actos de violencia de género por su pareja actual o su expareja durante más de 40 años y el 27 %, de 20 a 30 años[12]. Idénticos resultados fueron obtenidos por

7 LAURENZO COPELLO, Patricia: "La violencia de género en la ley integral: valoración político-criminal", *RECPC*, 07-08, 2005.

8 GRACIA IBAÑEZ, *op. cit.*

9 RÚA VIEITES, Antonio / CHARRO BAENA, María Belén / UROZ OLIVARES, Jorge / MENESES FALCÓN, María del Carmen: *La violencia de género en la pareja o en la expareja de mujeres mayores de 60 años*, Universidad Pontificia de Comillas, Madrid, 2018.

10 Delegación del Gobierno contra la Violencia de Genero, *op. cit.*

11 El Servicio Telefónico de Atención y Protección para víctimas de la violencia de género (ATENPRO) es una modalidad de servicio que ofrece a las víctimas de violencia de género una atención inmediata, ante las eventualidades que les puedan sobrevenir, las 24 horas del día, los 365 días del año y sea cual sea el lugar en que se encuentren.

12 Delegación del Gobierno contra la Violencia de Genero / Cruz Roja Española: *Estudio sobre las mujeres mayores de 65 años víctimas de violencia de género*, Ministerio de la Presidencia, Relaciones con las Cortes e Igualdad, Madrid, 2019.

Meneses Falcón *et al.* (2018) en el estudio realizado entre las residentes en centros de mayores de la Comunidad Autónoma de Madrid en que constataron que el número medio de años de matrimonio o en convivencia de las mujeres encuestadas maltratada fue de 35,1 años y la moda 50 años. Ello incide de forma notable en su habituación a la situación, una mayor normalización de los hechos, menor conciencia de la violencia vivida[13], su resignación ante la violencia que sufre, una salud psicofísica debilitada, etc. Estos factores, unidos a la posible dependencia económica, el miedo al estigma social o a romper los lazos familiares, así como una socialización basada en el rol secundario de la mujer y su sometimiento a la voluntad de las figuras masculinas de referencia (padre y marido), la llevan a optar por guardar silencio[14]. Así, los datos de la Macroencuesta revelan que solo un 22,8% de las mujeres de 65 o más años víctimas de violencia de género han acudido a servicios de asistencia a las víctimas, en tanto que un 54,5% ha relatado los hechos a personas de su entorno (frente a un 37,3% y un 81,5%, respectivamente, del resto de mujeres). Por lo que respecta a la denuncia, las mujeres de 65 años o más han procedido a ello en menor medida que las mujeres de 16 a 64 años (17,6% y 22,5%, respectivamente) y, cuando lo hacen, tardan una media de 26 años y 3 meses[15]. Es cierto que en los últimos años se observa un cambio de tendencia como lo muestra el hecho de que, entre los años 2013 y 2019, el número de mujeres mayores de 65 años con medida cautelar u orden de protección se incrementó en un 26,60% (Gráfico 3). De hecho, en el año 2019, los mayores aumentos se registraron entre las

---

13 Evidenciando este hecho, en la Macroencuesta sobre la violencia contra las mujeres en Aragón, la tasa por cada 100 mujeres mayores de 65 años considerada técnicamente como maltratada alcanza el 7,6. No obstante, cuando eran las propias mujeres las que se autodefinían como maltratadas, la tasa descendía al 2,721. INSTITUTO ARAGONÉS DE LA MUJER: *Macroencuesta sobre la violencia contra las mujeres en Aragón*, IAM, Zaragoza, 2006.

14 HERNANDO GÓMEZ / LAESPADA, *op. cit.*; DAMONTI / ITURBIDE RODRIGO, *op. cit.*; DAMONTI, Paola / ITURBIDE RODRIGO, Rut / AMIGOT LEACHE, Patricia: *Violencia contra las mujeres mayores. Interacción del sexismo y edadismo*, Instituto Navarro para la Igualdad, Pamplona, 2020.

15 GÓMEZ PLAZA, Ana / VILLAJOS POZUELO, Sandra / CANDEIRA DE ANDRÉS, Lucía / HERNÁNDEZ GÓMEZ, Ayin: *Estudios sobre el tiempo que tardan las mujeres víctimas de violencia de género en verbalizar su situación*, Ministerio de la Presidencia, Relaciones con las Cortes e Igualdad, Madrid, 2019.

mujeres de 75 y más años (25,0%) y de 70 a 74 años (15,6%) (Gráfico 4). Pese a ello, resultan alarmantes los datos que se verifican en el estudio de Meneses Falcón *et. al* (2018) conforme a los que el 24,4% de las mujeres mayores de 60 años que han sufrido maltrato desconocían la existencia de recursos o servicios de atención al maltrato, en tanto que el 14,4% no disponer de información sobre la LO 1/2004[16]. Ello, sin duda, intensifica su vulnerabilidad y las dificultades de salir de ese círculo de violencia al ignorar los recursos asistenciales puestos a su disposición, así como de los derechos de que son titulares[17].

Gráfico 3. Víctimas de violencia de género mayores de 65 años (2013-2019)

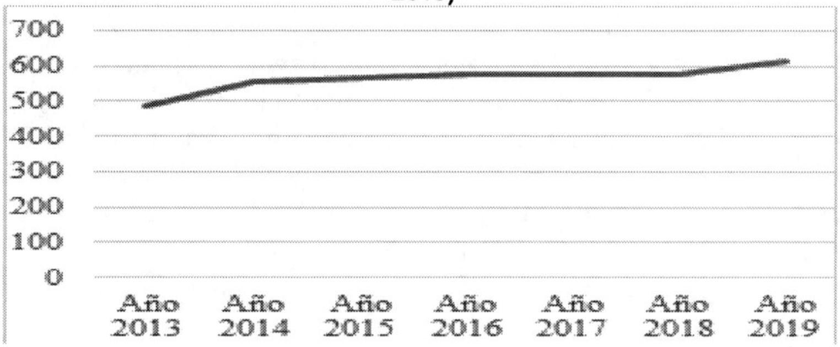

Fuente: Elaboración propia a partir de los datos del INE

---

16 En el estudio realizado por la Delegación del Gobierno contra la Violencia de Género sobre la percepción social de la violencia de género se constató que las mujeres mayores de 60 años referían en mucha menor medida que el resto de grupo de edad conocer la LOVG (46% frente a 65%). Meil Landerwerlin, Gerardo: *Percepción social de la violencia de género*, Ministerio de Sanidad, Política Social e Igualdad, 2014.

17 Pérez Rivas, Natalia: Los derechos de la víctima en el sistema penal español, Tirant lo Blanch, Valencia, 2017, pp. 67-207.

Gráfico 4. Tasa de variación víctimas violencia de género por grupos de edad. 2018-2019

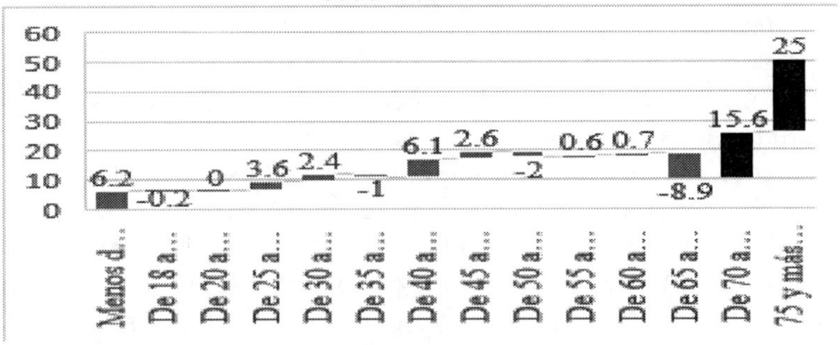

Grupo de edad	Tasa de variación
Menos d...	6.2
De 18 a...	-0.2
De 20 a...	0
De 25 a...	3.6
De 30 a...	2.4
De 35 a...	-1
De 40 a...	6.1
De 45 a...	2.6
De 50 a...	-2
De 55 a...	0.6
De 60 a...	0.7
De 65 a...	-8.9
De 70 a...	15.6
75 y más...	25

Fuente: Elaboración propia a partir de los datos del INE

2. LA INCIDENCIA DE LOS FEMINICIDIOS DE GÉNERO EN LAS MUJERES MAYORES

Desde el año 2003 hasta el 2021, han fallecido un total de 1.125 mujeres por violencia de género. De ellas, 169 tenían más de 61 años. El promedio total interanual de feminicidios acaecidos por violencia de género entre 2003 y 2021 fue de 59,21 y, en la franja de edad objeto de nuestro interés, de 8,89 (Gráfico 5).

Gráfico 5. Evolución de los feminicidios de género (2003-2021)

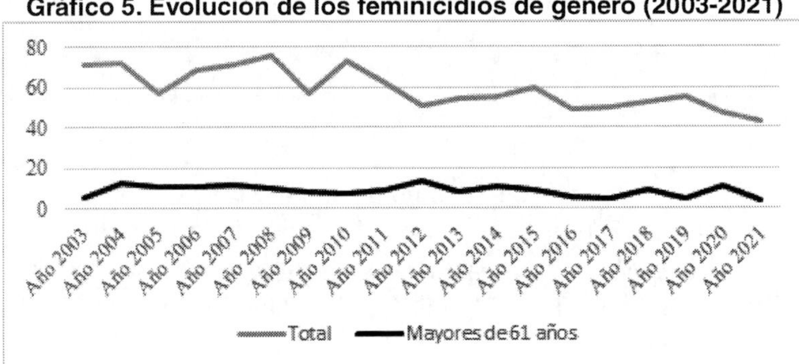

Fuente: Elaboración propia a partir de los datos de la Delegación del Gobierno contra la Violencia de Género

El 50,22% de las mujeres fallecidas por actos de violencia de género tenía entre 31-50 años, siendo el grupo de edad que presentó una mayor incidencia el de la franja situada entre los 31-40 años (27,29%). A partir de ahí, el porcentaje de feminicidios disminuye con la edad, observándose un repunte en las mujeres mayores de 61 años[18] (14,13% del total) (Gráfico 6). En los años 2004, 2012 y 2020, este fue el segundo grupo de edad en que se registró un mayor número víctimas mortales (el 18,57%, el 21,57% y el 23,40% del total, respectivamente). A este respecto, la jubilación del agresor y el empeoramiento de su estado de salud son algunos de los factores que pueden actuar como intensificadores de la violencia en la tercera edad[19].

Gráfico 6. Distribución porcentual de feminicidios de género (2003-2021)

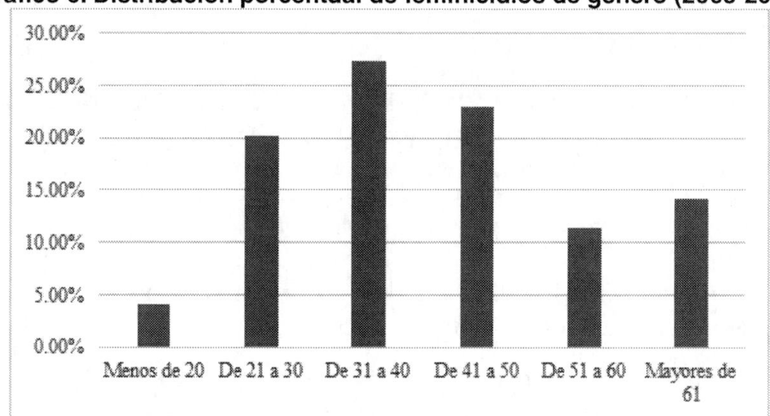

Fuente: Elaboración propia a partir de los datos de la Delegación del Gobierno contra la Violencia de Género

En cuanto a la tasa de feminicidios por violencia de género, la media fue de 3,21 por cada millón de mujeres de más de 21 años. Durante el periodo 2003-2020, por cada millón de mujeres de 31 a 40 años, 4,51 fallecieron en el marco de la violencia de género. En el

---

18 Hasta el año 2008 los grupos de edad objeto de nuestro interés se conformaban de la siguiente manera: 51 a 64 años y 64 años o más. Desde el año 2009, los rangos de edad se conforman de la siguiente manera: 51 a 60 años, 61 a 70 años, 71 a 84 años y 85 años o más.

19 DAMONTI / ITURBIDE RODRIGO / AMIGOT LEACHE, *op. cit.*

caso de las mujeres mayores de 61 años, la media fue de 1,41 por cada millón, alcanzando, en el año 2004, la cifra de 2,47.

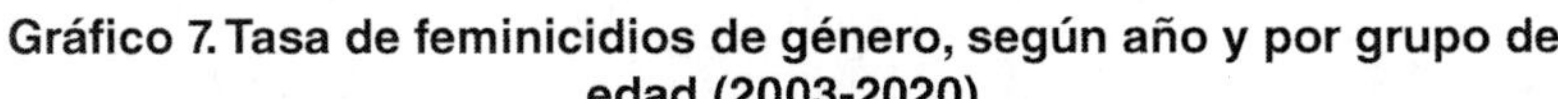
Gráfico 7. Tasa de feminicidios de género, según año y por grupo de edad (2003-2020)

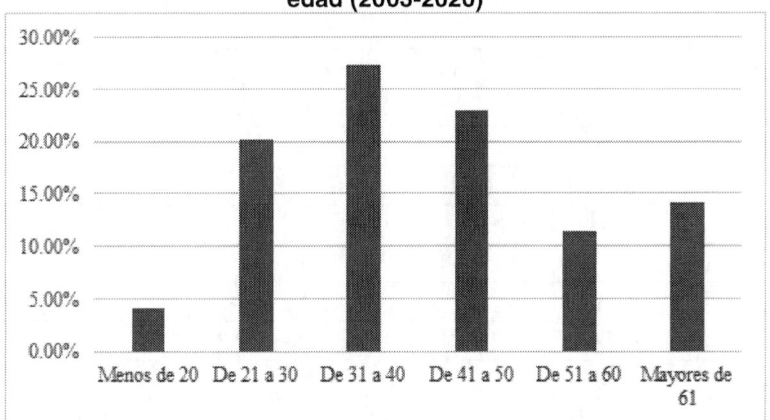

Fuente: Elaboración propia a partir de los datos de la Delegación del Gobierno contra la Violencia de Género

2.1. Aspectos sociodemográficos: víctima y agresor

La media de edad de las mujeres mayores de 61 años fallecidas por violencia de género fue de 72,20 años. El rango de edad analizado fue desde los 61 a los 95 años, siendo el grupo en que más feminicidios se produjeron el de los 65 a los 70 años (25,44%). Por lo que respecta a su nacionalidad, el 88,17% de las mujeres eran españolas, frente al 11,83% que eran extranjeras. En el análisis de las zonas geográficas de procedencia de las víctimas extranjeras encontramos que son las originarias de Europa las que arrojan el valor más elevado (90%). De las víctimas europeas, el 27,78% procedían de Alemania y el 22,22% de Reino Unido.

Tabla 1. Características sociodemográficas de las víctimas		
	N	%
Edad (n= 169)		
61-64	33	19,53
65-70	43	25,44%
71-74	32	18,93%
75-80	30	17,75%
81-84	25	14,79%
85-90	4	2,37%
91-94	1	0,59%
95 en adelante	1	0,59%
Edad media (mín-máx)	72,20 (61-95)	
Nacionalidad (n= 169)		
España	149	88,17%
País Europeo	18	10,65%
Alemania	5	27,78%
Reino Unido	4	22,22%
Bélgica	3	16,67%
Portugal	2	11,11%
Bulgaria	1	5,56%
Dinamarca	1	5,56%
Finlandia	1	5,56%
Ucrania	1	5,56%
África	1	0,59%
Marruecos	1	100%
Asia	1	0,59%
China	1	100%

Fuente: Elaboración propia a partir de los datos de la Delegación del Gobierno contra la Violencia de Género

La edad media de los agresores fue de 73,88 años (edad máxima 95 y edad mínima 41), situándose la mayoría en la franja de edad de los 75 a los 80 años (30,18%). En cuanto a la nacionalidad, el

89,35% eran españoles. De los extranjeros, el 94,44% eran europeos y, de ellos, el 35,29% eran alemanes y el 23,53% ingleses.

Tabla 2. Características sociodemográficas de los agresores		
	N	%
Edad (n= 169)		
<60	11	6,51%
61-64	9	5,33%
65-70	35	20,71%
71-74	27	15,98%
75-80	51	30,18%
81-84	16	9,47%
85-90	13	7,69%
91-94	2	1,18%
95 en adelante	1	0.59%
Desconocida	3	1,78
Edad media (mín-máx)	73,88 (41-95)	
Nacionalidad (n= 169)		
España	151	89,35%
País Europeo	17	10,06%
Alemania	6	35,29%
Reino Unido	4	23,53%
Bélgica	3	17,65%
Bulgaria	1	5,88%
Dinamarca	1	5,88%
Finlandia	1	5,88%
Italia	1	5,88%
Asia	1	0,59%
China	1	100%

Fuente: Elaboración propia a partir de los datos de la Delegación del Gobierno contra la Violencia de Género

2.2. *Características de la relación de pareja*

El análisis de la información disponible sobre la relación entre la víctima y su agresor muestra que el tipo de relación de pareja más habitual la conformaban los cónyuges (84,62%), seguida de los compañeros sentimentales (8,28%) y los excónyuges (5,33%). En la mayoría de los casos, las víctimas tenían hijos (60,36%), siendo la media de 2,72. El 99,02% de las mujeres que eran madres tenían hijos en común con el agresor.

El 89,95% de las víctimas convivía con el agresor en el momento del suceso, aun cuando hubieran puesto término a la relación sentimental. Es más, en uno de esos supuestos, el agresor había asumido el papel de cuidador de la víctima la cual estaba afectada por un deterioro cognitivo moderado-severo y le habían diagnosticado una demencia mixta orgánica por consumo de alcohol y deterioro cortical del tipo Alzheimer, que le impedía tomar decisiones por sí sola.

Tabla 3. Características de la relación de pareja

	N	%
Convivencia en el momento de la agresión (n=169)		
Sí		89,95%
No		
Desconocido		
Tipo de relación (n= 169)		
Cónyuges	143	84,62%
Excónyuges	9	5,33%
Compañeros sentimentales	14	8,28%
Excompañeros sentimentales	3	1,76%
Hijos (n= 169)		
Sí	102	60,36%
No	67	39,64%
Número de hijos (n= 169)		
0	67	39,64%
1	25	14,79%
2	30	17,75%

3	23	13,61%
4	12	7,10%
5	9	5,33%
>6	3	1,78%
Paternidad		
Agresor	101	99,02%
Otra pareja	1	0,98%

Fuente: Elaboración propia a partir de los datos de la Delegación del Gobierno contra la Violencia de Género

2.3. Contexto comisivo y reacción del agresor

Las comunidades autónomas en las que se documentó un mayor número de mujeres mayores de 61 años fallecidas por violencia de género fueron Andalucía (42), la Comunidad Valenciana (20), Cataluña (18), Galicia (17) y la Comunidad de Madrid (16) (Gráfico 8). En términos relativos, las mayores tasas de feminicidios por cada 1.000 mujeres de más de 61 años se registraron en Melilla (0,14) y en Andalucía, Aragón, Asturias y Baleares (0,4 en las cuatro). La tasa media fue de 0,03 (Gráfico 9).

Gráfico 8. Total mujeres mayores de 61 años fallecidas por violencia de género, según CC.AA (2003-2021)

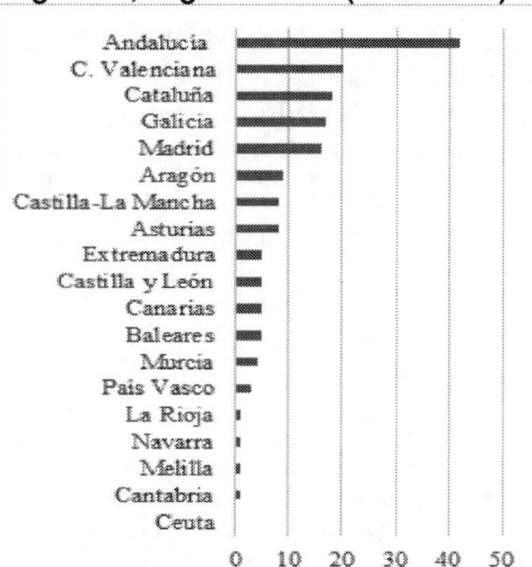

Fuente: Elaboración propia a partir de los datos de la Delegación del Gobierno contra la Violencia de Género

Gráfico 9. Tasa mujeres mayores de 61 años fallecidas por violencia de género, según CC.AA (2003-2021)

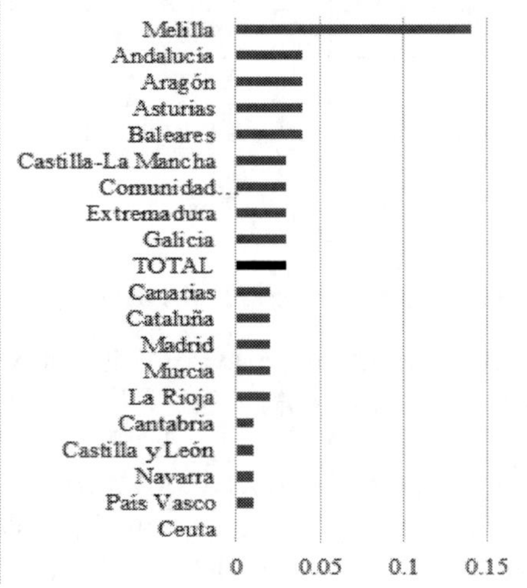

Fuente: Elaboración propia a partir de los datos de la Delegación del Gobierno contra la Violencia de Género

El arma blanca fue el medio comisivo más utilizado (45,56%), seguido por los golpes con objetos contundentes (18,34%) y las armas de fuego (11,83%). En la mayoría de los feminicidios no existían denuncias previas (88,76%) y, solo en el 4,14% de los casos, la víctima contaba con una orden de protección. La reacción del agresor tras acometer el feminicidio fue, mayoritariamente, la de terminar o intentar terminar con su vida (48,52%)[20].

---

20 Ampliamente sobre los feminicidios de género seguidos del suicidio del agresor, FERNÁNDEZ TERUELO, Javier Gustavo: “Feminicidios de género: Evolución real del fenómeno, el suicidio del agresor y la incidencia del tratamiento mediático”, *REIC*, núm. 9, 2011.

Tabla 4. Contexto comisivo y reacción del agresor		
	N	%
Medio comisivo (n=169)		
Arma blanca	77	45,56%
Golpes con objetos	31	18,34%
Armas de fuego	20	11,83%
Golpes	16	9,47%
Asfixia	8	4,73%
Estrangulamiento	7	4,14%
Arrojar al vacío	3	1,78%
Quemada	2	1,18%
Envenenamiento	1	0,59%
Desconocido	4	2,37%
Denuncias previas (n= 169)		
Sí	19	11,24%
No	150	88,76%
Orden de protección (n= 169)		
Sí	7	4,14%
No	162	95,86%
Reacción del agresor (n= 169)		
Suicidio	49	28,99%
Intento de suicidio	33	19,53%
Detención	49	28,99%
Entrega voluntaria	32	18,93%
Desconocido	6	3,55%

Fuente: Elaboración propia a partir de los datos de la Delegación del Gobierno contra la Violencia de Género

3. LA APLICACIÓN DE LA CIRCUNSTANCIA AGRAVANTE DE ALEVOSÍA: ESPECIAL REFERENCIA A LA ALEVOSÍA DOMÉSTICA

De conformidad con lo preceptuado en el art. 139.1 CP, la condena por asesinato tendrá lugar cuando quede acreditado que la muerte de una persona se ha ejecutado con alevosía, con enseñamiento, por precio, recompensa o promesa o para facilitar la comisión de otro delito o para evitar que se descubra. El análisis que, de forma anual, realiza el CGPJ en cuanto a las sentencias por delito de asesinato cometido en el ámbito de la violencia de género y doméstica muestran que la circunstancia agravante que concurre de forma mayoritaria en los casos de violencia de género es, tras el parentesco, la alevosía. Así, en el año 2018, de las 31 sentencias con asesinato dictadas, en el 77% se apreció la concurrencia de alevosía y, en el 28,6%, ensañamiento (CGPJ, 2020).

3.1. Definición

La circunstancia agravante de ejecutar el hecho con alevosía cuenta, en nuestro Código Penal, con tres manifestaciones: a) circunstancia agravante genérica de los delitos contra las personas (art. 22.1ª CP); b) circunstancia cualificadora del delito de asesinato (art. 139.1.3º CP); c) circunstancia agravante específica del delito de lesiones (art. 148.2º CP).

La modalidad alevosa concurrirá cuando "el culpable comete cualquiera de los delitos contra las personas empleando en la ejecución medios, modos o formas que tiendan directa o especialmente a asegurarla, sin el riesgo que para su persona pudiera proceder de la defensa por parte del ofendido". La esencia de la alevosía radica, pues, en la inexistencia de probabilidades de defensa por parte de la persona atacada, bien mediante su anulación deliberada a través de concretos medios, modos o formas de ejecución de la agresión bien mediante el aprovechamiento consciente de su situación de indefensión, que permite al autor asegurar la ejecución de su acción sin riesgo alguno para su persona[21]. Esta forma de proceder revela, sin lugar a duda, un plus de antijuridicidad de la conducta, así como una mayor peligrosidad y culpabilidad del autor que debe tener su reflejo en la pena a imponer.

3.2. Elementos configuradores de la alevosía

De la definición anteriormente transcrita podemos extraer los cuatro elementos cuya concurrencia se exigen para su apreciación[22]:

Así, normativamente, esta circunstancia sólo se proyecta con relación a los delitos contra las personas (elemento normativo).

Los medios, los modos o las formas empleados por el autor en la comisión del hecho han de ser los objetivamente adecuados para asegurar su ejecución mediante la eliminación de las posibilidades de defensa de la víctima. No es suficiente, por tanto, el mero convencimiento del autor acerca de su idoneidad (elemento objetivo).

Ese concreto "modus operandi" ha de tender, directa y conscientemente, tanto a asegurar la ejecución del acto pretendido como a eliminar las posibilidades de defensa de la víctima (elemento subjetivo). Para su apreciación no es necesario que el autor busque a propósito aniquilar las posibilidades de defensa de la víctima, sino que es suficiente con que, siendo consciente de la situación de indefensión en que aquélla se encuentre -independientemente de la causa generadora-, el autor se aproveche de ello[23].

Finalmente, debe comprobarse sí se produjo una situación de total indefensión de la víctima que haya posibilitado la ejecución de la agresión sin riesgo alguno para el mismo (elemento teleológico), como lo evidenciaría la ausencia en el autor de arañazos, moratones o lesión alguna[24]. En atención a ello, se excluye la concurrencia de alevosía en aquellos casos en los que el ataque se produce en el marco de una pelea o discusión violenta previa, al entenderse que en este supuesto se aprecian "posibilidades de defensa por parte del sujeto atacado en

---

21 Entre otras, SSTS núm. 161/2017, de 14 marzo *(TOL5.996.682)*; núm. 719/2016, de 27 de septiembre *(TOL5.834.608)*.

22 Por todas, STS núm. 534/2019, de 5 de noviembre *(TOL7.580.198)*.

23 SSTS núm. 750/2016, de 11 de octubre *(TOL5.853.403)*; núm. 178/2001, de 13 de febrero *(TOL4.925.927)*.

24 STS núm. 299/2018, de 19 de junio *(TOL6.653.992)*.

cuanto puede afirmarse que debe estar precavido ante una posible agresión de su contendiente"[25]. No obstante, dado que la eliminación de toda posibilidad de defensa de la víctima que la alevosía exige ha de ser considerada desde la perspectiva de su real eficacia[26], su concurrencia sí resulta compatible con respuestas pasivas de protección[27] e, incluso, con posibles intentos defensivos de la víctima derivados del mero instinto de supervivencia, pero funcionalmente ineptas para hacer frente al agresor, comprometer su integridad física o generarle algún tipo de riesgo (v. gr. heridas en los antebrazos por intentar evitar los apuñalamientos; arañazos en el acusado)[28]. Por tanto, la defensa que ha de confrontarse para evaluar el grado de desvalimiento del ofendido no es la meramente pasiva, -como huir o esconderse del atacante-, sino la activa que procede de los medios defensivos con los que cuente[29]. Tampoco se tomará en consideración, a estos efectos, la ayuda que a la víctima le puedan prestar terceros una vez que la agresión ya ha sido perpetrada[30].

3.3. Modalidades de alevosía tradicionales

Tradicionalmente se han venido distinguiendo tres modalidades ejecutivas de naturaleza alevosa mediante las que el autor puede con-

---

25 STS núm. 707/2015, de 13 de noviembre *(TOL5.583.990)*.

26 STS núm. 64/2021, de 28 de enero *(TOL8.296.285)*.

27 SAP de Madrid núm. 784/2018, de 12 de noviembre *(TOL7.000.781)*.

28 SSTS núm. 991/2021, de 28 de enero; núm. 418/2021, de 19 de mayo *(TOL8.454.657)*; núm. 418/2020, de 21 de julio *(TOL8.021.073)*; núm. 696/2018, de 26 de diciembre *(TOL6.989.769)*; núm. 688/2018, de 20 de diciembre *(TOL6.988.662)*; núm. 299/2018, de 19 de junio *(TOL6.653.992)*; núm. 765/2017, de 27 de noviembre *(TOL6.449.524)*; núm. 626/2015, de 18 de octubre *(TOL5.542.741)*; núm. 455/2014, de 10 de junio *(TOL4.388.289)*; núm. 106/2012, de 22 de febrero *(TOL2.468.404)*; núm. 895/2011, de 15 de julio *(TOL2.246.661)*; núm. 37/2010, de 22 de enero, núm. 25/2009, de 22 de enero *(TOL1.441.107)*; núm. 417/2008, de 30 de junio *(TOL1.351.202)*; núm. 1472/2005, de 7 de diciembre *(TOL809.327)*; núm. 1378/2004 de 29 de noviembre *(TOL528.682)*; núm. 505/2004, de 21 de abril *(TOL420.813)*.

29 SSTS núm. 316/2012, de 30 de abril *(TOL2.540.194)*; núm. 25/2009, de 22 de enero *(TOL1.441.107)*.

30 STS núm. 59/2021, de 27 de enero *(TOL8.325.899)*.

jurar el riesgo generable por la víctima[31]: la alevosía proditoria, la alevosía súbita o inopinada y la alevosía de desvalimiento.

a) La alevosía proditoria -que constituye la forma tradicional de ataque alevoso- es equivalente a la traición, a la trampa o a la emboscada. Comprende todas aquellas situaciones en las que el agresor se oculta acometiendo a la víctima en un momento y lugar que aquella no espera (v. gr. atar el pomo de una puerta al pomo de la puerta de enfrente para evitar que la víctima pueda abrirla y huir en el momento en que se prenda fuego a la casa[32]; esperar escondido tras un tabique y, aprovechándose de la escasa luz existente en el lugar, abordar a la víctima con un cuchillo de grandes dimensiones[33]).

b) La alevosía sorpresiva se caracteriza por el ataque súbito, inesperado, repentino e imprevisto. En estos casos, es precisamente el carácter sorpresivo de la agresión lo que suprime la posibilidad de defensa por parte de la víctima al hallarse totalmente desprevenida ante el peligro que la acecha. Y es que, quien no espera el ataque difícilmente podrá preparase contra él y reaccionar, al menos en la medida de posible, en consecuencia. En atención a ello, esta modalidad de alevosía se apreciará en aquellos casos en los que el ataque se produce sin previo aviso y sin que, previamente, haya ocurrido algo que indique una inminente agresión de forma que quepa preparar una posible defensa frente a la misma[34] (v. gr. ataques cometidos por la espalda sin mediar palabra[35]; la utilización de un espray de autodefensa contra la víctima para proceder a clavarle, posteriormente, una navaja por la espalda[36]; el acceso subrepticio en un domicilio

---

31 SSTS núm. 599/2012, de 11 de julio *(TOL2.600.083)*; núm. 474/2011, de 23 de mayo *(TOL2.151.359)*; núm. 1180/2010, de 22 de diciembre *(TOL2.028.110)*; núm. 965/2008, de 26 de diciembre *(TOL1.452.534)*.

32 SAP de Barcelona núm. 270/2021, de 18 de junio *(TOL8.605.761)*.

33 STS núm. 717/2021, de 23 de septiembre *(TOL8.610.863)*.

34 SAP de Las Palmas de Gran Canaria núm. 212/2021, de 28 de junio *(TOL8.617.609)*.

35 SSTS núm. 74/2021, de 28 de enero *(TOL8.301.664)*; núm. 384/2019, de 23 de julio *(TOL7.434.351)*.

36 SAP de Barcelona núm. 270/2021, de 18 de junio *(TOL8.605.761)*.

quebrantando una orden de alejamiento que le permitió atacar a la víctima mientras estaba sentada en la taza del wc[37]).

Esta modalidad alevosa tendrá carácter sobrevenido en aquellos casos en los que, aun habiendo mediado un enfrentamiento previo, se produce, imprevisiblemente, un cambio cualitativo en la situación de modo que la forma de esta nueva acción comisiva no podía ser esperada por la víctima en modo alguno en función de las concretas circunstancias del hecho. Ello se observará, especialmente, cuando concurra una alteración sustancial en la potencia agresiva respecto al instrumento utilizado, el lugar anatómico de la agresión y la fuerza empleada[38].

c) La alevosía de desvalimiento consiste en el aprovechamiento de una especial situación de desamparo de la víctima bien por sus propias condiciones personales (niños de corta edad[39], ancianos debilitados, enfermos graves, personas inválidas o convalecientes[40]) bien por hallarse accidentalmente privada de aptitud para

---

37 SAP de Madrid núm. 318/2021, de 23 de junio.

38 SSTS núm. 39/2017, de 31 de enero *(TOL5.963.560)*; núm. 235/2016, de 31 de marzo; núm. 90/2015, de 12 de febrero *(TOL4.754.752)*; núm. 838/2014, de 12 de diciembre; núm. 12/2014, de 24 de enero; núm. 527/2012, de 20 de junio *(TOL2.583.703)*; núm. 1180/2010, de 22 de diciembre; núm. 1053/2009, de 22 de octubre; núm. 640/2008, de 8 de octubre *(TOL1.393.335)*; núm. 147/2007, de 19 de febrero *(TOL1.049.913)*; núm. 1031/2003, de 8 de septiembre *(TOL312.054)*; núm. 178/2001, de 13 de febrero *(TOL4.925.927)*.

39 La aplicación por la jurisprudencia de la alevosía por desvalimiento en relación con niños se refiere a menores de muy corta edad: 4 años (STS núm. 657/2008, de 24 de octubre); 3 años (STS núm. 772/2004, de 16 de junio); 14 meses (STS núm. 978/2007, de 5 de noviembre); 3 meses (STS núm. 657/2008, de 24 de octubre). Tratándose de un recién nacido, su apreciación es automática al hallarse la víctima "en la situación de máxima inermidad que cabe imaginar". STS núm. 335/2015, de 9 de junio *(TOL5.166.620)*. En el caso de delitos contra menores de diez o más años la jurisprudencia aboga por su tipificación como un homicidio agravado en atención a la especial vulnerabilidad de la víctima por razón de su edad. MOYA GUILLÉN, Clara: "La especial vulnerabilidad como circunstancia agravante: resultado de una investigación sobre la jurisprudencia penal española", *Revista de Derecho Penal y Criminología*, nº 24, 2020.

40 En el supuesto contemplado en la STSJ de País Vasco 5/2012, de 18 de octubre, la situación de desvalimiento era debido a una reciente operación de abdominoplastia que le limitaba notablemente su capacidad de movilidad.

defenderse (personas dormidas[41], bajo los efectos de drogas o bebidas alcohólicas en fase letárgica o comatosa[42]). Esta situación de desvalimiento no concurrirá, a efectos de configurar la alevosía, en aquellos casos en que aquélla sea consecuencia natural de los primeros actos ejecutados por el agresor, sin solución de continuidad y sin carácter alevoso, sobre la víctima[43].

La muerte de un ser desvalido que suponga por sí sola alevosía debe resolverse, conforme a la figura del concurso de normas, otorgando preferencia al asesinato alevoso (art. 139.1.1ª CP, con prisión de 15 a 25 años) frente al homicidio agravado por las circunstancias de la víctima (art. 138.2.a CP, con prisión de 15 años y 1 día a 22 años y 6 meses), por aplicación de las reglas de especialidad y alternatividad (art. 8. 1ª y 4ª CP)[44].

Al margen de clasificaciones[45], siempre ilustrativas y clarificadoras, la circunstancia agravante de alevosía se aplicará a todos aquellos supuestos en los que, por el modo de practicarse la agresión, el órgano judicial pueda inferir el dolo específico del autor de cometer el delito eliminando el riesgo que pudiera proceder de una acción defensiva

---

41 STS núm. 738/2003, de 27 de mayo *(TOL286.120)*.

42 En la agresión mortal a embriagados agudos, la concurrencia de la alevosía de desvalimiento solo se apreciará cuando la víctima se halle inconsciente o privada de sentido. Por todas, STS núm. 395/2015, de 26 de febrero.

43 A este respecto se señala en la STS núm. 104/2014, de 14 de febrero *(TOL4.124.460)* que para apreciar la alevosía hay que atender no tanto al mecanismo concreto homicida como al marco de la total acción, siendo "el factor decisorio es cómo se ha llegado a esa situación". De tal manera que "cuando el estrangulamiento es el último acto ejecutivo de una agresión que comenzó de frente, con forcejeos, y, venciéndose la resistencia opuesta por la víctima, se consigue doblegar sus esfuerzos por zafarse y postrarla sujetándole la garganta para asfixiarla, no hay alevosía".

44 STS núm. 520/2018, de 31 de octubre *(TOL6.898.961)*.

45 Escéptico en cuanto a su utilidad se muestra MATEOS BUSTAMANTE, José: *La alevosía en la actualidad: estudio histórico-jurídico y de política legislativa*, Tesis Doctoral, Universidad de Valladolid, 2021, ante el peligro de "realizar la clasificación abstracta a partir de distintos grupos de casos que cumplen lo establecido en el artículo 22.1 del código penal, y a continuación sólo admitir la idoneidad alevosa de un medio si encaja en alguna de esas categorías, sacando ya de la ecuación al texto de la circunstancia en el código".

por parte del agredido[46]. Así, de forma más casuística, podemos señalar como factores sustanciales cuya concurrencia, unidos a otros, viabilizan la calificación del ataque como alevoso, los siguientes el acorralamiento por diversos atacantes[47], la hora en la que el ataque se produce (v. gr. de madrugada[48]), el marco físico en el que se desarrolla la acción (v. gr. lugar aislado[49], edificio en construcción[50], recinto cerrado de pequeñas dimensiones[51], terraza[52], callejón[53], habitación dimensiones mínimas y en el que la única ventana se halla cerrada por una reja metálica[54], interior de un bar[55], cuarto de baño[56]), la desproporción de fuerzas entre la víctima y el agresor (v. gr. ataque por la espalda a las víctimas, de 80, 71 y 65 años respectivamente, por un hombre de 32 años golpeándolas en la parte posterior de la cabeza -zona occipital- con un objeto contundente[57])[58], las circunstancias de la víctima (v. gr. estado etílico[59]), la carencia por parte del asaltado de armas o de instrumentos adecuados para repeler el ataque de un agresor que porta un arma con particular capacidad ofensiva (v. gr. arma

---

46 STS núm. 299/2018, de 19 de junio *(TOL6.653.992)*.

47 STS núm. 626/2015, de 18 de octubre *(TOL5.542.741)*.

48 STS núm. 100/2019, de 26 de febrero. STSJ de Cataluña núm. rec. 7/2020, de 30 de noviembre. SAP de Madrid núm. 124/2020, de 14 de febrero *(TOL7.929.980)*.

49 SSTS núm. 408/2019, de 19 de septiembre *(TOL7.510.052)*; núm. 351/2019, de 9 de julio *(TOL7.416.067)*.

50 SAP de Granada núm. 324/2019, de 27 de agosto *(TOL7.684.363)*.

51 SSTS núm. 536/2020, de 22 de octubre *(TOL8.188.744)*; núm. 408/2019, de 19 de septiembre *(TOL7.510.052)*.

52 STS núm. 534/2019, de 5 de noviembre *(TOL7.580.198)*.

53 STS núm. 18/2022, de 13 de enero *(TOL8.753.215)*.

54 STS núm. 747/2013, de 10 de octubre *(TOL3.990.400)*.

55 STS núm. 626/2015, de 18 de octubre *(TOL5.542.741)*.

56 SSTS núm. 367/2021, de 30 de abril *(TOL8.456.410)*; núm. 163/2021, de 24 de febrero *(TOL8.341.471)*.

57 STS núm. 719/2016, de 27 de septiembre *(TOL5.834.608)*.

58 STS núm. 408/2019, de 19 de septiembre *(TOL7.510.052)*.

59 STS núm. 626/2015, de 18 de octubre *(TOL5.542.741)*.

de fuego[60], arma blanca[61], barra metálica[62], un coche[63]), el objeto empleado (v. gr. palo de madera[64]), la inmovilización de la víctima por el agresor con el peso de su cuerpo (v. gr. colocarse encima de ella[65]), sujetarla[66], arrastrarla[67], tirarla al suelo boca abajo[68], etc.

3.4. *La alevosía doméstica: su configuración desde una perspectiva de género*

Recientemente, la doctrina jurisprudencial ha configurado una nueva categoría de alevosía, la denominada "alevosía doméstica o convivencial". Se trata ésta de una forma especial de alevosía basada en la relación de confianza entre el agresor y la víctima, hecho que genera en esta última una relajación de los recursos defensivos ante la imprevisibilidad de un eventual ataque que pudiera tener su origen en acciones de una persona a la que le une un estrecho vínculo personal

---

60 A este respecto señala la STS núm. 419/2019, de 24 de septiembre *(TOL7.513.107)* que "más indefensión que verse acometido mediante el disparo de un arma de fuego a corta distancia que proviene del agresor, sin ninguna posibilidad de defensa, no cabe imaginar".

61 SSTS núm. 367/2021, de 30 de abril *(TOL8.456.410)*; núm. 163/2021, de 24 de febrero *(TOL8.341.471)*; núm. 536/2020, de 22 de octubre *(TOL8.188.744)*; núm. 100/2019, de 26 de febrero; núm. 864/2014, de 14 de julio *(TOL4.697.887)*; núm. 467/2015, de 20 de julio *(TOL5.391.005)*.

62 SAP de Málaga núm. 300/2020, de 17 de julio *(TOL8.698.509)*.

63 STS núm. 839/2021, de 3 de noviembre *(TOL8.638.044)*.

64 STS núm. 719/2016, de 27 de septiembre *(TOL5.834.608)*.

65 SSTS núm. 59/2021, de 27 de enero *(TOL8.325.899)*; núm. 720/2020, de 30 de diciembre *(TOL8.296.334)*; núm. 1284/2009, de 10 de diciembre *(TOL1.768.818)*.

66 SSTS núm. 536/2020, de 22 de octubre *(TOL8.188.744)*; núm. 247/2018, de 24 de mayo *(TOL6.630.740)*.

67 STS núm. 247/2018, de 24 de mayo *(TOL6.630.740)*.

68 STS núm. 720/2020, de 30 de diciembre *(TOL8.296.334)*.

derivado de la convivencia diaria[69]/[70]. Ello hace inexigible a la víctima que esté en permanente situación de alerta, controlando los actos del agresor y previendo, pues, un ataque que, por dicha convivencia, no fuera alevoso. En tales supuestos, el aseguramiento del resultado no requiere de otros medios que dobleguen la reacción defensiva de la víctima dada la absoluta falta de prevención sobre la posibilidad de un ataque.

Su apreciación tiene lugar, principalmente, cuando la comisión del hecho se produce en el domicilio familiar[71] o, en tanto que circuns-

---

69 SSTS núm. 527/2021, de 29 de junio; núm. 299/2018, de 19 de junio *(TOL6.653.992)*; núm. 161/2017, de 14 de marzo *(TOL5.996.682)*; núm. 39/2017, de 31 de enero *(TOL5.963.560)*; núm. 825/2015, de 2 de marzo; núm. 527/2012, de 29 de junio *(TOL2.583.703)*; núm. 16/2012, de 20 de enero *(TOL2.433.680)*; núm. 5166/2011, de 8 de julio; núm. 1284/2009, de 10 de diciembre *(TOL1.768.818)*; núm. 86/1998, de 15 de abril *(TOL5.140.908)*.

70 A este respecto sintetiza MATEOS BUSTAMANTE, José: *La alevosía en la actualidad: estudio histórico-jurídico y de política legislativa*, Tesis Doctoral, Universidad de Valladolid, 2021, que "la indefensión de la víctima (...) no procede en los casos de alevosía doméstica del concreto modo de actuar del autor o las concretas características del golpe, ni de las circunstancias espacio-temporales elegidas por el autor que dificulten o imposibiliten la defensa de la víctima, ni tampoco de una situación de indefensión general y *erga omnes* de la víctima, por lo que la alevosía convivencial no parece encajar en ninguna de las modalidades de alevosía (súbita, proditoria y por desvalimiento, respectivamente) (...), sino que la situación de indefensión y desvalimiento procedería de la confianza de la víctima respecto del autor (...)". Por su parte, ÁLVAREZ GARCÍA, Francisco Javier: "Asesinato", en ÁLVAREZ GARCÍA, Francisco Javier (dir.): *Tratado de Derecho penal. Parte Especial (I), Delitos contra las personas, 3.ª ed. Comentada y corregida conforme a la LO 1/2015 y las LO 1 y 2/2019*, Tirant lo Blanch, Valencia, 2021, considera que "(...) en el empeño de toda la sociedad en la lucha contra la violencia de género, y la repetición de escenarios en los que el varón se aprovecha para la causación de la muerte de la situación de confianza que suele reinar entre personas que viven juntas, ha llevado a la jurisprudencia, acertadamente a nuestro entender, (...) a subrayar una clase de alevosía que aun pudiendo ser encajada en algunas de las tradicionales, quiere incidir en ese fenómeno de la violencia de género aludida".

71 SSTS núm. 163/2021, de 24 de febrero *(TOL8.341.471)*; núm. 59/2021, de 27 de enero *(TOL8.325.899)*; núm. 360/2019, de 15 de julio *(TOL7.433.701)*; núm. 215/2019, de 24 de abril *(TOL7.216.506)*; núm. 696/2018, de 26 de diciembre *(TOL6.989.769)*; núm. 247/2018, de 24 de mayo *(TOL6.630.740)*; núm. 765/2017, de 27 de noviembre *(TOL6.449.524)*; núm. 616/2017, de 14 de septiembre *(TOL6.346.172)*; núm. 161/2017, de 14 de marzo *(TOL5.996.682)*; núm. 39/2017, de 31 de enero *(TOL5.963.560)*; núm. 122/2015, de 2 de mar-

tancias que, como se acredita en numerosos casos, favorecen e incrementan esa sensación de seguridad y clima de confianza del que se aprovecha el agresor. En este punto debemos recordar que, de conformidad con la jurisprudencia del TS, para que concurra la circunstancia agravante de alevosía "no es imprescindible que de antemano el agente busque y encuentre el modo más idóneo de ejecución, sino que es suficiente que se aproveche en cualquier momento y de forma consciente de la situación de indefensión de la víctima"[72]. En efecto, poco se puede imaginar la víctima que su pareja vaya a agredirla, hasta llegar incluso a acabar con su vida, justo en el momento de la cena familiar[73], sentada la familia en el sofá del salón[74], cuando tiene en brazos a un bebé de pocos meses[75], en el momento en que está preparando la cena[76], tras ducharse[77] cuando se está dando crema[78], mientras se halla en la cama mantenido relaciones sexuales en las horas previas[79], cuando la víctima está en la habitación preparándose para dormir[80] o ya acostada[81], etc. No puede racionalmente pensarse que, en los casos señalados, la víctima está preparada para un ataque de tal entidad y, mucho menos, para desplegar una defensa mínimamente eficaz.

La concurrencia de esta concreta modalidad de alevosía exigirá, en todo caso, la existencia de una previa convivencia normalizada[82].

---

zo *(TOL4.776.977)*; núm. 747/2013, de 10 de octubre *(TOL3.990.400)*; núm. 527/2012, de 20 de junio *(TOL2.583.703)*. Bien en cierto que la concurrencia de esta circunstancia también se ha apreciado cuando las agresiones han tenido lugar en la habitación del hotel en que ambos pernoctaban. SAP de Pontevedra núm. 19/2019, de 6 de mayo *(TOL7.205.600)*.

72 SSTS núm. 39/2017, de 31 de enero *(TOL5.963.560)*; núm. 750/2016, de 11 de octubre *(TOL5.853.403)*; núm. 527/2012, de 29 de junio *(TOL2.583.703)*.

73 STS núm. 39/2017, de 31 de enero *(TOL5.963.560)*.

74 SSTS núm. 765/2017, de 27 de noviembre *(TOL6.449.524)*; núm. 39/2017, de 31 de enero *(TOL5.963.560)*.

75 STS núm. 351/2019, de 9 de julio *(TOL7.416.067)*.

76 STS núm. 720/2020, de 30 de diciembre *(TOL8.296.334)*.

77 STS núm. 163/2021, de 24 de febrero *(TOL8.341.471)*.

78 SAP de Pontevedra núm. 19/2019, de 6 de mayo *(TOL7.205.600)*.

79 STSJ de Madrid núm. 12/2015, de 24 de junio *(TOL5.391.824)*.

80 STS núm. 247/2018, de 24 de mayo *(TOL6.630.740)*.

81 SAP de Barcelona núm. 572/2021, de 4 de octubre (TOL8.757.237); STSJ de País Vasco 5/2012, de 18 de octubre *(TOL2.707.872)*.

82 En esta línea parece pronunciarse la SAP de Pontevedra núm. 58/2021, de 22 de noviembre al señalar que "no se considera que se esté en presencia de la alevosía

Sobre la base de esta premisa, autores como Masip de la Rosa (2017) concluyen que "la aplicación de este criterio a los casos de violencia de género conduciría siempre a negar la circunstancia, dado que la convivencia lo que engendró fue, en cambio, cierta seguridad o confianza de la víctima en poder ser atacada en cualquier momento"[83]. A tenor de los datos antes expuestos, la aplicación de la alevosía doméstica no podría tener lugar, prácticamente, con relación a ninguno de los feminicidios de las mujeres mayores de 61 años. Se trata, no obstante, de una conclusión precipitada que desconoce la realidad psicosocial de estas víctimas y evidencia, en nuestra opinión, una carencia de perspectiva de género en el análisis. Hemos constatado que la violencia de género en las mujeres mayores de 61 años se retrotrae al inicio de la relación y se prolonga durante décadas, siendo esta persistencia en el tiempo uno de sus rasgos diferenciadores[84]. La interiorización de las creencias en cuanto a los roles de género y las relaciones de pareja las lleva a normalizar la violencia vivida[85], minimizando los riesgos de que las acciones agresivas incrementen notablemente su gravedad hasta el punto de terminar con su vida. A ello debe sumarse la situación de sometimiento y sumisión a los designios del agresor por parte de unas víctimas que presentan una deteriorada salud (física y psíquica) resultado de años de maltrato[86] que acrecienta su vulnerabilidad ante nuevas agresiones[87]. Precisamente esto -la constatación por parte del autor de la nula voluntad de la víctima de defenderse de sus ataques- es aprovechado de manera consciente y voluntaria por aquél para acometer su agresión mortal mediando en su actuación,

doméstica (...), en tanto las relaciones entre las partes no eran buenas (...)".

83 MASIP DE LA ROSA, Luis Iván: *La alevosía. Su fundamento y análisis desde los fines de la pena*, Tesis Doctoral, Universidad Complutense de Madrid, 2016.

84 MENESES FALCÓN, Carmen / CHARRO BAENA, Belén: "¿Se debe cambiar la intervención para las mujeres mayores de 65 años víctimas de violencia de su pareja?", Atención Primaria, vol. 51, nº 7, 2019; HERNANDO GÓMEZ / LAESPADA, *op. cit.*

85 DAMONTI / ITURBIDE RODRIGO, *op. cit.*

86 ÁLVAREZ GARCÍA, Francisco Javier: "Asesinato", en ÁLVAREZ GARCÍA, Francisco Javier (dir.): *Tratado de Derecho penal. Parte Especial (I), Delitos contra las personas, 3.ª ed. Comentada y corregida conforme a la LO 1/2015 y las LO 1 y 2/2019*, Tirant lo Blanch, Valencia, 2021. DAMONTI / ITURBIDE RODRIGO / AMIGOT LEACHE, *op. cit.*

87 HERNANDO GÓMEZ / LAESPADA, *op. cit.*

por tanto, un conocimiento previo de la especial indefensión de la víctima[88]. Aquí reside el fundamento de la alevosía doméstica en los feminicidios que se acometen tras años de malos tratos.

En consecuencia, la circunstancia agravante de alevosía podrá ser apreciada en aquellos casos en los que, pese a haberse registrado discusiones[89] o, incluso, actos de violencia de género previos, su entidad y prolongación en el tiempo no permitiesen presagiar una eventual escalada de gravedad de tal entidad en la conducta del agresor[90]. A este respecto, como se señala en la STSJ del País Vasco de 18 de octubre de 2012, "no resulta lógico y si contrario a las máximas de experiencia deducir que cualquier persona que tiene una discusión verbal con otra deba esperar una agresión de ésta con un arma"[91/92]. Asimismo, la aceptación de la existencia de episodios previos de malos tratos "no puede llevar consigo 'ser esperable'

---

88 STSJ de Cataluña núm. rec. 3/2017, de 15 de mayo *(TOL7.601.702)*. ÁLVAREZ GARCÍA, Francisco Javier: "Asesinato...", op. cit.

89 A este respecto, la STSJ de Castilla-La Mancha núm. 25/2020, de 24 de septiembre *(TOL8.181.609)*, relata como en el caso de autos la víctima no había denunciado previamente agresiones o lesiones por parte de su pareja, si bien los hijos atestiguan frecuentes y, en ocasiones, fuertes discusiones entre la pareja. El acusado también manifestó que nunca había agredido a su mujer, de lo cual se infiere que poco podría imaginar la víctima el inminente peligro que su vida corría.

90 SSTS núm. 418/2021, de 19 de mayo *(TOL8.454.657)*; núm. 765/2017, de 27 de noviembre *(TOL6.449.524)*; núm. 409/2012, de 20 de enero; núm. 53/2009, de 22 de octubre; núm. 640/2008, de 8 de octubre *(TOL1.393.335)*; núm. 147/2007, de 19 de febrero *(TOL1.049.913)*. En atención a ello, no se aprecia la concurrencia de alevosía doméstica cuando la agresión mortal tiene lugar tras recibir la víctima, en las horas previas a regresar al domicilio en el que ambos convivían pese a estar vigente una orden de alejamiento, amenazas de muerte. STS núm. 16/2012, de 20 de enero *(TOL2.433.680)*.

91 STSJ de País Vasco núm. 5/2012, de 18 de octubre *(TOL2.707.872)*. En este mismo sentido se pronuncia la STS núm. 765/2017, de 27 de noviembre *(TOL6.449.524)* conforme a la que "hay que insistir en que un enfrentamiento verbal no es telón de fondo que permitiese prever, imaginar o augurar un ataque homicida como el que se produjo".

92 Así, a título ejemplificativo, no es lógico imaginar que tras haber estado bebiendo en distintos establecimientos de ocio y enzarzase en una discusión en el camino de regreso, ello finalice con el agresor alcanzando un objeto contundente situado en la entrada del domicilio con la finalidad de golpear a la víctima en la cabeza y acabar con su vida. STS núm. 527/2012, de 20 de junio *(TOL2.583.703)*.

por la víctima una reacción" consistente en una agresividad brutal que se tradujo en la asestamiento de ocho puñaladas[93]. Tampoco es óbice para su estimación el hecho de que el agresor tenga una prohibición de aproximarse a la víctima ya que, como apunta la STSJ de Madrid de 16 de mayo de 2019, si aquella accedió a permanecer en su compañía y a entregarle las llaves de su domicilio para que accediese al mismo de forma indiscriminada, lo hizo en la confianza de que los actos de violencia de género no volverían a repetirse y, mucho menos, que la atacase mortalmente con un cuchillo tras haber pasado la mañana de compras y tomando algo con un grupo de amigos[94]. Distinta será la conclusión en aquellos casos en los que la agresión mortal tiene lugar tras recibir la víctima durante las horas previas reiteradas amenazas de muerte[95].

4. CONCLUSIONES

La violencia de género que sufren las mujeres mayores ha permanecido invisibilizada socialmente al no encajar en el perfil prototipo de víctima. Estas presentan unas características diferenciales respecto al resto de las víctimas de violencia de género debido a la confluencia de diversos factores socioeducativos vinculados al contexto en que aquéllas han sido socializadas. Ello condiciona, notablemente, la forma en la que afrontan el maltrato físico y psicológico al que se ven sometidas. A esto se suma su mayor desconocimiento de la existencia de la LOVG y, en consecuencia, de los recursos asistenciales puestos a su disposición, así como de los derechos de que son titulares.

La aplicación de las normas jurídicas no puede permanecer ajena a esta realidad sociológica, sino que debe imbricar su interpretación conforme a lo preceptuado en el art. 4 de la LO 3/2007, de 22 de marzo, para la igualdad efectiva de mujeres y hombres. Reflejo de ello es, precisamente, la nueva modalidad de alevosía doméstica o conviven-

---

93 STS núm. 247/2018, de 24 de mayo *(TOL6.630.740)*.

94 STSJ de Madrid núm. 84/2019, de 16 de mayo *(TOL8.511.236)*. En este mismo sentido se pronuncia la SAP de Las Palmas de Gran Canaria núm. 248/2021, de 15 de julio *(TOL8.893.013)*.

95 STS núm. 16/2012, de 20 de enero *(TOL2.433.680)*.

cial creada por el TS y su aplicación, en los términos antes expuestos, a las víctimas mortales por violencia de género mayores de 61 años.

5. BIBLIOGRAFÍA

ÁLVAREZ GARCÍA, Francisco Javier: "Asesinato", en ÁLVAREZ GARCÍA, Francisco Javier (dir.): *Tratado de Derecho penal. Parte Especial (I), Delitos contra las personas, 3.ª ed. Comentada y corregida conforme a la LO 1/2015 y las LO 1 y 2/2019*, Tirant lo Blanch, Valencia, 2021.

DAMONTI, Paola / ITURBIDE RODRIGO, Ruth: "Violencia de género en la pareja en mujeres mayores. Obstáculos específicos a la búsqueda de ayuda y a la separación", *Investigaciones feministas*, vol. 12, núm. 1, 2021, pp. 225-236.

DAMONTI, Paola / ITURBIDE RODRIGO, Rut / AMIGOT LEACHE, Patricia: *Violencia contra las mujeres mayores. Interacción del sexismo y edadismo*, Instituto Navarro para la Igualdad, Pamplona, 2020.

DELEGACIÓN DEL GOBIERNO CONTRA LA VIOLENCIA DE GÉNERO: *Macroencuesta de violencia contra la mujer*, Ministerio de Igualdad, Madrid, 2020.

DELEGACIÓN DEL GOBIERNO CONTRA LA VIOLENCIA DE GÉNERO / CRUZ ROJA ESPAÑOLA: *Estudio sobre las mujeres mayores de 65 años víctimas de violencia de género*, Ministerio de la Presidencia, Relaciones con las Cortes e Igualdad, Madrid, 2019.

FERNÁNDEZ TERUELO, Javier Gustavo: "Feminicidios de género: Evolución real del fenómeno, el suicidio del agresor y la incidencia del tratamiento mediático", *REIC*, núm. 9, 2011.

GÓMEZ PLAZA, Ana / VILLAJOS POZUELO, Sandra / CANDEIRA DE ANDRÉS, Lucía / HERNÁNDEZ GOMEZ, Ayin: *Estudios sobre el tiempo que tardan las mujeres víctimas de violencia de género en verbalizar su situación*, Ministerio de la Presidencia, Relaciones con las Cortes e Igualdad, Madrid, 2019.

GRACIA IBÁÑEZ, Jorge: "La violencia de genero contra las mujeres mayores. Un acercamiento socio-jurídico", *Derechos y libertades: Revista de Filosofía del Derecho y Derechos Humanos*, núm. 27, 2012, pp. 299-326.

HERNANDO GÓMEZ, Mentxu / LAESPADA, Teresa: "Víctimas de violencia de género mayores de sesenta y cinco años: análisis interseccional de vulnerabilidades y nuevas formas de maltrato", *Zerbitzuan: Gizarte zerbitzuetarako aldizkaria*, núm. 75, 2021, pp. 5-21.

INSTITUTO ARAGONÉS DE LA MUJER: *Macroencuesta sobre la violencia contra las mujeres en Aragón*, IAM, Zaragoza, 2006.

LAURENZO COPELLO, Patricia: "La violencia de género en la ley integral: valoración político-criminal", *RECPC*, 07-08, 2005, pp. 1-23.

MASIP DE LA ROSA, Luis Iván: *La alevosía. Su fundamento y análisis desde los fines de la pena*, Tesis Doctoral, Universidad Complutense de Madrid, 2016.

MATEOS BUSTAMANTE, José: *La alevosía en la actualidad: estudio histórico-jurídico y de política legislativa*, Tesis Doctoral, Universidad de Valladolid, 2021.

MEIL LANDERWERLIN, Gerardo: *Percepción social de la violencia de género*, Ministerio de Sanidad, Política Social e Igualdad, 2014.

MENESES FALCÓN, Carmen / CHARRO BAENA, Belén: "¿Se debe cambiar la intervención para las mujeres mayores de 65 años víctimas de violencia de su pareja?", *Atención Primaria*, vol. 51, núm. 7, 2019.

MOYA GUILLÉN, Clara: "La especial vulnerabilidad como circunstancia agravante: resultado de una investigación sobre la jurisprudencia penal española", *Revista de Derecho Penal y Criminología*, núm. 24, 2020, pp. 13-58.

ORTEGA FERNÁNDEZ, Mª Concepción: "Reflexiones sobre la alevosía doméstica: análisis jurisprudencial", en GALÁN MUÑOZ, Alfonso / MENDOZA CALDERÓN, Silvia (coords.): *Derecho Penal y política criminal en tiempos convulsos. Libro Homenaje a la Profa. Dra. María Isabel Martínez González*, Tirant lo Blanch, Valencia, 2021.

PÉREZ RIVAS, Natalia: *Los derechos de la víctima en el sistema penal español*, Tirant lo Blanch, Valencia, 2017.

RÚA VIEITES, Antonio / CHARRO BAENA, María Belén / UROZ OLIVARES, Jorge / MENESES FALCÓN, María del Carmen: *La violencia de género en la pareja o en la expareja de mujeres mayores de 60 años*, Universidad Pontificia de Comillas, Madrid, 2018.

UNITED NATIONS: *The world's women 2015: Trends and statistics*, New York, 2015.

WORLD HEALTH ORGANIZATION: *Global and regional estimates of violence against women: Prevalence and health effects of intimate partner violence and non-partner sexual violence*, WHO Press, Geneva, 2013.

Capítulo XII

La protección deparada a la víctima de violencia de género mayor de 65 años por parte del Derecho del Trabajo y de la Seguridad Social en España

ALICIA VILLALBA SÁNCHEZ

Prof[a] Contratada Doctora de Derecho del Trabajo y de la Seguridad Social

Universidad de Santiago de Compostela

1. INTRODUCCIÓN

El Convenio del Consejo de Europa sobre prevención y lucha contra la violencia contra la mujer y la violencia doméstica, hecho en Estambul el 11 de mayo de 2011[1], considera constitutivos de violencia contra la mujer cualesquiera actos basados en el género que impliquen o [puedan] implicar "daños o sufrimientos de naturaleza

---

1 Ratificado por el Reino de España y publicado en el BOE nº 37, de 6 de junio de 2014.

física, sexual, psicológica", pero también económica, incluyendo "las amenazas de realizar dichos actos".

Amén de una violación de los derechos humanos y una forma de discriminación contra las mujeres, la violencia económica en la que el agresor sume a la víctima constituye, a la vez, un obstáculo de cuya superación depende a menudo su salvación. Tradicionalmente sometida al yugo de la dependencia económica, el ama de casa topaba con una barrera cuasi infranqueable para independizarse de un agresor que asumía el sustento de la familia. Consciente de este impedimento, el legislador introdujo en la Ley Orgánica 1/2004, de 28 de diciembre, de Medidas de Protección Integral contra la Violencia de Género –en adelante, LOVG– un Capítulo IV en el Título II, regulador de derechos económicos destinados a permitir la subsistencia de la víctima cuando la separación de su agresor pudiera conducirla a una carencia de rentas cifrada con arreglo a lo previsto en el art. 27 LOVG. Según éste, cuando aquélla no obtuviera rentas superiores, en cómputo mensual, al setenta y cinco por ciento del salario mínimo interprofesional, excluida la parte proporcional de dos pagas extraordinarias, recibiría una ayuda de pago único, "siempre que se [presumiera] que debido a su edad, falta de preparación general o especializada y circunstancias sociales", pudiera encontrar "especiales dificultades para obtener un empleo" y, por dicha circunstancia, no participara en los programas de empleo establecidos para su inserción profesional.

Esta prestación, perteneciente al nivel no contributivo, se reconoce en función de la necesidad económica de la víctima y de su dificultad para insertarse en el mercado de trabajo. Sin embargo, la paulatina incorporación de la mujer al entorno laboral explica que, en la actualidad, numerosas víctimas no se hallen en tan menesterosa situación, percibiendo unas rentas del trabajo que facilitan significativamente el distanciamiento de su agresor. Su mantenimiento, empero, está condicionado a la conservación de un empleo cuya subsistencia depende del cumplimiento por parte de la trabajadora de su débito laboral; cumplimiento que peligra en la medida en que aquélla se vea obligada a afrontar las vicisitudes que saldrán a su paso en el camino conducente hacia la liberación de su agresor.

Las ausencias al trabajo motivadas por daños en la salud que le impidan prestar servicios, los retrasos derivados de la realización de cualesquiera trámites destinados a obtener la protección debida o la distancia en la que ha de ubicarse con respecto a su pareja se interponen a menudo en el correcto cumplimiento del objeto del contrato de trabajo. Con anterioridad a la entrada en vigor de la LOVG, tales circunstancias no debían ser tomadas en consideración por parte de la empresa, habida cuenta de su origen extralaboral. Se trataba, en definitiva, de obstáculos derivados de una violencia de índole privada, cuya prevención no incumba a un empleador que, por consiguiente, tampoco habría de responsabilizarse de sus consecuencias.

La LOVG fue el instrumento que dotó a esta violencia de efectos en la relación jurídica que media entre el empleador y la empleada víctima de violencia de género. Considerando que "la violencia de género no es un problema que afecte al ámbito privado" (Exposición de Motivos), la norma desplegó un catálogo de medidas destinadas a garantizar los derechos en el ámbito laboral y funcionarial "que concilien los requerimientos de la relación laboral y de empleo público con las circunstancias de aquellas trabajadoras o funcionarias que sufran violencia de género" [art.2.d) LOVG], asociando a su ejercicio el disfrute de una serie de prestaciones que, desde del sistema de Seguridad Social, palíen la pérdida de rentas del trabajo que pudiera acarrear su disfrute.

Siendo la víctima de violencia de género mayor de sesenta y cinco años de edad un sujeto susceptible de participar activamente en el mercado de trabajo, en la medida en que el art. 205.1.a) Real Decreto Legislativo 8/2015, de 30 de octubre, por el que se aprueba el texto refundido de la Ley General de la Seguridad Social –en adelante, LGSS–, extiende la edad de jubilación a los sesenta y siete años[2], siempre y cuando no se logren acreditar treinta y ocho años y seis meses de cotización (supuesto en el cual se accedería a la jubilación a los sesenta y cinco años), interesa desgranar los derechos atribuidos a la trabajadora víctima de violencia de género. No obstante, la inminencia de la edad de jubilación obliga a hacer hincapié en las

---

2 Nótese que dicha medida goza de una aplicación gradual hasta que haya transcurrido el año 2027, de manera que el año en curso la edad de jubilación se establece en los sesenta y cinco años, ascendiendo los sesenta y seis años en el caso haber no reunir un período de cotización que alcance los treinta y siete años y tres meses.

consecuencias que el disfrute de los derechos en cuestión pudiera irrogar en la futura percepción de prestaciones a cargo del sistema de Seguridad Social. Procede, por consiguiente, comenzar abordando la protección de la que es acreedora la víctima de violencia de género en tanto se encuentre vinculada a su empleador por una relación laboral, para luego acometer el estudio de sus consecuencias una vez aquél se halle en suspenso o extinto.

2. LA VÍCTIMA DE VIOLENCIA DE GÉNERO MAYOR DE 65 AÑOS COMO TITULAR DE DERECHOS LABORALES Y ACREEDORA DE PRESTACIONES A CARGO DEL SISTEMA DE SEGURIDAD SOCIAL

2.1. *Los derechos reconocidos a la trabajadora víctima de violencia de género*

Los daños a la salud y las continuas vicisitudes que ha de afrontar la víctima de violencia de género impiden, con frecuencia, el normal desarrollo de su prestación de servicios, compeliéndola al cese voluntario o haciéndola objeto de un despido fundamentado sus posibles incumplimientos. Considerando al trabajo no sólo como la fuente de ingresos por excelencia de la víctima, sino también como uno de los principales asideros que la mantienen unida a la sociedad, la LOVG se propuso contribuir a la pervivencia del vínculo laboral. A fin de poner coto a esta "espiral desprofesionalizadora de la violencia sexista"[3], el legislador ha contemplado un elenco de medidas que pretenden ajustarse a las diversas necesidades que la trabajadora pudiera afrontar.

---

[3] J. Cabeza Pereiro, J., "El concepto y rasgos de la violencia de género. Particularidades desde el Derecho del Trabajo", en L. Mella Méndez, (dir.) *Violencia de género y Derecho del Trabajo. Estudios actuales sobre puntos críticos*, Madrid, La Ley, 2012, p. 97.

2.1.1. Reordenación del tiempo de trabajo

Cuando la trabajadora víctima de violencia de género precise de readaptar su dedicación profesional a fin de atender a una cuestión puntual derivada de su situación, el art. 37.8 del Real Decreto Legislativo 2/2015, de 23 de octubre, por el que se aprueba el texto refundido de la Ley del Estatuto de los Trabajadores —en adelante, ET— le reconoce el derecho a la reordenación de su tiempo de trabajo "a través de la adaptación del horario, de la aplicación del horario flexible o de otras formas de ordenación del tiempo de trabajo" que pudieran ajustarse a sus necesidades. De acuerdo con una interpretación literal de la norma, se ha propuesto entender que dicha medida comprende el derecho a disfrutar de "un horario flotante"[4], de modo tal que podría incorporarse al trabajo "a lo largo de una franja horaria [...] adelantando o retrasando su hora de salida en función del momento de entrada"[5], pero también ampara una decisión concerniente a la distribución de la jornada, consistente, p. ej., en "ampliar su horario en determinados días, a cambio de reducirlo en otros, trabajando al final la cantidad de horas que han sido pactadas"[6].

La disponibilidad de este derecho, no obstante, se supedita a que dichas formas de ordenación del tiempo de trabajo sean utilizadas en la empresa. No existe, por consiguiente, un derecho de la víctima de violencia de género a forzar la adopción de alguna de estas nuevas formas de organización del trabajo, asaz flexibles, que pudieran convenir a sus circunstancias. No en vano el pfo. segundo del art. 37.8 ET preceptúa que su ejercicio se acomodará a "los términos que para estos supuestos concretos se establezcan en los convenios colectivos o en los acuerdos entre la empresa y los representantes legales de las personas trabajadoras". De ahí se deduce el papel crucial que la negociación colectiva está destinada a desempeñar, dotando de contenido a un derecho cuya proclamación legal corre el riesgo de quedarse en papel mojado.

---

4 N. Martínez, Yáñez, "La protección de la víctima de violencia de género en el ET (I): reducción y reordenación del tiempo de trabajo", en L. Mella Méndez, (dir.) *Violencia de género y Derecho del Trabajo. Estudios actuales sobre puntos críticos*, Madrid, La Ley, 2012, p. 324.

5 Ibidem.

6 Ibidem.

De modo alternativo, parece admitirse que se acuerde un ejercicio distinto al establecido en el convenio entre la empresa y las personas trabajadoras afectadas. Así lo sugiere la conjunción "o", que denota la posibilidad de decantarse por una opción organizativa diversa de la establecida en el convenio colectivo. La frágil posición que ostenta, en general, el asalariado, como parte débil de un contrato aquejado por un notable desequilibrio entre el poder de negociación de quienes lo suscriben y que afecta, en particular, a la trabajadora víctima de violencia de género, en tanto persona sometida a presiones procedentes de su entorno privado, aconseja modular esta interpretación. Se propone, a tal efecto, reputar válido el acuerdo alcanzado entre la empresa y la persona trabajadora cuando mejore lo dispuesto en el convenio colectivo, de existir disposición convencional reguladora de la materia.

De no mediar acuerdo entre las partes ni constar mención alguna a esta materia en el convenio colectivo aplicable, el legislador parece haber llevado a cabo una "concesión a la libertad de empresa"[7], en la medida en que "la atribución a las víctimas de violencia de género de un derecho a reordenar su jornada de trabajo implica una acotación del poder de organización del empresario, que es quien, directamente o a través de los instrumentos de la negociación colectiva, fija la duración y la distribución de la jornada", así como el horario laboral[8]. De esta guisa, parece haberse decantado por conceder a la víctima un derecho de reordenación de la jornada a ejercitarse "dentro del marco previamente determinado por la libertad organizativa del empresario"[9]. Con ánimo de mitigar las consecuencias que de ello pudieran derivarse, la doctrina ha restringido esta interpretación sólo a aquellos supuestos en los cuales la solicitud de la trabajadora afectara a la distribución de la jornada, dejando al margen la adaptación del horario o el recurso al horario flexible[10]. E, incluso en ese supuesto, tampoco el empresario renuente a conceder la reordenación de la jornada ostenta la última palabra, sino que, en defecto de acuerdo, su concreción quedará en manos del juzgador, a través del procedi-

---

7 N. Martínez, Yáñez, ob. cit., p. 325.
8 Ibidem.
9 Ibidem.
10 N. Martínez, Yáñez, ob. cit., p. 326.

miento establecido en el art. 139 de la Ley 36/2011, de 10 de octubre, Reguladora de la Jurisdicción Social.

La reordenación de la jornada de trabajo se configura, así, como un derecho cuyo contenido dependerá en buena medida de su configuración convencional quedando su determinación, a falta de acuerdo entre las partes, al albur de una resolución judicial. Esta circunstancia priva de previsibilidad a una de las posibles soluciones que el ordenamiento jurídico ofrece a la trabajadora víctima de violencia de género. Esta debilidad, no obstante, es compensada con el mantenimiento del poder adquisitivo de la trabajadora, que, al no ver mermado su débito laboral, mantiene el derecho a percibir su retribución, sólo eventualmente aminorada en cuanto concierne a los complementos salariales vinculados a la ejecución del trabajo en una determinada franja horaria (p. ej., plus de nocturnidad).

2.1.2. Modificación de la presencialidad de la prestación de servicios

Pocas dudas suscita la inextricable conexión entre la regulación del trabajo a distancia, mediante la Ley 10/2021, de 9 de julio, de trabajo a distancia -en adelante, LTD-[11] -en adelante, RDLTD- y la migración súbita hacia el teletrabajo catalizada por la pandemia en curso. A decir verdad, el legislador aprovechó esa coyuntura para reforzar los puntos débiles que esta experiencia puso de manifiesto en el marco normativo a la sazón vigente. Pero no es menos cierto que supo hacer de la necesidad virtud, introduciendo en la nueva normativa una serie de derechos que, además de fortalecer la protección del trabajador a distancia común, pretendieron hacer del trabajo a distancia una medida de conciliación de la prestación de trabajo con ciertas situaciones personales.

Fue así como el trabajo a distancia pasó de medida de conciliación de la vida personal y familiar, introducida por el Real Decreto-ley 6/2019, de 1 de marzo, de medidas urgentes para garantía de la igualdad de trato y de oportunidades entre mujeres y hombres en el em-

---

11 BOE nº 164, de 10 de julio de 2021.

pleo y la ocupación[12], a serlo también de protección de la víctima de violencia de género. En concreto, la Disp. final tercera LTD reconoce a las personas trabajadoras que tengan la consideración de víctimas de violencia de género el derecho a "realizar su trabajo total o parcialmente a distancia o a dejar de hacerlo si este fuera el sistema establecido, siempre en ambos casos que esta modalidad de prestación de servicios sea compatible con el puesto y funciones desarrolladas por la persona".

El ejercicio de este derecho, hoy consagrado en el ap. 8 del art. 37 ET, está condicionado a su viabilidad, a cuya constatación podrá contribuir la negociación colectiva señalando los puestos cuyo desempeño a distancia resulte posible y el procedimiento para solicitarlo. A falta de disposición convencional, será de aplicación cuanto se ha indicado con respecto a la reordenación de la jornada de trabajo. Lo anterior significa que, a falta de acuerdo alcanzado entre las partes, será la jurisdicción social la encargada de adoptar la decisión.

El procedimiento difiere sutilmente del aplicable a la solicitud del trabajo a distancia como medida de conciliación de la vida personal y familiar. Aunque la decisión se encomiende también en último término a la jurisdicción social, en este caso el legislador se ha detenido más detallando los pormenores de una negociación individual previa cuya frustración parece hacerse depender de la existencia de impedimentos objetivamente apreciables que la empresa debe consignar por escrito en su negativa a conceder el cambio solicitado por la trabajadora. Así, la empresa "abrirá un proceso de negociación con la persona trabajadora durante un periodo máximo de treinta días", finalizado el cual deberá comunicarle por escrito la aceptación, la propuesta alternativa que le ofrece para atender a sus necesidades o su negativa fundamentada en las "razones objetivas" que hayan sustentado su decisión.

---

[12] BOE nº 57, de 7 de marzo de 2019. A tenor de su art. 8, se modificó el art. 34.8 ET con el propósito de reconocer el derecho a solicitar la prestación de trabajo a distancia a fin de hacer efectivo su derecho a la conciliación de la vida familiar y laboral. Su concesión quedó desde entonces supeditada a la razonabilidad y proporcionalidad de la medida solicitada, debiendo justificarse su denegación por parte de la empresa y quedando, en último término y a falta de regulación convencional, su concesión a criterio del juzgador.

El mayor esmero del que ha hecho gala el legislador, abundando en los detalles de un proceso de negociación individual pautado, sugiere quizá una apuesta por la transición negociada desde el trabajo presencial hacia el trabajo a distancia, y viceversa. La razón estribe, quizá, en la voluntariedad que, de acuerdo con la posición adoptada por el TS[13], el LTD atribuye al cambio de una prestación presencial a otra a distancia, y viceversa; voluntariedad, empero, morigerada por el eventual derecho al trabajo a distancia que pudiera reconocer la negociación colectiva o la legislación. Aunque el tenor literal de los arts. 34.8 y 37.8 ET no resulte diáfano, cabe deducir el reconocimiento de este derecho, tanto a la persona con necesidades de conciliación, en general, como a la víctima de violencia de género, en particular. Así, se ha pretendido reconocer un derecho cuyo ejercicio sólo empecen razones objetivas acreditadas por el empresario y fiscalizadas por el juzgador. Acontece, simplemente, que tal derecho no conlleva el de imponer unilateralmente la decisión de la persona solicitante[14].

Sobre esta medida, conviene añadir que su concesión no depende en modo alguno de la imposibilidad de reordenar o de reducir la jornada de trabajo. Tampoco de la dificultad de conceder el traslado de la víctima, sino que se configura como una medida alternativa a las citadas, a la que la trabajadora podrá optar según estime conveniente, habida cuenta de su situación personal.

Por último, procede ensalzar la adecuación de esta medida desde una perspectiva económica, dado que no da lugar a mermas retributivas, más allá de aquellos conceptos que pudieran compensar los gastos derivados de posibles desplazamientos que la prestación de servicios desde el domicilio pudiera ahorrar y cuya percepción no haya sido reconocida al trabajador, expresa o tácitamente, como condición más beneficiosa[15].

---

13 STS de 11 de abril de 2005 (rec. 143/2004).

14 A. Villalba Sánchez, "El acuerdo de trabajo a distancia tras la entrada en vigor del RD–ley 28/2020, de 22 de septiembre", *Revista de Derecho Social y Empresa*, nº 14, 2021, p. 104.

15 Cfr. SAN de 18 de marzo de 2021 (rec. nº 164/2020).

2.1.3. Reducción de jornada

Como alternativa a la reordenación del tiempo de trabajo o a la alteración de la presencialidad en la prestación de servicios, el art. 37.8 ET ofrece a la trabajadora víctima de violencia de género la posibilidad de instar la reducción de su jornada. Esta posibilidad, que se reconoce con independencia de su dedicación a tiempo completo o a tiempo parcial[16], se supedita a lo dispuesto en el convenio colectivo o, en su defecto, al acuerdo individual. De no ser alcanzado, será, una vez más, la jurisdicción social la encargada de decidir su procedencia. Su entidad dependerá también de lo dispuesto en el convenio colectivo o en el acuerdo alcanzado entre el empresario y la trabajadora, decidiendo, en su defecto, el órgano jurisdiccional competente[17].

De calado más profundo que la mera reordenación del tiempo de trabajo, su disfrute supone una reducción proporcional del salario. Irroga, por tanto, un impacto directo en el poder adquisitivo de la víctima, quien asume una pérdida de ingresos que todavía no ha paliado prestación alguna a cargo del sistema de Seguridad Social[18]. Y no sólo falta una prestación específicamente destinada a cubrir la pérdida retributiva, sino que brilla por su ausencia su mención como situación legal de desempleo, a diferencia de lo que sucede, p. ej., con la reducción de jornada acordada por el empresario por causas económicas, técnicas, organizativas o de producción [art. 267.1.c) LGSS].

Aunque esta última posibilidad apenas le garantizaría la percepción de un subsidio de haber reunido los períodos de cotización previos exigidos, la inclusión de esta situación entre las generadoras de la prestación por desempleo facilitaría el ejercicio de un derecho que

---

16 A. López-Quiñones García, "La modificación de las condiciones de trabajo de las trabajadoras víctimas de violencia de género: reducción o reordenación del tiempo de trabajo y movilidad geográfica o de centro de trabajo", en R. Quesada Segura (dir.), *La perspectiva laboral de la protección integral de las mujeres víctimas de violencia de género*, Comares, Granada, 2009, p. 201.

17 B. García Romero, "La violencia de género desde la perspectiva del derecho del trabajo y de la seguridad social", *Revista Doctrinal Aranzadi Social*, nº11, 2012, p. 6.

18 Como ha tenido ocasión de criticar la doctrina (A. Garrigues Giménez, "Violencia de género e intervención en el plano de la prestación laboral: reflexiones tras casi cinco años de andadura de la LO 1/2004", *Revista Doctrinal Aranzadi Social*, nº 1, 2009, p. 12)

hoy dependerá, en buena medida, de los recursos económicos de la víctima[19]. De carecer de ellos, difícilmente podrá acudir a esta vía para adaptar el débito laboral a su situación personal, quedando postergada en pro de otras más drásticas, como la suspensión del contrato de trabajo, que sí se incluye entre las situaciones legales de desempleo.

Junto a la mención a esta merma retributiva presente es digna de ser añadida otra a la pérdida que la víctima asume *ad futurum*, puesto que la jornada reducida tampoco ha sido contemplada como período efectivamente cotizado de cara al reconocimiento de prestaciones a cargo del sistema de Seguridad Social. Sobre la ausencia de esta protección específica, por contraposición a la prevista para otras reducciones de jornada motivadas por circunstancias familiares, se hará cumplida mención en el epígrafe dedicado a la protección de la víctima de violencia de género cuyo vínculo contractual está extinto.

2.1.4. Traslado

El derecho a la reordenación de la jornada de trabajo o al tránsito de una prestación de servicios presencial a otra ejecutada a distancia, o viceversa, parten de su viabilidad, razón por la cual no es infrecuente que su ejercicio resulte imposible. Existe, sin embargo, otra medida apta para lograr el distanciamiento de un agresor que puede dar con el paradero de su víctima en el centro donde debe prestar su trabajo, o para facilitar, con carácter general el cambio de domicilio de ésta.

Se trata del traslado de la víctima a un centro de trabajo distinto de aquel en el cual prestaba servicios. El traslado en cuestión puede conllevar o no un cambio de residencia[20]. Basta con que implique dejar de acudir a la "localidad donde venían prestando sus servicios". Se distingue, en ese sentido, de la movilidad geográfica regulada en el art. 40 ET, como también se diferencia en su origen, que procede de la situación de la trabajadora, no de la decisión del empresario.

---

19 Cuestionando la configuración de una medida que dificulta la independencia económica de la víctima, véase B. García Romero, ob. cit., p. 6.

20 C. Faraldo Cabana, "El derecho de las trabajadoras víctimas de violencia de género al cambio de lugar de trabajo y a la movilidad geográfica", *Revista española de Derecho del Trabajo* nº 153, 2012, p. 5 y A. Garrigues Giménez, ob. cit., p. 15.

Al igual que ocurre con el cambio en la presencialidad de la prestación de servicios, se configura como una medida que no lleva aparejada el coste económico que entraña, p. ej., la reducción de la jornada. Apenas puede conllevar la supresión de algún concepto retributivo debido a la trabajadora en función de un desplazamiento que, con el cambio de centro de trabajo, pudiera evitar. Permite, asimismo, mantener la distribución temporal de la prestación, ocasionando menores inconvenientes organizativos tanto a la empresa, como a la trabajadora.

Su ejercicio se condiciona, no obstante, a la existencia de un puesto de trabajo vacante, perteneciente al mismo grupo profesional o a una categoría equivalente, que la empresa tuviera disponible en cualquier otro de sus centros de trabajo (art. 40.4 ET). No existe obligación alguna de crear un puesto de trabajo adonde trasladar a la trabajadora víctima de violencia de género, sino que el empleador cumple con su cometido poniendo en su conocimiento las vacantes, presentes o futuras, que pudiera ocupar. En decir de la doctrina, "la norma contempla una información individualizada a la trabajadora o trabajadoras víctimas de la violencia de género"[21], no siendo suficiente con publicar la existencia de dicha vacante en el tablón de anuncios de la empresa. La concreción de este derecho no se deja, a diferencia de los anteriormente citados, en manos de la negociación colectiva, ni se requiere acuerdo alguno entre la empresa y la víctima de violencia de género[22].

De existir dicha vacante, el art. 40.4 ET reconoce a la trabajadora víctima de violencia el derecho preferente a ocuparla siempre y cuando se vea obligada "a abandonar el puesto de trabajo en la localidad donde [venía] prestando sus servicios, para hacer efectiva su protección o su derecho a la asistencia social integral". El tenor literal de la norma aparenta reconocer este derecho únicamente cuando la coyuntura obligue a la víctima a abandonar el puesto de trabajo inicial. Ello ha permitido a la doctrina sostener que el disfrute de este derecho requiere acreditar la necesidad de abandonar el puesto de trabajo, a deducir de las medidas contenidas en la orden de protección o en el informe del Ministerio Fiscal[23]. Puesto que el precepto no concreta de qué modo

---

21 F. Lousada Arochena, "Movilidad geográfica y conciliación de la vida personal, familiar y laboral", *Revista Doctrinal Aranzadi Social*, nº 5, 2011, p. 10.

22 C. Faraldo Cabana, ob. cit., p. 7.

23 C. Faraldo Cabana, ob. cit., p. 7.

habría de acreditarse dicha necesidad, cabría entender que su disfrute no requiere una fundamentación adicional a la mera voluntad de la víctima que decida hacer uso de él[24]. Se contemplaría, por tanto, como un derecho a ejercitar de modo alternativo o combinado con otros de los arriba citados, cuyo ejercicio resulte compatible –p.ej., la reordenación del tiempo de trabajo–, sin que su procedencia dependa de la imposibilidad de acudir a medidas menos contundentes.

No resuelve el ET qué sucederá de concurrir el derecho de la víctima de violencia de género a ocupar esa vacante con el que pudieran ostentar otros, como las trabajadoras embarazadas o en período de lactancia "cuando las condiciones de trabajo influyan negativamente en su salud o en la del feto"[25] (art. 26 Ley 31/1995, de 8 de noviembre, de prevención de Riesgos Laborales, en adelante, LPRL) o "los trabajadores cuyo cónyuge [haya] sido trasladado a otra localidad en la que [haya] un puesto de trabajo que [puedan] ocupar"[26] (art. 40 ET). A fin de resolver este conflicto se ha propuesto primar, aun en detrimento de la víctima de violencia de género, el derecho preferente a ocupar esta vacante de aquellos trabajadores cuya salud se encuentre en peligro[27]. Ello supondría relegar a quienes se incorporasen desde una situación de excedencia voluntaria (art. 46.5 ET) o a quienes pretendieran ejercitar el "derecho de consorte"[28] (art. 40.3 ET), pero no resolvería la disyuntiva entre conceder tal derecho a quienes estén expuestos a un riesgo de índole profesional o a quienes lo están a otro de índole privado, pero no menor, como la víctima de violencia de género. Urge, por tanto, una ordenación legal o convencional o de dichas preferencias.

De optarse por trasladar la prestación de servicios a un centro de trabajo perteneciente a otra localidad, la medida gozará de una duración inicial de seis meses, durante los cuales la empresa estará obligada a reservar a la víctima el puesto de trabajo que anteriormente ocupaba. Transcurrido este periodo, la trabajadora podrá optar entre el regreso a su puesto de trabajo anterior o la continuidad en el nue-

---

24 F. Lousada Arochena, ob. cit., p. 9.
25 C. Faraldo Cabana, ob. cit., p. 9.
26 Ibidem.
27 Ibidem.
28 F. Lousada Arochena, ob.cit., p. 10.

vo. En este último caso, decaerá la mencionada obligación de reserva, deviniendo el cambio definitivo.

De no existir una plaza vacante que ocupar, o de ostentar el derecho preferente a ocuparla otro trabajador, restaría acudir a otras medidas más drásticas, siendo conveniente, de entre todas las disponibles, recurrir a aquélla que permita la conservación del contrato, a saber: la suspensión[29].

2.1.5. Suspensión del contrato

Cuando "la continuidad en el trabajo y las circunstancias personales derivadas de la situación de violencia [resultaran] incompatibles"[30], el ET contempla dos "medidas laborales de protección extrema", cuales son la suspensión del contrato de trabajo y el despido a instancia de la víctima. De menor calado es la primera, toda vez que supone la conservación de un contrato de trabajo cuyas obligaciones principales quedan en suspenso. Se reconoce así el derecho a cesar en la prestación de trabajo por una duración inicial que no podrá exceder de seis meses, "salvo que de las actuaciones de tutela judicial resultase que la efectividad del derecho de protección de la víctima requiriese la continuidad de la suspensión". En este caso, el juez podrá prorrogar la suspensión por periodos de tres meses, hasta alcanzar un máximo de dieciocho meses (art. 48.8 ET).

La suspensión de la obligación de prestar servicios implica, a su vez, la de remunerar la prestación debida, razón por la cual la trabajadora dejará de percibir el salario correspondiente a dicho período. No se suspenderá, sin embargo, el devengo de "otros derechos económicos no relacionados con la efectividad del trabajo desarrollado"[31], como "la mejora de la prestación por maternidad [...] pactada en convenio colectivo; ayudas por hijos [...] o el uso de vivienda"[32]. La falta de rentas será suplida, de reunirse los períodos de cotización exigidos, por la prestación por desempleo contributiva, al contemplarse la suspensión del contrato de la trabajadora víctima de violencia de

---

29 A. Garrigues Giménez, ob., cit., p. 15.
30 A. Garrigues Giménez, ob. cit., p. 16.
31 A. Garrigues Giménez, ob. cit., p. 19.
32 Ibidem.

género como situación legal de desempleo por parte del art. 267.1.b) 2º LGSS. Su acreditación se llevará a cabo por comunicación escrita del empresario sobre la suspensión temporal de la relación laboral, a la que debe adjuntarse la orden de protección a favor de la víctima o, en su defecto, el informe del Ministerio Fiscal que indique la existencia de indicios de ser víctima de violencia de género [art. 267.3. 2º. b) LGSS].

Persisten, asimismo, los derechos relacionados con la pervivencia del vínculo contractual, como todos los relacionados con el deber de buena fe o con el cómputo de la antigüedad de la trabajadora en la empresa[33].

2.1.6. Extinción del contrato

Aunque la batería de medidas contemplada en el ET pretende propiciar la conservación del empleo de la trabajadora víctima de violencia de género, el legislador no desconoce la gravedad de una situación que, con frecuencia, le impide mantener su compromiso laboral. A riesgo de considerar su cese como una situación de desempleo voluntario, carente de protección alguna por parte del ordenamiento jurídico, se ha contemplado como una causa autónoma de extinción del contrato de trabajo.

Así, se toma en consideración "el temor –racional y fundado– de sufrir un mal inminente y grave en su persona o sus descendientes"[34], amenaza que se cierne sobre la formación de la voluntad extintiva de la trabajadora y que, lejos de viciarla, sirve para configurar una causa extintiva "específica [...] y *sui generis*"[35].

Se distingue de la dimisión, por traer causa de una situación que determina la voluntad de la trabajadora; y de la resolución contractual en que, además de no provenir de incumplimiento alguno por parte del empresario, deriva de una decisión adoptada por la víctima, sin que se precise intervención judicial[36]. Ésta debe, no obstante, acre-

---

33 A. Garrigues Giménez, ob. cit., p. 21.

34 A. Garrigues Giménez, ob. cit., p. 26.

35 Ibidem.

36 G. Barrios Baudor, "Baja voluntaria en la empresa como consecuencia de ser víctima de violencia de género versus dimisión. Sentencia del Tribunal Superior

ditar su condición de víctima de violencia de género para hacer efectivo su derecho[37]. Puesto que la extinción no obedece a incumplimiento alguno a cargo del empresario, la trabajadora no será acreedora de una indemnización. Sin embargo, al no derivar de su libre voluntad, sino de una situación que condiciona seriamente su decisión, se protege como situación legal de desempleo, generando derecho a percibir prestaciones en tanto en cuanto se reúnan los restantes requisitos que la normativa preceptúa [art. 267.1.a) 5º LGSS] y se acredite del mismo modo indicado en la suspensión del contrato [art. 267.3. 2º. b) LGSS].

2.2. Las prestaciones reconocidas a la víctima de violencia de género

El disfrute de las medidas de protección de la trabajadora víctima de violencia de género, excepción hecha de la reordenación del tiempo de trabajo, del cambio de puesto de trabajo o en la presencialidad de la prestación de servicios, implican una reducción del importe y/o de los períodos efectivamente cotizados. A largo plazo, ello puede repercutir en la percepción de futuras prestaciones a cargo del sistema de la Seguridad Social. Alguna de ellas, como el subsidio por desempleo perteneciente al nivel contributivo, está al alcance de muchas trabajadoras. De otras, como la jubilación o la viudedad, son acreedoras numerosas mujeres de sesenta y cinco años o más, razón por la cual las consecuencias que el ejercicio de los derechos anteriormente citados surten en el futuro derecho a lucrar prestaciones merecen ser objeto de especial consideración.

2.2.1. Protección por desempleo y no consunción de los períodos de cara a la solicitud de una nueva prestación por desempleo

Como se había avanzado, la suspensión del contrato motivada por la situación de violencia de género de la trabajadora constituye una

---

de Justicia de Castilla y León (sede en Burgos) núm. 851/2006, de fecha 10 de agosto de 2006", *Revista Doctrinal Aranzadi Social*, nº 81, 2006, p. 7.

37 G. Barrios Baudor, ob. cit., p. 9.

situación legal de desempleo que, de concurrir los demás requisitos, le otorga el derecho a obtener la prestación perteneciente al nivel contributivo [art. 267.1.b) 2° LGSS]. También se considera como tal la extinción del contrato de trabajo motivada por dicha situación [art. 267.1.a) 5° LGSS].

Su reconocimiento depende, no obstante, de la acreditación de los períodos de cotización previos enumerados en el art. 269.1 LGSS durante los seis años anteriores a la situación legal de desempleo. En su determinación se tendrán en cuenta todas las cotizaciones que no hayan sido computadas para el reconocimiento de un derecho anterior, tanto de nivel contributivo como asistencial. Este requisito podría hacer peligrar el reconocimiento de una hipotética prestación, cuando períodos previos hubieran sido consumidos anteriormente por la misma situación. A fin de evitarlo, el art. 269.2 LGSS impide tomar en consideración los agotados en virtud de la suspensión de la relación laboral prevista en el artículo 45.1.n) ET. Gracias a esta previsión, "las cotizaciones realizadas antes de la suspensión del contrato pueden computarse dos veces, una para generar la prestación por desempleo durante la suspensión de la relación laboral y otra, para una futura prestación que pueda solicitarse en caso de extinción del contrato"[38]. Lo anterior sugiere la conveniencia de acudir antes a la suspensión como medida previa a la extinción del contrato[39].

Se prevé, asimismo, que el servicio público de empleo competente tenga en cuenta la condición de víctima de violencia de género, a efectos de atemperar, en caso necesario, el cumplimiento de las obligaciones que se deriven del acuerdo de actividad (art. 300 LGSS). De esta forma, se pretende "impedir que se pueda penalizar a la trabajadora cuando su situación no le permita cumplir las obligaciones del compromiso de actividad"[40].

No se contempla, por el contrario, como situación legal de desempleo parcial la reducción de jornada motivada por la situación de violencia de género, aspecto que resta virtualidad práctica a un derecho

---

38 B. García Romero, ob. cit., p. 9.

39 Mª. A. Benito Benítez, "La función tuteladora del sistema de seguridad social en la lucha contra violencia de género", *Revista General de Derecho del Trabajo y de la Seguridad Social*, nº 55, 2020, p. 244.

40 Ibidem.

cuyo disfrute acarrea una pérdida de poder adquisitivo difícilmente asumible por parte de muchas trabajadoras[41].

2.2.2. Consideración de períodos de inactividad como efectivamente cotizados

Tanto la reducción de jornada como la suspensión del contrato de trabajo suponen, respectivamente, una minoración proporcional y una paralización temporal del deber de cotizar a cargo del empleador. En consecuencia, el ejercicio de tales derechos puede reducir futuras prestaciones de las que la trabajadora mayor de sesenta y cinco años pudiera ser acreedora. Se alude a las reconocidas con ocasión de la jubilación, incapacidad permanente, o muerte y supervivencia, entre otras.

Impedir la merma del poder adquisitivo de la futura pensionista ha sido el propósito que ha impulsado el reconocimiento del período de suspensión motivado por la violencia de género padecida por la trabajadora como efectivamente cotizado a efectos de las correspondientes prestaciones de la Seguridad Social por jubilación, incapacidad permanente, muerte y supervivencia, nacimiento y cuidado de menor, desempleo y cuidado de menores afectados por cáncer u otra enfermedad grave [art. 165.5 LGSS].

Distinto es el tratamiento deparado a la reducción de la jornada, donde se constata una notable diferencia con respecto al dispensado a otras reducciones. Sucede con la motivada por el cuidado directo del menor de doce años o de una persona con discapacidad que no desempeñe una actividad retribuida (art. 37.6. pfo. 1º ET). Ante dicha contingencia, las cotizaciones realizadas durante los tres primeros años se computarán incrementadas hasta el cien por cien de la cuantía que hubiera correspondido si se hubiera mantenido sin dicha reducción la jornada de trabajo a efectos de las correspondientes prestaciones de la Seguridad Social por jubilación, incapacidad permanente, muerte y supervivencia, maternidad y paternidad. Sin embargo, dicho incremento venía exclusivamente referido al primer año cuando la re-

---

41 Abogando por considerarla como una situación de desempleo parcial involuntaria, véase C. Sanz Sáez, "Medidas de protección laboral y de seguridad social para las víctimas de violencia de género", *Femeris*, vol. 4, nº 2, 2019, 118 y Mª. A. Benito Benítez, ob. cit., p. 239.

ducción obedeciera al cuidado de un familiar, hasta el segundo grado de consanguinidad o afinidad, que por razones de edad, accidente o enfermedad no pudiera valerse por sí mismo, y que no desempeñara actividad retribuida (art. 237.3 LGSS), hasta la entrada en vigor del R.D.-ley 2/2023, de 16 de marzo, de medidas urgentes para la ampliación de derechos de los pensionistas, la reducción de la brecha de género y el establecimiento de un nuevo marco de sostenibilidad del sistema público de pensiones, que equiparó ambos períodos. Asimismo, cuando la reducción de jornada esté motivada por el cuidado del lactante (art. 37.4. pfo. 4º ET) o por el cuidado, durante la hospitalización y tratamiento continuado, del menor afectado por cáncer o por cualquier otra enfermedad grave que implique un ingreso hospitalario de larga duración y requiera la necesidad de cuidado directo, continuo y permanente, acreditado por el informe del servicio público de salud u órgano administrativo sanitario de la comunidad autónoma correspondiente, hasta que cumpla los dieciocho años (art. 37.6. pfo. 3º ET), las cotizaciones devengadas se computarán incrementadas hasta el cien por cien de la cuantía que hubiera correspondido si se hubiera mantenido sin dicha reducción la jornada de trabajo. Ello es así a efectos de las prestaciones por jubilación, incapacidad permanente, muerte y supervivencia, nacimiento y cuidado de menor, riesgo durante el embarazo, riesgo durante la lactancia natural e incapacidad temporal (art. 237.3. pfo. 2º LGSS).

Únicamente se ha previsto considerar incrementadas hasta el cien por cien de la cuantía que hubiera correspondido si se hubiera mantenido, sin reducción, el trabajo a tiempo completo o parcial, las bases de cotización para el cálculo de la base reguladora de la prestación por desempleo de nivel contributivo (art. 270.6 LGSS). De esta guisa, “el único instrumento del que disponen las víctimas de violencia de género para que su carrera de seguro no quede afectada por la reducción de jornada es el recurso al convenio especial previsto para determinados supuestos de reducción de la jornada de trabajo con disminución proporcional del salario, regulado en el art. 21 de la Orden TAS/2865/2003, de 13 de octubre, por la que se regula el convenio especial en el sistema de la Seguridad Social"[42], asumiendo el coste inherente al mantenimiento de la cotización.

Una vez más, se constata la deficiente configuración de la reducción de jornada motivada por la situación de violencia de género. Las consecuencias económicas que las trabajadoras que la disfruten deben arrostrar hacen de ella una medida escasamente atractiva, en contraste con otra, más drástica, como la suspensión. De ahí el acierto de quien propuso reconocer esta situación como merecedora de la protección por desempleo, lo que, además de "atenuar [...] la pérdida de ingresos", también conjuraría "la disminución de las bases reguladoras y, en su caso, de los días considerados cotizados, a los efectos de futuras prestaciones de Seguridad Social"[43]-

2.2.3. Jubilación anticipada de la víctima de violencia de género

Siendo la jubilación una de las contingencias a las que con mayor frecuencia se enfrentará la víctima de violencia de género mayor de sesenta y cinco años, procede añadir a la consideración de los períodos de suspensión como efectivamente cotizados, el reconocimiento de la extinción de la relación laboral de la mujer trabajadora como consecuencia de ser víctima de la violencia de género como vía de acceso a la jubilación anticipada por causa no imputable a la libre voluntad de la persona trabajadora [art. 207.1.d) LGSS]. Se flexibiliza así el acceso a la jubilación anticipada de la víctima de violencia de género, pero "manteniendo largos periodos de cotización para anticipar la edad"[44].

Se constata, así, la naturaleza *sui generis* de una causa extintiva que, pese a suponer la extinción del contrato a instancia de la trabajadora, no se considera voluntaria, sino forzada por una situación del todo ajena a su intención.

---

42 Mª. A. Benito Benítez, ob. cit., p. 241.

43 C. Sanz Sáez, ob. cit., p. 119.

44 C. Molina Navarrete, "Brechas de género y sistema español de seguridad social: balance crítico y algunas propuestas de corrección", *iQual. Revista de dénero e igualdad*, nº 3, 2020, p. 17.

2.2.4. Prestaciones por muerte y supervivencia de la víctima de violencia de género

El art. 220 LGSS reconoce el derecho a la pensión de viudedad al cónyuge, pero también a quien, estando divorciado o separado judicialmente del fallecido, sea acreedor de la pensión compensatoria *ex* art. 97 del Código Civil, extinguida por la muerte del causante. La dificultad que a menudo entraña obtener dicha pensión de su agresor, explica que el pfo. tercero del art. 220.1 LGSS reconozca ese derecho a las mujeres que, aun no siendo acreedoras de una pensión compensatoria, pudieran acreditar que eran víctimas de violencia de género en el momento de la separación judicial o del divorcio mediante sentencia firme, o archivo de la causa por extinción de la responsabilidad penal por fallecimiento. En defecto de sentencia, se contempla la posibilidad de solicitarla aportando la orden de protección dictada a su favor o el informe del Ministerio Fiscal que indique la existencia de indicios de ser víctima de violencia de género, así como por cualquier otro medio de prueba admitido en Derecho.

3. A MODO DE REFLEXIÓN

Las transiciones laborales entrañan una especial dificultad para la persona trabajadora que acomete la búsqueda de un nuevo empleo a una edad avanzada. Si, por añadidura, el anterior lo ha perdido por ser víctima de una violencia que dificulta el correcto cumplimiento de su débito laboral, la misión se antoja cuasi irrealizable. Tal es la situación por la que atraviesa la víctima de violencia de género mayor de sesenta y cinco años que, no sólo se arriesga a perder la renta que le permite independizarse de su agresor, sino a romper uno de los principales puentes que la mantienen unida a la sociedad.

A fin de atajar el rumbo hacia la desvinculación total de la víctima de violencia de género del entorno laboral, la LOVG ha contemplado medidas tendentes a posibilitar la conservación del contrato de trabajo. Su configuración, empero, deja bastante que desear, en la medida en que se ha escatimado reconocer prestaciones a las víctimas que opten por mantener su contrato reduciendo su jornada, en detrimento de aquéllas que se decanten por suspenderlo o, incluso, por extinguirlo. No ha de extrañar, pues, que la víctima se decida a ejercer unos derechos que suponen el alejamiento, temporal o definitivo, de un ámbito propicio para su recuperación. Procede, en consecuencia, reforzar la protección de la víctima de violencia de género que reduzca su jornada garantizándole, siquiera de forma temporal, el mantenimiento de unos ingresos indispensables para afrontar un camino aparte de su agresor.

Lo anterior no empece la labor que ha de asumir la negociación colectiva, arbitrando procedimientos susceptibles de permitir el disfrute de otras medidas, como la reordenación del tiempo de trabajo y el cumplimiento de la prestación a distancia, con la debida seguridad jurídica; medidas cuyo disfrute no repercute en la cotización que permite lucrar prestaciones suficientes con vistas a la jubilación de la trabajadora. A falta de previsión convencional, el ejercicio de tales derechos dependerá, bien del acuerdo individual alcanzado entre la víctima y la empresa, bien de lo que decida la jurisdicción social, a falta de aquél. El dilema oscila, por consiguiente, entre alcanzar un pacto de difícil consecución, habida cuenta de la ausencia de poder de negociación por parte de la trabajadora víctima de violencia de género, o someterse a una resolución judicial cuya imprevisibilidad puede suscitar un merecido recelo por parte de la trabajadora. Dotar de cierta previsibilidad el ejercicio de estos derechos se erige así en presupuesto indispensable para configurar una tutela eficaz.

4. BIBLIOGRAFÍA

G. Barrios Baudor, "Baja voluntaria en la empresa como consecuencia de ser víctima de violencia de género versus dimisión. Sentencia del Tribunal Superior de Justicia de Castilla y León (sede en Burgos) núm. 851/2006, de fecha 10 de agosto de 2006", *Revista Doctrinal Aranzadi Social*, nº 81, 2006.

Mª. A. Benito Benítez, "La función tuteladora del sistema de seguridad social en la lucha contra violencia de género", *Revista General de Derecho del Trabajo y de la Seguridad Social*, nº 55, 2020.

J. Cabeza Pereiro, J., "El concepto y rasgos de la violencia de género. Particularidades desde el Derecho del Trabajo", en L. Mella Méndez, (dir.) *Violencia de género y Derecho del Trabajo. Estudios actuales sobre puntos críticos*, Madrid, La Ley, 2012.

C. Faraldo Cabana, "El derecho de las trabajadoras víctimas de violencia de género al cambio de lugar de trabajo y a la movilidad geográfica", *Revista española de Derecho del Trabajo* nº 153, 2012.

B. García Romero, "La violencia de género desde la perspectiva del derecho del trabajo y de la seguridad social", *Revista Doctrinal Aranzadi Social*, nº11, 2012.

Garrigues Giménez, "Violencia de género e intervención en el plano de la prestación laboral: reflexiones tras casi cinco años de andadura de la LO 1/2004", *Revista Doctrinal Aranzadi Social*, nº 1, 2009.

A. López-Quiñones García, "La modificación de las condiciones de trabajo de las trabajadoras víctimas de violencia de género: reducción o reordenación del tiempo de trabajo y movilidad geográfica o de centro de trabajo", en R. Quesada Segura (dir.), *La perspectiva laboral de la protección integral de las mujeres víctimas de violencia de género*, Comares, Granada, 2009.

F. Lousada Arochena, "Movilidad geográfica y conciliación de la vida personal, familiar y laboral", *Revista Doctrinal Aranzadi Social*, nº 5, 2011.

N. Martínez, Yáñez, "La protección de la víctima de violencia de género en el ET (I): reducción y reordenación del tiempo de trabajo", en L. Mella Méndez, (dir.) *Violencia de género y Derecho del Trabajo. Estudios actuales sobre puntos críticos*, Madrid, La Ley, 2012.

C. Molina Navarrete, "Brechas de género y sistema español de seguridad social: balance crÍtico y algunas propuestas de corrección", *iQual. Revista de dénero e igualdad*, nº 3, 2020.

C. Sanz Sáez, "Medidas de protección laboral y de seguridad social para las víctimas de violencia de género", *Femeris*, vol. 4, nº 2, 2019.

Villalba Sánchez, "El acuerdo de trabajo a distancia tras la entrada en vigor del RD–ley 28/2020, de 22 de septiembre", *Revista de Derecho Social y Empresa*, nº 14, 2021.

Capítulo XIII
Violencia de género y sucesión mortis causa: un drama en dos actos

MÓNICA GARCÍA GOLDAR
Investigadora Postdoctoral de Derecho civil
Universidad de Santiago de Compostela

1. INTRODUCCIÓN: CONTEXTO SOCIAL Y NORMATIVO

La violencia de género es una de las mayores lacras de nuestra sociedad actual. La Ley Orgánica 1/2004, de 28 de diciembre, de medidas de protección integral contra la violencia de género, afirma en su Exposición de Motivos que "la violencia de género no es un problema que afecte al ámbito privado. Al contrario, se manifiesta como el símbolo más brutal de la desigualdad existente en nuestra sociedad. Se trata de una violencia que se dirige sobre las mujeres por el hecho mismo de serlo, por ser consideradas, por sus agresores, carentes de los derechos mínimos de libertad, respeto y capacidad de decisión"[1]. El problema se recrudece si además la violencia de género se ejerce sobre mujeres mayores de 65 años, ya que presumiblemente no estarán en

---

1 Como afirma M. P. García Rubio, 2009, p. 154, "la violencia de género supone la manifestación extrema de la desigualdad entendida coma negación de las relaciones simétricas, así como la pre-comprensión de la relación varón/mujer como relación de subordinación".

condiciones de trabajar y sus precarias pensiones, a consecuencia de haber ejercido muy probablemente de cuidadoras o de otros trabajos mal pagados como han sido tradicionalmente los más feminizados, tal vez no les permita satisfacer sus gastos ordinarios[2].

Con la perspectiva de esta posible dependencia económica entre la víctima y el agresor, el propósito de las páginas que siguen no es otro que estudiar críticamente la repercusión de la violencia de género en el sistema sucesorio, ya que podría ocurrir que el agresor tenga derecho a la herencia de la víctima o a legítima, si se trata de su cónyuge o su pareja de hecho. Por ello, analizaremos las dos instituciones que podrían impedir estos derechos sucesorios[3]: la indignidad sucesoria y la desheredación testamentaria. Ambas instituciones tienen cosas en común[4], pero quizá resulte más interesante en este trabajo señalar sus diferencias, entre las que destacaremos tres[5]: en primer lugar, la desheredación sólo afecta al derecho a legítima, mientras que la indignidad resulta aplicable a cualquier clase de sucesión, incluida la intestada o la particular (legados). En segundo lugar, la desheredación ha de fundarse lógicamente en causa anterior al testamento, mientras que la indignidad tan sólo ha de fundarse en causa anterior a la muerte del causante. Por último, la desheredación es un castigo expreso que el testador, facultado por la ley, impone con carácter voluntario o

---

2 Así lo pone de manifiesto M. P. García Rubio, 2018, pp. 494-495, al afirmar que las mujeres mayores son en general más pobres que los hombres y con frecuencia, su precaria pensión les obliga en algunas ocasiones a tener que acudir a la solidaridad familiar.

3 Aunque cabría considerar la oportunidad de que se privase al cónyuge maltratador de otros derechos que no son sucesorios, como el de predetracción (art. 1321 CC), beneficiarse de un seguro de vida o subrogarse en un contrato de arrendamiento urbano, tal y como propone M. Herrero Oviedo, 2011, p. 565.

4 En opinión de M. P. García Rubio, 2016, pp. 620-621, el Código civil español decidió mantener la dualidad indignidad-desheredación y, a pesar de tratarse de instituciones distintas, son muchas sus concomitancias, como su carácter relativo a un determinado sucesor, el que con ligeros matices todas las causas de indignidad son también de desheredación, que ambas figuras pueden llegar a coexistir en un mismo supuesto, que el fundamento que subyace en ellas es muy similar y que también la indignidad produce la privación de la legítima. Por todo ello, gran parte de la doctrina, dice, se ha mostrado favorable *lege ferenda* a la unificación de ambas figuras.

5 Tal y como distingue M. Royo Martínez, 1951, p. 248.

discrecional, mientras que la indignidad es un castigo directamente establecido por la ley[6].

Una vez trazadas a pincelada gruesa las características más reseñables de ambas instituciones (entendemos que no procede aquí hacer un estudio profundo de las mismas[7]), conviene tener en cuenta ciertas estadísticas para examinar de forma precisa la repercusión de la violencia de género en la normativa sucesoria: según la base de datos de la Agencia Europa Press[8], en el año 2020 fallecieron un total de 45 mujeres víctimas de violencia de género, de las cuales 38 no habían presentado denuncia. Además, de las 37.189 denuncias interpuestas en el último trimestre del 2020, sólo 536 fueron presentadas directamente por la víctima en el juzgado y 27 por familiares[9]. Es decir, el 84,44% de las mujeres asesinadas en 2020 a manos de sus parejas o ex parejas no habían presentado denuncia y, en el último trimestre del año, apenas el 1,44% de las denuncias por malos tratos fueron presentadas por la víctima. Conviene tener estos datos en cuenta a la hora de analizar su repercusión en la indignidad sucesoria y la desheredación; instituciones que examinaremos a continuación de forma separada.

2. PRIMER ACTO: LA INDIGNIDAD COMO CASTIGO PREVISTO POR LA LEY

No sería descabellado pensar que, en atención a cómo define la violencia de género la LO, la norma sucesoria prohíbe de raíz que el

---

6 J. M. Míquel González de Audicana, 2019, pp. 1672-1673, hace notar, además, que al desheredado se le tiene por tal mientras no impugne con éxito la certeza de la causa expresada por el testador, en tanto que al indigno, por el contrario, no se le considera como tal hasta que –impugnada su delación– se pruebe que incurrió en la causa de su indignidad.

7 Para un estudio más detallado sobre la interrelación entre ambos institutos, véase F. Jordano Fraga, 2004, pp. 13 y ss., y para un estudio más completo sobre la indignidad, véase M. P. García Rubio y M. Otero Crespo, 2016, pp. 255-288.

8 Disponible en: https://www.epdata.es/datos/violencia-genero-estadisticas-ultima-victima/109/espana/106 (consultado el 15 de febrero de 2021).

9 Según se afirma en la base de datos, las restantes denuncias se presentaron por terceros (1.456), por atestados policiales (31.855) o mediante parte de lesiones (3.315).

agresor pierda cualquier derecho legal que pueda tener a heredar a su víctima, siempre que los malos tratos puedan ser probados de alguna forma; no obstante, un análisis algo más detallado relevará la ingenuidad de tan precipitada conclusión. Pasamos, pues, a analizar esta cuestión desde una perspectiva comparada: primero examinaremos la normativa existente en el Código Civil (aplicable supletoriamente en los derechos civiles vasco y gallego[10]) y, después, los derechos autonómicos con normativa específica sobre la materia (catalán, balear, aragonés y navarro).

2.1. Código Civil, País Vasco y Galicia

El art. 944 CC prevé, para la sucesión intestada, que a falta de descendientes y ascendientes, suceda el cónyuge sobreviviente en todos los bienes del difunto. Por lo tanto, el cónyuge maltratador (o pareja de hecho maltratador, en el País Vasco y Galicia[11]), podría heredar a la víctima, a falta de descendientes o ascendientes de esta, si no mediase separación legal o de hecho[12], situación que se dará con mayor probabilidad en el caso de mujeres maltratadas mayores de 65 años, debido a la situación de vulnerabilidad y dependencia económica en la que se podrían encontrar[13]. Pues bien, el instrumento que permite

---

10 A pesar de que tanto el País Vasco como Galicia tienen competencias en materia civil y reconocen ciertos derechos legales en favor del cónyuge viudo o la pareja de hecho (véanse los arts. 112 y 114 LDCV y 267 LDCG), sus normativas autonómicas no regulan expresamente la indignidad sucesoria (aunque ambas la mencionan), por lo que resultarán aplicables subsidiariamente las normas del CC. Debe tenerse en cuenta, en cualquier caso, que la aplicación del CC se produce de forma adaptada a esos derechos autonómicos; es decir, que no sólo afectarán al cónyuge no separado, sino también a la pareja de hecho, en virtud de la Ley Vasca 2/2003, de 7 de mayo, reguladora de las parejas de hecho y de la Disposición Adicional 3ª de la Ley 2/2006, de 14 de junio, de derecho civil de Galicia.

11 Véase la nota anterior *in fine*.

12 Véase M. P. García Rubio, 2009, p. 176 y M. Herrero Oviedo, 2011, p. 556, respecto de la reforma operada por la Ley 15/2005 en materia de separación y divorcio, que conlleva la pérdida de cualquier derecho sucesorio tras la simple separación de hecho.

13 Según refiere M. Herrero Oviedo, 2011, p. 556, la "incidencia de la separación en los derechos sucesorios del c6ónyuge viudo es innegable, pero no lo es menos que, aunque lo deseable sería que, ante supuestos de malos tratos la mujer viviera

evitar este infortunio es, como dijimos, el de la indignidad, regulado en el art. 756 CC. Este precepto señala -en su redacción actual, operada por la LJV- hasta un total de siete causas de indignidad; de entre todas ellas destacaremos la primera, por guardar relación directa con nuestro objeto de este estudio. Según el precepto, será indigno para suceder "el que fuera condenado por sentencia firme por haber atentado contra la vida, o a pena grave por haber causado lesiones o por haber ejercido habitualmente violencia física o psíquica en el ámbito familiar al causante, su cónyuge, persona a la que esté unida por análoga relación de afectividad o alguno de sus descendientes o ascendientes".

En esta disposición se pueden distinguir tres sub-causas distintas. La primera es haber sido condenado, en sentencia firme, por haber atentado contra la vida del causante, del cónyuge o persona unida por análoga relación de afectividad, o alguno de sus descendientes o ascendientes[14]. Este supuesto no es nuevo[15] pues ya se preveía, ligeramente diferente, en la redacción anterior del art. 756.2.º, al establecer que sería indigno: "el que fuere condenado en juicio por haber atentado contra la vida del testador, de su cónyuge, descendientes o ascendientes"; redacción que, dicho sea de paso, estuvo en vigor desde la promulgación del Código Civil en 1889 hasta la reforma de 2015. Como diferencias más destacables entre ambos preceptos cabe mencionar que, de una parte, se ha sustituido la incorrecta mención que se hacía al testador por el causante[16], y, de otra, que las conductas tipificadas no se limitan al cónyuge del causante, sino que se incluye, de forma novedosa, a los miembros de las relaciones *more uxorio*[17].

---

al menos separada de hecho de su cónyuge, desgraciadamente muchas veces, por razones de diversa índole, no es así, de suerte que la mujer, a pesar de que exista condena penal, continúa conviviendo con su maltratador, por lo que los derechos sucesorios de este se mantienen indemnes".

14 M. P. García Rubio y M. Otero Crespo, 2016, p. 265, afirman que esta primera causa aparece "de forma constante en el derecho histórico y comparado, pues es lógico pensar que el hecho de matar o haber intentado matar al causante merezca la respuesta más grave e impida que quien ha realizado tal reprobable acto pueda beneficiarse de la sucesión de la víctima".

15 M. P. García Rubio y M. Otero Crespo, 2016, p. 264; L. Noriega Rodríguez, 2019, p. 2.

16 M. P. García Rubio, 2016, p. 622; L. Noriega Rodríguez, 2019, p. 3.

17 L. Noriega Rodríguez, 2019, p. 3.

Esta referencia a la "persona unida por análoga relación de afectividad" podría parecer innecesaria ya que, al menos en el Código Civil (no ocurre lo mismo en el País Vasco y Galicia), a las parejas de hecho no se le reconocen derechos sucesorios. Sin embargo, dicha referencia sí será apropiada para dejar sin eficacia una disposición testamentaria en favor del varón maltratador unido a la testadora por relación de afectividad.

La segunda sub-causa es haber sido condenado, en sentencia firme, a pena grave por haber causado lesiones al causante, su cónyuge, persona a la que esté unida por análoga relación de afectividad o alguno de sus descendientes o ascendientes. Como se requiere que la conducta sea constitutiva de pena grave, habrá de entenderse que son aquellas que implican una condena de prisión superior a cinco años[18].

Por último, la tercera sub-causa es haber sido condenado, en sentencia firme, a pena grave por haber ejercido habitualmente violencia física o psíquica en el ámbito familiar al causante, su cónyuge, persona a la que esté unida por análoga relación de afectividad o alguno de sus descendientes o ascendientes. La inclusión de esta última causa se produce en virtud de la reforma de 2015[19], tras la enmienda parlamentaria nº 407 del Partido Popular[20]; se recogen así las propuestas de un sector doctrinal que defendía la necesaria introducción específica de la violencia de género como causa de indignidad para suceder y/o desheredar, por cuanto la referencia al atentado contra la vida podría incluir los casos más graves de violencia de género, pero no todos[21]. Volviendo al precepto en su redacción actual, se ha apreciado

---

18 L. Noriega Rodríguez, 2019, p. 6.

19 En la Preámbulo de la Ley de Jurisdicción Voluntaria se afirma, muy escuetamente, que "se introduce, por considerarse necesario su adaptación a la nueva realidad social y desarrollo legislativo en el ámbito penal, una nueva regulación de las causas de indignidad para heredar". En opinión de M. P. García Rubio y M. Otero Crespo, 2016, p. 264, "si bien era innegable la necesaria adaptación de la figura de la indignidad para suceder y de sus causas a los nuevos tiempos, tal y como se ha hecho queda en evidencia la improvisación y la ausencia de una visión de conjunto del sistema sucesorio del Código, lo que con gran probabilidad va a ocasionar serios problemas interpretativos".

20 M. P. García Rubio, 2016, p. 621; L. Noriega Rodríguez, 2019, p. 6.

21 Véase M. P. García Rubio, 2009, p. 175 y M. Herrero Oviedo, 2011, pp. 553-554. Esta última autora se plantea incluso la posibilidad de extender la aplicación del artículo 756.1º CC en su redacción original al caso de los malos tratos

una cierta desconexión entre este y el Código Penal, ya que la violencia de género se tipifica como delito de lesiones (art. 153 CP) y la violencia en el ámbito familiar se encuadra en el art. 173.2 CP, relativo a "las torturas y otros delitos contra la integridad moral". Si tenemos en cuenta que el actual art. 756.2.º CC establece como causa de indignidad el haber sido "condenado por sentencia firme por delitos contra la libertad, la integridad moral y la libertad e indemnidad sexual, si el ofendido es el causante, su cónyuge, la persona a la que está unida por análoga relación de actividad o alguno de sus descendientes o ascendientes", parece que la alusión a la violencia física o psíquica en el ámbito familiar del primer apartado del art. 756 CC es redundante[22]. Además, de la redacción literal de este 2.º apartado parece extraerse que para la operatividad de esta causa es preciso sentencia firme, pero no pena grave; sin embargo, no parece que haya sido esa la verdadera intención del legislador, que exige pena grave para todos los demás supuestos[23].

Una vez explicadas sucintamente las 3 sub-causas, convendría analizar si es apropiada la exigencia que se observa en el art. 756 CC de que la condena se establezca en sentencia firme (tal y como defendía, por ejemplo, Herrero Oviedo[24]). Debate que no es del todo nuevo, pues ya tuvo lugar con anterioridad respecto de la referida primigenia redacción del art. 756.2.º CC (al exigir condena en juicio por haber atentado contra la vida del causante u otros familiares): la

---

a través de la interpretación de las normas conforme a la realidad social del tiempo (artículo 3.1.º CC). No obstante, la autora considera que "únicamente una reforma del precepto haría claramente posible que un sujeto condenado por un delito de malos tratos fuese considerado indigno para suceder, por testamento o *ab intestato*, a su cónyuge o pareja".

22 M. P. García Rubio y M. Otero Crespo, 2016, p. 269; L. Noriega Rodríguez, 2019, p. 6.

23 M. P. García Rubio y M. Otero Crespo, 2016, p. 269; L. Noriega Rodríguez, 2019, pp. 7-8.

24 M. Herrero Oviedo, 2011, p. 555, tras hacer referencia a la necesidad de una reforma que incluyese de forma expresa los malos tratos como causa de indignidad, considera que aquella "debería exigir en todo caso la existencia de una sentencia firme de condena, porque aunque es cierto que la mujer maltratada suele ser reacia a denunciar y a llegar hasta el final, ello no debe desvirtuar el principio de seguridad jurídica que preside nuestro ordenamiento"; si bien, la misma autora reconoce que dicha exigencia podría resultar problemática.

mayor parte de la doctrina abogaba por la necesidad de que la condena fuese penal y la sentencia firme[25]; no obstante, para algunos de los autores más ilustres como Lacruz Berdejo[26] o Albaladejo[27], dicha exigencia no podría llevarse hasta el extremo de que resultase imposible declarar la indignidad en los casos en que no cupiese o no se hubiese podido llevar a cabo el juicio criminal[28].

Parece que esta discusión doctrinal se ha visto finalmente superada por la nueva redacción del art. 756 CC, al exigir condena en senten-

---

25 F. Sánchez Román, 1910, p. 276, afirmaba que "mientras no se verifique [la sentencia firme condenatoria en juicio criminal] la indignidad para suceder, como motivo civil, no se entiende perfecta y acabada". En igual sentido consideraba J. M. Manresa Navarro, 1973, p. 89, que "nuestro Código exige para declarar esta indignidad que el incurso en ella esté condenado en juicio, por lo que, mientras no exista sentencia firme condenatoria dictada por la jurisdicción criminal, no puede el Juez civil declarar la indignidad, la que procede una vez condenado, cualesquiera que sean las circunstancias atenuantes que pudieran haber concurrido en el hecho, pues el Código se atiene a la realidad de la condena, con independencia de las circunstancias modificativas de la responsabilidad, de la consumación, de la frustración o tentativa del delito, y de su participación en el mismo, o sea si lo fue como autor o como cómplice". Para L. Díez-Picazo y A. Gullón, 2006, p. 306, "la indignidad surge de la condena (entendemos que firme), no del hecho de haber atentado". Por último, I. J. Trujillo Díez, 2009, p. 914, defiende "que esta causa de indignidad debe ser interpretada conforme a una estricta prejudicialidad penal, por lo que sólo alcanza a los que hubieran sido condenados en sentencia penal por cualquier tipo y modalidad de comisión o participación en los delitos contra la vida".

26 J. L. Lacruz Berdejo, 1961, p. 247, consideraba que "no es necesario que la condena sea penal, y así, en el caso de muerte del heredero antes de que los Tribunales se pronuncien sobre el delito, parece que, dados la finalidad de la norma y los antecedentes históricos (Part. 6, 13, 7; Fuero real, 3, 9, 4), el Tribunal civil podrá 'condenar' al heredero".

27 Para M. Albaladejo, 1993, p. 225, la tesis mantenida por Lacruz Berdejo era admisible porque, como obviamente lo que fundamenta la indignidad es el hecho delictivo, y la condena es sólo para que aparezca con seguridad que el sucesor fue el autor, no puede la letra de la ley que pide tal condena llevarse al extremo de que existiendo el hecho indigno resulte imposible establecer la indignidad porque no quepa, por la razón que sea, el juicio criminal. Y por ello, consideraba que no era precisa la sentencia ni la condena en juicio criminal o civil en caso de que el indigno acepte que cometió el hecho o, en general, lo confiese y se avenga a la tacha que se le imputa y a perder la herencia por ello.

28 Criterio secundado también por J. B. Vallet de Goytisolo, 1974, p. 680 (aunque para casos excepcionales) y S. Díaz Alabart, 1993, p. 1873.

cia firme[29]. En opinión de García Rubio y Otero Crespo, "puede que la opción tomada por nuestro reciente legislador sea la más fácil y segura, pero es también la menos flexible y la menos respetuosa con el sistema de Derecho sucesorio; de alguna manera, y tal y como se confirma en la formulación del resto de las nuevas causas de indignidad, todo ello viene a implicar una sumisión de Derecho sucesorio al Derecho penal que no respeta la diferente naturaleza y distinta función de ambos y puede llevar a resultados inicuos"[30]. Y para muestra de esos posibles resultados inicuos, un botón: la SAP de Murcia de 19 de noviembre de 2012[31]. Los hechos que dieron lugar a esta sentencia fueron los siguientes: el 11 de julio del 2008, un varón manifestó en una llamada telefónica a la Policía que había matado a su mujer en una casa de campo; una vez personadas varias dotaciones policiales, el individuo se dispara en la cabeza, resultando muerto. Tras ello los agentes acuden a la vivienda y encuentran los cadáveres de la esposa e hijos, así como una nota de auto inculpación. Pues bien, por difícil de creer e indignante que resulte, en primera instancia no se estimó que el varón fuese indigno para suceder a sus víctimas ya que no había condena en sentencia penal, no pudiéndose emplear la analogía en base a la interpretación restrictiva que debe hacerse del art. 756 CC. Si esta decisión hubiese prevalecido, "hubiera provocado un resultado funesto. Por el orden de los fallecimientos, la herencia de la mujer habría sido deferida a sus hijos y, a la muerte de estos, al padre parricida confeso, pero no condenado penalmente y, por tanto, según la sentencia, no indigno. Al morir el padre, serían llamados a heredar sus padres, a los que así se atribuiría la totalidad de la herencia de su nuera y de sus nietos, en tanto que los abuelos maternos quedarían excluidos de la de sus nietos y mediatamente de la de su hija. La interpretación estricta, que propugna la sentencia de primera instancia,

---

29 También se resuelve la duda existente sobre si la indignidad podría ser aplicada al que era inimputable penalmente, que no podrá ser declarado indigno por esta causa. Además, la doctrina entiende que debe existir intencionalidad, excluyendo aquellas situaciones en las que no existe dicho ánimo de atentar contra la vida (L. Díez-Picazo y A. Gullón, 2006, p. 306; C. Vattier Fuenzalida, 2010, p. 869; M. P. García Rubio y M. Otero Crespo, 2016, pp. 266-267; L. Noriega Rodríguez, 2019, p. 5).

30 M. P. García Rubio y M. Otero Crespo, 2016, p. 266.

31 TOL2.717.952.

hubiera provocado un beneficio a quienes –los suegros de la víctima– no tenían ninguna expectativa de heredarla en otra situación"[32]. Por fortuna, los abuelos maternos recurrieron la sentencia y la Audiencia Provincial, con mejor criterio, sí lo declara incapaz de suceder por indignidad a su esposa y a sus hijos: "dados los hechos, parece totalmente justificada esta decisión. Sería aberrante que un parricida confeso pudiera heredar a sus víctimas"[33].

Igual de aberrante resulta que un maltratador y/o asesino pueda heredar a la damnificada. Recordemos las estadísticas expuestas en la introducción: el 84,44% de las mujeres asesinadas en 2020 a manos de sus parejas o ex parejas no habían presentado denuncia. Teniendo en cuenta la relativa frecuencia con que los agresores se suicidan después de dar muerte a sus víctimas (hecho que extingue su responsabilidad penal), cabría preguntarse si esta norma sucesoria tiene algún sentido[34], pues ¿de verdad la aplicación del principio penal *in dubio pro reo* debe extenderse a una cuestión meramente civil? Lo mismo puede decirse para el supuesto de los malos tratos no denunciados por la víctima, ya que ¿no deberían admitirse, para su valoración por el juez civil, otro tipo de pruebas sobre la violencia de género como, por ejemplo, las declaraciones testificales, documentos gráficos, partes médicos, etc.?

Desde nuestro punto de vista, esta norma civil es excesivamente garantista para con el posible maltratador y desprotege, de alguna manera, a las víctimas de violencia de género que, por las razones que sea, deciden no presentar una denuncia. Por ello, nos adherimos completamente a la interpretación de Míquel González de Audicana, cuando señala que "la literalidad del nuevo precepto no es tan diversa de la anterior como para excluir en este caso la interpretación favorable a la apreciación de la indignidad por el juez civil. La indignidad no es una cuestión penal y parece inadecuado someterla en todo caso a

32 J. M. Míquel González de Audicana, 2019, p. 1678.

33 J. M. Míquel González de Audicana, 2019, pp. 1678-1679.

34 L. Noriega Rodríguez, 2019, p. 8, considera que "no es suficientemente operativa la exigencia de sentencia firme en la jurisdicción penal por cuanto en no escasos supuestos, estas causas serán inaplicables por la dificultad o imposibilidad para conseguir, precisamente, que los responsables sean condenados penalmente. Como se ha señalado, debería ser suficiente la resolución en el ámbito civil".

los principios de este Derecho[35]". No se discute, dice, que como regla general sea necesaria sentencia penal; "el problema –antes y ahora– surge cuando no es posible obtenerla". En defensa de su argumento, el autor recurre a dos criterios: de una parte, el histórico, pues según informa Biondi, en el Derecho romano no era precisa una condena en juicio penal, sino que bastaba la prueba del homicidio en el ámbito civil; de otra, el comparado, citando la normativa americana, anglosajona e italiana: el *Uniform Probate Code* de los Estados Unidos de América considera que quien haya matado al causante (*felonious and intentional*) es indigno, aunque no haya sido condenado en una causa penal; la *Forfeiture rule* del Derecho inglés y otros del *Common law* no exigen una sentencia penal; en el Derecho italiano también se entiende que la indignidad no presupone una condena penal[36].

Por si no bastasen ambos criterios para validar su propuesta, el autor también trae a colación una sentencia del TEDH, de 1 de diciembre de 2009, referente al caso Velcea y Mazăre c. Rumania, por una sentencia de primera instancia similar. En este caso, los tribunales rumanos habían aplicado estrictamente su Código Civil y no estimaron la indignidad del marido que había matado a su mujer (y a su suegra, que se encontraba en el mismo lugar) para sucederle a aquella, porque no había sido condenado por sentencia penal, a pesar de que antes de suicidarse dejó dos cartas confesando ser su autor. Como el criminal no fue declarado indigno, heredó a su mujer, y un hermano suyo al heredarle se hizo con la herencia de las víctimas. Por fortuna, el TEDH apreció por unanimidad la violación del art. 8 del Convenio para la protección de los derechos humanos y las libertades fundamentales y concedió una indemnización por daño moral al padre y a la hermana de la mujer asesinada por su marido. Esta sentencia de

---

35 En opinión del autor citado, "si bien en otros supuestos de indignidad la letra del precepto exige sentencia penal, cuando se trata de atentado contra la vida del testador el Código no cambia sustancialmente su letra. El código civil decía "condenado en juicio" –antes de la reforma de 2015– y dice "condenado por sentencia firme" –después de la reforma–. No significan cosas distintas a estos efectos".

36 Cabría añadir la doctrina alemana y la importante sentencia del *BVerfGe*, 112, 332, al considerar que en la primera causa de indignidad el concepto utilizado no se debe entender en su sentido penal (M. P. García Rubio y M. Otero Crespo, 2016, p. 265).

gran importancia ampara, en opinión de Míquel González de Audicana, que se efectúe una interpretación correctora de la exigencia de condena penal en sentencia firme.

Cabe remarcar, finalmente, que la propuesta que hace el autor referido se circunscribe únicamente a la primera de las sub-causas del art. 756.1.º CC (atentado contra la vida) y respecto de los casos en que no sea posible la condena en sentencia firme por diversos factores, como podrían ser la muerte del reo, rebeldía, prescripción del delito o falta de imputabilidad penal[37]; sin embargo, en nuestra opinión, cabría extender dicha propuesta al resto de sub-causas (lesiones, violencia física o psíquica), y no sólo para los casos en que no hay sentencia firme por algún factor externo como los expuestos, sino también para cuando no haya sentencia firme porque, sencillamente, los malos tratos nunca se denunciaron. Siendo realistas, es improbable que los jueces y tribunales civiles adopten tal interpretación; es necesaria, en nuestra opinión, una reforma sobre esta materia que regule la indignidad sucesoria teniendo en cuenta los datos expuestos sobre la escasa presentación de denuncias en el ámbito de la violencia de género.

2.2. *Derechos autonómicos*

En cuanto a las normativas autonómicas, cabe distinguir dos tendencias a la hora de impedir que el agresor-heredero pueda suceder a su víctima[38]: la primera es la que reproduce, aunque de forma ligera-

---

37 M. Morillas Fernández, 2014, p. 1098; M. P. García Rubio y M. Otero Crespo, 2016, p. 265.

38 Para simplificar esta materia diremos de forma general que en todos los derechos autonómicos se prevé alguna posición en favor del cónyuge supérstite respecto del orden establecido para la sucesión intestada. En cuanto a Aragón, el artículo 517 CDFA establece, en defecto de ascendientes, y respecto de los bienes no recobrables ni troncales, que si no hay parientes con derecho preferente se difieren sucesivamente primero a ascendientes y posteriormente al cónyuge y a los colaterales hasta el cuarto grado. En Cataluña, y según el artículo 442-3 CCCat, el cónyuge viudo o el conviviente en pareja estable superviviente tiene derecho, si concurre con hijos o descendientes del causante, al usufructo universal de la herencia, libre de fianza, aunque con opción de conmutación. En caso de que el causante muriese sin hijos o descendientes, la herencia se defiere al cónyuge viudo o al conviviente en pareja estable superviviente, conservando los padres, en este caso, el derecho a legítima. En las Islas Baleares, el artículo 53

mente diferente, la redacción primigenia del art. 756.2.º CC, relativa al atentado contra la vida (Aragón); la segunda es la que sí incluye la violencia de género como causa de indignidad (no de forma explícita, pero a través del concepto de "lesiones graves") y exige condena en sentencia firme (Cataluña, Islas Baleares, Navarra).

Comenzando por la primera tendencia, el art. 328 el art. 328 CDFA establece que es incapaz de suceder por causa de indignidad "el que fuere condenado por haber atentado contra la vida del causante, de su cónyuge, descendientes o ascendientes, contra la vida del fiduciario o contra la vida de otro llamado a la herencia cuya muerte favorezca en la sucesión al indigno[39]". Resulta claro, así, que las causas de indignidad del art. 328 se basan en el art. 756 CC, pero debidamente adaptadas al Derecho aragonés, para hacerlas aplicables también en caso de sucesión paccionada o fiducia sucesoria[40]. Por ello, cabría entender que en este derecho autonómico se seguirá aplicando la doctrina que entendía, respecto del primigenio art. 756.2.º CC, que la mera exigencia de "condena" no podría llevarse hasta el extremo de que resultase imposible declarar la indignidad en los casos en que no cupiese o no se hubiese podido llevar a cabo el juicio criminal.

En cuanto a la segunda tendencia referida, cabría comenzar por mencionar la normativa contenida en el libro cuarto del CCCat por ser, al fin y al cabo, la normativa pionera en tratar esta cuestión (antes incluso

---

CDCIB establece que la sucesión intestada se rige, en Mallorca y Menorca, por lo dispuesto en el Código Civil sin perjuicio, en su caso, de los derechos que se reconocen al cónyuge viudo (principalmente, como legitimario). De otra parte, y según el artículo 84 CDCIB, la sucesión intestada en Ibiza y Formentera se rige por las normas del Código Civil; no obstante, "el cónyuge viudo adquirirá libre de fianza, en la sucesión del consorte difunto, el usufructo de la mitad de la herencia intestada en concurrencia con descendientes y de dos terceras partes en concurrencia con ascendientes". Por último, en Navarra, la ley 304 CDCFN establece, respecto de la sucesión legal en bienes no troncales que, en defecto de hijos, sucederá el cónyuge no excluido del usufructo de viudedad. Obsérvese que, salvo en Aragón, cuando las normas autonómicas hacen alusión al cónyuge habrá de entender incluidas las parejas de hecho también.

39 M. P. García Rubio y M. Otero Crespo, 2016, p. 267, hacen notar la peculiaridad del Derecho aragonés, al extender el supuesto de indignidad a quien fuere condenado por atentar contra la vida del fiduciario o contra la vida de otro llamado a la herencia cuya muerte favorezca en la sucesión al indigno.

40 J. A. Serrano García, 2015, p. 496.

de la reforma del art. 756 CC en 2015)[41]. Pues bien, el art. 412-3 CC-Cat establece que es indigno para suceder, entre otros: (1) "el que ha sido condenado por sentencia firme dictada en juicio penal por haber matado o haber intentado matar dolosamente al causante, su cónyuge, la persona con quien convivía en pareja estable o algún descendiente o ascendiente del causante" y (2) "el que ha sido condenado por sentencia firme dictada en juicio penal por haber cometido dolosamente delitos[42] de lesiones graves, contra la libertad, de torturas, contra la integridad moral o contra la libertad e indemnidad sexuales, si la persona agravada es el causante, su cónyuge, la persona con quien convivía en pareja estable o algún descendiente o ascendiente del causante". Aunque no se especifique en el precepto, en él debe entenderse incluida la violencia de género, tal y como reza el preámbulo de la ley: "En materia de capacidad sucesoria, es preciso destacar la norma que redefine y amplía las causas de indignidad, en particular extendiéndola a quienes cometen delitos de lesiones graves, contra la libertad, de torturas, contra la integridad moral –incluidos los delitos de violencia familiar y de género– o contra la libertad y la indemnidad sexuales, siempre y cuando sean víctimas de los mismos el causante u otras personas de su núcleo familiar[43]". Pero su carácter innovador contrasta con el excesivo rigor con el que se planteó este precepto al exigir no sólo la condena penal sino también sentencia firme; requisito que, según algunos autores, no compadece con el propósito de presentar el Código Civil catalán "en posición político-legislativa de progreso y avance frente a hechos de violencia en el ámbito de género y familiar" al no permitir que el juez civil valore la entidad del acto a los efectos de establecer la incapacidad sucesoria[44].

---

41 Véase J. Calvo González, 2007, pp. 1 y ss. y L. Zumaquero Gil, 2008, pp. 143 y ss., sobre el hecho de que fuese el legislador catalán el primero en prever los malos tratos como causa de indignidad.

42 J. Calvo González, 2007, p. 6, critica que se haga una descripción abstracta de la naturaleza del delito, pues es crucial una determinación distintiva entre falta y delito.

43 M. P. García Rubio, 2009, p. 178, hace notar que en el CCCat, la referencia a la violencia de género no está en el texto, sino en el preámbulo; "de ello deriva que un cambio de ubicación de este tipo de delitos por parte del legislador penal, implicaría que la remisión ya no se produciría".

44 J. Calvo González, 2007, p. 4.

En cuanto a las Islas Baleares, los arts. 7 bis (para Mallorca y Menorca) y 69 bis CDCIB (para Ibiza y Formentera) establecen que son indignos para suceder, entre otros: "los condenados en juicio penal por sentencia firme por haber atentado contra la vida o por lesiones graves contra el causante, su cónyuge, su pareja estable o de hecho o alguno de sus descendientes o ascendientes" y "los condenados en juicio penal por sentencia firme por delitos contra la libertad, la integridad moral y la libertad sexual, si el ofendido es el causante, su cónyuge, su pareja estable o de hecho o alguno de sus descendientes o ascendientes". Ambos preceptos fueron añadidos en virtud de la Ley 3/2009, de 27 de abril, de modificación de la compilación de derecho civil de las Illes Balears, sobre causas de indignidad sucesoria y desheredamiento[45]. Tratándose de una redacción prácticamente idéntica a la catalana, se le pueden replicar las mismas objeciones.

En cuanto a Navarra, la ley 154 CDCFN establece que son indignos para adquirir (tanto *inter vivos* como *mortis causa*), entre otros: (1) "el condenado en sentencia firme por haber atentado contra la vida o por haber causado lesiones graves al disponente o causante, su cónyuge o persona con la que conviva en pareja estable o a alguno de sus descendientes, ascendientes o hermanos"; (2) "el condenado en sentencia firme por haber ejercido habitualmente violencia física o psíquica en el ámbito familiar al disponente o causante o a alguna de las personas a que se refiere el número anterior"; y (3) "el condenado en sentencia firme por delitos contra la libertad, la integridad moral y la libertad e indemnidad sexual, si el ofendido es el disponente o causante o alguna de las personas referidas anteriormente". La redacción de estas causas es bastante reciente, pues se introdujo por la Ley Foral 21/2019, de 4 de abril, de modificación y actualización de la compilación del Derecho civil foral de Navarra o Fuero Nuevo; antes de esta reforma, únicamente la ley 65 se refería a la institución de la indignidad, sin regularla de forma específica[46]. Cabe destacar, en

---

[45] En la Exposición de motivos se afirma que la referida ley "tiene por objeto impedir que las personas condenadas por delitos relacionados con violencia doméstica hereden el patrimonio de su víctima".

[46] Esto es positivo, en opinión de A. Paniza Fullana, 2020, p. 672, ya que así se enumeran las causas de indignidad para adquirir, adecuándolo a las sucesiones y las donaciones, y refiriéndose al disponente o causante.

sentido positivo, que esta es la única normativa autonómica que hace referencia a la violencia psíquica; sin embargo, es de lamentar que la norma navarra continúe con la tendencia instaurada por el legislador catalán de exigir condena en sentencia firme, no adecuándose así a la realidad social en los supuestos de maltrato o violencia de género.

3. SEGUNDO ACTO: LA DESHEREDACIÓN TESTAMENTARIA

Como indicamos al principio, la desheredación testamentaria es un mecanismo que pretende evitar la sucesión por parte del legitimario, pero para que se lleve a efecto, es necesario que el causante lo disponga así en testamento. En este apartado analizaremos la mayor o menor flexibilidad de esta institución (según el ordenamiento aplicable) de cara a impedir los posibles derechos legitimarios[47] del agresor sobre la herencia de su víctima desde una perspectiva comparada. De nuevo, comenzaremos con la normativa establecida en el Código Civil (que también resulta aplicable al País Vasco[48]), y pasaremos posteriormente a los derechos autonómicos con normas específicas sobre la materia.

---

47 Para hacer más fácil el estudio de esta cuestión, resaltaremos tres cuestiones previamente: (a) todos los ordenamientos (Código civil y derechos autonómicos) contemplan un derecho legitimario en favor del cónyuge, a excepción de Aragón, donde se reconoce un derecho de usufructo de naturaleza matrimonial y no sucesorio; (b) todos los ordenamientos autonómicos extienden los derechos legitimarios del cónyuge supérstite a la pareja o conviviente de hecho que cumpla los requisitos aplicables para la extensión, también a excepción de Aragón; (c) la legítima prevista por los ordenamientos autonómicos en favor del cónyuge (o pareja supérstite, donde se reconozca) consiste en un derecho de usufructo (con opción a conmutación), a excepción de la normativa catalana, que prevé un derecho eventual a la cuarta vidual. Véase, para más detalle, García Goldar, 2020, pp. 55-73.

48 En la Ley de Derecho civil vasco no se regula expresamente la desheredación, por lo que cabe entender que se aplicará la regulación del Código Civil de forma subsidiaria. Para G. Galicia Aizpurua, 2016, p. 413, "es de lamentar que la LDCV de 2015, a pesar de referirse expresamente al instituto de la desheredación en artículo como el 50 o el 108.3, no lo haya regulado, con los que nos condena a la supletoria aplicación del régimen contenido en los arts. 848 y ss. CC con los consiguientes problemas de adaptación".

3.1. Código Civil y País Vasco

En el art. 855 CC se establecen las causas específicas para desheredar al cónyuge no separado legalmente o de hecho (o a la pareja de hecho en el País Vasco): las señaladas en los apartados 2.º, 3.º, 5.º y 6.º del art. 756, así como otras cuatro, de entre las cuales citaremos dos: (1) "haber incumplido grave o reiteradamente los deberes conyugales[49]" y (2) "haber atentado contra la vida del cónyuge testador, si no hubiere mediado reconciliación". En cuanto a los deberes conyugales, la doctrina considera que debe producirse un efectivo incumplimiento de los mismos, sin que pueda entenderse como tal el simple hecho de que las relaciones afectivas del matrimonio no fueran buenas[50]; ahora bien, el desafecto y la falta de atención en la última enfermedad han sido valorados por el TS como efectiva causa de desheredación[51]. En relación con la violencia de género, la doctrina[52] y la jurisprudencia[53] consideran, como no podría ser de otra forma, que la misma supone un efectivo incumplimiento (en cualquiera de sus modalidades, grave o reiterado) de los deberes conyugales y que, por lo tanto, es posible la desheredación del agresor.

En cuanto a la segunda causa mencionada (haber atentado contra la vida del cónyuge testador), Algaba Ros considera que "interpretar este precepto exige poner el mismo en relación con los cambios introducidos por la Ley 15/2015 (...). Tras la modificación legislativa,

---

49 C. Vattier Fuenzalida, 2010, p. 968, afirma que estos deberes conyugales hay que entenderlos en sentido amplio, de manera que abarcan tanto los previstos en los arts. 67 y 68 CC como los que se desprendan del régimen económico de gananciales o el establecido por los cónyuges, en especial los deberes impuestos por los arts. 1918 y 1319 CC.

50 S. Algaba Ros, 2016, p. 994.

51 Véase la STS de 25 de septiembre de 2003 (TOL4.975.926).

52 M. P. García Rubio, 2009, pp. 175-176, considera que si el agresor es el cónyuge de la víctima, no sería precisa modificación legal alguna de la desheredación porque se darían por incumplido los deberes conyugales en cualquier supuesto de violencia de género. Véase también Herrero Oviedo, 2011, pp. 558-559, cuando afirma que la consideración de los malos tratos como justa causa para desheredar es "posible sin necesidad de realizar interpretación extensiva alguna y sin forzar la dicción literal de la norma"; sin embargo, y en su opinión, "no estaría de más una intervención legislativa en este punto que despejara las posibles dudas existentes".

53 Vease la SAP de Islas Baleares de 22 de febrero de 2008 (TOL7.273.397).

solo va a ser causa de desheredación haber atentado contra la vida del cónyuge testador y no lo será haber sido condenado por sentencia firme a pena grave por haber causado lesiones o por haber ejercido habitualmente violencia física o psíquica en el ambiente familiar al causante o a alguno de sus descendientes o ascendientes"[54]. Ello no quiere decir que la violencia de género no suponga causa de desheredación, pues sí lo será respecto de la primera causa (incumplimiento de los deberes conyugales); además, la redacción de la causa parece más propicia, toda vez que no exige condena ni sentencia firme[55]. Es posible que la virtualidad de esta causa sea más bien reducida, ya que se refiere a un intento de atentado no consumado (siendo infrecuente, en estos casos graves, que no exista un proceso penal); sí podría ser útil, sin embargo, cuando el reo muera antes de que recaiga sentencia o se le declare en rebeldía, entre otros supuestos.

3.2. Derechos autonómicos

Siguiendo un orden cronológico de las normativas autonómicas, cabría comenzar por analizar la ley gallega de 2006, cuyo art. 263 incluye como una de las justas causas para desheredar a cualquier legitimario (incluido el cónyuge supérstite o pareja de hecho), el "haber maltratado [a la persona testadora] de obra o injuriado gravemente" (apartado segundo); o "las causas de indignidad expresadas en el art. 756 del Código Civil" (apartado cuarto)[56]. De entre las dos, la que presenta un mayor interés es la primera, relativa al maltrato de obra y que, al momento de su publicación, coincidía con la causa establecida en el art. 853 CC para desheredar a descendientes, aunque claro está, el simplificar la lista de causas hace que cualquiera de ellas sirva para

---

54 S. Algaba Ros, 2016, p. 995.

55 J. M. Busto Lago, 2009, p. 1027.

56 J. L. Espinosa de Soto, 2007, p. 823, se plantea la duda de si la 4.ª causa contiene una remisión estática o dinámica, es decir, si sólo se están contemplando las causas de indignidad vigentes en el Código Civil al momento de la entrada en vigor de la LDCG o si se entiende incorporada al Derecho gallego la lista de causas que regula el Derecho estatal asumiendo las sucesivas reformas; a favor de esta última opción puede aducirse, dice, el argumento de que la indignidad sucesoria no es una institución que regula la ley autonómica y que por ello se remite a las causas del Código Civil.

desheredar a cualquier legitimario[57]. Para Rovira Sueiro[58], esta causa se expresa con un criterio flexible no siendo necesaria la existencia previa de sentencia condenatoria: "la apreciación de la causa será determinada por el arbitrio judicial, que no se verá vinculado por la calificación penal pues es unánimemente admitido que se trata de una expresión amplia que no necesita su adecuación a los conceptos penales de malos tratos o injurias (...), pero será en cada caso concreto las circunstancias concurrentes las que lleven finalmente al órgano jurisdiccional a determinar si se incurre o no en causa de desheredación".

En cuanto al ordenamiento catalán, el art. 451-17 CCCat establece como causas de desheredación todas las causas de indignidad del art. 412-3[59] y otras, entre las que cabe destacar "el maltrato grave al testador, a su cónyuge o conviviente en pareja estable, o a los ascendientes o descendientes del testador". Sobre el maltrato grave, De Paula Puig Blanes[60] considera que incluye tanto el físico como el psíquico, y que ha de ser de suficiente entidad; además, y ya que no se exige condena previa, basta con su concurrencia aunque no haya derivado en un proceso penal, si bien la existencia del mismo facilita la prueba ulterior de la causa de desheredación en caso de que se impugnase el testamento.

En Aragón, el art. 510 CDFA señala, como una de las causas legales de desheredación, "haberle maltratado de obra [al testador] o injuriado gravemente, así como a su cónyuge, si éste es ascendiente del desheredado". Según Sánchez-Rubio García[61], el maltrato grave de obra es una causa de desheredación contemplada en todos los ordenamientos, pero lo que no es tan uniforme es el sujeto pasivo de los malos tratos que da lugar a indignidad y que, en derecho aragonés, no recaerá únicamente en la persona del testador.

57 J. L. Espinosa de Soto, 2007, p. 822; M. P. García Rubio, 2009, p. 177.

58 M. E. Rovira Sueiro, 2008, p. 1147.

59 F. De Paula Puig Blanes, 2011, p. 423, considera que este precepto, al prever todas las causas de indignidad como causas de desheredación, lo que hace es facilitar su operatividad, ya que de esta forma se estaría privando al legitimario indigno de todo derecho en la sucesión, debiendo ser él el que impugne el testamento al estimar que la causa de indignidad no concurre.

60 F. De Paula Puig Blanes, 2011, p. 424.

61 Sánchez-Rubio García, p. 696.

De otra parte, los arts. 7 bis, apartado 3.º (aplicable en Mallorca y Menorca) y 69 bis, apartado 3.º (aplicable en Ibiza y Formentera) CDCIB establecen que las mismas causas de indignidad son también justas causas de desheredación. En atención a lo expuesto, cabría entender que únicamente en los casos en los que exista condena penal en sentencia firme podrá la víctima de violencia de género desheredar a su agresor. No obstante, creemos que es posible otra interpretación si se tiene en cuenta que el apartado 4.º de ambos preceptos establece que "en los demás casos" (art. 7 bis) y "en todo lo demás" (art. 69 bis) "se aplica, supletoriamente, el Código Civil"; precepto que con toda probabilidad ha sustentado la aplicación subsidiaria de la nueva jurisprudencia del TS sobre maltrato psicológico y desheredación en el derecho civil autonómico de las Islas Baleares[62], a pesar de que no se haga mención en dichos preceptos al *maltrato de obra*[63]. Si dicha doctrina se aplica para permitir la desheredación de los descendientes, con más razón debería poder utilizarse también para desheredar al maltratador de la testadora.

Por último, y respecto de Navarra, la ley 270 CDCFN estipula, tras la reforma de 2019, que será justa causa de desheredación[64] (además de las comprendidas en los números 1,2,3,5 y 8 de la ley 154, relativo a la indignidad, y otras): "la comisión de cualquier delito, la causación de un daño o la realización voluntaria de una conducta socialmente reprobable contra la persona o bienes del causante o contra personas integrantes de su grupo o comunidad familiar o de sus bienes". La doctrina ha señalado la indeterminación de la segunda sub-causa, relativa a la causación de un daño, pero, en cualquier caso, habrá que entender que la misma "abarca el maltrato tanto físico como psicológico al disponente o a los miembros de la familia"[65].

---

62 Véanse, a modo de ejemplo, las SSAP de 15 de noviembre de 2016 (TOL5.909.309), de 20 de diciembre de 2016 (TOL5.937.702), de 12 de abril de 2019 (TOL7.294.599) o de 22 de octubre de 2019 (TOL7.294.599).

63 M. García Goldar, 2021, p. 2502.

64 Téngase en cuenta que a pesar de que el territorio navarro presenta uno de los ordenamientos civiles autonómicos más flexibles en cuanto a legítima, la doctrina de la desheredación sí es relevante para supuestos de privación del usufructo de fidelidad (M. T. Hualde Manso, 2020, p. 1077).

65 M. T. Hualde Manso, 2020, p. 1081.

4. VALORACIÓN FINAL

La valoración que nos merece la forma en la que el legislador civil trata la repercusión de la violencia de género (máxime en mujeres mayores de 65 años) en el Derecho de sucesiones no puede ser más que negativa. Comenzando por la institución de la indignidad para suceder, varias son las cuestiones que reflejan la ausencia total de perspectiva de género. Cabría comenzar por citar la neutralidad con la que se establece la indignidad por atentado contra la vida del causante, y que desatiende por completo el posible supuesto de "una mujer víctima de violencia de género quien, tras sufrir repetidos episodios de agresiones por parte de su marido o de su pareja, incluso prolongados a lo largo de muchos años, termina matando a éste de manera dolosa y resulta condenada por ello" que perderá "igualmente los derechos sucesorios que pudieran corresponderle en su caso en la herencia del fallecido"[66]. Según García Rubio, la experiencia comparada pone de relieve que en algunos sistemas jurídicos se ha tomado en consideración la situación de la violencia de género a estos efectos; este es el caso por ejemplo de la jurisdicción australiana, donde determinadas sentencias no aplicaron la llamada *forfeiture rule* (una regla clásica del *common law* de la que en principio derivaría la privación de la herencia): véanse, entre otros, el caso de una mujer que mató a su marido después de que este hubiera violado a su hija de seis años, le hubiera pegado y disparado (*Public Trustee v. Evans,* 1985) o el de una mujer que mató a su marido cuando, después de que le hubiera dicho que le iba a dejar, este hubiera tratado de matarla (*Re Keitley,* 1992). En opinión de la autora referida, "con mayor razón debería conservar todos sus derechos hereditarios una mujer víctima de violencia que causa la muerte de su marido o pareja en supuestos similares a los descritos en la práctica australiana"[67].

---

66 Las palabras corresponden a M. P. García Rubio, 2009, p. 179, pero véase, en igual sentido, M. Herrero Oviedo, 2011, pp. 557 y 566. J. Calvo González, 2007, p. 6, considera, respecto del CCCat (donde también se observa la misma neutralidad) que al no hacer una referencia expresa a los malos tratos, se está afectando al principio de discriminación positiva que inspiró calificar como de distinta naturaleza penal un mismo hecho si de su autoría resultaba responsable un hombre o una mujer.

67 M. P. García Rubio, 2009, p. 180.

Tampoco se atisba ni un ápice de perspectiva de género en la incomprensible exigencia de sentencia firme (al menos, en los supuestos de violencia de género) para que pueda declararse la indignidad del agresor. Nos remitimos, una vez más, a los datos ofrecidos en la introducción sobre el reducido porcentaje de casos en los que las mujeres maltratadas o asesinadas presentan denuncia. Además, y como afirman García Rubio y Otero Crespo[68], un sistema de causas tan rígidas como el vigente resulta poco apropiado "en una realidad social tan cambiante como la actual [que] pone de relieve la existencia de conductas tan graves o más que algunas de las previstas entre las causas de indignidad y que, sin embargo, no pueden dar lugar a su aplicación".

Por último, otra cuestión que merece un poco de reflexión (y alguna futura reforma) es que en la mayoría de los ordenamientos autonómicos (a excepción de Navarra), la causa de indignidad sólo opera para los casos en los que existan "lesiones graves", no haciéndose mención alguna a la igualmente nociva violencia psíquica o incluso económica.

En cuanto a la desheredación, cierto es que las cosas se vuelven más fáciles respecto de este instrumento, pues en la mayoría de los casos sí parece posible que la mujer maltratada pueda desheredar a su agresor. No obstante, cabría hacer dos matizaciones a este precipitado optimismo: de una parte, y como afirma Herrero Oviedo[69], esta apenas se trata de una "victoria pírrica" pues "la necesidad de existencia de un testamento donde expresamente se señale la voluntad de desheredar al legitimario, así como la referencia a la causa que ha llevado al testador a ello provoca que sólo en contadas ocasiones la mujer recurra a esta medida. ¿Qué víctima va a tener la valentía suficiente para otorgar testamento desheredando a su marido?, ¿cómo va a superar el temor a que el marido pueda llegar a enterarse de la desheredación?". De otra parte, la hipotética desheredación del maltratador podría quedar "en agua de borraja" si se produce una reconciliación posterior entre la víctima-testadora y el agresor-desheredado[70]. Esta

68 M. P. García Rubio y M. Otero Crespo, 2016, p. 262.

69 M. Herrero Oviedo, 2011, p. 559.

70 Por fortuna, y a juicio de la mejor doctrina, la convivencia bajo el mismo techo no excusa al desheredado de la prueba de la reconciliación (J. L. Lacruz Berdejo

figura de la rehabilitación del indigno, presente tanto en el CC como en los derechos autonómicos[71], puede ser especialmente problemática en el caso de la violencia de género[72].

En definitiva, urge una pronta reforma sobre esta interrelación entre violencia de género y sucesión *mortis causa*. Una de las propuestas que cabría tener en cuenta es la que formularon en 2011 Del Árbol y Gramigni[73] para el ordenamiento civil argentino: crear una causa de desheredación (o de indignidad, añadiríamos) que incluya la "violencia intrafamiliar, en todas sus formas (física, psíquica, sexual, económica y cualquier otro acto u omisión que atente contra la integridad personal), la realicen respecto del causante sus descendientes, sus ascendientes o el cónyuge". Una de las cuestiones más interesante de su propuesta es la inclusión expresa de la violencia económica; concepto que está adquiriendo en los últimos tiempos la relevancia que merece[74]. Dicen las autoras referidas que en un supuesto de violencia intrafamiliar conyugal se podría argumentar "que si, por ejemplo, la mujer sigue conviviendo con un marido violento, será –y en muchos casos lo es– por la dependencia económica, ya que no tiene vivienda, trabajo estable, y sí tiene muchos hijos para criar. Pero si esta mujer víctima de, por ejemplo, violencia física y económica, recibiere hipotéticamente una donación o una herencia, que nada le impida desheredar a su cónyuge por los motivos descriptos". E incluso van más allá y defienden que sea posible desheredar al "ascendiente, al descendiente mayor de edad o al cónyuge, que ha consentido o permitido la violencia familiar –muchas veces reiterada– realizada por los ascendientes, los descendientes, o el o la cónyuge, respecto de su persona, un heredero forzoso suyo o de sus parientes colaterales hasta el cuarto grado inclusive".

---

y F. A. Sancho Rebullida, 1981, pp. 530-531).

71 Véanse los arts. 757 CC; 265 LDCG; 412-4 CCCat; 332 CDFA; ley 154 CDCFN.

72 Nos remitimos, sobre esta cuestión, a M. P. García Rubio, 2009, pp. 177-178 y a M. Herrero Oviedo, 2011, pp. 560 y ss., que plantea interesantes cuestiones como la validez misma de la rehabilitación del indigno por la mujer maltratada o la posibilidad de que se pretendiese por la mujer maltratada dejar sin efecto la rehabilitación realizada.

73 M. Del Árbol y S. Gramigni, 2011, pp. 388 y ss.

74 M. L. Palazón Garrido, 2021, pp. 529 y ss.

5. BIBLIOGRAFÍA

Albaladejo García, M., "Comentario al art. 756", en *Comentarios al Código Civil y Compilaciones Forales,* Tomo X, Vol. 1, Edersa, Madrid, 1987, pp. 196-238.

Algaba Ros, S., "Comentario al art. 855", en *Código Civil Comentado,* vol. II, 2ª ed., Thomson Reuters Aranzadi, Cizur Menor Navarra, 2016, pp. 993-996.

Busto Lago, J. M., "Comentario al art. 855", en *Comentarios al Código Civil,* 3ª ed., Thomson Reuters Aranzadi, Cizur Menor Navarra, 2009, pp. 1026-1027.

Calvo González, J. "El principio 'ley de la ventaja' y la regla de indignidad sucesoria", *Actualidad jurídica Aranzadi,* núm. 734, 2007, pp. 11-14.

De Paula Puig Blanes, F., "Comentarios a los arts. 412-3 y 451-17", en *Comentarios al Código Civil de Cataluña,* Tomo II, Thomson Reuters Aranzadi, Cizur Menor Navarra, 2011, pp. 66-68 y 423-425.

Del Árbol, M y Gramigni, S., "Causales de indignidad y de desheredación: problemas de familia con efectos en el derecho sucesorio", en *Los desafíos del derecho de familia en el siglo XXI: derechos humanos, bioética, relaciones familiares, problemáticas infanto-juveniles: homenaje a la Dra. Nelly Minyersky,* Errepar, Buenos Aires, 2011, pp. 385-426.

Díaz Alabart, S., "Comentario al art. 756", en *Comentario del Código Civil,* Tomo I, Ministerio de Justicia, Madrid, 1993, pp. 1872-1874.

Díez-Picazo, L., y Gullón, A., *Sistema de Derecho Civil. Vol. IV. Derecho de familia. Derecho de sucesiones,* 10ª ed., Tecnos, Madrid, 2006.

Espinosa de Soto, J. L., "Comentario al art. 263", en *Derecho de sucesiones y régimen económico familiar de Galicia: Comentarios a los Títulos IX y X y a la Disposición Adicional Tercera de la Ley 2/2006, de 14 de junio, y a la Ley 10/2007, de 28 de junio,* Vol. II, Consejo General del Notariado, Madrid, 2007, pp. 822-823.

Galicia Aizpurúa, G., "La sucesión forzosa: planteamiento general", en *El Derecho civil vasco del siglo XXI: De la Ley de 2015 a sus desarrollos futuros,* Parlamento Vasco, Bilbao, 2016, pp. 387-421.

García Goldar, M., *Las legítimas en los derechos autonómicos y su reforma en el Código Civil,* Andavira, Santiago de Compostela, 2020.

García Goldar, M. "La nueva doctrina del Tribunal Supremo sobre maltrato psicológico y desheredación: ¿aplicable también en los derechos civiles autonómicos?", Revista crítica de derecho inmobiliario, 2021, pp. 2482-2516.

García Rubio, M. P. y Otero Crespo, M., "Capacidad, incapacidad e indignidad para suceder", en *Tratado de Derecho de Sucesiones,* Tomo I, 2ª ed., Thomson Reuters Aranzadi, Cizur Menor Navarra, 2016, pp. 235-288.

García Rubio, M. P., "Comentario al art. 756", en *Código Civil Comentado,* vol. II, 2ª ed., Thomson Reuters Aranzadi, Cizur Menor Navarra, 2016, pp. 617-631.

García Rubio, M. P., "El marco civil en la violencia de género", en *Tutela jurisdisccional frente a la violencia de género: aspectos procesales, civiles, penales y laborales,* Lex Nova, Valladolid, 2009, pp. 153-182.

García Rubio, M. P., "La múltiple invisibilidad para el Derecho de la mujer de edad avanzada", en *El reto del envejecimiento de la mujer: propuestas jurídicas de futuro,* Tirant lo Blanch, Valencia, 2018, pp. 487-508.

Herrero Oviedo, M., "Derechos sucesorios del cónyuge maltratador y de la mujer maltratada", en *El levantamiento del velo: las mujeres en el derecho privado,* Tirant lo Blanch, Valencia, 2011, pp. 547-570.

Hualde Manso, M. T., "Comentario a la ley 270", en *Comentarios al Fuero Nuevo: Compilación del Derecho Civil Foral de Navarra,* 2ª ed., Thomson Reuters Aranzadi, Cizur Menor Navarra, 2020, pp. 1077-1082.

Jordano Fraga, F., *Indignidad sucesoria y desheredación (algunos aspectos conflictivos de su recíprova interrelación),* Comares, Granada, 2004.

Lacruz Berdejo, J. L, y Sancho Rebullida, F. A., *Elementos de Derecho Civil V. Derecho de sucesiones,* Bosch, Barcelona, 1981.

Lacruz Berdejo, J. L. y Albaladejo, M., *Derecho de sucesiones. Parte General,* Bosch, Barcelona, 1961.

Manresa Navarro, J. M., "Comentario al art. 756", en *Comentarios al Código Civil,* Tomo VI, Vol. I, Reus, Madrid, 1973, pp. 78-99.

Míquel González de Audicana, J. M. "La indignidad para suceder por atentar contra la vida del causante: Comentario de la sentencia de la Audiencia de Murcia de 19 de noviembre 2012", en *Libro homenaje al Profesor Dr. Agustín Jorge Barreiro,* vol. 2, Universidad Autónoma de Madrid, Madrid, 2019, pp. 1671-1691.

Morillas Fernández, M., "Las causas de indignidad y la acción procesal de indignidad e incapacidad", en *El patrimonio sucesorio: reflexiones para un debate reformista,* vol. 2, Dykinson, Madrid, 2014, pp. 1089-1112.

Noriega Rodríguez, L. "Estudio de las nuevas causas de indignidad sucesoria introducidas por la Ley de Jurisdiccion Voluntaria", *Actualidad Civil,* núm. 12, 2019, 23 pp.

Palazón Garrido, M. L., "La violencia económica como forma invisible de violencia de género", en Mujer como motor de innovación jurídica y social, Tirant lo Blanch, Valencia, 2021, pp. 529-548.

Paniza Fullana, A., "Comentario a la ley 154", en *Comentarios al Fuero Nuevo: Compilación del Derecho Civil Foral de Navarra,* 2ª ed., Thomson Reuters Aranzadi, Cizur Menor Navarra, 2020, pp. 670-672.

Rovira Sueiro, M. E., "Comentario al art. 263", en *Comentarios a la Ley de Derecho civil de Galicia. Ley 2/2006, de 14 de junio,* Thomson Reuters Aranzadi, Cizur Menor Navarra, 2008, pp. 1146-1152.

Royo Martínez, M., *Derecho sucesorio "mortis causa"*, Edelce, Sevilla, 1951.

Sánchez Román, F., *Estudios de Derecho Civil,* Tomo VI, Vol. 1°, 2ª ed., Sucesores de Rivadeneyra, Madrid, 1910.

Sánchez-Rubio García, A., "Comentario al art. 510", en *Comentarios al Código del Derecho foral de Aragón: doctrina y jurisprudencia,* Dykinson, Madrid, 2015, pp. 695-697.

Serrano García, J. A., "Comentario al art. 328", en *Comentarios al Código del Derecho foral de Aragón: doctrina y jurisprudencia,* Dykinson, Madrid, 2015, pp. 495-496.

Trujillo Díez, I. J., "Comentario al art. 756", en *Comentarios al Código Civil,* 3ª ed., Thomson Reuters Aranzadi, Cizur Menor Navarra, 2009, pp. 912-916.

Vallet de Goytisolo, J. B., *Limitaciones de derecho sucesorio a la facultad de disponer,* Tomo I, Instituto Nacional de Estudios Jurídicos, Madrid, 1974.

Vattier Fuenzalida, C. "Comentario al art. 756 y al art. 855", en *Comentarios al Código Civil,* Lex Nova, Valladolid, 2010, pp. 868-870, 968.

Zumaquero Gil, L. "Los malos tratos como causa de indignidad para suceder", en *Mujeres y protección jurídica: una realidad controvertida,* Universidad de Málaga, Málaga, 2008, pp. 141-154.